中国政法大学211项目资助

MONOGRAPHIC STUDIES ON SPORTS LAW

体育法学专题研究

（第二卷）

中国政法大学体育法研究所◎主编

中国政法大学出版社

2019·北京

图书在版编目（CIP）数据

体育法学专题研究. 第二卷/中国政法大学体育法研究所主编. —北京：中国政法大学出版社，2019.8
ISBN 978-7-5620-9173-8

Ⅰ.①体… Ⅱ.①中… Ⅲ.①体育法－法的理论－中国－文集 Ⅳ. ①D922.161-53

中国版本图书馆 CIP 数据核字(2019)第 177343 号

出 版 者　中国政法大学出版社
地　　址　北京市海淀区西土城路 25 号
邮寄地址　北京 100088 信箱 8034 分箱　邮编 100088
网　　址　http://www.cuplpress.com（网络实名：中国政法大学出版社）
电　　话　010-58908285(总编室) 58908433（编辑部）58908334(邮购部)
承　　印　固安华明印业有限公司
开　　本　720mm×960mm　1/16
印　　张　23.75
字　　数　447 千字
版　　次　2019 年 8 月第 1 版
印　　次　2019 年 8 月第 1 次印刷
定　　价　85.00 元

总　序

这是一本体育法学论文集，从体育仲裁与纠纷解决、体育组织与社团、体育法修改、体育权力与权利、体育与社会发展等角度对论题进行了较为深入的研究。这些论文的作者是一批学术新人，均为中国政法大学宪法学与行政法学专业体育法方向硕士研究生。

兴趣是最好的老师。想当初招弟子入门时，只有王小平、马宏俊和我三位导师。在学科幼稚、资料匮乏、人手紧缺的情况下，如何培养并提升他们的研究能力是个问题。俗话说，兴趣是最好的老师。科学发明、技术革新、文学艺术创作无不是人类兴趣使然。体育法的研究也不例外，因为太阳底下没有新鲜事。听名师讲课、进行学术交流、参与导师课题以及同读一本好书等就是我们当时能想到的。

浓雾中的太阳。好的大学不仅要有漂亮的图书馆、教学楼和清幽的环境，更要有智者和学术大师。如果学校不具备这些条件，同仁便要同心同德朝这方面努力。作为新兴的交叉学科，体育法研究生教学除了依靠本学科自身力量外，还诚聘业界名师兼职授课，使师生共同受益。中国政法大学江平教授、黄进教授、中国奥委会前任秘书长魏纪中先生、国家体育总局法规司张健司长等就是参与授课的名师。他们精湛的专业知识、开阔的学术视野、为人为学的美德深刻影响了每个人的学术与人生。难怪有人说，在校园里见到江平教授等就像在浓雾中见到了太阳。

交流是一门艺术。让同学们撰写论文参加国际、国内学术研讨会，在大会上宣读论文并接受同行评议，直接向学界名家提问、请教，这是提高学术兴趣的有效路径，也是一条捷径。同学们在交流中感受思想的魅力，在倾听中感悟叙事风格，在参与中增强学术信心。实践证明，无数不眠之夜的阅读思考才能换来研讨会上的些许洞见。交流的好处是能认识同行，增长见识，扩大自己的知名度和影响力。

培养科学精神与人文关怀。申请承接课题是大学对教师进行科研考核的重要依据。因为课题往往是国家与社会、理论与实践亟需破解的难题。作为知识的生产者、道德的维护者、精神的引领者，知识分子肩负着特殊的使命和责任。让同学们参与课题研究，不仅可以了解国家和社会的真实情况，理性分析问题成因，使对策建议切实可行，更重要的是能够培养同学们的科学精神与人文关怀。用数据说话，用逻辑推理，用事例论证，用观察叙述，是科学精神的基本要求；把公平正义的理念，把每个人全面自由发展的价值，把民主法治的理想，把对体育事业的热爱与追求，融入课题研究中，是人文关怀的自然延伸。师生共同下去调研，撰写结题报告，逐字逐句讨论，接受专家、政府、社会的评审验收，是教学相长的过程，也是砥砺学术的过程。不知不觉间，同学们视野开阔了，阅历丰富了，学术精进了。作为教师，在收获了教学的成果后，也完成了学术和学人的传承。

读书是一种享受。这里有审美的愉悦，有心灵的净化，有视阈的交融，有人际的沟通。师生同读一本好书，分享读书心得，共解书中妙义，在商业精神凸显的今天，是小众独乐的境界。作为实践理性的体育法学，除了要研究制度、规范等技术性问题外，还要研究影响体育法背后的政治、经济、文化、历史、哲学、宗教等问题，这样才能显现学科的包容性与厚重感。多读书，读好书，师生、生生之间结成读书小组，精读细嚼，是提高学养和品位的不二法门。读书是好的生活习惯，它将与我们相伴终身。

雨后割过的青草的味道。本书取名《体育法学专题研究》表明它不是体系书，是不同时期、不同作者的论文合集。现在作者诸君有的在学，有的已在单位供职。客观地说，本书在观点上还有简单化甚至极端化的现象，文字难说雅致、精炼，论述更不能用深刻和富有创造性来表征。不过同学们是用心写作的，每篇文字都记录了他们思考和阅读的心路历程，都见证了法大体育法学的水平。通读论著，总的感受是：闻到了一股雨后割过的青草的味道。在论著付梓之际，作为指导教师，我们由衷地为弟子们感到高兴。

“桐花万里丹山路，雏凤清于老凤声。”唐人李商隐（字义山）的诗也道出了我们的心声。是为序。

中国政法大学法学院副院长、博士生导师、
中国政法大学体育法研究中心主任
焦洪昌
2012年1月于北京

序

党的十九大以来，以习近平同志为核心的党中央高度重视体育工作，谋划、推动体育事业改革发展，将全民健身上升为国家战略，加快推进体育强国建设。

体育法治建设是体育强国建设的内在需求和重要支撑。改革开放四十年来，我国体育事业和体育产业发展相当迅猛，体育领域法治化进程则相对缓慢，虽然基本实现了有法可依，但是立法粗放，执法不严，体育纠纷解决机制不够健全，体育人的价值和尊严亟待尊重与保护。

法治中的法律被视为一种价值取向而不仅仅是一种治理的工具。按照亚里士多德的经典表述，法治有两个基本的构成要素：“已成立的法律秩序获得普遍的服从；而大家所服从的法律又应该本身是制订良好的法律。”

在新时代的背景下，为体育强国建设做出贡献，就是要特别强调将依法治体提升至依宪治体，做好《中华人民共和国体育法》的修改工作，加强体育法基本理论研究和交叉学科的建设，为体育改革提供法治保障，努力建设新时代的体育法治。

在全面深化体育改革和筹办2022年北京冬奥会的背景下，聚焦新时代体育法理论与实践。全书分三编，展示了体育法专业教师和同学对目前体育法中较为复杂又具有研究价值命题的精细思考，对实践中许多问题的解决提供了新的研究思路与方法，具有一定创新意义。

是为序。

中国政法大学法学院院长

中国政法大学体育法研究中心主任

焦洪昌教授

目　录

第一编　体育法基本理论

第二编　职业体育的法治保障

第三编　冬奥会法律风险防控

第一编　体育法基本理论

Sports Law Categories and Fields of Research Implementation
体育法的类型与研究执行领域

Dimitrios P. Panagiotopoulos[1]
[希腊] 迪米特里奥斯·帕纳吉奥多普拉斯

本文是对《体育法》的特殊性这一观点论题的延续，它考察了《体育法》和《奥林匹克法》的性质和法律规则的性质及其特点。在国际法范畴内，指出国际体育法是国际法的一种，是关于《体育法》和《奥林匹克法》的一种不同的法律。

在国际法理论中，普遍认为："法律是一种强制性秩序。它创造了有社会组织的制裁，一方面可以明显地区别于宗教秩序，另一方面则仅仅是道德秩序。作为一种强制性秩序，法律是一种特定的社会技术，其目的在于通过威胁采取强制措施来实现人们所期望的社会行为，这种强制措施将在法律上错误的行为发生时采取"。凯尔森在同一著作（国际法原则，莱因哈特 1952 年，第 45 – 50 页）中确认国际法的性质是真正的法律。然而，到目前为止，国际法执行力的缺乏仍然是国际法与国内法的主要不同，这使得国际法成为一种不同的法律，不同于国内法，同时也考虑到了世界体育法。《体育法》和《奥林匹克法》是一种新的法律，综合了国际法的特点（主体、管辖权和法规内容）和国内法的特点（有效的执行机制、法律的纵向效力，并立即纳入国内法之中，司法机关的强制和专属管辖权）。

这种新的国际法类型必然将长期接受的做法和建立的组织结构置于另一种视角之下，这种视角揭示了国际法做法在另一种国际法法律体系中的不足。它具有令人印象深刻的强制特征，类似于国内法域。但是，在国际上国家体育法案和《和田守则》，应该根据合法性原则对其组织进行根本性的改革，以便在体育领域建立

---

[1] Professor at the University of Athens, Advocate, Attorney-at-law Vice-Rector (?) at the Central Greek University President of International Association of Sports Law.
作者简介：迪米特里奥斯·帕纳吉奥多普拉斯，希腊人，雅典大学教授、律师、中希腊大学副校长、国际体育法协会主席。

一个合法性的国际领域，就像在这个领域可以被视为国际体育法和国际公约一样。当涉及国家队参加和出游奥运会时，和田规则的应用就证实了这一点。

问题是，谁是国际体育法的适用主体？

This paper is a continuation of the opinion-thesis of the special nature of Lex Sportiva it examines the nature of Lex Sportiva and Lex Olympica and the quality of the rules of law, with their special features. In the context of international law, it indicated that International Sports Law is a species of International Law, a different species of law, regarding Lex Sportiva and Lex Olympica.

In the theory of international law, it is common that: "Law is a coercive order. It creates socially organized sanctions and can be clearly distinguished from a religious order on the one hand and a merely moral order on the other hand. As a coercive order, the law is a specific social technique which consists the attempt to bring about the desired social conduct of men through the threat of a measure of coercion which is to be taken in case of legally wrong conduct". Kelsen, in the same work (The Principles of International Law, Rinehart 1952, pp 45 –50) affirms the nature of international law as true law. However, until the present moment, the lack of enforcement of international law remains the main difference of international law, which makes it a different species of law, different from domestic laws, also having in mind Lex Sportiva and Lex Olympica. Lex Sportiva and Lex Olympica are new species of law, a synthesis of features of international law (subjects, jurisdiction and content of regulations) and features of domestic national law (effective enforcement mechanism, vertical effect of its laws, and immediate incorporation in the national law systems and compulsory and exclusive jurisdiction of its judicial organs).

This new species of international law necessarily puts long accepted practices and organizational structures established under another light that reveals the inadequacy of international law practices in a legal system, which is another kind of international law. It has an impressive feature of coercion, similar with this of domestic jurisdictions. However, fundamental changes in its organization should be done, in accordance with the principle of legality, in order to create an international field of legitimacy in sports, like in that area that may be considered as an international sports law and on international conventions, on the international sports acts and in WADA Code. This is confirmed by the application of WADA rules, when it comes about the participation and the excursion of national teams from the Olympic Games.

The question is, who is the applier of International Sports law?

改革开放40年我国体育法治建设的回顾与展望

姜世波[1]

摘　要　改革开放40年来，我国体育法治大致经历了孕育阶段、体育法制创建阶段和法制健全阶段，各阶段都有标志性事件和法规的出台。40年来体育法治始终伴随我国依法治国的进程，伴随着我国体育行政管理体制改革而发展，但相比其他领域，体育法治的进程相对缓慢，存在着立法粗放、执法不严、执法力量薄弱、体育纠纷解决机制不健全等问题。未来的体育法治应实现立法由管理型转向权利保障型，优化执法机制，强化执法力量，严格执法，并建立专业化的体育纠纷仲裁和审判制度，全面实现法治体育，实现体育强国的宏伟目标。

关键词　体育法治　体育权利保障　体育执法　专业化纠纷处理机制

2018年是我国实行改革开放政策40周年，值此重要纪年，我们有必要对40年中国体育法治发展的历程、经验和不足认真加以总结，通过回顾过去，展望未来，以期能为我国未来实现体育法治，建设体育强国提供一些有效的建议。

1. 我国体育法治建设的发展阶段

中国体育法治的发展历程整体上与我国的法治进程是同步的，但随着党和国

[1] 作者简介：姜世波（1967～），山东莱阳人，法学博士、教授、博士生导师，主要研究方向为体育法学；基金项目：国家社会科学基金项目；项目号：15BTY049。

家推进的各领域法治进程的加快，全面依法治国成为国家战略，体育管理体制改革不断深入，体育无法可依的状况已经无法适应体育事业发展的需要，迫切要求出台能够从宏观层面规定国家体育制度的基本法，于是，《中华人民共和国体育法》（以下简称《体育法》）于1995年应运而生。《体育法》的诞生标志着我国体育工作进入有法可依的阶段，体育法治工作全面启动，相应的配套法规日益健全。而2008年北京奥运会的成功举办，体育大国的地位得以彰显，但奥运会之后，人们也开始反思“金牌战略”的得失，而随着中国经济的发展，国民收入的不断增长，人民日益增长的健身需求与体育资源供给相对不足的矛盾日益突出，全民健身遂上升为国家战略，成为促进全民健康的重要组成部分，这必将促进体育法治的转型，体育法治的重心转向保障和促进公民体育权利的实现，体育法治将进入新阶段。根据上述中国体育法治不同阶段的重心转移以及重大立法标志，我们把改革开放后体育法治的发展历程大致划分为三个阶段：孕育阶段、创建阶段、健全阶段。

1.1 第一阶段：体育法制孕育阶段（1978年~1995年）

1978年，党的十一届三中全会一方面确定了党和国家工作中心转移到经济建设上来，实行改革开放政策，另一方面也确立了发展社会主义民主、健全社会主义法制的基本方针。全会指出：“为了保障人民民主，必须加强社会主义法制，使民主制度化、法律化，使这种制度和法律具有稳定性、连续性和极大的权威性，做到有法可依，有法必依，执法必严，违法必究。从现在起，应当把立法工作摆到全国人民代表大会及其常务委员会的重要议程上来。”从此，揭开了大规模的立法活动。当然，基于经济建设和对外开放的迫切需要，经济建设、对外开放、农村改革成为党和国家的中心工作，因此，这些领域的法治进程较快，而体育法治工作相对滞后。体育工作很长一个时期实施“举国体制”，以竞技体育、金牌战略为中心，体育工作对法治的需求并不迫切，体育管理也主要依靠行政权力而不是法律。经济立法、对外贸易、吸引外商投资的立法首先成为立法重点，就体育领域而言，立法工作起步相对较晚。

笔者通过“北大法宝”数据库就这个时期的体育立法进行了检索，发现主要立法形式是国务院制定和颁布的行政法规、国务院规范性文件、国家体育委员会（后为国家体育总局）制定的部门规章及其下属机构发布的指导性文件。国务院出台的主要的行政法规和规范性文件有《体育教练员技术职称暂行规定》（1981，国务院批转国家体委和人事部文件，已失效）、《国家体育锻炼标准施行办法》（1990，已失效）、《学校体育工作条例》（1990，已修改）、《外国人来华登山管理办法》（1991）。在这个数据库中所谓的“行政法规”中其实只有《学校体育工作条例》、《奥林匹克标志保护条例》和《反兴奋剂条例》属于真正的行政法规，其他几项实际上只属于国务院批转的部门规章。而从这一时期国务院批转的各部委制定的体育规范性文件看，多数涉及奥运会、特奥会、亚运会、全运会、城市运动会的组织工作，可以看出这几年围绕大规模体育赛事出台的文件较多，这为2008年奥运会的成功举办奠定了基础。但也有几份对于体育发展发挥重要指导作用的规范性文件，如1983年《国务院批转国家体委关于进一步开创体育新局面的请示的通知》（以下称《83年新局面请示》）、1983年《国务院批转国家体委、文化部、共青团中央关于全国农村体育工作会议纪要的通知》、1996年《国务院办公厅转发国家体委关于深化改革加快发展县级体育事业意见的通知》、1994年《国务院办公厅关于印发国家体育运动委员会职能配置、内设机构和人员编制方案的通知》（以下简称《体委机构设置通知》）等。

纵观这一阶段的体育立法，可以看出以下特点：①体育立法层次不高。这个时期尚没有一部体育法律，体育条例也仅有三部，体育工作主要靠体育行政主管部门（当时为“国家体委”）发布的部门规章（44件）来规范。②从内容上看，行政法规主要涉及学校体育、奥林匹克标志保护和反兴奋剂的内容，而且其中不少规范性文件的出台都与当时申办奥运会的需要相关，除了少量的调整农村体育、社会体育指导员、体育锻炼标准的文件外，涉及群众体育、发展体育产业的文件很少，群众体育工作没有受到足够重视。③该时期虽然群众体育未受足够重视，但在体育工作中，学校体育、群众体育仍然是体育工作的重要组成部分。比如在《83年新局面请示》中，就提到“群众体育活动还不够普及，职工、农村体育相当薄弱。”并提出了“本世纪末要普及城乡体育运动”“全国半数左右的人经常参加体育活动，青年一代的身体形态、素质、机能有明显提高”这一宏伟目标。在部署“六五计划”后三年的工作中，群众体育工作作为第一部分，内容包括了城市体育、学校体育、职工体育、农村体育、解放军体育等。在1994年《体委机构设置通知》中规定的十二个职能部门中也包含了“群众体育司”这一司级机构。这说明，我国20世纪90年代中期已经基本上形成竞技体育、学校体育和群众体育三大体育板块，但总体上仍然以竞技体育为中心，其机构设置即有四个司级单位（体育竞赛一、二、三司以及综合司）。

1.2 第二阶段：体育法制创建阶段——公民体育权利的确立与发展（1995年~2015年）

在这十年中，中国法治建设进程取得前所未有的突破。在国家层面，1996年2月8日，江泽民在中央第三次法制讲座的总结讲话中系统阐述了依法治国方略。同年3月，第八届全国人大第四次会议把“依法治国，建设社会主义法制国家”写入《中华人民共和国国民经济和社会发展“九五”计划和2010年远景目标纲要》，作为五年或更长一段时期国家工作的一条基本方针。1997年党的十五大根据法制建设的进展，提出要“进一步扩大社会主义民主，健全社会主义法制，依法治国，建设社会主义法治国家”，把依法治国作为党领导人民治理国家的基本方略。而且，十五大进一步提出，要“加强立法工作，提高立法质量，到2010年形成有中国特色社会主义法律体系”。1999年3月，九届全国人大二次会议上，“依法治国，建设社会主义法治国家”作为国家的治国方略，正式载入宪法。

在国家法治理念不断提升，各领域法治工作快速推进的大背景下，体育法制建设也同样驶入快车道。1995年8月29日，历经8年反复酝酿起草的《体育法》终于在第八届全国人大常委会第十五次全体会议上获得全票通过。《体育法》的颁布，不仅填补了国家立法的一项空白，而且标志着中国体育工作进入全面依法行政、以法治体的新阶段。

1997年1月，原国家体委印发了《关于加强体育法制建设的决定》（以下简称《决定》），对体育法制建设的指导思想、目标、任务、措施等进行了规划和部署。《决定》指出了体育法制建设的指导思想是：以邓小平同志建设有中国特色社会主义理论和党的基本路线为指导，按照“依法治国、建设社会主义法制国家”的要求，贯彻执行《体育法》，加快体育立法，强化体育执法，使体育工作全面纳入规范化、法制化的轨道，开创依法行政、以法治体的新局面。而体育法制建设的目标则是：在本世纪末下世纪初，初步建立起适应社会主义市场经济需要，符合现代体育运动规律，以宪法为指导，以体育法为龙头，以行政法规为骨干，以部门规章和地方性法规为基础、结构合理、层次衔接有序的体育法规体系和与之相适应的体育执法监督及法律服务体系，建立一支体育执法监督检查队伍，使体育法制建设状况有明显改善。争取在2010年前后，使体育工作全面纳入规范化、法制化的轨道。这也成为相当长一个时期的体育法治的奋斗目标，可谓目标宏大，实现不易。

《体育法》的制定，使体育工作有了一部统领全局的基本法，但这部法律主要确立了体育工作总的指导思想、制度框架、各类体育的工作方针，规定比较宏观、粗线条，急需相应的配套法规对有关规定加以细化。因此，继后在全国掀起了一阵体育立法的高潮，并由此全面带动了体育法制工作。这个时期的体育法制工作实际上又可以分为两个时期：第一个时期是2008年奥运会举办前，全国体育工作总体上围绕奥运会展开，因此，关于奥运会的相关规定较多。如国务院出台的主要行政法规包括《奥林匹克标志保护条例》（2002）、《反兴奋剂条例》（2004年首次颁布，2013、2016年修订）、《北京奥运会及其筹备期间外国记者在华采访规定》（2006）等；第二个时期是奥运会结束后，奥运会上中国代表团取得辉煌战绩，充分展现了体育大国的风采。然而，奥运会结束后，人们也开始反思中国体育的“举国体制”和“金牌战略”，加之人民健身需求日益凸现，群众体育重视不够、投入不足的问题日益受到诟病，在此背景下，《全民健身条例》应运而生（2009年首次颁布，2013、2016年修订），而保障《全民健身条例》落实的配套法规，如《公共文化体育设施条例》（2003年）、《国务院办公厅关于进一步加强残疾人体育工作的意见》（国办发［2007］31号）、《国务院办公厅关于加快发展体育产业的指导意见》（国办发［2010］22号）、《国务院关于印发全民健身计划（2011－2015年）的通知》（国发［2011］5号）、《国务院关于加快发展体育产业促进体育消费的若干意见》（国发［2014］46号）、《国务院办公厅转发教育部等部门关于进一步加强学校体育工作若干意见的通知》（国办发［2012］53号）等一系列由国务院制定或转发的规范性文件出台，为全民健身活动的开始提供了坚实的法律基础。

从这些文件所关注的内容可以看出，这一时期的体育法制工作的特点是：

（1）以体育法为统领，加上之前的《学校体育工作条例》（1990年首次颁布，2017年修订），已经初步形成了一个涵盖学校体育、全民健身、竞技体育在内的较为完整的体育法律法规体系。其中，这个时期体育主管部门颁布的部门规章就有55件，部门规范性文件440件，部门工作文件956件。

（2）《全民健身条例》的颁布为群众体育工作的法制化提供了法律依据，并首次宣示“公民有依法参加全民健身活动的权利，地方各级人民政府应当依法保障公民参加全民健身活动的权利。”这标志着我国体育工作转向保障和实现公民体育权利时代，全民健身运动蓬勃发展。

（3）突出问题导向性法规的制定，为解决体育发展中的紧迫问题、突出问题，提供专门规范依据，保障体育事业健康发展。如《国务院关于同意建立体育运动中兴奋剂问题综合治理协调小组工作制度的批复》（国函［2007］105号）、《国务院办公厅转发体育总局、公安部做好2005足球比赛有关工作意见的通知》（国办发明电［2005］10号）。这些文件虽然连部门规章都算不上，但通过国务院转发，充分体现了国家对体育工作中特殊问题的解决的重视和关切。

（4）地方性立法快速发展。这一时期，为落实《全民健身条例》的实施，一些具有一定立法权限的省会城市、特区城市和较大的市的体育立法明显增多，如厦门、深圳、沈阳、长春、南京、武汉、成都、邯郸、鞍山、无锡、淄博、哈尔滨、苏州等城市都根据当地体育发展和体育管理的实际需要，制定了相应的体育立法。这些地方性法规虽然有不少规定照搬照抄上位法，但也不乏一些结合当地实际情况，强化具体措施的规定，保证了全民健身条例和计划在地方上的落实。北京、上海、天津、黑龙江等地方还制定了竞赛管理办法，西藏、青海、四川等地方结合当地特点，制定了登山管理办法。

（5）地方性政策法规部门普遍建立，体育执法工作得到强化。在1998年开始的各级政府机构改革中，很多地方在面临政府机构设置和人员编制必须压缩的形势下，却特别增设了体育政策法规部门，多数省级体育局内配置了体育法制部门或专职人员。县级以下地方政府虽然没有建立独立的体育局或体育法制部门，但多数与教育部门合署办公设立了体育教育局，承担了地方性体育法规制定、宣传普及、执法检查的职能，人员的专门配置使其有了从被动转为主动作为的能力。在体育事业经费有限的情况下，大多省区市都为体育法制工作给予了比较充分的经费支持，并针对体育立法、执法、普法过程中的专门工作设立了专项经费。

（6）体育执法监督不断加强。《体育法》颁布实施后，全国人大、国务院有关部门、体育总局以及地方有关部门对体育执法工作非常重视。全国人大教科文卫委员会多次听取国家体育总局关于体育法执行情况的汇报，并相继组织了对若干省份的体育法执法调研和检查工作。从1997年起，各省、自治区、直辖市体育行政部门会同当地人大和政府也加强了对体育法的执法大检查。1998年9月22日，全国人大教科文卫委员会和国家体育总局联合就进一步做好《体育法》贯彻执行工作发出通知，要求各地进一步加强体育法执法监督检查工作。[1]《全民健身条例》颁布实施后，各地方人大也高度重视本地区的全民健身工作的开展情况，不少地方人大都组织了全民健身条例实施情况的执法检查。但这一时期学校体育工作由于片面追求升学率，学校担心学生安全事故等因素出现了相当程度的滑坡，青少年的身体素质近20年来持续下降。

1.3 第三阶段：体育法制健全阶段——全民健身融入健康中国战略（2016年至今）

2016年8月，在全国卫生与健康大会上，习近平总书记发表重要讲话。他顺应民众关切，提出“要把人民健康放在优先发展的战略地位”，会议对“健康中国”建设作出全面部署，突出了“大卫生、大健康”理念，提出全民健身和全民健康深度融合，使健康政策融入全局、健康服务贯穿全程、健康福祉惠及全民。由此引发全国体育界对体育如何融入全民健康的思考，也带来新一轮的全民健身和体育产业发展的高潮，并大大促进了全民健身、体育产业立法进入新阶段。国务院先后发布了一系列关于发展体育产业、促进体育消费、强化学校体育、促进全民健身事业发展的政策文件，如《关于加快发展体育产业促进体育消费的若干意见》《关于强化学校体育促进学生身心健康全面发展的意见》《全民

---

〔1〕 参见张剑：“积极推进新时期体育法制建设”，载张剑同志在2005年全国体育法制工作会议上的工作报告，http://www.sports.cn/，最后访问时间：2018年3月27日。

健身计划（2016－2020年）》《关于加快发展健身休闲产业的指导意见》《关于进一步扩大旅游文化体育健康养老教育培训等领域消费的意见》《中国足球改革发展总体方案》《“健康中国2030”规划纲要》等。未来随着发展经验的总结提升，有益经验将会上升为法律，如即将修订的《体育法》或增加“体育产业”“全民健身”章节，以实现政策的法律化，进而以法律促改革。

2. 我国体育法治建设的经验

2.1 体育法治紧跟法治中国建设的脚步

早在2009年纪念改革开放30周年时，田思源就曾撰文总结我国30年体育法治建设的经验之一就是“体育法治的建设和发展是与体育改革不断深入、国家法治建设不断推进相适应的”。[1]中国的体育法治当然离不开整个国家法治的进程，法治中国战略为法治体育提供了宏观大背景，法治体育也应当成为法治中国建设的有机组成部分。如1995年《体育法》的出台，虽然从酝酿到颁行经历了8年的曲折，但就宏观的历史时机而言，它是全面走向现代化的中国社会法治化发展进程的必然显现，是中国体育适应改革发展和依法治体需要应运而生的时代产物。[2]而国家的反腐行动也同样波及了体育领域，因为人们在痛恨社会腐败的同时，体育中的腐败同样为体育迷们不齿！始于2009年的中国足球反腐行动，虽然刑法还没有专门针对裁判受贿的法律规定，但这并没有影响体育运动中的受贿者受到刑事制裁，因为反腐已经成为全社会的共同呼声，无论它存在于哪个领域。

2.2 体育管理体制改革是推动体育法治进步的关键

纵观改革开放以来我国的体育管理改革，大致可以分为两个阶段：一是“举国体制”阶段；二是探索“管办分离”阶段。举国体制阶段大致自1978年改革开放到1993年5月国家体委下发《国家体委关于深化体育改革的意见》（以下简称《意见》）及5个附件为止。“举国体制”的典型特征就是与计划经济模式相适应，体育全部由政府来包办，国家主要通过行政手段和财政手段来管理体育，没有市场和社会资源参与办体育的空间。这种管理体制基本上靠政策、决定、意

〔1〕 田思源：“改革开放三十年我国体育法治建设的回顾与展望”，载《法学杂志》2009年第9期。

〔2〕 参见于善旭：“《中华人民共和国体育法》的颁行成效与完善方案”，载《体育科学》2015年第9期。

见和通知之类的行政红头文件来指导体育改革和发展，基本上没有法律存在的空间，因为在这种体制下，不会产生多元利益主体，国家既是办体育的主体，又是管理体育的主体，被管理者，如运动员、教练员、裁判员、体育协会、体育学校，都是国家体育机器中的一个部件、一颗螺丝。在这种管理体制下，只有国家利益、政府利益、部门利益。除了政府部门间利益冲突、地方政府和中央政府的利益冲突，没有个体利益存在的空间。而前述利益冲突完全可以靠下级服从上级的行政命令方式加以解决，并不需要法律手段。这一点，从前述体育法治第一阶段中法律、行政法规很少，多为部门规章的法律形式来管理体育这一事实也可以看得出来。

随着国内社会主义市场经济体制不断推进的影响，这种体制的弊端日益呈现出来，基于借鉴国际体育管理模式以及稳步推进改革的考虑，1993 年国家体委以《意见》为统领启动了第一轮体育管理体制改革。《意见》规定了 20 世纪 90 年代体育改革的总体目标就是“改变原来在计划经济体制下，单纯依赖国家和主要依靠行政手段办体育的高度集中的体育体制，建立与社会主义市场经济体制相适应，符合现代体育运动规律,国家调控，依托社会，有自我发展活力的体育体制和良性循环的运行机制，形成国家办与社会办相结合、集中与分散相结合的格局。力争在世纪末初步建立具有中国特色的社会主义体育新体制”。中国的体育管理体制迈入第二阶段，即探索“管办分离”，国家和社会共同办体育阶段。

《意见》的主要精神实际上反映在了继后所制定的《体育法》中，《体育法》因此形成了社会体育、学校体育、竞技体育三大板块，并在第 3 条中明确规定：“国家推进体育管理体制改革。国家鼓励企业事业组织、社会团体和公民兴办和支持体育事业。”确立了“体育工作坚持以开展全民健身活动为基础，实行普及与提高相结合，促进各类体育协调发展”的工作方针。但从立法层面来看，由于服务于奥运争光战略的紧迫需求，这一时期虽然提出了改革政策和思路，但国家体育工作的主要精力还是放在竞技体育上，而且作为改革成果所建立的体育项目管理中心也基本围绕“金牌战略”开展工作。社会体育和学校体育工作在这一时期在某种程度上被忽视，既造成了学生体质的连年下降，又造成人民群众日益增长的健身需求与体育资源因过于倾向于竞技体育所造成的资源分配不均之间的矛盾日益突出，以至于奥运会结束后，反思体育发展不平衡，体育改革进程缓慢的质疑之声很快爆发。[1]这便催生了《全民健身条例》的出台，并连续实施了两期《全民健身计划》，国务院办公厅发布《关于加快发展体育产业的指导意见》，

---

〔1〕 参见林思云：“奥运金牌的陷阱”，http://talk.163.com/05/1018/17/20C5DF6U00301JAK.html，转引自人民论坛，最后访问时间：2018 年 3 月 27 日。

体育工作开始进入竞技体育和社会体育同步发展的时期。

2.3 体育法治的全面推进需要立法先行，政府推动

改革开放初期，社会主义法制建设的要求是“有法可依，有法必依，执法必严，违法必究”十六字方针。有法可依是实现社会主义法制的前提。就体育法制工作而言，首先需要解决的当然是体育基本法以及相配套的行政法规和部门规章需要尽快制定出来。第二个阶段的主要成就就是初步建成了以《体育法》为引领，《学校体育工作条例》《全民健身条例》《反兴奋剂条例》等行政法规为基础，体育部门规章为主体的一个相对完整的体育法律体系。

有法可依只是实现了法制建设的第一步。这些法律法规能否得到有效的实施则主要取决于执法机关和司法机关。由于我国目前所形成的体育法律法规和规章，从内容看主要还是体育行政管理法，因此体育行政部门以及相关部门，如学校体育所涉及的教育部门能否将这些法规落到实处，对于体育法制建设的实现就显得极为重要。因此，体育法制建设由政府推动，各级政府层层落实就是必然要求。从前述中国体育法制发展的进程来看，基本上也是先有立法，之后上到国务院，下到国家体委或国家体育总局，再到地方各级政府，都是通过一系列改革政策文件、办公厅文件、通知、会议纪要等非法律文件来指导各级政府落实体育法制的。

十八届四中全会后，中央提出社会主义法治建设总目标是“形成完备的法律规范体系、高效的法治实施体系、严密的法治监督体系、有力的法治保障体系”“依法治国、依法执政、依法行政共同推进”“法治国家、法治政府、法治社会一体建设，实现科学立法、严格执法、公正司法、全民守法，促进国家治理体系和治理能力现代化”。这是继全国人大宣布有中国特色的社会主义法律体系初步形成，“有法可依”的目标基本完成的情况下所确立的新时期的法治方针。随着我国体育法律体系的初步形成，体育法治建设也将转向更加科学地立法，重点工作是要建立起高效的法律实施体系，严密的体育法治监督体系和有力的体育法治保障体系，这三个体系不能建立和完善，也难以实现严格执法和全民守法。就体育领域而言，无论是科学立法方面，还是法律实施、法治监督、法治保障体系方面，都还存在诸多不足。尤其是后三个体系建设上，恰恰构成体育法治的短板，而这三个体系的建设通常需要政府有所作为，法律实施的关键是严格执法，法治监督中虽然人大监督十分重要，但对于监督所反馈问题的整改仍然依赖政府，而法治保障，如人、财、物的提供也同样依赖各级政府的担当。因此，从体育法治三阶段的历史考察中亦不难发现，什么时候政府高度重视了体育问题的存在，问题的解决也就指日可待，相反，如果政府对问题置若罔闻，或者虽然表面重视而实质上举重若轻，那么，问题就会变得日益严重，比如中等教育多年重视升学率

而忽视学校体育工作，就导致了学生体质的持续下滑。

3. 我国体育法治建设的不足

3.1 体育立法呈现行政管理性立法导向，忽视体育参与主体的权利义务配置

由于我国的体育管理长期实行的是“举国体制”，被管理者缺乏主体地位，因此，体育法所确立和肯定的也基本上是长期形成的管理关系。纵观整部《体育法》，一是缺乏公民体育权利的规定，二是虽然也有“全国单项体育竞赛由该项运动的全国性协会负责管理”的规定，但体育协会基本上缺乏自治的权利，这种状况即使在实行“管办分离”“政事分开”的改革后，依然没有根本改变。究其原因，一是最高位阶的法律缺乏规定体育协会自治权利的授权性规范。二是各级体育协会依然实行的是行政管理体制，没有实现与体育行政部门的完全脱钩。三是即使法律有了授权自治的规范，但如果未规定各类体育主体所享有的各项具体的权利，各体育主体要行使权利依然会面临无法可依的尴尬局面。四是立法中“法律责任”过于疲软。这不仅体现在法律责任条文太少，而且仅有的条文也存在逻辑结构不严、责任形态混杂、内容规定含糊、救济方式缺位等缺陷，多数法律责任更因体制原因长期得不到追究。[1]体育立法存在着的这些问题遭到学界普遍诟病，体育立法多数沦为未长牙齿的“软法”，这样的立法模式，要保证实现体育法治将比较困难。

3.2 体育执法机制不健全，体育行政执法追责难

立法的质量将直接关系到执法的品质，粗线条的立法必然会给体育执法带来困难，而法律责任规定的缺失也直接导致执法机关对违法行为无法追责。例如导致全民健身场地和设施不足的问题并不是因为法律缺乏规定，《公共文化体育设施条例》第15条明确规定：“新建、改建、扩建居民住宅区，应当按照国家有关规定规划和建设相应的文化体育设施。居民住宅区配套建设的文化体育设施，应当与居民住宅区的主体工程同时设计、同时施工、同时投入使用。任何单位或者个人不得擅自改变文化体育设施的建设项目和功能，不得缩小其建设规模和降低

---

〔1〕 参见梁恒：“我国现行体育法律文本法律责任规定的缺陷与完善”，载《武汉体育学院学报》2014年第3期。

其用地指标。”但在实践中，多数居民住宅区都砍掉了小区内的体育场地和设施规划和建设，由于并没有联合执法机制，体育行政主管部门无权直接参与住宅区的竣工验收，导致违反法律的行为根本得不到追究。在“法律责任”一章中，虽然有规定文化、体育、城乡规划、建设、土地等有关行政主管部门及其工作人员，不依法履行职责或者发现违法行为不予依法查处的，对负有责任的主管人员和其他直接责任人员，依法给予行政处分；构成犯罪的，依法追究刑事责任。对侵占公共文化体育设施建设预留地或者改变其用途的，由土地行政主管部门、城乡规划行政主管部门依据各自职责责令限期改正；逾期不改正的，由作出决定的机关依法申请人民法院强制执行。但在实践中因种种原因对这些行政不作为行为的行政责任往往很难追究。

这就不能不让我们反思这类以行政追责为主的立法形式之弊。如果我们转换思路，将享有充足的住宅区体育设施作为一项公民权利在立法中加以确立，则公民便可对建设方取消体育场地和设施建设义务的行为提起民事诉讼，从而以民事权利对抗体育不法行为，相信这将比单纯的行政权监管更有威力。可见确立以公民权利为导向的体育立法要比现行的行政监管导向型立法更有执行力。同样，《学校体育工作条例》中所规定的保证学生每天锻炼时间不少于一小时的规定也没有得到很好的执行，那些没有执行这一规定的各级体育行政主管部门、校长们也没有被追责。由于竞技体育、学校体育、社会体育所涉及的部门很多，国家并没有建立起统一的体育执法监督机制，多数体育行政部门也没有专门的体育执法队伍，这些体制机制的缺失导致体育执法乏力，体育不法行为追责难。近几年来，随着全民健身工作日益受到重视，不少地方人大开始组织对地方政府实施《全民健身条例》的情况进行监督检查，但这种监督并非常态化的监督，虽能起到一定作用但无法保证各项体育法律法规的日常执行处在常态化的监督之下，难免助长体育执法不作为的投机心理。因此，从长远来看，建立像工商、食品药品、环境保护、城市管理那样常态化的执法机制和队伍，对于促进体育执法工作而言是必要的。

4. 未来我国体育法治建设的着力点

4.1 体育立法应实现由管理性立法向权利保障性立法的转变

管理性立法的特点是：法律主要是国家与部门政策、工作方针、原则、习惯做法的规范性表达，这种立法往往以政府权力的行使为中心。尽管政府义务条款多但法律责任弱化，因为它们或直接出自行政机关，或由国家委托行政主管部门行使立法权，行政机关为减轻自己的责任必然弱化责任规定，但却给行政相对人苛加诸多义务。而权利保障性立法则以保护公民权利为目标，动员社会公众广泛参与立法过程，法条对于公民权利的规定具体，通过张扬公民权利限制行政权力体现出来，使得权利义务条款配置对称，法执行的社会推动力巨大，因此，法效力往往更加突出。前已述及，目前我国的体育立法主要还是管理性立法居多，权利保障性立法尚未受到重视。即使保障公民健身权利的《全民健身条例》明确规定了公民享有健身权利，但对于这种权利的具体内涵并未明晰，其中虽然规定了若干政府应当如何的义务条款，但在“法律责任”一章对这些义务未得到履行应承担的责任则缺乏一一对应的规定，这就使诸多政府义务条款成为倡导性条款、弹性条款、软条款。而公民权利的缺失也让他们无法据以主张权利，进而实现通过公民社会促进政府依法行政。

值得注意的是，在笔者有幸参与的新一轮《体育法》的修订中，虽然多数学者已经充分认识到弘扬体育权利在《体育法》修改中的重要意义，但对于如何在体育法中规定体育权利，将体育权利规定到何种程度仍存在不同认识。一派学者主张沿用《全民健身条例》的做法，笼统地规定体育权利，尤其是在《体育法》这一体育基本法中，没有必要将体育权利的内涵具体化，可以留待未来的各个条例修订中加以细化；另一派则认为，《体育法》作为体育基本法，理应将体育权利的内涵加以明确，细化体育权利的规定，而不是留待未来不可期的各个条例再去规定，因为在全民健身与全民健康国家战略日趋融合的新时代，需要的是一部能够引领体育改革，促进体育管理体制改革，为公民权利提供具体保障的体育基本法律。如果在《体育法》中还只是笼统地宣称体育权利，只增加一些“运动员的合法权益受法律保护”之类空洞的文字，而这些权利究竟为何而不知的话，那么，期待未来公民的体育权利能够得到切实有效的保障只能是一句空话。笔者赞同抓住《体育法》修订这一契机，细化体育权利条款，真正将《体育法》制定成为一部体育管理和体育权利保障协调共进的具有新时代中国特色的体育基本法。

4.2 完善体育执法机制，强化法律责任追究

随着新时代体育法律法规日渐完善，执法变得越来越重要。依法治体最终要落实到法律实施的效果上，但“徒法不足以自行”，执法在法治体育中就显得十分重要。要避免有法可依但执法不严的体育行政管理困境，完善依法治体下的体育行政执法体制，是落实依法治国战略于体育领域的重要一环，这需要在行政执法体制构建、执法队伍建设、执法程序规范化、执法监督等各个环节用力。

规范体育执法行为，从而实现体育系统权力运行规范化，保证体育强国战略

稳步推进，首先是要改革调整体育执法权的职能配置。其次是要明晰体育执法机构的职能和定位。在成立各级体育行政执法机构的同时，要对专门的执法机构落实责任分工和职能定位。这些职责包括：①监督检查体育法律法规及文件规范的执行情况，督促依法治体进程，提升体育法治运行绩效；②负责对体育违法违规行为依照相关法律法规的规定进行行政处罚，通过行政处罚矫正体育领域存在的各种违法违规乱象，净化体育环境；③加强体育法律法规宣传和培训，特别是运用典型违法案例进行警示教育。最后是加快建立专业性的教育执法队伍。教育行政执法本身就是一项专业性极强的工作，必须注重执法队伍的建设：①提升教育行政执法者的政治素质和业务素质，通过各种法治培训和行政管理培训，将体育行政执法队伍的整体工作能力提升到法治所要求的高水平上来；②建立健全教育行政执法人员资格管理制度，要像食品药品、环境、工商行政执法、城管监察执法那样，执法人员必须通过专门的执法资格考试，确保执法程序的合法性；③加强行政执法人员职业道德规范建设，建立执法人员的违法违规行为责任追究机制。

4.3 探索建立体育权利侵害救济机制，将涉及侵害不特定多数人体育权利的行为纳入公益诉讼范围

随着未来体育事业和体育产业的快速发展，公民体育权利的确立，公民和体育组织，包括竞技体育的参与者，如运动员、裁判员、教练员、体育俱乐部等的权利意识必将日益提高，体育法律纠纷也将日益增多，目前的体育纠纷解决机制必将受到挑战。一是国际上普遍通行的职业体育纠纷主要通过体育仲裁加以解决的机制在我国尚未建立。目前仅有体育组织内部的仲裁，但尚未建立起独立中立的第三方仲裁机制。二是对于诉诸司法渠道的体育纠纷，因普通法院的法官缺乏体育法专业知识，对体育法的特殊性不了解，往往导致裁判背离体育发展的内在要求。比如，法官对何种情况下应当适用“自甘风险”原则处理体育伤害纠纷理解的不同就导致“同案不同判”的现象；对球员合同纠纷简单的套用劳动合同法而忽视运动员工作合同的特殊性；对体育转播权的性质认识上的分歧导致判决理由不一；对国际体育仲裁排斥司法管辖的惯例理解不深而盲目行使司法管辖权；等等。国际上有学者将这些体育领域的特殊规则统称为“Lex Sportiva”[1]。正是因为体育纠纷具有专业性、特殊性，一些国家，如体育运动较发达的意大利、德国等开始设立体育法庭（设在普通法院内），有的国家甚至成立了单独的体育法院。因此，有学者建议我国也可以借鉴这种做法，设立体育法庭。体育法庭的法官应热爱体育事业，通晓体育法律。体育法庭在审理某些专业性较强的体

---

〔1〕 参见姜熙等：“‘全球体育法’：一种新的法律形态——Lex Sportiva 的‘全球法’属性研究”，载《上海体育学院学报》2014 年第6期。

育纠纷案件时，可以邀请一些体育专业人士作为人民陪审员来共同审理案件。[1]

另一方面，之所以出现前文中所述法有明文规定行政机关的责任但普遍存在行政不作为的情形，在某种程度上乃缺乏以公民权利来制衡行政权力的机制。如果公民被普遍赋予了可以制约行政权力的公民体育权利，如侵害学生接受体育教育的权利、侵害公民享有的健身场地和设施的权利，学生或其代理人对学校、利益相关的公民对开发商可以提起民事诉讼，那么将会大大促进公民维权的积极性，以私人力量监督行政不作为行为。如果说学生接受体育教育的权利、公民享有的健身权被视为一种事关国民健康的社会公共利益的话，还可以考虑赋予检察机关提起环境公益诉讼那样的权利，由检察机关对侵害不特定多数公民体育权的行为提起公益诉讼。相信这将有助于增强全社会的体育权利意识，也会真正地把全民健身与全民健康融合的理念以司法保障的形式呈现在国人面前。

〔1〕 参见杨帆："我国体育纠纷诉讼解决机制的不足与完善"，载《天津体育学院学报》2006年第2期。

改革开放40年来我国体育法治的进展、难点与前瞻[1]

王家宏　赵　毅[2]

摘　要　改革开放40年来，中国的体育法治建设取得了巨大进展，顶层设计日趋重视体育法治工作，体育法在中国特色社会主义法律体系中已经成为一个重要的行业法和跨部门领域法，体育行政执法工作成效显著，司法积极介入体育争议，体育普法和体育法学教学研究工作深入开展。但现阶段体育法治建设也面临着诸多难点，突出表现在完善全民健身国家战略的法治环境，构建竞技体育深化改革的法律机制，强化体育社会团体改革的法律保障，探索体育产业新型法律问题的解决路径，亟待建立体育仲裁机构。前瞻新时代的体育法治建设，重点在于坚持依法治体基本方针不动摇，进一步健全体育法律法规体系，探索体育产业新型法律问题的民商事解决路径，加快建立体育仲裁机构，完善体育法治文化建设。体育法治建设是体育强国建设的内在需求，体育强国建设是体育法治建设的奋斗目标，体育治理法治化将成为我国实现从"体育大国"到"体育强国"转变的根本保障。

关键词　改革开放40年　体育法治　体育强国

改革开放40年，既是中国成为体育大国、迈向体育强国波澜壮阔的40年，

---

〔1〕 本文已发表于《上海体育学院学报》2018年第5期。基金项目：国家社会科学基金重大项目（16ZDA225）；司法部2015年度国家法治与法学理论研究课题（15SFB3004）；中国博士后科学基金第61批面上资助（2017M610345）；2016年度"江苏省博士后科研资助计划"（1601184B）。

〔2〕 作者简介：赵毅（1979～），男，江苏江阴人，苏州大学王健法学院副教授，法学博士；王家宏（1955～），男，江苏苏州人，苏州大学体育学院教授，博士生导师。

又是体育法制从无到有、从体育法制走向体育法治过程中取得辉煌成就的40年。体育法制，重在静态的规则构建；体育法治，则强调动态的展开过程。“法治”不仅仅囊括了“法制”意涵下所包容的实在法秩序，对应的更是一种社会控制模式，指引人们通过或者主要通过法律对国家的治理而求得理想社会的实现。[1]体育法制向体育法治的转变，构成了改革开放40年来中国法治建设和依法治国方略实施的重要组成部分，是伴随中国市场经济发展、民主政治实践、理性文化成长和现代化进程展开的必然选择。

按照亚里士多德的经典表述，法治有两个基本的构成要素：“已成立的法律秩序获得普遍的服从；而大家所服从的法律又应该本身是制订良好的法律。”[2]在现代社会，法治又被赋予了法律至上、保障人权、限制权力和程序公正等多项内涵。[3]基于这些标准，本文将梳理改革开放40年来我国体育法治的进展，提炼当下法治建设尚存之难点，最后重点提出新时代我国体育法治发展的前瞻性思路。

1. 40 年来中国体育法治的进展

1.1 顶层设计层面

改革开放40年来中国体育法治最大的进展，莫过于顶层设计日趋重视体育法治工作。通过在1982年《中华人民共和国宪法》（以下简称《宪法》）“总纲”和“国家机构”两章写入体育条款，体育法治获得了作为一国基本法的《宪法》文本的坚实支撑。在《中华人民共和国体育法》（以下简称《体育法》）的制定、实施过程中，全国人大和国务院有关部门给予了大力支持，为体育法治发展奠定了坚实基础。在各地体育事业和法治建设的迅速发展中，体育法治建设也逐渐成为地方党政工作的重要组成部分。

党的十八大以来，以习近平同志为核心的党中央多次提出完善体育法治的构想。《关于加快发展体育产业促进体育消费的若干意见》（国发〔2014〕46号，以下简称46号文）明确提出：“完善体育产业相关法律法规，加快推动修订《中华人民共和国体育法》，清理和废除不符合改革要求的法规和制度。”《中国

〔1〕 参见张中秋等：《法理学——法的历史、理论与运行》，南京大学出版社2001年版，第63页。

〔2〕［古希腊］亚里士多德：《政治学》，吴寿彭译，商务印书馆1965年版，第199页。

〔3〕 参见周永坤：《法理学——全球视野》，法律出版社2010年版，第451~452页。

足球改革发展总体方案》（国办发〔2015〕11号）要求：“完善国家相关法律法规和足球行业规范规则，打牢足球治理的制度基础。”在《体育发展“十三五”规划》中，“法治”成为出现频率达12次的关键词，“推进依法治体，提升体育法治化水平”成为“十三五”时期促进我国体育全面协调可持续发展、努力实现建设体育强国目标指引下的共识。

1.2 立法层面

40年来，《体育法》在中国特色社会主义法律体系中已经成为一个重要的行业法和跨部门领域法。2011年，时任全国人大常委会委员长吴邦国宣布，以宪法为统帅，以民法、刑法、行政法等多个部门的法律为主干，由法律、行政法规、地方性法规等多个层次的法律规范构成的中国特色社会主义法律体系已经形成。在这一法律体系中，体育法扮演着行业法和兼跨行政法、民商法、刑法多领域法的角色。四十年来的改革开放，行业分工日益成熟，法律发展呈现出行业法规范日趋细密化的趋势。[1]作为《国民经济行业分类与代码》中明确列出的一个行业，体育行业本身存在着特殊的法律保障需求，为体育行业立法和跨部门领域立法关注体育特殊问题提供了实践基础。

自1995年《体育法》颁布至今，我国多层次的体育法律法规体系已经初步确立。《宪法》和宪法性法律中的体育条款处于这一体系的顶层位置，作为行业基本法的《体育法》是整个体育法律法规体系的核心，《中华人民共和国公共文化服务保障法》中的体育条款和《全民健身条例》《奥林匹克标志保护条例》《公共文化体育设施条例》《反兴奋剂条例》《学校体育工作条例》《彩票管理条例》《外国人来华登山管理办法》等七部行政法规构成了《体育法》的重要支撑，国家体育总局和有立法权的各地方人大及其常委会、地方政府制定了相当数量的部门规章、地方性法规和地方政府规章，奠定了我国体育法律法规体系的坚实根基；另有中国足协等体育社团中存在的大量内部自治规范为补充，它们共同组成了体育行业的有力立法保障。

按照法治的标准，立法的民主化、制度化至关重要。特别对于行业立法和地方立法而言，较易为部门利益和地方利益所左右。早在1987年，国家体育行政部门就通过出台部门规章规范行业立法工作。自1997年起，体育立法规划开始系统编制。在《中华人民共和国立法法》（以下简称《立法法》）颁布以后，国家体育总局于2005、2017年先后颁布了《国家体育总局规章制定程序规定》和《国家体育总局规章和规范性文件制定程序规定》，为行业民主、规范立法提供

---

〔1〕 参见孙笑侠：“论行业法”，载《中国法学（文摘）》2013年第1期。

了制度依据。国家体育总局要求：制定、修订规章，应在国务院法制办规章草案征求意见平台向全社会公开征求意见，时间不少于1个月；规章和以总局名义发布的规范性文件草案需报送政策法规司进行合法性审查，并在修改意见的基础上形成送审稿，经政法司核准后提请局长办公会议审议〔1〕。在一些地方，已经能够严格落实规范性文件制定程序，切实履行听取公众、管理对象、专家意见、局法制机构内部合法性审查、集体讨论通过、报省法制办审查等环节，立法的民主化和制度化水平明显提高。

1.3 执法层面

40年来，体育执法工作的一大亮点即体育行政审批制度改革。“进一步简政放权，这是政府的自我革命”。〔2〕在2014年9月2日召开的国务院常务会议上，李克强总理对体育系统深化改革提出了明确要求，释放出推进我国体育领域简政放权的信号。46号文要求全面清理不利于体育产业发展的有关规定，取消不合理的行政审批事项，取消商业性和群众性体育赛事活动审批。《体育发展“十三五”规划》提出进一步厘清体育行政部门权力边界，减少审批事项，放宽市场准入，实施负面清单管理模式，加强事中事后监管。为了在体育执法领域有效实施《中华人民共和国行政许可法》（以下简称《行政许可法》），国家体育总局和各地体育行政部门在体育行政审批改革上进行了卓有成效的工作。2014年颁发的《国家体育总局关于推进体育赛事审批制度改革的若干意见》对体育赛事审批制度改革进行了专门部署，上海、浙江、苏州等地方体育行政部门在推进放管服改革、完善事中事后监管措施、创新管理模式上积累了相当多的经验。

《体育法》实施以后，各地体育行政部门就体育行政执法建立了相关工作机制，明确了体育行政执法机构和执法人员的任务、权限、程序和行为规范，普遍建立了体育行政执法责任制，创新了行政许可、行政处罚及执法检查结果公示通报、体育行政执法全过程记录、体育行政执法案卷记录等各方面管理措施，通过严格依法依规开展体育行政执法工作，有效规避执法风险，防止滥用职权。有的地方切实履行高危体育项目市场监管职责，加大执法检查和违规处罚力度，有力提升了体育执法的威慑力。另外，随着体育法治建设工作的推进，《体育法》的贯彻实施和执法监督检查工作被越来越多列入各级人大、政府和体育行政部门的工作内容，并通过出台地方性法规、规章和规范性文件，形成了常态化机制。国

---

〔1〕 参见政策法规司：体育总局政法司关于印发《国家体育总局2018年度规章和规范性文件制定计划》的通知，http://www.sport.gov.cn/zfs/n4974/c844820/content.html，最后访问时间：2018年5月16日。

〔2〕 李克强：政府工作报告——2015年3月5日在第十二届全国人民代表大会第三次会议上，http://www.gov.cn/guowuyuan/2015-03/16/content_2835101.htm，最后访问时间：2018年5月16日。

家体育总局多次对体育执法和监督检查工作进行部署，组织各级体育行政部门或者联合国务院有关部门，对有关行政法规的实施、反兴奋剂工作、公共体育场地设施的建设与使用、全民健身工程建设、体育活动经营、体育安全卫生等工作开展了各种执法检查，有效促进并确保了体育行政执法的规范化发展。

1.4 司法层面

司法是依法治体的重要环节。司法介入体育争议并不必然影响体育自治的实现。根据现行《体育法》第32条，只有在竞技体育活动中发生的纠纷，才能作为体育行业内部争议排除民事法院管辖。这也就是学理上所谓的技术规则例外原则，因为技术规则只关乎运动本身，而司法救济作为一种非全能救济和广义救济，理应保持谦抑性和谨慎介入理念。除此之外的体育争议，我国法院都应有管辖权，这也是一个国家司法主权的重要体现。40年来，司法介入体育争议的范围在逐步扩大。随着体育产业的快速发展和人们维权意识的提高，体育民事纠纷日渐增多，受囿于行业纠纷解决机制的不健全和独立体育仲裁机构的缺失，向司法寻求救济成为当事人的重要选择。我国法院通过司法介入体育行业的最主要途径也即对体育民事纠纷进行居中裁判。根据最高人民法院主办的“中国裁判文书网”（http://wenshu.court.gov.cn/）的大数据统计显示，截至2018年5月16日，关键词为“体育”的司法文书已经达到14万份之多。通过司法判决，我国法院进一步认可了体育自治法的法源地位，《奥林匹克宪章》《国际足联章程》《中国篮球协会章程》等体育自治组织章程和体育技术规则作为“软法”，被司法机关在个案中承认并援引于裁判文书中，与体育国家法共同构成了调整体育社会关系的规范源泉。[1]

在民事领域外，刑事司法对于肃清体育领域腐败行为产生了重要作用。1998年的“甲B假球事件”直接导致了第一次打击职业足球腐败行为运动，以裁判龚建平于2002年被判受贿罪告终。但龚建平是否为受贿罪构成要件上的“其他依照法律从事公务的人员”存在争议，《中华人民共和国刑法》（以下简称《刑法》）为此在2006年专门修订，将“非国家工作人员受贿罪”扩大到公司、企业以外的其他单位的工作人员，球员和裁判员由此被明确纳入该罪文义范围。2009年，司法机关加大了足球领域腐败行为的打击力度，南勇、谢亚龙、杨一民等足协高官先后落马，祁宏、申思、江津、李明等球员，陆俊等裁判和中超公司原总经理吕锋等先后被判处刑罚。刑事司法对体育腐败行为的介入，有效震慑了行业不正之风，保障了正常的比赛秩序和社会秩序，维护了体育的公平竞争

---

〔1〕 参见赵毅：“依法治体中的司法问题——基于我国法院裁判文书的考察”，载《上海体育学院学报》2016年第1期。

精神。

1.5 普法层面

40年来，国家体育总局持续编制了七个全国体育系统法治宣传教育五年规划，先后出版了《体育法规知识讲座》《运动员普法手册》《〈中华人民共和国体育法〉学习辅导材料》等十余部普法读物，将每年10月1日定为“体育法施行纪念日”，多次与其他部门和新闻媒体联合举办体育法知识竞赛和有奖征文活动，形成了全社会体育法制宣传学习的良好氛围。基于普法与执法相结合、坚持系统内普法与社会普法并重的基本原则，各级体育行政部门把普法纳入了本部门工作总体布局，制定本部门普法规划、年度普法计划和普法责任清单，建立健全普法领导和工作机构，明确具体责任部门和责任人员，充分利用体育法律法规规章起草制定过程向社会开展普法，极大提升了普法宣传工作在体育法治建设中的地位。

体育法教学与研究是体育普法工作的重要组成部分。《体育法制建设“十一五”规划》和《体育法制建设“十二五”规划》先后强调，在体育院校开展体育法教学工作，将体育法课程列入教学计划。教育部在2003年《全国普通高等学校体育教育本科专业课程方向》中的“社会体育方向”设置了“体育法学”课程，由此为多所体育院校开设体育法必修课提供了依据。[1]随着体育法治人才需求的加大，我国法学院校的体育法教学也逐步形成体系，包括在本科阶段开设体育法选修课程、硕士阶段在相关学位点设立体育法研究方向、博士阶段设立专门的体育法学位点。体育法学教材也初步形成体系，董小龙、郭春玲主编的《体育法学》入选普通高等教育“十一五”国家级规划教材，刘举科、陈华荣主编的《体育法学》入选全国高等学校体育教育指导委员会审定的体育专业选修课程教材，周爱光编著了研究生教学用书《体育法学导论》。此外，在各体育院校和法学院系，从事体育法教学的教师队伍也日益壮大。

改革开放40年，也是体育法学研究从无到有、从初成雏形到深化发展的40年。在2005年中国法学会体育法学研究会成立以后，体育法研究进入快速发展阶段，清华大学等多所高校成立体育法学研究机构，北京、天津、山东、辽宁、河北、江苏等地在地方法学会或体育科学学会架构下成立了省级体育法学研究会，有关体育仲裁制度、奥运会法律制度、依法治体、体育社团改革等主题的学术会议和学术活动广泛开展。体育法学的科研资助和学术成果不断增多，研究范围从中国体育法扩展到外国体育法和国际体育法、从体育立法扩展到体育执法和

---

〔1〕参见韩勇、高岩：“我国体育法课程开设情况研究”，载《体育法前沿（第1卷）》，中国法制出版社2016年版。

司法、从文本研究拓展到案例研究，针对体育特殊性问题的探讨不断深化，“很多学者在体育法学研究、体育法治宣传教育和研究成果转化中，发挥了专家智囊的重要作用”。〔1〕我国还积极发起与参与亚洲体育法学会活动，主办和参与世界体育法大会，在推动体育法学的国际交流合作方面取得了积极成效。

2. 现阶段体育法治的难点

2.1 完善全民健身国家战略的法治环境

当前，体育领域的突出矛盾表现为人民群众日益增长的体育活动需要和不平衡不充分的体育服务供给之间的矛盾。2017 年6 月，洛阳王城公园篮球场出现的打篮球年轻人与跳广场舞老年人的冲突集中凸显了当前的全民健身短板，深层次问题即全民健身的制度供给不足。公共体育设施开放和政府购买体育公共服务的长效法律保障机制尚待确立，中央与地方发展全民健身的职权与责任尚待明晰，国家有关全民健身的政策设计空转有余，落地不足。体育部门与其他部门相互的长效协同机制亦不完善，对现有政策资源的有效配置尚待整合，可操作性有待强化。在46 号文规定体育场馆相关税费优惠后，直到财政部、国家税务总局出台《关于体育场馆房产税和城镇土地使用税政策的通知》，该项政策优惠才落到实处。所以，全民健身尚需以法治的方式发展各种机制，克服各种阻力，动用各种资源。〔2〕

2.2 构建竞技体育深化改革的法律机制

竞技体育的深化改革意味着传统的举国体制与市场化导向的职业体育发生碰撞，出现了大量法律难题。以宁泽涛事件为例，运动员的无形资产到底归属于谁，游泳中心的《国家游泳队在役运动员从事广告经营、社会活动的管理办法》与国家体育总局颁布的《关于对国家队运动员商业活动试行合同管理的通知》并不一致，上位法则缺乏明确说法。运动员培养转型的法律保障机制尚有缺失，现有体制无法对绝大多数运动员的升学就业提供保障。运动员社会保障体系的长效机制亟待建立。在我国竞技体育取得夺目成绩的同时，运动员“退役致残”

---

〔1〕 中国法学会体育法学研究会编：《中国体育法学十年（2005－2015）》，中国法制出版社 2016 年版，第7 页。

〔2〕 参见陈华荣：“实施全民健身国家战略的政策法规体系研究”，载《体育科学》2017 年第4 期。

“伤残难医”“老年无保”等却一直是我国竞技体育改革中不可回避的难题。整体而言，我国竞技体育领域法治化意识淡漠，侵犯运动员参赛资格权、劳动报酬权、公平竞争权、自由择业权、健康权、休息权的情况仍然存在。[1]所以，如何运用法治思维，从制度上构建运动员权利保护体系，对于中国竞技体育深化改革发展至关重要。

2.3 强化体育社会团体改革的法律保障

体育社团改革是中国深化改革的重要环节。自《中国足球改革发展总体方案》和《中国足球协会调整改革方案》颁布以来，以中国足协、中国篮协为代表的体育社团改革走上了快车道，体育社团改革也成为中国行业协会、商会脱钩改制运动的先锋。然而，体育社团改革的外部法治化环境有待改善，内部治理的法治化程度也有待提高。从外部环境看，应当重点通过发挥《体育法》《社会团体登记管理条例》《中华人民共和国政府采购法》《中华人民共和国公共文化服务保障法》和税收相关法律的协同作用，保障体育社会团体生存发展所需经费来源，明确体育社团的市场经营权能。从内部机制看，应当完善体育社团的法人治理模式，建立强制性规则和任意性规则结合的体育社团内部治理机制，实现国家意志和社团自治的有效结合。

2.4 探索体育产业新型法律问题的解决路径

我国体育产业的市场化改革还处于发展过程中，体育行业缺乏西方体育自治长期积累的规则意识，外部调整体育产业的特别民商事法律相对滞后，规则分散且缺乏针对性，这种状况已经难以适应体育产业市场化的需求。在体育产业权利保障上，体育冠名权、运动员形象权、赛事转播权等相关法律问题是目前体育产业中比较突出的问题，这些领域相关法律的完善直接关系到体育产业的健康发展。在体育产业市场竞争秩序方面，当前既面临体育产业领域行政垄断问题，也存在经济垄断问题，特别是隐形营销侵害赞助商权益问题，有必要在体育产业深化改革过程中强化体育产业政策的公平竞争审查机制。整体而言，体育产业外部的法律保障机制并不乐观，体育产业的法治建设滞后于体育产业实践，缺少高层次的体育产业立法，对于体育产业进一步健康向上发展形成了制约。

2.5 体育仲裁机构亟待建立

《体育法》第32条明确规定，由体育仲裁机构负责调解和仲裁竞技体育中发生的纠纷，由国务院另行规定这一机构的设置。然而，体育仲裁机构至今未有设立。而且，根据2000年通过的《立法法》，仲裁制度只能由法律规定，国务院已

---

〔1〕参见韩新君等：“对构建运动员权利保障体系的研究”，载《广州体育学院学报》2005年第6期。

经无权再行设置体育仲裁机构。专门仲裁机构的缺乏严重阻碍了中国体育行业纠纷解决机制的发展，导致涉外纠纷大都选择国际单项体育协会内部的争议解决机构或者直接向国际体育仲裁院申诉，国内纠纷则只有行业内解决路径或求诸司法。但是，对于行业内部的体育纪律处罚，我国法院一般持不干预体育自治态度，当事人只能在协会内部解决。中国足协和中国篮协都有内部的仲裁委员会，由于本质上是协会的内部机构，既缺乏独立性和中立性，又无法提供给当事人更多的救济机会。《中国足球协会章程》规定，禁止当事人将足球行业争议提交到国家法院，其内部仲裁委员会的裁决为终裁，这种自我设定仲裁效力的条款直接对国家法治权威提出挑战。依照《体育法》规定，建立专门的体育仲裁机构，已经成为制约我国体育纠纷解决机制与国际接轨的一大障碍。

3. 迈向新时代的体育法治前瞻

经过改革开放40年来的努力，中国特色社会主义进入了新时代。党的十九大报告指出，全面依法治国是国家治理的一场深刻革命，必须坚持厉行法治，推进科学立法、严格执法、公正司法、全民守法。从形式法治走向实质法治，就是要以良法促进发展、保障善治。前瞻新时代体育法治的建设，重点在于坚持依法治体基本方针不动摇，进一步健全体育法律法规体系，探索体育产业新型法律问题的民商事解决路径，加快建立体育仲裁机构，完善体育法治文化建设。

3.1 坚持依法治体基本方针不动摇

体育治理是国家治理的重要组成部分，依法治体则是体育治理的重要保障。[1]在改革开放40年来体育法治的发展进程中，依法治体基本方针已经获得了制度化确立。在国家体育总局2000年下发的《2000－2010年体育改革与发展纲要》中，“坚持依法行政，依法治体”被确立为新世纪我国体育改革发展的一项基本方针。2006年编制的《体育事业“十一五”规划》、2011年编制的《体育事业“十二五”规划》和2016年编制的《体育发展“十三五”规划》一直坚持该项基本方针不动摇。《国家体育总局贯彻落实〈法治政府建设实施纲要（2015－2020年）〉实施方案》进一步强调，围绕建设中国特色社会主义法治体系、建设社会主义法

〔1〕 参见白光斌等：“我国社会转型中的体育法治问题与国家治理——以国家治理能力为理论视角”，载《体育与科学》2015年第4期。

治国家的总目标，全面深入推进依法行政，依法治体，促进体育治理体系和治理能力现代化，为建设体育强国提供有力法治保障。

新时代的体育法治建设，应当在党的领导下，坚持依法治体基本方针不动摇。在我国多层次的体育法律法规体系已经初步确立的基础上，未来应当强化体育法律法规的贯彻落实和执法监督检查工作。全国人大教科文卫委员会、国务院法制办和其他有关部门多次对体育法律法规的学习宣传和贯彻落实开展座谈、调研，提出指导建议，有关领导同志专门对体育法治工作做出指示，一些相关部门领导同志亲自参与体育政策法律工作的培训授课。在2015年9月《体育法》颁布实施20周年座谈会上，全国人大常委会领导对《体育法》的学习贯彻做出重要指示，强调“要认真学习体育法，加强体育法的宣传，认真贯彻落实体育法、维护法律权威。”在近年来的两会上，一些人大代表和政协委员提出了一些有关体育法治工作的提案，有的已经被相关部门研究采纳，有力促进了体育事业和体育法治工作的发展。就全民健身国家战略的落实，各级政府重在准确理解和把握《全民健身条例》和《全民健身计划》的要求，切实担负起向全社会提供基本公共体育服务的职责，依法保障人民群众参加体育健身活动的权益。

坚持依法治体基本方针也需构建充实体育法治机构和队伍。从1987年起，原国家体委相继组建了法制工作领导小组、法规处、政策法规司、行政复议办公室和全国体育系统普法办公室。在地方，1993年以来省级和一些地级体育行政部门也开始设立专门的法制机构，建设了一批体育行政执法队伍，为体育法治建设提供了重要组织保障。[1]2008年北京奥组委和2022年北京冬奥组委专门设立了法律事务部，承担了保障奥运会依法运行、化解法律风险的重要使命。许多全国性体育单项协会和大型体育社团也设立了法律机构，聘请法律顾问的各级体育行政部门和体育组织日益增多，北京、天津、上海、杭州等地还在律师协会下成立了体育法专业委员会。这些社会机构和队伍成为体育法治建设的重要力量。但仍需看到，基层体育行政部门的法治人才不多，立法和司法机关了解体育法特殊性的专门人才亦较缺乏，从国家机关、社会团体到社会服务机构，组建全方位、立体化的体育法治机构，建设复合型、专业化体育法治人才队伍仍是新时代体育法治建设需要努力的方向。

3.2 进一步健全体育法律法规体系

在新时代体育法治建设进程中，体育法律法规体系的协调健全是不可或缺的关键一环。首先，应该加快推进体育基本法的修改。从国外体育强国的经验看，

---

〔1〕 参见国家体育总局编：《改革开放30年的中国体育》，人民体育出版社2008年版，第290页。

无论是美国将《业余体育法》修改为《泰德·斯蒂文斯奥林匹克和业余体育法》，日本将《体育振兴法》修订为《体育基本法》，还是韩国及欧盟诸国在体育基本法领域的修改调整，制定一个与迅猛发展的体育实践相匹配的体育基本法已经是保障大众体育与竞技体育协调发展、促进体育产业繁荣和体育强国格局形成的基本共识。我国现行《体育法》颁布于1995年，当时正处于计划经济向市场经济转轨时期，立法理念延续的仍然是“举国体制”思维模式，已经严重不能适应当前社会发展和深化体育改革的需要，无法适应当前体育事业发展呈现的多元价值目标，对体育产业、公共体育服务等领域出现的崭新实践不能进行有效回应与保障，[1]也无法发挥作为我国建设体育强国的法律支撑的作用。近年来，国家机关、社会舆论和学术研究已经对《体育法》急需修改、加快修改达成共识。在最近十年的全国人大、政协会议上，不断有代表委员提出修改《体育法》的议案或提案。2009年，全国人大教科文卫委员会在向全国人大常委会提交的代表议案审议结果报告中，将修改《体育法》纳入了国务院有关部门加强调研起草工作的建议。2011年，全国人大教科文卫委员会又再次对适时修订《体育法》作出明确表态。继列入国务院2010年立法工作计划后，修订《体育法》从2012年至2016年连年在国务院立法工作中立项。46号文对加快推动修改《体育法》也提出了明确要求。无论是国家相关部门的重视和支持力度，还是当前良好的社会舆论氛围，《体育法》修改工作已经处在一个良好时机，具备了有利条件。[2]

其次，应当进一步加大涉体配套行政法规的支持和协调力度。现有体育行政法规共7部，已经无法适应新时代体育事业跨界融合的需要。新时代的“体育”不仅仅是体育部门的体育，也是全社会的体育，只有站在整个社会经济发展的高度俯瞰，才能使得体育立法工作抓住重点、不留盲点。作为一种法律表现形式的行政法规的优势在于，它比人大立法更为灵活，适宜于规范那些暂时还无法上升到法律层面、却又具有较大跨部门特征的问题。比如，对于国务院办公厅2016年颁发的《关于进一步扩大旅游文化体育健康养老教育培训等领域消费的意见》，涉及体育、文化、旅游、工商诸多部门，应当通过制定行政法规夯实法律保障机制。2018年《中共中央国务院关于支持海南全面深化改革开放的指导意见》要求，“探索发展竞猜型体育彩票和大型国际赛事即开彩票”。目前作为我

---

〔1〕参见姜熙：“依法治国背景下《体育法》修改若干问题的探讨”，载《上海体育学院学报》2016年第1期。

〔2〕参见于善旭、李先燕：“论修改《体育法》的现实紧迫性与可行性”，载《武汉体育学院学报》2017年第9期。

国彩票立法最高层次的《彩票管理条例》能否创新制度保障机制，也待探索。现有的《学校体育工作条例》颁布于1990年，已经严重不适应现今学校体育工作的需要，对于当前社会反映突出的校园体育伤害问题，应当通过修改该条例，提供制度化解决方案。体育赛事转播权同样不仅涉及体育部门，也与广电部门、知识产权部门联系密切，如果在法律层面解决这一权利的性质和保护还不成熟，行政法规的先行先试将极有必要。

最后，充分发挥部门立法与地方立法的保障作用。在中国特色的体育法律法规体系中，《体育法》扮演的是基本法、上位法的地位，行政法规发挥的是跨部门体育法律问题的协调作用，在《体育法》与体育行政法规的引导下，部门体育立法和地方体育立法也应当充分发挥对依法治体的保障作用。改革开放40年来，我国在央地立法事权的内部分层和地方立法权的位阶体系中，逐步形成了从中央向地方梯度分权的、由省一级和设区的市一级组成的多层级、多元化立法事权体系。[1]当前体育领域部门立法呈现如下一些特点：融合度提升，多部门联合立法比重较大；惠民性明显，制度给力激发全民参与体育事业热情；及时性较强，能够及时回应体育事业发展需求。然而，体育部门与其他部门相互协同的部门立法长效协同机制还需逐步确立，对现有政策资源的有效配置尚待整合，可操作性有待强化。[2]就地方立法而言，我国《体育法》采用的是宜粗不宜细的立法技术，存在一些空白和模糊地带，为地方体育立法留下了相当空间，地方经济社会和体育事业蓬勃发展的需要构成了地方体育立法发展的土壤。自2008年北京奥运会成功举办以来，基于体育强国建设的实践需要，我国地方体育立法工作也迈入了快车道，在广泛开展法规清理与修订工作的基础上，年均制定地方体育立法文件70余件，[3]涉及全民健身、青少年体育、体育竞赛、体育产业、体育场地设施、运动员保障等多个领域，立法质量和法律实施工作也得到了显著提升。但是，我国地区体育发展的不平衡也在地方体育立法上体现出鲜明的区域差异。与东部地区地方体育立法数量较多、体系较为完备相比，中西部地区的地方体育立法还有待加强，相当一部分立法文件出自市级政府办公厅，位阶较低。从内容上看，真正具有针对性、可操作性、反映当地体育事业独特状况的地方体育立法尚不多见。所以，在进一步健全体育法律法规体系的过程中，部门立法和地方立法应当充分激发体育改革带来的制度创新的积极性与

---

〔1〕 参见封丽霞：“中央与地方立法事权划分的理念、标准与中国实践——兼析我国央地立法事权法治化的基本思路”，载《政治与法律》2017年第6期。

〔2〕 参见陈华荣：“实施全民健身国家战略的政策法规体系研究”，载《体育科学》2017年第4期。

〔3〕 参见张健：“中国地方体育立法现状与发展前景”，载《体育科学》2016年第11期。

创造性，为新时代的依法治体工作保驾护航。

3.3 探索体育产业新型法律问题的民商事解决路径

随着46号文的颁布，中国体育产业一下子被打上了一针强心剂，驶入了前所未有的发展快车道。面对日益红火的体育产业，夯实法律保障机制，探索新型法律问题的民商事解决路径显得尤为必要。在足球产业领域居于世界领先地位的欧盟，法律、判例和政策对职业体育发展产生了广泛影响。在内部市场方面，通过博斯曼转会案，欧盟取消了合同到期运动员的转会费制度，对运动员国籍限制根据情况进行了适当调整；在合理竞争方面，欧盟认为欧冠联赛、德甲联赛、英超联赛等的转播权出售方式尽管可能存在对已有欧盟条约的违背，但在考虑足球运动特殊性的前提下，通过规定转播场次等方面的要求，认可了集体出售转播权的合理性；在国家援助方面，法国通过政府补助，意大利通过俱乐部财务政策，对涉及公共福利的政府补助予以认可，但较多涉及经济领域的行为则需要进一步审核。[1]可见，法治保障是体育产业发展的必备前提。新时代的体育产业发展，亟需在法律保障机制建设上着力。

探索体育产业新型法律问题的民商事解决路径重点在于：

第一，明确球员工作合同的性质。对于球员工作合同是否属于劳动合同，现有学理和司法实践的认识并不统一。[2]单纯套用《中华人民共和国劳动合同法》的规制模式，未能考虑职业体育本身的特殊性，对职业体育的发展不利。但是，如果完全适用内部行业规则，又会对国家法治权威造成挑战。所以，较好的解决方式应是对职业球员工作合同进行单独立法，明确职业球员工作合同的特殊性，由此将极具特殊性之自治行规融入国家法体系。

第二，探索体育产业发展的反垄断法豁免路径。体育行业本身就有天然的垄断色彩。欧洲法院在博斯曼案判决后的基本观点就是，体育运动也应受到包括欧盟竞争法在内的欧盟法的管辖。在我国，体育领域的反垄断诉讼也已出现。2016年，经过一审、二审直至最高人民法院再审，被称为“中国体育反垄断第一案”的粤超公司诉广东省足协和珠超公司垄断案尘埃落定，法院对足球协会的反垄断主体地位和作为市场经营者的滥用市场支配地位进行了积极回应，明确了作为体育市场经营者的足球协会的《中华人民共和国反垄断法》（以下简称《反垄断法》）规制对象地位，意味着在体育行业领域出台的政策制度和一些在过去看来

〔1〕 参见杨铄等：“欧洲国家职业足球产业政策研究——以英国、德国、西班牙、意大利为例”，载《体育科学》2014年第5期。

〔2〕 参见朱文英：“2017运动员工作合同论坛综述”，载《体育成人教育学刊》2017年第3期。

是“行规”的惯常做法必须考虑与《反垄断法》的协调问题。[1]事实上，我国在十多年来学习发达国家体育职业化的道路上，也吸收了或正在吸收着国外职业体育发展过程中出现的经济垄断运作模式，如限薪、转播权集中出售、俱乐部准入、职业体育联盟等，在一定程度上加重了体育产业市场的经济性垄断问题。在体育产业发达的国家，基于体育领域的特殊性考量，一般会通过立法明确将体育产业中的部分领域如俱乐部准入、转播权出售等纳入反垄断豁免轨道，但由于我国体育产业政策法规不健全，《反垄断法》也缺乏明确规定，行业特殊性并不被认为是反垄断的豁免因素，导致国外成熟的职业体育运作模式被引入我国时，却有与国内反垄断规定冲突的风险。在美国，《体育赛事转播法》给予赛事转播权协议反垄断审查豁免，极大促进了美国的体育赛事发展。我国在未来的《反垄断法》修改中也亟待对包括足球产业在内的体育产业发展的反垄断法豁免路径给出积极回应。[2]

第三，为体育产业发展提供商事和无形资产法律保障。体育产业快速发展也会带来相当多的商事和无形资产保护问题。就职业体育俱乐部而言，由于其与一般企业并不相同，为了防止其片面追求盈利而妨害体育运动的本质目的，是否有必要对投资者权利予以一定限制呢？在法国，1984 年通过的《体育与身体活动组织与推广法》专门规定，超过一定营业额的俱乐部必须成立体育类有限公司或公私合营股份有限公司，虽然其他投资者可以进入，但俱乐部都必须保留至少 33% 的股份，以维持一定权力，起到限制投资者获得任何分红的作用。[3]随着中国经济进入新常态，足球俱乐部未来也必然面临重整、清算等破产法律问题。英国在此领域积累了大量经验。在 1986 年至 2007 年期间，英国有 43 个职业足球俱乐部进入“破产管理”程序，进入该程序，俱乐部就获得了合法的机会继续经营并有机会实现重整，其中的“足球债权人规则”可以保证作为债权人的俱乐部球员、教练、管理人员和联盟中其他作为债权人的俱乐部优先于非足球债权人得到清偿。[4]但在我国的《中华人民共和国公司法》《中华人民共和国企业破产法》等商事法律中，对于足球产业特殊性的关注还是一片空白。46 号文还提出，“通过冠名、合作、赞助、广告、特许经营等形式，加强对体育组织、体育

---

〔1〕 参见姜熙：“开启中国体育产业发展法治保障的破局之路——基于中国体育反垄断第一案的思考”，载《上海体育学院学报》2017 年第 2 期。

〔2〕 参见朱雪忠、杨曦：“美国体育赛事转播反垄断审查豁免规则及其对中国的启示”，载《科技与法律》2016 年第 2 期。

〔3〕 参见闫成栋、周爱光：“职业体育俱乐部投资者权利的保护和限制”，载《首都体育学院学报》2013 年第 4 期。

〔4〕 参见姜熙：“英国职业足球俱乐部破产制度研究”，载《西安体育学院学报》2014 年第 4 期。

场馆、体育赛事和活动名称、标志等无形资产的开发，提升无形资产创造、运用、保护和管理水平。”所以，也需立法、执法、司法多管齐下，多方合力，加大体育无形资产开发和保护力度，照现代企业制度改造体育协会下属公司，建立体育赛事节目和转播权知识产权保护机制，大力打击转播权网络盗播和赞助合同违约行为。[1]

3.4 加快建立体育仲裁机构

当前，《体育法》明确规定的体育仲裁机构的缺失已经成为制约我国体育行业纠纷解决机制健全和规范运行的重要瓶颈。《体育发展“十三五”规划》明确提出，“研究探索建立中国特色的体育仲裁制度，加强与国际体育仲裁机构的沟通合作。”体育仲裁效率较高，时限较短，能够顺应体育争议迅速解决的要求，具有其他体育纠纷解决机制无法比拟的优势。与劳动仲裁、商事仲裁和国家司法不同，体育仲裁机构的人员更加熟悉体育行业的特点，裁决的作出也更为专业、精准、公正。与一些体育协会内部自设的纠纷解决机构不同，体育仲裁机构为独立设置，可以保证中立性，免受行政干预。体育仲裁的本质仍然是行业自治，但其“准司法性”和对司法监督的开放性又能达成与国家司法的兼容。专门的体育仲裁机制具有更大的权威性和效率性，能够凝聚目前散乱的分布于各体育协会内部的争议解决机制，整合行业资源，推动体育争议的统一解决，提升中国体育仲裁参与世界竞争的能力。[2]

在当前进行的《体育法》修改工作中，应当删除现行法第32条第2款“体育仲裁机构的设立办法和仲裁范围由国务院另行规定”的表述，明确体育仲裁机构的设置，包括：(1) 在中华全国体育总会或中国奥委会下设“中国体育仲裁委员会”，作为独立于行政机关的、唯一的全国性体育仲裁机构，并授权该机构可在全国性体育赛事举办期间设立临时仲裁机构。(2) 仲裁范围为体育相关纠纷，不包括应由人民法院专属管辖的案件和裁判在具体赛事中的评判行为等技术纠纷。(3) 仲裁依据为当事人自愿达成的仲裁协议或体育社会组织规则、体育赛事活动报名表中的明文规定。(4) 规定用尽体育社会组织内部救济原则和一裁终局原则。(5) 规定或裁或审原则，在达成仲裁协议后又向人民法院起诉的，人民法院不予受理。(6) 效仿国际体育仲裁庭设立体育仲裁理事会，对于具体案件的裁决进行监督。

在《体育法》的原则性规定之外，还应通过行政法规或授权国家体育行政

[1] 参见赵毅：“体育新型商事交易中的法律问题”，载《广西大学学报（哲学社会科学版）》2016年第2期。

[2] 参见张春良：“体育纠纷救济法治化方案论纲”，载《体育科学》2011年第1期。

主管部门出台部门规章的方式，制定体育仲裁机构实施细则，明确中国体育仲裁委员会的内部设置、仲裁员资格、仲裁程序、裁决执行等具体制度。体育仲裁程序的设计可以参照《中华人民共和国仲裁法》（以下简称《仲裁法》）关于仲裁程序的规定，分为申请和受理、仲裁庭的组成以及开庭和裁决三部分。申请和受理部分主要规定申请仲裁需要具备的条件以及受理仲裁的程序。仲裁庭组成部分主要规定仲裁庭的人员结构和选定规则。开庭和裁决部分主要规定仲裁是否公开进行、裁决程序以及裁决效力。仲裁裁决一经作出即具有法律效力，不可再向法院上诉。人民法院对仲裁裁决的监督只体现为程序审查，除非出现《仲裁法》明文规定的没有仲裁协议、不具备管辖权、程序违法、证据伪造、仲裁员徇私枉法的行为，法院才可撤销裁决，否则就应当尊重裁决的效力。

3.5 完善体育法治文化建设

普及体育法治文化是体育法治建设的重要环节。建立体育行业普法的长效机制，关键在于：第一，领导干部带头学法、尊法、用法，营造体育行业自律守法的良好氛围。第二，深入贯彻“谁执法谁普法”普法责任制，形成体育普法与体育执法结合、党委领导、部门协同、齐抓共管的大普法格局。第三，在新时代，普法教育的载体、方式和内容都发生了较大改变，应当充分运用互联网和新媒体工具，开创多样化普法形式和公众参与机制，推广典型经验做法，形成体育普法的自主性与渗透性。第四，体育的国际化特别要求普法工作注重向运动员普及国际体育规则和纠纷解决机制。在国际赛场上，多次出现涉及我国运动员的争议判罚。因此，熟悉国际赛事的纠纷解决机制，将成为维护我国体育国家利益和运动员个人权益的重要手段。[1]

在新时代完善体育法治文化建设，还需推进体育法学教学，加大体育法学学科建设力度。体育法学教学是开展体育法制宣传和培育体育法治文化的长效机制之一。在新时代，一方面，应当增强体育法学课程的实用性，[2]养成普通体育专业学生的法律思维与法治思维。另一方面，则应在法学专业学生中大力加强体育法学教育，使得未来的法律职业者——律师、法官、执法人员对体育的特殊性有清晰认识。体育法学的学科建设是新时代培养高素质体育法治人才的关键。在目前的体育学和法学一级学科体系中，体育法学并非是一个二级学科，而只是附着于体育人文社会学或某个二级法学学科下的研究方向，新时代的体育法学学科建设应当在将体育法学建设成为一个独立的学科目标上着力。武汉大学法学院在2009年建成了独立的体育法学博士点，这展现了体育法学学科建设的乐观前景，

---

〔1〕 参见熊瑛子：“国际体育仲裁中越权裁决的司法审查”，载《苏州大学学报（法学版）》2016年第4期。
〔2〕 参见周青山：“研究生国际体育法学课程教学的几点思考”，载《体育成人教育学刊》2018年第1期。

但其迄今在国内独一无二的地位也充分显示这一过程的艰巨。随着法学院系教学改革的推进和人才培养方案的修订，一些具有较强体育法学研究水平的高校进一步开始探索创新体育法学教学培养模式。仅在2017年，就有三所高校就此取得进展：苏州大学王健法学院在本科选修课程中首倡“体育法+娱乐法”教学模式；中国政法大学正式在法律硕士专业学位研究生培养方案中确定了体育法等三个专业研究方向；清华大学法学院则开始在宪法学与行政法学学位点下正式招收体育法学方向的博士研究生。未来的体育法学学科建设不能局限于某一种具体模式，而是需要探索百家争鸣、百花齐放之路，这样才能充分团结并利用一切有利于体育法学学科建设的资源。

体育法学研究是体育法治文化建设的重要组成部分。新时代的体育法学研究，与我国建设体育强国的地位相适应，应当增加我国体育法学学术团体在世界体育法学界的话语权，推出具有国际影响力的体育法学家和研究成果，参与国际体育规则的制定，在国际体育界、体育法学界特别是国际体育争议争端解决机制中发出代表中国利益与中国立场的强有力的声音。新时代，应当继续发挥中国法学会体育法学研究会对体育法学研究的引领作用，进一步推动省级体育法学社团的建设，组织学术活动特别是国际体育法学活动定期、深入、稳步开展。应当充分发挥以环渤海体育法学论坛为代表的地区间拓展创新体育法学社团交流与合作机制，发挥体育法学研究者之间的沟通与交流机制，培养青年体育法学研究人才。就学术成果的产出而言，还需激发国内学者在国际体育法学知名期刊或SSCI期刊发表最新研究成果的积极性，鼓励在域外出版英文专著，加大现有中国体育法学著作和教材外译的力度。在建设政府智库、争取国家政府高级别课题资助、评比高级别政府学术奖项、办好专业期刊等领域，体育法学研究者也有巨大提升空间。

结语

党的十九大以来，中国社会的全面深化改革对体育强国建设提出了全新要求，要实现从“体育大国”到“体育强国”的根本转变，体育法治是重要保障。体育改革中的法治建设构成了体育强国建设的重要支撑，成为一项战略性课题。体育法治建设是体育强国建设的内在需求，体育强国建设则是体育法治建设的奋斗目标。放眼全世界，体育强国建设的模式、侧重、特色并不相同，唯一的共性就是都经历了长期的体育法治建设历程，积累了丰富的经验与教训，才成为体育强国建设的长效保障机制和重要实施路径。在有“法制”却无“法治”的国家，法律难免成为摆设，有组织的兴奋剂滥用严重损害了国家形象，即使在奥运奖牌榜上暂居高位，也早晚会遭受国际体育界的联合抵制，这与体育强国的核心价值背道而驰。

新时代的体育法治建设，应当在深入贯彻党的十九大提出的体育强国建设目标指引下，准确概括中国体育深化改革的顶层设计，有效协调体育自治和政府监管的关系，大力实现市场主体、利益群体和利益诉求的多元化配置。为此，应当基于十九大精神提出的全面依法治国的理论框架，形成体育强国建设的法治逻辑；在深入分析国外体育强国法治建设经验的基础上，形成有中国特色的体育法治理论体系，在国际法林的映照中凸显中国特色；着力爬梳体育强国建设中出现的体育法治重大问题，提供可行的实施路径和解决方案；大力发挥体育法学研究的智库作用，为国家的体育立法、执法、司法和普法工作提供决策咨询建议。

身份视角下国家队队员身份解读与法律思考[1]

韩新君　张海鹰[2]

摘　要　身份指个体在某一群体或社会中某一确定的社会位置。通过身份可以构建社会关系的结构框架，为个体行为提供指导。研究从解读我国国家队队员身份的变迁历程入手，归纳了国家队队员身份的本质特征。在此基础上，探讨了国家队队员身份法律性质上的认识谬误问题、多重身份规范适用上的不确定性问题和身份权利与身份义务关系问题，提出可从明确为国参赛的权利属性、统一国家队队员身份的道德规范、通过身份识别和身份认知，签订差异化的国家队选拔协议、建立中国体育仲裁制度等四个方面予以治理，能有效提升国家队队员身份制度的法治化水平，减少有关身份权益纠纷的发生。

关键词　身份　国家队　解读　法律　治理

身份指个体在某一群体或社会中某一确定的社会位置。[3]私法中的身份是一种社会组织技术。通过身份可以构建社会关系的结构框架，这些制度框架提供利益划分机制、行为规则体系、权利义务责任体系，为个人行为提供指引，形成社会秩序。[4]身份认知指主体对身份的认同和感知，它是决定主体行为的一个核心变量。正确的身份认知能使主体清晰自身身份的权利义务关系，约束行为边界。多数情况下，主体对自我与他者的身份认知符合实际情况，因而会在社会交往中实施正确的行为，避免发生纠纷。但是，由于主体认知能力的局限性、客观世界

---

[1] 2018年国家社会科学基金一般项目，项目批准号：18BTY034。

[2] 作者简介：韩新君，北京工业大学体育教学部教授，研究方向为学校体育学、体育法学；张海鹰，北京工业大学体育教学部教师。

[3] [美] 戴维·波普诺：《社会学》，李强等译，中国人民大学出版社1999年版，第109页。

[4] 参见马俊驹、童列春："私法中身份的再发现"，载《法学研究》2008年第5期。

的复杂性与行为主体多重身份干扰的存在，会导致身份认知错误的发生，[1]从而行为越轨，引起纠纷与冲突。2018 年雅加达亚运会上的孙杨未穿国家队统一领奖服事件、2016 年的宁泽涛被调整事件以及 2003 年的姚明诉可口可乐公司肖像权侵权案等纠纷，核心问题就是主体对国家队队员身份认识上的谬误，进而引起行为上的对立和冲突。此类事件，由于国家队队员身份特殊，社会反响非常强烈，影响我国体育秩序的稳定、发展的强劲和可持续。所以，以身份为理论基础，通过身份识别，实现正确的身份认知，依法建构国家队队员身份制度具有现实价值。

1. 国家队队员身份的解读

1.1 国家队队员身份的变迁历程

新中国成立之初，尽管 1949 年 10 月中央政府决定将原中华全国体育协进会改组为中华全国体育总会，但并没有及时成立专门的体育训练组织和管理单位，因而也没有专门从事体育训练竞赛的运动员。1952 年，为了参加赫尔辛基奥运会，中央政府从全国各地抽调选拔优秀体育后备人才组织专业集训，根据当时的单位制度社会框架，国家队队员的身份为原单位正式职工，部分从学校选拔的运动员，集训期间保留原学籍，社会身份仍是学生，退役后以学生身份继续学习。1964 年，内务部发布了《关于专业运动员工龄计算等有关问题的联合通知》，指出凡自学校、农村或社会上正式参加到省、市、自治区专业运动队的运动员，自进入专业队之日起即算为参加工作，成为国家正式职工，与国家职工享受同样的待遇；以后在分配工作或复学、升学时的生活待遇等，均应根据国家对职工的有关规定办理。[2]这是国家首次以文件形式承认运动员具有社会职业的身份。国家队这一时期普遍采用长年集训制，尽管长期在国家队训练比赛，但人事关系一般隶属省、市、自治区专业运动队。1993 年，原国家体委在《关于深化体育改革的意见》中提出：改革国家队的组建形式和选拔制度。按照“稳住一头，放开一片”的原则，只对少数奥运优势项目国家队实行集中管理、长期集训，多数国家队放到有一定训练能力和训练条件的地方和部门，使国家重点项目布局与承担

〔1〕 参见柳思思：“身份认知与不对称冲突”，载《世界经济与政治》2011 年第 2 期。

〔2〕 参见内务部、劳动部、体育运动委员会：《关于专业运动员工龄计算等有关问题的意见》。

国家队任务的单位结合起来。今后参加国际比赛特别是奥运会、亚运会的运动员、教练员要根据项目特点进行选拔。[1]至此开始，中国国家队采用三种模式予以管理：一是集中型，如跳水、体操、乒乓球、羽毛球等；二是集中与分散结合型，如田径、游泳、举重、射击、击剑、柔道、摔跤、拳击、自行车、部分冰上项目等；三是除足球、篮球、排球和少数普及程度低而且技术水平高的项目外，其他集体项目，不设常年集中的国家队。集中型国家队和结合型中的集中部分，一般应两年进行一次小调整，四年进行一次大调整。非调整期除特殊原因外，不能随意调整运动员。[2]现阶段，尽管有体育社会化职业化改革不断深入、国际比赛日益增多、大量引入外教等因素影响，甚而有为备战 2022 年北京冬奥会，出台诸如《关于设立跨界跨项运动员运动水平等级激励政策的通知》[3]等改革措施，但国家队的训练模式仍然为前述三种模式，管理制度没有根本性的变化。与训练模式和管理制度不同的是，国家队队员的身份却有了新变化，主体仍为隶属省、市、自治区专业运动队的运动员，部分是社会其他单位或组织的员工，更有甚者是“自由职业者”。

1.2 国家队队员身份的特征

国家队队员身份是一种自致身份。身份有先赋和自致之分，自致指个体在其社会历程中作为个人努力与否的结果而获得的社会位置。根据葛冰等人的调查，运动员从“入门”到成为佼佼者的年限是 7 年～12 年，[4]而且必须刻苦训练，承受常人难以忍受的艰辛，才能取得优异的运动成绩。国内外体育实践表明，不论运动员天赋、训练条件如何，没有运动员个体的付出，就不会有优秀的国家队的组成，更别说为国争光了。拥有国家队队员身份与运动员的后天努力存在必然联系。

国家队队员身份有道德示范责任。个体处于什么社会位置，相应的就是要在社会中扮演什么社会角色。入选国家队，成为其中的一员，就要遵从社会赋予国家队队员的规范和行为期待。而且，在国际赛场上，运动员的精神风貌、道德水准、举止谈吐都与国家形象产生积极联系，因而，强烈的爱国情怀、为国争光的愿望、良好的体育精神和职业精神，无不成为人们对一个拥有国家队队员身份的运动员的规范性要求和道德责任。

---

〔1〕 参见国家体委政策法规司编：《体育改革文件选编（1992—1995）》1995 年版，第 148 页。

〔2〕 参见国家体委政策法规司编：《体育改革文件选编（1992－1995）》1995 年版，第 148 页。

〔3〕 参见国家体育总局办公厅：《关于设立跨界跨项运动员运动水平等级激励政策的通知》，http://www.zjcs.net.cn/info/1498/16985.htm，最后访问时间：2018 年 9 月 21 日。

〔4〕 参见［比］R·韦恩斯：“奥运选手的选拔与培养”，汪旭楠译，载《中国体育教练员》2011 年第 3 期。

国家队队员身份有身份权利。身份权利指个体基于特定的身份获得某种利益的可能性。成为一名国家队队员，意味着国家对具有这个特定身份的运动员的投入的加大，同时，一些地方专业队或职业队，对能入选国家队一般也有一定的激励政策。一些运动员还有了自我宣传、提高自己国内外影响力的基础。最重要的是，国家队队员能得到国家甚至是世界最高水平教练员的指导，为个体取得更大荣耀和为身份的可商业化利用提供了可能。

国家队队员身份具有多重性。国家队不管采用哪种训练模式，人事身份关系基本都在省、市、自治区专业运动队。比如当时国家队游泳队的宁泽涛，一有国家游泳队队员身份，同时还具有海军游泳队队员身份（参加国内比赛），三是根据《全国运动员注册与交流管理办法》[1]中有关解放军运动员的注册规定，他进入海军游泳队之前，是河南省体工二大队的游泳队员，因而必须有输送协议，可以认为他与河南有关单位也有一定身份关系。多重身份存在多重权利义务关系，易产生错误的身份认知，当与广告代言等商业活动结合，就极有可能引起纠纷。

2. 国家队队员身份的法律思考

身份是社会结构中人的阶序和位置的反映，也是人们社会生活和社会交往的尺度和依据；是衡量彼此，进行人际关系定位的规范准则，[2]不同身份对应不同的权利和义务关系，割裂的身份认知易引起社会主体间的矛盾和冲突。

2.1 身份法律性质上的认识谬误

身份法律性质指身份在法律上的意义。身份的社会关系或称身份关系为法律所调整，能够在当事人之间配置权利、权力、义务和责任，能够作为请求权发生的基础，并且作为司法判决的依据。[3]从国家队组成看，大部分项目主要成员来源于省、市、自治区专业运动队；篮球、足球等职业化项目主体是职业运动员，少部分是地方专业运动员；存在有自我雇佣型运动员，即自己出资组建训练竞赛团队，以从事体育专项训练，提高运动能力和技术水平，参加职业体育竞赛为工

---

〔1〕 参见国家体育总局：《全国运动员注册与交流管理办法（试行）》，http://www.china.com.cn/chinese/zhuanti/tyzcfg/889368.htm，最后访问时间：2018 年 9 月 21 日。

〔2〕 参见刘侣岑、仇军："体育世界中运动身体对身份的构建"，载《北京体育大学学报》2014 年第 11 期。

〔3〕 参见马俊驹、童列春："私法中身份的再发现"，载《法学研究》2008 年第 5 期。

作任务，通过赢得竞赛奖金、获取出场费及广告代言等，维持团队运营并赚取收益的运动员。此外，也有社会其他组织或单位职工身份的人入选国家队，如国家田径队的苏炳添。[1]运动员来源的差异与对应身份在参加国家队训练竞赛法律性质上存在不同：国家队与专业运动员一般为聘用合同关系，是事业单位与职工按照国家的有关法律、政策，在平等、自愿、协商一致的基础上，订立的关于履行有关工作职责的权利义务关系；国家队与职业运动员则为雇佣劳动合同关系，更多体现双方意志自由，若是兼跨体制内外的“两栖型”身份，还要考虑协议约定或人事关系归属及注册单位等内容，以确定身份法律关系；国家队与自我雇佣型运动员多为劳务合同关系。身份法律性质上的差异，需要差异性的管理方式和制度安排。对成长过程中国家投入很少或没有投入的职业运动员和自我雇佣型运动员，就不应该安排商业性赛事，因为公民为国争光责无旁贷，而商业性赛事与为国争光没有太大关系，不仅不合理，如果再存在广告代言上的竞争问题，可能还构成对他们权益的侵害，带来不良的社会反响。如 2003 年姚明诉可口可乐公司肖像权侵权案。实践表明，不仅国家队队员对其身份法律性质有认识谬误，有关管理部门或项目协会对此认识也有偏颇。

2.2 多重身份规范适用上的不确定性

多重身份指个体在某一群体或社会中没有确定性的社会位置。国家队队员多重身份指现役国家队队员因参加性质、层级不同的体育竞赛，存在的身份不确定性。我国体育竞赛主要采用注册代表制，[2]即先成为某一有注册资格的体育竞赛单位的运动员，再以其代表身份参加比赛。体育竞赛的类型和层级不同，意味着运动员个体在不同体育竞赛中有不同的身份，即身份多重。每一个身份对应一个规范体系，多重身份对应多个规范体系，当问题发生，是优先选择适用某一规范，还是多个规范重叠适用，为人们所不得不思考。以林丹为例：参加国际比赛，他是国家队队员身份；参加全运会，他是解放军队员身份；参加所谓的职业比赛，他是职业队队员身份。国家队的管理制度、解放军的有关规定、羽毛球职业比赛的规范就存在优先选择适用，还是重叠适用的不确定性。现实社会，对于多重身份个体的社会评价往往就高不就低，也就是说，具有多重身份的国家队队员，人们不会以较低道德标准的规范去评判，对其精神风貌、道德水准、举止谈吐的评价往往以国家队队员身份应有的道德规范要求。然而，林丹 2016 年的出

---

〔1〕 参见暨南大学体育学院：“‘暨南人’的骄傲！苏炳添跑出 9 秒 90”，https://tyb.jnu.edu.cn/14408/listll.psp，最后访问时间：2018 年 9 月 22 日。

〔2〕 参见柳思思：“身份认知与不对称冲突”，载《世界经济与政治》2011 年第 2 期。

轨事件，[1]与人们期待相距甚远。不当行为应该承担相应的责任，否则，人们以后会无视规范的存在。但是，相关管理部门或协会却没有处罚。这存在多重身份规范适用上的不确定性。就竞技能力、水平及拼搏精神而言，他是运动员的典范，从遵从国家队队员的道德规范方面，可谓负面典型，有损国家队良好形象建构。再与宁泽涛事件比较，远超其不良影响，还表明存在多重身份规范适用上因人而异的不确定性。

拥有国家队队员身份的运动员学生也是多重身份，本质是专业运动员，国家队管理制度应该适用。同时，学籍管理、参加学运会注册等事项，必须遵守教育部及所在学校的规定。但两类规范存在巨大差异，一个以追求训练竞赛成绩为主，一个以学业为主。基本宗旨的矛盾与冲突，使不少拥有国家队队员身份的学生学籍具有不确定性，大学追“星”可以掩盖一时，倘若认真起来，恐怕类似刘国正等5名运动员的被退学事件，[2]不会是少数。不确定性是纠纷潜在的隐患，亦应引起重视。

2.3 身份权利与身份义务关系问题

身份权利是基于特定的身份获得某种利益的法律可能性。身份义务指主体基于身份事实必须为或不为某种行为。举国体制下，国家队队员有国家职工身份，其生活、训练、竞赛等费用均由国家投入，加之社会奉行“义务本位”价值观，崇尚国家主义、集体主义，一定意义上形成了“运动员为国家所有”的观念。基于这些认识，运动员因身份获得的权利与其承担的身份义务不仅一致，甚至一体，即身份权虽然在本质上是一种权利，但却是以义务为中心，权利人在道德和伦理的驱使下自愿或非自愿地受制于相对人的利益，因而权利之中包含义务。[3]但随着体育的社会化、职业化，许多国家队队员的身份具有了商业化的可能，伴之于人们权利意识的觉醒，我们就不得不重新审视他们的身份权利与身份义务的关系，因为在法治社会中，权利保护是基本内容，权利主体依法追逐自身权利的行为不仅合法，而且有助于社会发展和进步。唯有合法、理性的思考，妥善平衡身份权利与身份义务的关系，才能减少诸如王治郅滞美不归、田亮在鼎盛时期被国家队除名等事件发生的可能性。

---

〔1〕 参见钱睿荪：“林丹承认出轨 品牌商有些崩溃”，https://www.jiemian.com/article/968119.html，最后访问时间：2019年4月8日。

〔2〕 参见张伟：“刘国正退学事件反思：荣誉能否轻易换文凭”，http://news.sina.com.cn/c/sd/2009-07-08/121618179151.shtml，最后访问时间：2019年4月10日。

〔3〕 参见王猛：“从单一身份到多重身份：身份视角下的我国民族政策反思”，载《广西民族研究》2015年第2期。

3. 身份视角下国家队队员身份治理的建议

对于国家体育总局先后多次发布国家队运动员商业活动相关规定，而纠纷仍然不断出现的状况，我们认为：身份作为“人之为人”的根本性问题，是公共政策设计的逻辑起点，亦是建构和系统理解公共政策框架的基础,[1]即以国家队队员身份为制度设计的核心概念，以身份识别为逻辑起点，加强正确的身份认知，依法建构国家队队员身份制度，不失为一条解决国家队队员身份权益纠纷，并指引运动员行为的可行之路。

3.1 明确为国参赛的权利属性

“因权利而法治”是社会践行法治的原始动力，也是推行法治的必然结果。权利本位的法治理念，即以权利作为法律所追求的根本目标，作为衡量社会治理水平的标准，无疑也应体现于国家队队员身份的治理之中。实定化的权利只有一个来源，即法律的规定。对希望入选国家队的运动员而言，就是要在相应的规范性文件中明确为国参赛的权利属性，即以制度性方式宣告每一个有能力为国争光的公民，都有通过公平竞争的机会拥有一个可以代表国家，参加国际体育竞赛的特定身份。身份权利是获得利益的法律可能性，只有进一步的刻苦训练才能真正地走向国际赛场，有助于激励现役国家队队员持续性的刻苦训练。同时，参加国际比赛，取得优异成绩是许多运动员的成名之路，是人力资本获得回报的途径，给予他们公平的竞争环境是政府应尽的基本责任，既是对他们职业劳动的承认，也体现了社会公平的基本要求。对那些投资国家竞技体育的社会资本来讲，所投资运动员取得优异成绩也是资本收益的方式，明确的制度安排能调动他们的投入积极性，有益于国家竞技体育多元化发展。明确权利的根本还能使运动员、社会主体等知晓其权利内容和权利行为，合法诉求利益，减少或避免谋求利益的不当行为发生。权利对应的是其他主体的义务，也等于为有关管理部门或协会设定了义务，提出了权力清单，一定程度上防止他们权力的滥用。

3.2 统一国家队队员身份的道德规范

对许多运动员而言，通过参加国际比赛，取得优异竞赛成绩是获取经济收

---

[1] 参见王猛：“从单一身份到多重身份：身份视角下的我国民族政策反思”，载《广西民族研究》2015年第2期。

益的重要途径。但对国家而言，形象建构更为重要，它不仅有竞赛成绩的追求，也涵盖所有国家队队员身份所展现出来的精神风貌和道德水准。国家只有一个，因而规范必须统一，即不论运动员来源差异，只要入选国家队，就必须遵守一致的国家队队员身份的道德规范。这既是国家形象建构的需要，也是社会对每一个国家队队员身份角色的行为期待。一是不仅项目协会要统一，协会内拥有国家队队员身份的所有运动员也要统一，不能有执行性上的差异；二是规范必须清晰，明确应当行为和严禁行为，才能有效指引运动员在训练和竞赛中的具体行为。

3.3 通过身份识别，实现正确身份认知，签订差异化的国家队选拔协议

从社会治理角度看，传统的国家队“征调”模式体现的是义务本位理念，是一种“命令—服从”模式，与现代契约治理相悖。国家队队员身份实质是自致身份，完全可能有身份契约，即以产生、变更、消灭身份关系为目的的契约，其功能是形成身份关系。[1]而且，随着社会资本的投入、“大国家队”训练模式的采用，国家队队员的身份本质呈现差异化格局，规模也日渐庞大，“征调”模式难以反映多样主体的差异化诉求，会影响主体对待训练与竞赛的态度，甚至阻碍为国争光核心任务的完成。社会关系的发展变化需要新的身份制度与之相适应，通过建构新的身份关系固定社会变化的成果。[2]所以，通过身份识别，实现正确身份认知，签订差异化的国家队选拔协议应是必然选择。

身份识别指的是通过一定的方法和手段，探寻个体的本质特征，进而还原主体本来面貌的过程。身份识别之于入选国家队的运动员，就是探寻不同个体的本质身份，体制内还是体制外，有无第三方所有权等可能涉及的身份利益。在厘清身份的基础上，本着国家队队员一切行为必须围绕为国争光这个核心任务的基础上，充分兼顾各方利益需要，以明晰的权利义务关系为内容，签订每个人的体现个体特征的国家队选调协议。需要特别指出的是，不能将商业性合同与国家队选调协议混为一谈，身份契约触及身份利益，但身份权利有其特殊性，它与商事契约存在质的差异，混在一起的协议不仅一些条款存在合法性问题，更是实践中纠纷的隐患、秩序稳定的障碍。至于国家奥委会对参加奥运会、亚运会等综合性赛事整个代表团服装的关切，事关国家形象建构，每位团队成员必须遵守，因为尽管是可商业化利用的身份权益，也需要规制主体对人身利益商业化利用的行为，赋予利用主体以相应的责任，法律对于具有特别身份的人的权利的行使也须给予必要的限制，这既是维护公共利益的需要，也是

〔1〕 参见马俊驹、童列春：“私法中身份的再发现”，载《法学研究》2008 年第 5 期。
〔2〕 参见马俊驹、童列春：“身份制度的私法构造”，载《法学研究》2010 年第 2 期。

实现实质平等的公平正义的需要。[1]项目协会或中心具体负责国家队队员的选拔工作，应本着为国争光核心任务，充分考虑各方利益需要，制定公平、公开的选拔程序和机制，结合其项目推广与普及的公益性质，对来源于体制内国家投资较多的运动员，根据“谁投资，谁拥有”的基本原则，可被授权享有主要的成绩产权收益。

3.4 建立中国体育仲裁制度

无救济即无权利。权利救济对权利的实现具有决定性的意义，无法获得救济的权利是无源之水，无本之木。考察国际体育纠纷的裁决机制，通过仲裁方式裁决体育纠纷已成为世界大多国家的选择。[2]多年的国际体育仲裁实践表明，体育仲裁机制在促进体育纠纷解决的程序和实体公正上发挥了巨大的作用。在认识仲裁能够妥善解决体育纠纷的基础上，我国《中华人民共和国体育法》《反兴奋剂条例》等法律法规均明确了体育仲裁是裁决体育纠纷的基本机制。但由于种种原因，我国的体育仲裁制度并没有建立起来，这与我国竞技体育纠纷日益增多的现状不符，也滞后于国家大力发展体育产业、鼓励社会资本投入体育政策的制度性安排。根据法治社会体育治理现代化的要求，结合我国体育实践，建议由中国贸易促进委员会、中国奥委会等体育相关部门和协会联合成立独立的体育仲裁院，裁决处理涵盖参赛权、运动员广告代言等纠纷，彻底改变一些纠纷诉求无门的情况。

结语

身份制度本身就有秩序含义，差异性的身份关系格局存在不同的角色期待，国家队队员的特定身份意味着特定的行为模式。作为一种调整方式，以“身”定“份”，古已有之。在当下我国运动员身份重构日趋迅捷的时期，以身份为核心概念和理论基础，通过身份识别，实现正确的身份认知，有助于厘清运动员与其他体育主体之间的权利义务关系，不失为一条解决运动员身份权益纠纷，促进体育秩序稳定的新思路。

---

〔1〕 参见郭明瑞：“人格、身份与人格权、人身权之关系——兼论人身权的发展”，载《法学论坛》2014 年第 1 期。

〔2〕 参见黄世席：“国际体育争端及其解决方式初探”，载《法商研究》2003 年第 1 期。

竞技体育参赛资格的理论研究

李俊树[1]

摘　要　竞技体育参赛资格是运动员或者俱乐部参加比赛的重要前提条件，参赛资格引起的案件纠纷近些年屡屡发生，在实践中引起很多争议，我国法律对此也没有明确的规定。如何确定竞技体育资格是本文研究的主要内容，对准入门槛和有关理论进行分析研究，完善我国竞技体育参赛资格的理论。

关键词　竞技体育　参赛资格　限制贸易理论　公平对待义务

1. 体育竞技参赛资格的概述

1.1　体育竞技参赛资格定义

参赛资格：主要是个人或者是集体体育项目中某些俱乐部的参赛权利（部分竞赛也是参赛义务）。如果要保证竞技体育赛事井然有序，确认参赛资格就是必然的。如果人人都可以参加比赛，竞技水平就无法得到保障，观众对体育的热情就会减少。

1.2　参加体育竞技的准入门槛

法律授权体育协会可以制定项目规则和参赛标准，这样的成套规则可能严格区分谁有权参加比赛，谁必须被排除比赛之外，这个过程本身就决定了容易产生纠纷，适用不同的参赛资格规则时往往会产生争议，一心想要参加比赛的当事人（个人或者俱乐部）未能如愿的甚至提起法律上的诉讼：相关的参赛资格是否具

---

〔1〕　作者简介：李俊树，中国政法大学法学院2017级体育法方向法律（法学）硕士研究生。

有效力、这些标准在个案时对一心想要参加比赛的当事人适用的方式是否有效或者两个问题同时存在。准入资格对参赛者来说是最根本的权利。对于体育选手来说，没有参加赛事的权利，就意味着丧失了全部。

1.3 准入门槛涉及的法律问题

一个体育运动项目组织者所颁发的许可证是参加该机构组织或承认的所有赛事的先决条件。如果该机构拥有类似垄断性的权利，那么未能取得这样的许可证，可能实际上就被完全的阻止参加该体育项目。当职业运动员通过参赛来谋取生计的时候，无论是直接以自己的名义参赛或者是通过体育协会雇佣关系来参加比赛，通常会产生一个难题，法律应当在多大的程度上保护他们的生计?

一个俱乐部，或者是一名运动员，可能会宣称自己享有合法的权利参加某一特定比赛或者集体项目。这种采用诉求的诉讼形式将决定于具体情况。原告可能采用诸多诉因中的某一种，他们均宣称自己满足了必要的参赛资格要求。

2. 禁止限制贸易行为理论

2.1 体育中禁止限制贸易行为理论的作用

禁止限制贸易行为是英国商法中一个非常重要的判例法原则。如果是商业条件，这样的条件可能会成为法庭无效的“交易限制”。禁止限制贸易行为精髓是19世纪合同法的产物，现在试验性地进入了准规则的领域。该理论的扩张，毫无疑问是与行政法体系的发展相关联的。这一发展的标志之一就是该理论在非合同案件中的扩展，体育案件就在其中。

随着世界职业体育运动越来越商业化，被越来越多的人视为经济活动来谋利。体育组织能否通过制定规章制度和纪律制裁，消除或限制体育教练员和运动员获得经济收入?禁止限制贸易行为法律原则是否适用于特殊的体育学科?在经济领域长期以来，随着职业体育领域的逐渐成熟和各方诉讼的不断深入，古代的法律原则再次引起了人们的关注。证明当事人之间存在的合同型限制是合理的这一举证责任，应当由主张该合同中的限制条款是正当的且从中受益的当事人承担；另一方面，证明该合同型限制的实施是以一种损害公共利益的方式进行的，这一举证责任应当由试图推翻该条款的当事人承担。后一问题涉及公共政策。

2.2 构成限制贸易行为的法律要件

禁止限制贸易行为是法律为了保护人们通过自由交易获得经济利益的这一权

利而设定的，因此判断是否构成限制贸易行为的关键在于是否存在贸易行为。职业体育运动是否构成一种贸易形式目前尚无定论，但国外已有相关案例。在英国高等法院判决的加塞尔诉斯汀森案（Gasser v. Stinson）中，法院将职业体育运动视为一种交易行为。法院主要从立法目的出发，对比分析了学校体育运动与职业体育运动存在的显著差异，从而认定在职业体育运动中，运动员有权利用他们的体育运动技巧获得经济利益，而这种权利正是法律所保护的。另外，在加拿大的本·约翰诉田径协会和国际田联一案中，法官也将职业体育运动认定为一种贸易形式。[1]

2.3 禁止限制贸易行为理论在美国的体育法律实践

在美国还有一些案例采用了禁止限制贸易行为原则。在一起美国花样滑冰教练协会起诉美国花样滑冰协会的案件中，针对该协会制定的一条规定，即任何花样滑冰教练若想要在花样滑冰俱乐部执教的话，必须经过协会的考核并授予会员资格，同时还必须向该协会交纳一定的会费，本案原告美国花样滑冰教练协会提出反对，认为这是一种限制贸易行为。起诉方花样滑冰教练协会取得了一项法院的临时禁令，该禁令禁止美国花样滑冰协会强求教练们必须成为该协会的会员，原因就在于这里存在限制贸易行为的争论。另外一起案例是威利起诉麦克劳林等人案（Willey v. McLaughlin et al.）。运动员威利由于为甲高尔夫设备厂家做广告，触犯了加拿大职业高尔夫协会的规定，而被暂停该协会的会员资格。威利在向法院提出的起诉书中指出：加拿大职业高尔夫协会与乙高尔夫设备生产和销售商之间订立的独家广告代理合约，限制了他的谋生的权利，因而是一项不合理的限制贸易行为。像刚提到的案例一样，这个案件最终也没有进入法庭审理阶段，而是由当事人双方庭外和解结案，尽管如此，威利在诉讼初期还是获得了一项法院的临时禁令，以阻止该协会暂停其会员资格。[2]

3. 体育组织对非成员的公平对待义务

某一名运动员或者是一个俱乐部申请参加特定赛事，这样的权利可能与是否

---

〔1〕 参见郭树理："禁止限制贸易行为理论与职业体育运动中的处罚措施——以加拿大实践为例"，载《北京体育大学学报》2006年第7期。

〔2〕 参见郭树理："禁止限制贸易行为理论与职业体育运动中的处罚措施——以加拿大实践为例"，载《北京体育大学学报》2006年第7期。

具有组织该赛事的机构成员资格有关，或者该权利取决于是否拥有具有控制权的某一管理者颁发的一项许可证。想要成为某一体育机构的成员，或者是申请这样的一种许可证，通常取决于是否满足了资格条件。当纠纷基于是否满足了这些资格条件而引起的时候，申请者会想办法通过法律程序来获得一项肯定结果的裁决并且根据该裁决，来寻求一项司法命令，强制该机构同意该申请者成为其成员。

但是这样一种诉讼可能遭到的抗辩是，成员资格的申请人与他（或它）想加入的机构之间没有实现存在的关系，因此没有权利——甚至是一种临时性的权利——加入，即使相关的资格要求条件都满足了，也并不必然导致法律上的参赛权利的救济。从历史来看，法院已经拒绝颁发禁令，强制某一社会团体同意某一它不愿意吸收的成员加入。法律之所以不愿意违背该组织现有成员的意志来强制同意加入，是建立在一切自由的鉴定观念之上的。一个俱乐部或者是一个体育联盟被视为是一群个人的集合，这些人自愿组合在一起从事某一相同的行为，传统的契约自由理论所导致的结论是：应当由该现有成员，而不是法院来决定是否接受一个新成员。不过，在特殊案件中，法院偏离这种立场的可能性，即强迫某一体育机构违背其意志来接受某一新成员，并不能被完全排除。体育联盟的自治规则对于成员的约束力决定了其成员或者尚未加入的非成员是否最后有权利参加联盟的赛事，完全建立在联盟机构和各个成员建立的一种权利合同之上，我们把具体的这种参赛资格的案件划分为三类，具体如下：

一是申请型案件。在直截了当的申请类型案件中，“没有什么被拿走”，想成为某一机构成员的申请人没有权利要求该机构遵守自然正义或者公正的原则；该机构可以自由决定接纳他或者拒绝他的成员资格，只要他愿意，可以以任何理由。

二是剥夺型案件。在剥夺型案件中，存在剥夺什么的威胁，就好像纪律处罚剥夺已有的成员资格一样，该成员有权要求被公平对待，必须对指控的事项进行告知，有机会对他的指控进行申诉。

三是期待型案件。申请者正在申请成员资格或许可证，但是当时的情况让他有权利期待他将获得批准——除非有相反的原因存在——就好像他曾经被审查过，认为是有资格取得该许可证一样。

其中申请型案例是主要的讼诉案例，许多法院都收到过当事人提交某体育联盟不允许参加联赛或者其他类型比赛的案件，举一个例子，在澳大利亚的一个橄榄球联盟里，一个球队的代表人提出诉讼，原告请求废止联盟下赛季参加超级联赛的俱乐部数量从 13 个减为 12 个的决定，并申请禁制令，禁止联盟执行该决定。联盟理事会之所以做出这个决定，他们认为是为了公司也就是联盟利益的考虑。一开始原告从法官那里获得了一项命令禁止联盟执行该决定，理由是该决定对原告是压迫性的，但是联盟通过上诉法院的裁决推翻了该命令。[1]

原告继续向澳大利亚高等法院上诉，五位法官驳回了该诉讼请求，接受了联盟减少超级联赛规模的理由——主要是，在一个漫长的赛季中有太多的比赛。法庭提出，联盟章程明确规定联盟应当促进体育项目的最大利益，并授权由联盟来决定哪个俱乐部有权参加由联盟组织的赛事，法庭还严格地区分了对申诉俱乐部的不利影响与压迫性的或者不公平的真实性行为之间的差别，认为本案不构成后者，因此，公司法程序上的救济手段无法让一心想参加比赛而心怀不满的当事人请求法院来缩小体育机构在进行体育赛事管理时自由裁量的范围。该判决是体育机构有权控制参加他们自己赛事的资格的一个重要辩护。

而体育竞赛的参赛资格中体现出，公平形式义务的内容取决于其所引发的案件的具体情况。当参加某一体育赛事的权利或从事体育来谋生的权利产生疑问时，英格兰法院将支持那些显然是武断的、反复无常的决议而引起的诉讼以及那些根据当时的情形应当进行听证而未能举行听证而引发的诉讼，但是法院的支持将受到对体育机构自治必须持有适当尊重的影响，体育机构最合适在规范参赛资格的问题上，以及获得体育赛事产生的各种谋生手段这些问题上采取决定。

4. 涉及体育竞赛参赛资格的合同诉讼及与合同有关的诉讼

考察过体育机构不得武断地对待非成员者的义务之后，我们具体通过一些案件来分析，想要参加赛事的当事人是否能够提起参赛权利实体方面的法律问题的诉讼，还有之后的举证责任。首先，我们讨论在一定程度上体育机构和参赛方因合同权利方面而提起的诉讼。该诉讼可能因为体育机构而提起，或者因为第三方损害了参赛方的利益而提起。其次，再讨论非基于合同基础上的诉讼，原告满足了有效的参赛资格条件要求，从而被赋予了参加比赛的一种期待或权利，存在着参加某项特定赛事的合同权利，其通过某一个人或者俱乐部与体育机构之间现实存在的成员资格合同，在满足参赛资格条件要求的基础上授予当事人参加比赛的

[1] 参见［英］米歇尔·贝洛夫等：《体育法》，郭树理译，武汉大学出版社2008年版，第258页。

权利这样一种方式来实现。一个例证就是，当一个足球俱乐部在前一个赛季赢得某一足球联盟的丙级联赛冠军时，他就有权参加乙级联赛的比赛。在这个例子中，俱乐部与联盟之间有一个根据联盟规则条款而确立的成员资格合同，这些规则不时地得到适当的修改。赢得丙级联赛冠军，就使俱乐部参加乙级联赛的可能性权利变成了一项可以如此行事的实际权利。获胜的俱乐部参加乙级联赛的权利可以通过获得禁止违约的法院禁令这种平常的方式来实现。如果联盟意欲阻止该获胜的俱乐部升级，除非其他一些规则授权联盟停止升级生效，否则联盟可能侵犯了合同所规定的该俱乐部升级的权利。当事人的可期待权利是非常清楚的。正是由于他们特别清楚，所以体育法的实践者们不会遇到太多支持已经存在并可执行的升级的合同性权利的判例。这样的权利是从普通合同法已有的原则中推导出来的。[1]在体育领域中，对管理体育赛事进行安排的时候，本身就要求管理机构应当有权利来决定参加比赛的资格条件。

证明当事人之间存在的合同型限制是合理的这一举证责任，应当由主张该合同中限制条款是正当的且从中受益的当事人承担；另一方面，证明该合同型限制的实施是以一种损害公共利益的方式进行的，这一举证责任应当由试图推翻该条款的当事人承担。后一问题涉及公共政策，而不仅仅是一个事实问题。因此提出举证问题是不轻松的。[2]但是近些年来，一些体育法领域的学者提出，在体育法案件中，证明不合理的举证责任应该由依赖于该限制的体育机构来承担。这样一种观点是从体育合同可以使用传统的商法原则的认识中发展出来的。针对合同型的或者其他条件的限制贸易行为，包括针对那些参加体育赛事的转入规则进行的诉讼，有的时候会引发这样的问题，就是一项令人不快的条款能否从该文件的其他有效部分中剔除出来。

5. 美国竞技体育参赛资格有关资料

美国是当今世界公认的竞技体育强国，美国公民具有全部竞技体育的基本范畴。在职业体育运动领域，四大联盟主要推出一系列体育产业。大学体育竞技的培养模式始终让美国保持在世界体育强国的行列之中，80%的大学都常年招收体

---

〔1〕 参见［英］米歇尔·贝洛夫等:《体育法》，郭树理译，武汉大学出版社2008年版，第192页。

〔2〕 Per Lord Parker in Attornry-General of Australia v. Adelaide Steamship Company［1913］ AC781. pp. 796 ~797.

育特长生，这种“体教结合”的培养模式使美国具有更多的双向人才。美国田径运动有如此多的荣耀，他们有自己的管理文化信心观念作为后盾。然而，这样的辉煌运动的力量也有历史的阴影。

美国是联邦政府。美国的国家组织是基于权力分立和联邦制的两种政治思想而制定的。宪法初步起草时，个人或部门过度集中权力会危害人民的自由。因此，立法、司法、行政三权相互独立，相互制衡，防止政府滥用职权。在美国体育组织体系领域，竞技体育发展的主导力量始终是社会和市场。政府不会直接干预竞技体育的发展，也不会建立起政府特有的竞技体育组织。美国所有体育管理机构的性质是一个社会群体。他们在商业上独立工作，彼此不干涉。三大组织USOC，NGB，NCAA是权力分立的例子。联合学院体育联盟是美国竞技体育的主要机构，在管理上是独立的。它不是由美国奥委会和全国体育总会管理的。然而，在美国大学生体育联合会注册的大学生运动员在注册和参加奥运会及世界单项比赛时必须通过单项体育联合会和赛委会；同样美国单项体育联合会在参加奥运会和泛美运动会比赛时也要通过奥委会。因此，三者之间各有各自的权力，但同时又相互制约，相互制衡。[1]

建立了这种等同于政府的三权分立制度体制后，还不能够完全保障竞技体育的发展。这种制度可能会导致三方的权力斗争，使体育的竞技性偏离最初的本质。美国为了避免这种可能发生的情形，制定了《业余体育法》（又称《特德史蒂文斯奥林匹克与业余体育法》）。20世纪初，美国有一个以运动场为重点的体育法传统，但以前的体育法则侧重于职业运动领域。例如美国反托拉斯法，美国政府重新审视了业余体育法，以奥运会等国际竞技体育项目为中心取得了良好的成绩，并设立了国家竞技体育，同时负责协调业余体育活动的组织、监督、参与体育活动和培训。

NBA、NFL、NHL、MLB等职业体育组织将加入董事会官员的民主参与，以满足市场需求，最大限度地实现联盟的利益，职业联盟适时适应和协调在业务范围、竞争规则、选拔制度草案、转会制度、收入分配和比赛时间表等方面对市场和电视转播的要求。联盟除履行职能外，还有一定的社会公益义务和客观义务，向美国奥运代表团输送人才。在奥运会上，职业运动员以自愿参与为重要原则，但总之，政府职能和业余体育组织和职业体育组织的职能都是对美国竞技体育的健康发展模式、质量与效益质量，是对美国民众的体育需求与市场和社会利益表达负责。这种组织职能体系为美国竞技体育的内生发展提供了不朽的力量。[2]

---

〔1〕 参见张晓琳：“中美竞技体育管理体制与运行机制的比较研究”，北京体育大学2011年博士学位论文。

〔2〕 参见浦义俊、吴贻刚：“美国竞技体育发展方式的历史演进及动因研究——兼谈对我国竞技体育发展方式转型的启示”，载《南京体育学院学报（社会科学版）》2016年第6期。

6. 中国体育竞技现有模式与问题

中国的竞技体育的发展是一条很漫长的道路，与其他世界发达国家相比，我们国家从事体育活动的历史都是短暂的，从新中国成立后，无论是经济建设发展还是广大人民群众思想上都没有对竞技体育产生重视，从百废待兴到现在的全民健身，经历了多年的艰苦历程，终于在 2008 年的北京奥运会上取得了辉煌的成绩。到目前为止，我国的竞技体育运动员大部分都是来自各直辖市、省市的体校与运动中心，但是也形成了一种能持续发展、独有的青训体质，始终保持着一种储备各个年龄段运动员的优势。但是与发达国家的有资格能够参加大型竞技项目的人数相比较存在一定的差距。与其他国家不同的是举国体制，无论是个人项目还是集体项目，都是从青少年阶段开始进行训练。经过常年累积的训练，代表省、市和国家参加比赛。此种模式会培养出大批的优秀运动员，但无法让更多的人参与到竞技体育比赛之中。法律中对竞技体育的规范基本处于空白阶段，无法保证运动员退役之后的生活。《国务院关于加快发展体育产业促进体育消费的若干意见》明确指出要转变政府职能，推进政社分开、政企分开、管理分离，加快体育行业协会和行政机关脱离，体育组织提供的社会服务和社会保障事宜由体育社会组织承担；同时指出，要鼓励社会力量参与，进一步优化市场环境，完善政策措施，加快人才、资金等要素流动，优化场地等资源配置，提升体育产业对社会资本的吸引力；加强行业管理，完善体育产业相关法律法规，加快修改《中华人民共和国体育法》，清理废除不符合改革要求的法律法规。[1]可以看出，我国在体育发展战略和政策层面加强了政府职能转变，从而推动了竞技体育社会化的发展趋势，高度重视体育法律的重要性。

我国竞技体育的发展模式主要停留在政府主导的粗放型发展模式，社会参与程度较低。我国竞技体育集中管理体制没有根本性转变。这是阻碍我国转变竞技体育发展方式的制度关键。因此，有必要进行体育组织权利和结构调整。首先，要逐步推进个体工会促进社会化和实质性，依法保护自己的社会地位和权利责任，制定规范的会员资格制度，建立项目协会成员的标准化考核制度，如推动项

---

〔1〕 参见国务院：《国务院关于加快发展体育产业促进体育消费的若干意见》（国发〔2014〕46 号），2014 年 10 月。

目协会的制度化，同时促进其规范的组织结构和先进的业务运作机制和责任感，促进国家项目在一定程度上的合法化、规范化和效率化。其次，要赋予中国奥委会、中国大学体育协会、个体体育协会等社会体育组织更具竞争性的法律形式的体育管理地位、职责和实际权力，提升我国的竞争力。社会化和市场化体育管理体制向政府和社会分权的模式演变，形成竞技体育发展的民主参与和民主决策机制，最终构筑我国竞技体育的政府和社会利益共同体。

对比中美的竞技体育培养来说，美国对文化与体育兼顾，认为运动员有高等的教育水平会促进对体育的理解与培养。而中国由于体制问题，大多数的运动员都是更加注重体育方面。我国应该鼓励在竞技体育人才培养上面的“教体融合”，应更多地关注运动员退役后的职业技术能力以及其对体育产业市场环境的适应能力培养。美国培养高水平运动员也绝不仅仅局限在本科院校，各专科院校及社会职业机构，自身参加大型赛事的人也不在少数。在承担竞技体育人才培养职责上也起着不可忽视的作用，故而本着教体不分离的原则，我国各类运动员在义务教育阶段应完成基本无差别的基础教育，而在进一步深造的阶段则应科学分流到不同类型的学校进行体育产业行业导向培养，学校的范围可以包括学术研究型、应用技术型和职业教育型的大中专院校。另外，为填补体育产业巨大的人才缺口，我国应在职业教育体系内、应用型大专院校内以及学术性高校内加大对体育产业对口专业的人才培养方式的探索，尤其是要注重实践型人才培养方案的研究，同时加大校企合作培养力度，广泛设立校外体育产业实践基地，提高退役运动员在学业与就业上衔接的紧密度，实现订单式人才培养模式，最终形成一批体育专业型与产业型相结合的高素质人才队伍。

体育公平与权利保障：运动员性别检查问题探究

宋宇洋[1]

摘　要　体育比赛是以男女二元性别划分的，为了维持二元结构和竞赛的公平，需要对运动员进行性别检查。然而现实的性别却是多元的，这就会引发如间性、变性运动员参赛问题等的性别问题。体育组织的性别政策在不断的质疑中调整，但仍未能令人信服地解决性别问题。体育中的性别问题不仅是一个生理学问题，还涉及了体育的价值追求、运动员权利以及其他社会的或法律的问题，需要综合考量。其中，体育公平和运动员权利间的关系是问题的核心。性别政策仍有其存在合理性，在此前提下，本文试图探寻性别政策制定和争议解决的思路：以运动员的尊严和最基础权利为底线，通过对主客观因素的考察，获得符合法理和情理的结论，实现体育公平与权利保障的衡平。此外，完善的性别检查和争议解决程序也有助于运动员权利的保障。本文末还对体育中的性别问题提出了展望。

关键词　体育　性别　性别检查　体育公平　运动员权利

体育比赛通常被分为男子组和女子组比赛，男性运动员参加男子组比赛，女性运动员则参加女子组比赛，这似乎是人们习以为常的了。然而，在传统的性别造假问题之外，原本被忽视的间性人、变性人等特殊的性别问题正逐渐在体育界显现。南非田径运动员塞门亚的“性别门”事件更是将性别问题推到了风口浪尖。尽管塞门亚在之后几年里得以继续参加女子比赛，但各界关于性别问题的议论从未停息。在 2018 年，国际田联出台了新的性别政策，直指塞门亚，

---

[1]　作者简介：宋宇洋，中国政法大学法学院 2018 级体育法方向法律（法学）硕士研究生。

而塞门亚则向国际体育仲裁法庭提起了仲裁，挑战国际田联新政。[1]此外，诸如铁人三项运动员莫西尔、排球运动员蒂芙尼等变性运动员的参赛问题也引起了人们的关注。那么，现有的政策和制度是否足以应对如此复杂的性别问题呢？体育领域在面临越来越多的有关性别的问题时，该如何作出公正的、令人信服的判断呢？

1. 问题的根源
——体育二元结构与性别多元的冲突

运动员的性别检查，又称“运动员性别检测”或“运动员性别确认”，是指由体育组织或指定的专业机构和人员，通过身体检查、心理测试、文件审查等方式，检验运动员报名参赛的性别是否与其真实性别相符，决定运动员是否具有特定比赛的参赛资格。

从近现代体育发展史来看，体育在性别问题上并不是完全平等的，但随着女性平权运动的开展，女性逐渐获得参与体育的权利。如今，体育领域已经形成了以男性和女性作为基础划分、分别开展体育竞赛和其他活动的二元性别结构。

男性和女性的二元划分的形成，不仅仅是为女性参与体育竞赛提供了与男性同等的机会，实现体育的形式平等，更是体现了对体育的实质平等的追求。大多数人认为（包括许多的女子运动员），女性和男性在一同比赛是“没有意义的”，在很多情况下同级别的赛事中男性运动员的成绩或表现确实优于女性运动员。基于此，男性和女性的划分在很长的一段时间以来都被认为是合理的，是保证体育公平竞争的手段。可以说，体育的二元性别划分，是女性对体育平等追求的产物，或者说是平权运动在体育领域阶段性的成果。

“尽管性别通常被认为是二元的术语，但在现实中更像是一个连续统一体。”[2]虽然男性和女性是最传统和普遍的性别类型，甚至被认为是“天经地义”的分类，但事实上，性别的划分维度并不是唯一的，依据不同维度所产生的性别类型也是多种多样的。

---

〔1〕 CAS，“Caster Semenya challenges the IAAF Eligibility Regulations for Female Classification at CAS”，https://www.tas-cas.org/fileadmin/user_upload/Media_Release_Semenya_IAAF.pdf，最后访问时间：2018年11月2日。

〔2〕 L. Morthy，“A Sporting Chance for Gender”，*Economic and Political Weekly*，2012，47（31），pp. 16～20.

广义的性别至少包括了人的生理性别、心理性别和法律性别。

生理性别，又可称为解剖学性别、生物性别，是自然的生物属性，通过染色体、荷尔蒙、生殖器官等生物因素加以区别。在英语中，“sex”日常指代的就是生理上的性别。生理性别的界限有时是模糊的，因为“男性”和“女性”的性别因素不一定能统一地出现在一个人的身上，有的可能既有男性因素又有女性因素，有的人可能更“男性”一点，而有的人“女性”因素可能更多。这些生理性别模糊的人，又被统称作“间性人”（intersex）或“双性人”。此外，不同机构或专家还有其各自的性别判断标准。同一个人的生理性别，根据不同的标准也可能得出不同的结论。

广义的心理性别包括了社会性别或自我认同的性别，在英语中，往往用“gender”指代更为贴切。社会性别和自我认同的性别（或者说“狭义心理性别”）也有可能是不一致的。社会性别是社会文化形成的对男女差异的理解，更强调外界对性别的确认、期望和塑造，而心理性别则更强调个人对性别的自我归属感。生物性别与心理性别也有可能产生不一致，即一个人在心理上可能无法认同自己与生俱来的生理性别，这种现象被称作跨性别（transgender）、性别认同障碍或易性病，并由此产生了“变性人”和“易性病人”的问题。〔1〕

性别还具有法律上的意义，需要由法律加以承认和限定。法律性别，又可以被称为登记性别，是指一国对一个人的性别在法律上的确认。目前，各国的法律对于性别的承认并不统一。〔2〕

总之，性别并非是一个单纯的“非男即女”的问题，而是多元的，甚至是可能产生“错位”的，但体育却是严格按照二元性别来构建的。这就产生了二元结构与性别多元的冲突——当代性别检查问题的根源所在。

2. 体育权力机构的应对与持续的挑战

为了维持体育的二元性别结构和竞赛的公平，体育权力机构和体育赛事组织

〔1〕 在多数中文文献中，变性人仅指经历了变性手术的人，未做变性手术的人被称为“易性病人”。

〔2〕 加拿大、澳大利亚、印度等11个国家和美国部分的州承认“第三性别”或提供非二元制的性别选项。德国、智利和巴基斯坦强制性承认天生间性人性别。在对待性别变更问题上，各国的选择也有所不同：意大利、日本、巴西等国以医学标准确认性别的变更，英国、西班牙等国以自我认同为标准，不要求手术或治疗，而泰国、马来西亚等国则不承认变更后的性别。我国所承认的依然是二元性别模式，但允许符合条件的公民进行性别变更，并采用医学标准确认性别。

者需要保证参赛者不会进入错误的性别组别，尤其是要防止男性“男扮女装”混入女子组比赛。从最初的医学证明再到后来的实质性检查，从抽查到强制检查再到定向检查，从最原始的“裸检”到各种方式的生物学、医学检查，运动员性别检查政策和方式一直在变革，但其引发的争议和质疑从未停歇。[1]除了对检查方式的侵犯性、检测结果准确性等的质疑，体育权力机构关于间性人、变性人或其他具有特殊性别问题运动员的政策，同样受到了各界的挑战。

2.1 体育权力机构的性别政策

2.1.1 依质疑启动程序和文件性预审

如今，对女性进行的强制性检查措施已经被彻底抛弃，一些体育权力机构甚至不会去对运动员性别问题作专门的规定，而一些体育组织则采用了相对折中的政策。

例如，国际足联并不主动对运动员进行性别检查，而是为会员协会设定了一定的自查义务，并以依申请启动和文件性审查为性别检查原则。国际足联的《性别检查条例》规定，所有的参赛会员须确保其球员性别的正确，对于任何潜在的有关第二性征的偏差，会员应开展积极调查并保存相关文件。相关运动员、协会和国际足联医疗官员可以针对特定球员提出进行检查的申请。如检查程序被启动，国际足联官员首先会进行文件性审查，相关球员和队医需要提供包括病史、荷尔蒙水平在内的相关文件。若在审查文件后，医疗官员认为需要深入调查的，才会要求由独立专家进行生理检测，如有需要，还会由专家组进行进一步的评估。国际足联的条例还以纪律处罚作为督促协会自查以及保障运动员隐私和尊严的手段，除了性别不符的球员会被处罚，其所属的协会也可能面临处罚，此外，那些提起“毫无根据、不负责任的鉴别要求”的球员、协会和医疗官员都有可能被纪律委员会处罚。国际奥委会针对2012年奥运会和2014年冬奥会颁布的关于雄性激素过多症的条例，也采取了类似国际足联的程序。

2.1.2 对于特殊性别问题的“共识”

2003年，国际奥委会首先就变性运动员问题作出了回应。国际奥委会医疗

---

〔1〕 性别的检查早在1936年的柏林奥运会就被引入，海伦·斯蒂芬斯在百米赛跑中击败了同样具有性别争议的1932年奥运冠军瓦拉谢维奇，并被要求接受性别检查。1944年起，国际田联和国家奥运会要求女性运动员提供确认其性别的医学证明。由于担心伪造证明和怀疑部分东欧运动员的性别，从1966年开始，以裸体目测为方式的性别检测被正式引入体育比赛。1967年，国际田联通过巴尔体测试来检查女性运动员的染色体。国际奥委会于1968年开始对女性运动员进行口腔涂片测试，并使得一些有性别发育异常的运动员无法参赛。由于医学界的抗议国际田联在1992年放弃了这种做法，由各会员国协会组织的面向所有运动员的“健康检查”取而代之。而国际奥委会则引入聚合酶链式反应测试来进行鉴定。由于医学界和运动员持续的抗议，强制性的性别检查在1999年被废止，但国际奥委会和国际田联仍可基于怀疑对运动员进行检查。2008年北京奥运会首次设置了性别检测的专门机构，进行染色体、性腺、内外生殖器、基因、社会、心理六个方面的性别鉴定。

委员会召集的共识会议发布了“体育界变性者斯德哥尔摩共识”[1]，有条件地为变性运动员敞开了参赛的大门。

在塞门亚的“性别门”爆发后，国际田联和国际奥委会才就性别模糊者参赛问题在迈阿密召集了一次共识会议。这次会议并没有发布明确的文件，但透露出的“共识”认为：这是一个医学问题而不是有关公平的问题；性别模糊运动员应接受相关治疗；基本原则是这些运动员应该被允许参与竞争。之后，国际田联和国际奥委会相继出台相应的规定。[2]这些规定放弃了“性别检测”的说法，而是以“雄性激素过多症运动员”为调整对象，至少在表面上不直接以生物性别来决定参赛资格。

2.2 对性别政策的挑战

2.2.1 各方的质疑

无论是在“性别门”爆发后，还是在体育权力机构不断地修订相关规则后，对于性别政策的质疑，尤其是对间性人或“雄性激素过多症”的政策的质疑从未中断。有性别伦理学家批评选择性检查的政策公平性，提出“为什么不去检测所有人呢?”[3]

有学者认为除了性别和激素以外，其他生物的或社会经济的因素都有助于在体育竞争中取得成功。有学者甚至以此直接否定体育“公平竞赛环境”存在的可能性，认为当前的政策是维持“公平”所必需的说法是矛盾的、歧视性的。[4]

医学界直接从生物因素着手质疑“睾酮政策”的公平性，提出基因或其他特殊的生理因素等有可能形成“竞争优势”，一些女性的天然优势与男性运动员所享有的竞争优势相似，[5]政策本身可能带有性别刻板印象和性别歧视。当然，还有医学领域专家直接质疑政策的科学性，认为睾酮水平与女性的运动表现没有

---

[1] 根据“体育界变性者斯德哥尔摩共识”的规定，在青春期后由男性变为女性的运动员，若要获得参赛资格，须同时满足：(1) 包括外生殖器和性腺切除在内的解剖学上的手术变化彻底完成；(2) 获得对于其法律性别的官方确认；(3) 激素疗法在足够长的时间内以可验证的方式进行，并减小去与性别相关的体育竞争优势。

[2] 国际田联规定，具有参加女子比赛资格的名运动员须满足：(1) 以血清睾酮含量衡量的雄性激素水平应低于男性的范围，或是 (2) 运动员的雄激素水平在男性范围内，但因其具有雄性激素抗体而不会获得竞争优势。在对运动员进行评估之前，不得允许雄性激素过度症女性选手参加女子比赛。

[3] Alice Dreger，“Olympic Problems with Sex Testing”，https://www.thehasting scenter.org/olympic-problems-with-sex-testing/，最后访问时间：2018 年 11 月 3 日。

[4] Cheryl Cooky，Shari L. Dworkin，“Policing the Boundaries of Sex：A Critical Examination of Gender Verification and the Caster Semenya Controversy”，*Journal of Sex Research*，2013，50 (2)，pp. 103 ~ 111.

[5] Alan D. Rogol，Lindsay Parks Pieper，“Genes，Gender，Hormones，and Doping in Sport：A Convoluted Tale”，https://doi.org/10.3389/fendo.2017.00251，最后访问时间：2018 年 11 月 3 日。

必然关系。[1]国际奥委会关于变性运动员的“共识”同样受到了批评，“完成手术解剖学改变，包括外生殖器改变”的要求，被认为具有很高的并发症风险，而且似乎与体育公平也没有关系。[2]

2.2.2 国际体育仲裁法庭在“钱德案”中的审查

在印度运动员钱德[3]提起仲裁后，国际体育仲裁法庭（CAS）不得不就性别政策这一棘手的问题作出回应。[4]CAS在判断国际田联条例的效力时，着重审查其是否构成歧视、是否有足够科学证据支持以及是否违反比例原则，[5]而且这三个问题是紧密相连的。

裁决首先认为，基于某些自然身体特征而对某些女运动员进行比赛资格的限制，至少在表面上构成了歧视。根据确立的证明责任、标准规则以及准据法摩纳哥法的规定，国际田联需要承担证明责任以说明其条例是合理和均衡的，即满足比例原则。关于科学依据的问题，裁决一定程度上肯定了以睾酮为划分标准的合理性，但关于内源性和外源性睾酮的异同以及睾酮对运动表现是否有决定性作用的问题，专家组认为就双方都未能提供足够的科学依据予以解释（尽管证明责任在运动员一方），这些仍是有待解决的问题，值得进一步探讨。

关于本案核心问题的论证，即条例是否符合比例原则，专家组认为，男性与女性的划分是法律承认的问题，不能直接以内源性睾酮作为划分参赛组别的依据。同时，每个人都必须具有从事体育活动的可能性，即必须有机会参加两个类别之一的比赛；将运动员排除在比赛之外或通过接受医疗干预来限制其比赛权利，会对有关运动员造成重大损害，因此要考虑其必要性和均衡性。

---

〔1〕 Karkazis Katrina et al.，“Out of Bounds? A Critique of the New Policies on Hypera-Ndrogenism in Elite Female Athletes”，*The American Journal of Bioethics*，2012，12（7），pp. 3～16.

〔2〕 Alice Dreger，“Sex Typing for Sport”，*Hastings Center Report*，2010，40（2），pp. 22～24.

〔3〕 杜迪·钱德是一名印度短跑运动员，在2014年亚洲青年田径锦标赛夺金后，他/她被印度田联要求进行生理检查。检查结果显示钱德有雄性激素过多症。印度田协通知他/她，由于体内的雄性激素过高，根据国际田联的规定，他/她需要进行非手术或者用药控制雄性激素，才能获得国内外赛事的参赛资格。钱德将国际田联和印度田协诉至国际体育仲裁法庭，向着国际田联的规定发起挑战。

〔4〕 CAS，“CAS 2014/A/3759 Dutee Chand v. Athletics Federation of India（AFI）& The International Association of Athletics Federations（IAAF）”，https://www.tas-cas.org/fileadmin/user_upload/award_internet.pdf，最后访问时间：2018年11月3日。

〔5〕 专家组总结的案件争议焦点为：（1）条例以身体特征和性别作为而构成对特定女性运动员歧视；（2）如果没有足够证据证明内源性睾酮以及睾酮水平在“男性范围”内是否会使运动员获益，该条例是否应宣布无效；（3）在依据身体特征和性别歧视或对女运动员造成伤害的情况下，条例是否违反比例原则；（4）条例是否因为违反《世界反兴奋剂条例》相关条款而无效。其中，针对第四点，CAS专家组认为自然原因限制参赛资格的问题不属于反兴奋剂问题，驳回钱德声称的违反反兴奋剂条例的挑战。

专家组还认为，国际田联需要证明激素水平与干扰公平竞争的竞争优势之间的相关性，以及其以10nmol/L为划分标准的科学性。对于此问题，国际田联没有足够的证据表明其条例的合理性，没有履行其职责，即未能保证其为了达到公平竞赛的目的而采取限制女子参赛资格的手段的必要性和相称性，不符合比例原则。

基于上述原因，CAS否定了国际田联条例的有效性。但同时，CAS对于该条例的禁令并非终局性的，在2年的期限内，国际田联可以继续提交相关证据，以证明条例的有效性。

CAS的裁决在一定程度上回应了各界的质疑并吸纳了相关领域专家观点，其对此案的裁决不仅符合体育自治规则的审查要求，也符合体育商业化下对运动员权利积极保护的这一趋势。[1]不过，尽管专家组采用比例原则去审视条例的有效性，其最终的落脚点仍是睾酮及其对运动机能的作用，通过证明责任的分配回避了对措施的必要性和均衡性的探讨。还需要注意的是，该裁决的效力是个案的，结论是非终局性，裁决只是暂时性地解决了有关性别的部分问题。

2.3 新的“共识”与挑战

2.3.1 国际奥委会的新“共识”

为应对钱德案裁决带来的影响，国际奥委会再一次召集关于变性和雄性激素过多症问题的会议，形成了新的“共识”。[2]

关于变性运动员问题，“共识”首先阐述其制定准则的背景和精神：第一，性别认同自主的重要性日益被承认，然而仍有一些法律不承认性别认同自主权；第二，尽可能确保变性运动员不被排除在体育比赛之外；第三，最重要的目标仍然是保证公平竞争，在合适的范围内的对参与的限制是适当的并且与该目标相符；第四，以手术生理学变化作为先决条件对于维护公平竞争不是必要的。

在具体的准则上，相较于原有的“斯德哥尔摩共识”，男性变为女性的运动员若要参加女子比赛，需要同时满足：运动员已宣称其性别是女性，且声明在4年内不得更改；运动员在其首次比赛前的12月内以及在寻求比赛资格期间，血清中的睾酮水平低于10nmol/L。

关于雄性激素过多症问题，作为对CAS裁决的回应，“共识”建议：制定规则，以保护体育中的妇女并促进公平竞赛；鼓励国际田联向CAS提供证据，以

---

〔1〕 参见乔一涓：“对国际体育仲裁院裁决‘杜迪案’的法理思考”，载《天津体育学院学报》2015年第5期。

〔2〕 IOC：“IOC Consensus Meeting on Sex Reassignment and Hyperandrogenism”，https://stillmed.olympic.org/Documents/Commissions_PDFfiles/Medical_commission/2015-11_ioc_consensus_meeting_on_sex_reassignment_and_hyperandrogenism-en.pdf，最后访问时间：2018年11月4日。

恢复其关于雄性激素过多症的规定。“共识”还提出，“为避免歧视，不符合女性比赛资格的运动员应有资格参加男子比赛”，以保证运动员最基本的参赛权。

2.3.2 国际田联新政与塞门亚的挑战

2018年4月，国际田联颁布新的《女子参赛资格条例》，并针对距离在400米至1英里范围内的女子组比赛作了特别限制，直指塞门亚。[1]国际田联主席塞巴斯蒂安·科称“希望激励运动员为追求运动卓越而作出所需的重大承诺和牺牲”，认为国际田联“有责任确保提供公平的竞争环境”。他还认为，选择将比赛分为男女两组就意味着要明确这两个组别的标准，修改规则是“确保田径公平和有意义的竞争”“取得成功在于才能、奉献和勤奋工作，而不是其他因素”。[2]新政再一次引发了多方的质疑，塞门亚也在11月向CAS提起了仲裁，对国际田联规定的有效性又一次发起了挑战。

目前案件细节和双方的意见还不得而知。但可以确定的是，塞门亚针对国际田联新政提出挑战的背景情况与“钱德案”并不完全相同。例如，国际奥委会2015年的“共识”建议为不符合女子比赛参赛资格的运动员提供参加男子赛事的机会。运动员参赛权利并没有被完全剥夺，政策对于运动员的侵害程度变小了，政策是否还构成歧视、是否违反比例原则，需要重新审视。同时，倘若国际田联在解释其新政时提出的新的证据被认定是可信，[3]是否就能表明对运动员的限制是合理的，同样值得思考。

3. 体育中的性别不只是一个生理学问题

从历史发展和现行政策来看，体育中的性别问题，特别是间性人、变性人等

---

〔1〕新规定要求，任何“性别发育差异”或雄性激素敏感的运动员若要参加国际比赛或在赛事中创造纪录，须同时满足：在法律上被承认为女性或双性人；睾酮水平降至5nmol/L以下，并持续至少6个月；若想保持资格，此后必须维持这一水平。

〔2〕IAAF，“IAAF INTRODUCES NEW ELIGIBILITY REGULATIONS FOR FEMALE CLASSIFICATION”，https://www.iaaf.org/news/press-release/eligibility-regulations-for-female-classifica，最后访问时间：2018年11月4日。

〔3〕IAAF，“ELIGIBILITY REGULATIONS FOR THE FEMALE CLASSIFICATION（ATHLETES WITH DIFFERENCES OF SEX DEVELOPMENT）EXPLANATORY NOTES/Q&A”，https://www.iaaf.org/download/download?filename = c402eb5b-5e40-4075-8970-d66fccb10d41.pdf&urlslug = Explanatory%20Notes%3A%20IAAF%20Eligibility%20Regulations%20for%20the%20Female%20Classification，最后访问时间：2018年11月5日。

特殊性别问题往往被视为一个生理学问题——体育组织通过检查运动员的生理因素来判断其性别和运动机能，并以此决定参赛资格。而以医学界为代表的反对者同样着重从生理学的角度去抨击体育组织的性别政策。

诚然，运动员性别问题的处理，必然离不开科学的支持，而且因为检查方式、判断标准等方面的不同，可能会产生不同的结果和观点，形成生理学上的争论。但运动员的性别检查绝不仅是一个生理学问题，尤其是在探讨间性人、变性人的性别检查和参赛资格问题时。事实上，一些观点也试图从性别的刻板印象、文化历史因素甚至是种族主义、民族主义去评述相关问题。“钱德案”的裁决也表示，“该案引起了一个复杂的法律、科学、事实和道德问题。”

3.1 公平价值

公平是人类社会的道德共识和共同追求，也是体育内在固有的精神要求和体育法的核心价值。[1]由于词义存在相近之处，公正、平等、公平等概念经常被混同。人们通常所说的“体育公平”中的“公平”其实是广义上的公平，更接近于“公正”“正义”的含义，并将平等包含在内。

3.1.1 体育平等

平等，在英语中一般用“equality ”来表达，在体育领域，其又被称为“机会公平”或“起点公平”，强调的是平等地给予每个人参与体育的资格和其他体育权利，反对歧视和特权。《奥林匹克宪章》的基本原则写道，“从事体育运动是一种人权，每一个人都应享有从事体育运动的可能性，不受任何形式的歧视”，宪章确定的自由和权利不受包括性别在内的任何形式的歧视。联合国教科文组织的《国际体育宪章》也明确，“参与体育教育、体育活动、体育竞赛是所有人的基本权利”。根据平等原则，每个人无论其性别，都应有平等参与体育活动的权利。基于性别作出的限制，特别是对于特殊性别运动员参赛资格的限制和剥夺，若无法证明其合理性，都可能涉嫌对其平等参赛权利的侵犯，被认为是对体育的平等和反歧视原则的违反。这正是国际田联性别检查政策在“钱德案”中被否定的原因。

3.1.2 竞赛公平

狭义的体育公平在英语中一般用“fair play”[2]来表达，又被称为“竞赛公平”、“规则公平”或“过程公平”，是“体育公正”的核心性价值追求。公平竞赛包含有“正义”“清洁”之意，强调对规则的遵守和竞争的正当性，反对使用不正当的手段进行竞争，要求“在竞争的基础上，通过自己的努力，得出相应的

〔1〕 周爱光编著：《体育法学导论》，高等教育出版社2012年版，第110～114页。

〔2〕 “fair play” 在新文化运动中被译作“费厄泼赖”。

结果”。[1]在涉及性别议题时，“公平竞赛”问题总是会被提及，即现有的性别政策是否能确保所有参赛者公平竞争，如何防止个别运动员通过性别因素而非自身的努力获取竞争优势，如何保证其他参赛者的公平竞争权益不受侵犯。

3.1.3 程序正当

程序正义是实现实体正义的保障，程序的公平、正当是体育公平的应有之义。设置合理的程序并严格按照程序进行评判或解决争议，体育组织才能得出具有威信的符合正义的结论。运动员性别检查以及相关争议的解决也如此，需要通过合理的方式、依程序进行，不得为实现其他的体育价值和管理目标，而牺牲运动员的程序性权利、违背程序的正当性要求。

3.2 秩序价值

秩序是体育治理和体育法的基础价值。一切体育活动都需要秩序，离开了秩序，体育活动将无法正常地开展和进行，体育领域内的秩序稳定对体育事业的发展具有重要意义。[2]体育在性别问题上，已经形成了以男、女严格划分的秩序，对于体育竞赛的开展和体育事业的发展起到了重要的推动和保障作用。但日益显现的新的性别议题正挑战着原有的体育秩序，但在社会普遍观念下，性别问题的探讨仍需置于体育的二元性别结构之下。

3.3 体育的人性价值

除了公平价值，自古代奥林匹克以来，体育还有对人性价值的追求，奥林匹克运动所体现的精神就是一种人文精神，或者说是人文精神中不可分割的重要组成部分。[3]《奥林匹克宪章》规定，“奥林匹克主义的目标是使体育运动服务于人类的和谐发展，以促进维护人类尊严的和平社会。”体育有着对人性价值的追求，以人的健康和卓越为直接目标，以人的尊严之维护和人的价值之实现为最终目标。这种人性价值的追求应贯穿于体育活动的各环节，包括运动员的性别确认和性别争议的处理。

3.4 运动员的权利与尊严

性别问题还与人的权利和尊严密切相关。运动员的权利与尊严的维护，本质上是与体育的人性价值一致的。运动员不仅享有作为一般人之权利，还享有作为运动员的权利。具体而言，运动员的人格尊严、健康权、身体权、性别自主和性别平等都与体育中性别问题密切相关。

---

〔1〕 周爱光编著：《体育法学导论》，高等教育出版社2012年版，第110～114页。

〔2〕 周爱光编著：《体育法学导论》，高等教育出版社2012年版，第110～114页。

〔3〕 参见陶于：“论奥林匹克运动精神的人文价值”，载《南京体育学院学报（社会科学版）》2003年第3期。

3.4.1 性别平等

体育的性别政策总是与性别歧视议题相伴而行。性别平等权以国际人权法和宪法确认的平等权为基础。《世界人权宣言》第1条就宣示“人人生而自由，在尊严和权利上一律平等”，其所载的一切权利和自由不因性别等有任何区别。无论一个人是何种类型的性别，即使是性别模糊或者具有性别障碍，其也都享有平等的尊严，应当被平等地对待。

在体育领域，性别平等直接与运动员的参赛权或就业权相关。参赛权是运动员与体育直接相关的权利中最基础的权利，是其之所以为运动员的前提。基于性别平等，运动员无论其性别状态都应当被平等地给予参赛机会，享有平等的参赛权利，而正如上文所述，基于性别作出的不合理限制，则可能构成性别的歧视。

3.4.2 性别自主权

性别自主决定权，又可称为性别变更权，是指自然人享有的自由决定其性别的权利。[1]性别自主以人的自由权为主要基础。[2]国际性别教育基金会通过的《性别权利国际法案》就总结和确认了包括确认性别身份的权利、自由表达性别身份的权利、以认同的性别进入性别有关场所和参与性别有关活动的权利、控制和改变自己身体的权利、性表达权利等十项性别权利。尽管该法案不是由各国政府缔结和承认的国际公约，但性别自主权这一概念已被越来越多的国家接纳。除了具有国际人权法基础，各国国内宪法几乎都将人权作为至关重要的内容进行规定，为性别选择权提供了宪法依据和法理栖息地。[3]

运动员作为人本身，也应当享有选择、表达和通过一定手段变更自己性别的权利。同时，个人的性别选择权并非是无限的，会受到法律和医学规范的限制。而为了参赛或其他目的，运动员的性别自主还需要受到体育规范的必要限制。

3.4.3 健康权和身体权

健康，是参与竞赛的基础，也是体育的目标之一。生命健康权是最基本的人权。每个人都享有维持生理机能正常和健康状况、接受医治和保证健康不受侵犯的权利，还拥有支配其身体组成的权利。而性别变更和性别的“医疗”或“纠正”直接与运动员的健康和身体权利相关。运动员性别的选择和变更还往往涉及对性别疾病的治疗和对身体器官的移除、植入或改变，是积极行使健康权和身体

---

〔1〕 参见张帆：“性别自主决定权探析”，载《云南大学学报（法学版）》2009年第6期。

〔2〕 参见李燕：《性别变更法律问题研究》，中国法制出版社2014年版，第25～28页。

〔3〕 参见刘云生、吴昭军：“性别选择权：性质界定与法权塑造”，载《东北师大学报（哲学社会科学版）》2018年第2期。

权的表现。体育组织对于特殊性别运动员的强制性医学“治疗”和手术，则可能被认为是对运动员健康权和身体权的侵犯。

3.4.4 运动员的尊严

运动员的性别检查还涉及人的尊严问题。印度田径运动员桑德拉扬因未能通过性别测试而被取消参赛资格并剥夺奖牌，深感羞耻并陷入抑郁的她甚至尝试以自杀结束生命。在“性别门”突然曝光后，面对媒体的报道，塞门亚也在很长一段时间里把自己藏起来了。性别检查和性别争议可能使运动员的生理信息和性别状态等最私密、直接涉及人格尊严的那部分信息完全暴露在检查机构、体育权力机构甚至是媒体和公众之下，运动员需要面对巨大的心理压力和精神打击。如何在准确认定运动员性别的同时，保守运动员的私密信息，充分维护运动员的尊严，是体育权力机构需要认真考虑的问题。

3.5 社会接受、法律承认以及规范冲突问题

宗教信仰、文化传统和公众认知同样影响着性别议题。在体育领域，运动员的性别除了要得到所在国、所属环境的认同，还要得到观众、队友、其他竞争者等不同人群的接纳。

在法律的主流体系与社会规范中，国家掌握了对性别界分的定义权力。[1]法律性别是被法律承认且由有权机构登记确认的性别，一般作为判断一个人性别的直接、可信赖的依据。然而，一国法律承认的性别类型可能是有限的，而且经登记确认的性别并不一定能反映真实的生理和心理性别。性别政策需要对法律性别的效力进行理性的判断。

同时，社会接纳程度的不同还导致了各国的性别制度的差异。一些体育权力机构也出台了与性别问题相关的政策。性别确认和性别争议解决的过程中就可能产生不同法域的法律之间、法律与体育组织规范之间的冲突，并可能造成对不同国籍运动员权利保护的不平衡。“斯德哥尔摩共识”对于“官方对其指定的性别的承认”的要求就遭到了质疑，其可能造成对那些提供传统性别选项国家运动员的歧视。此外，这种情况还可能诱发运动员出于性别、国籍等原因规避法律或体育组织规范的情况。

总之，体育中的性别问题是一个涉及自然因素和社会因素、生理状况和心理状况、集体权益和个体权益、一般性权利与体育权利以及不同价值取向的复杂问题。若只抓住生理因素而抛弃问题的其他方面，人们将难以得到一个令人信服的解决方案。

---

〔1〕 参见张慰：“第三性别的法律地位——德国民事身份登记立法之变”，载《德国研究》2013 年第 4 期。

4. 性别政策制定和争议解决的思路

4.1 性别检查的存在的合理性

在探讨政策制定和争议解决的思路前，首先需要明确的问题是，性别检查是否应当存在。

或许是因为性别概念多样化以及对法律性别、性别自我认同的尊重，“性别检查”“性别确认”等表述已逐渐被体育权力机构抛弃，取而代之的是“健康检查”“雄性激素过多症”“睾酮水平”等似乎更具科学色彩的、中性化的表述，强调运动中具体生理因素的差异。但这些政策最终还是要回归到体育的二元结构之中，依然是在确定运动员在比赛中所属的类别（而在体育中一般只有男性和女性两类）。

性别检查首先体现着体育界维护基本体育秩序的努力。当代体育秩序依然是以二元性别结构所构建的，大多数体育比赛被分为男子比赛和女子比赛，这一前提决定了人们必须明确两个组别比赛的界限，使运动员依据标准进入到正确的组别。无论是“钱德案”的裁决还是体育组织的相关政策，都明确阐述了这一观点。尽管“钱德案”的裁决声称“性别检测不是一个合适的标准”，但这在某种程度是与专家组关于性别划分本身以及关于对划分标准的需求的肯定性观点相互矛盾的。

从历史上看，男女比赛的划分和性别检查制度，虽然可能带有着一定程度的刻板印象，认为“女子因为在身体上弱于男子而需要单独比赛”，但其更本质目的仍是在保障人们普遍的参与机会的前提下，对“能力不至于差距过大的”、真正意义上的、公平的竞争的追求。如上文所述，有观点质疑，基于特定生理因素限制运动员是不公平和不现实的，认为同是内源性的生理因素导致的优势，雄性激素水平的异常会受到限制，而诸如红细胞携氧量先天性异于常人这样的优势，却被认为是“天赋”。但是，无论是地理位置、自然环境还是社会经济条件，这些因素都具有客观性和不可控制性，使得它们能被体育公平正义所包容。[1]其次，这些“被默许”的“天赋”与性别没有直接的关联，而体育比赛正是以性别为划分依据的。事实上，除了以性别为标准，体育比赛还以重量级、残疾程度等为

〔1〕 Roger Gardner, “On Performance-Enhancing Substances and the Unfair Advantage Argument”, *Journal of the Philosophy of Sport*, 1989, 16 (1), pp. 59～73.

标准，运动员同样需要具有符合与划分标准相关的生理因素，以参加相应组别的比赛。无论是在形式上还是实质目的上，性别检查都是与二元的性别结构相符的。

关于性别政策的歧视问题，CAS 在“钱德案”裁决中确实否定了国际田联政策的效力，但其否定不是性别划分或性别检查本身。性别划分和性别检查对于实现体育公平和体育事业正常发展都具有不可替代的作用。真正可能违反合目的性原则、构成歧视的，是性别政策下不当的具体检查措施或缺乏依据的标准。

在二元性别结构的体育领域，性别检查依然有其存续的正当性和必要性，该问题不能被忽视也没有必要用其他表述去掩饰。体育权力机构真正要考虑的是，通过实体规则和程序规则的设定，以对运动员权利尽可能小的侵害，实现其体育公平与秩序的目标。

4.2 政策和裁决的原则和思路——进行价值的衡量

体育中的性别问题不是一个单纯的生理学问题，因此也不能直接以生理学标准来判断，那么应该怎样确立性别政策、如何判断性别争议呢？“钱德案”的裁决已经给予了我们一定的思路，而体育权力机构对性别政策也作了一定的完善。在此，本文试图探寻更具普遍意义的政策制定和争议判断的基本原则和思路，以促进体育公平、保障运动员权利。

4.2.1 探讨的底线

体育是以人为根本的，人性价值和人权在体育领域具有不言而喻的至高地位，体育的公平价值、秩序价值或是其他利益和价值，都不能凌驾于此。任何性别政策和裁判都应以不侵犯运动员的尊严和最基础的权利为底线。作为人本身，运动员的生命安全、身体健康和人格尊严需要得到最大限度的维护；而作为运动员，其基础的体育参与、参赛权利亦不能被剥夺。

从新“共识”来看，这一底线标准一定程度上得到了体育权力机构的确认。无论基于何种目的，体育权力机构或赛事组织者都不能因运动员先天的、自然的原因而剥夺其参赛的权利，即倘若不能获得女子比赛的参赛资格，也应当获得参加男子比赛的资格。运动员既不会因为拒绝接受性别“治疗”而被剥夺参与的机会，也不会为保留参与的机会而被迫接受这种性别“治疗”。运动员不能因为其性别检查的结论，而遭到歧视或尊严的贬损。

4.2.2 “竞争优势”的明晰

除了一些具体的生理因素，性别政策和性别争议的探讨还总是不可避免地谈及“竞争优势”。性别优势是否存在的关键就在于对竞争优势的判断标准。[1]

---

〔1〕 参见乔一涓：“运动员参赛资格的法律保护研究”，武汉大学2014年博士学位论文。

体育竞赛中的“优势”可以区分为“表现优势”和“所有优势”，前者是竞赛中直接体现出来的优势，如比赛的得分或秒数等量化的优势，而后者则是参赛者自身或参赛环境的组成部分，例如运动员所拥有的有利生理因素。[1]性别问题所探讨的正是“所有优势”的问题。可以说，“竞争优势”是连接性别问题和体育竞赛的纽带，其一方面会受到某些生理性别因素的影响，另一方面又影响着“表现优势”和竞赛的公平。

每个运动员都是独一无二的，都或多或少地有着某些生理特点和“所有优势”，体育公平绝不是要求运动员绝对的相同。虽然无论是体育权力机构的性别政策还是CAS的裁决都没有明示，但依据“体育公平”的内涵可以推断出，体育并不是禁止任何的优势的（而且也没有可能禁绝），而是反对那些不正当、不合理的优势。运动员性别划分和性别检查目的亦在于此。在讨论性别问题时，除了关注是否存在优势，更需要去判断优势存在的正当性和合理性。

4.2.3 实现性别自主和体育公平的衡平

性别自主权是运动员应当享有的权利，甚至被一些学者纳入基本人权的范畴，并内含自由的价值取向，而竞赛公平是体育的核心价值追求，两者在体育领域内存在着一定的矛盾。这种矛盾并非完全不可调和，价值不仅具有选择性，还具有衡平性。价值衡量要求通过价值判断实现正当合法的利益的衡平，力争保障相互冲突的正当合法利益能共同实现。[2]性别自主和体育公平之间的矛盾同样需要通过衡平来解决。

目前，体育权力机构对于运动员所选择的性别予以了一定的尊重，尤其是在“共识”中对变性人的性别选择给予了肯定。同时，出于对其他利益和价值的维护，尤其是出于竞赛竞争性、体育发展、其他运动员公平竞争权益、公众接受等的考虑，运动员性别自主权也需要受到必要的限制。

4.2.4 主观因素与客观因素的统一

性别自主与运动员主观的性别认同直接相关，而公平竞争涉及的竞争优势和其他社会条件则是客观的。对运动员主观因素和客观因素的综合考察，可以为判断竞争优势的正当性、合理性提供依据，找到价值的平衡点，并在一定程度上实现性别自主与体育公平衡平，得出更符合法理和情理的结果。

4.2.4.1 主观因素的考察

对运动员性别主观因素的考察，主要指的是对心理认同、心理态度和心理目

---

〔1〕 Mika Hämäläinen, “The Concept of Advantage in Sport”, *Sport, Ethics and Philosophy*, 2012, 6 (3), pp. 308 ~ 322.

〔2〕 沈仲衡：《价值衡量法律思维方法论》，暨南大学出版社2014年版。

的的鉴别。

基于对运动员的信任和对人格尊严、性别自主的尊重，体育权力机构或赛事组织者应首先承认运动员自我认同和选择的性别，推定其为真实、准确的性别，并推定其参赛资格是有效的。

心理态度和心理目的的考察是判断其性别选择和竞争优势来源的正当性的途径。纯以体育目的，即单纯为追求体育竞争优势和体育成绩，进行的性别选择，并非出于其真实的性别认同，也与性别自主保护的目的不符，据此得到的“竞争优势”应属于不正当的。对于性别模糊的状态和竞争优势的取得，还需了解运动员的心理态度，即其对此是否知情，是否有放任或追求。若非单纯以体育目的或不是具有故意，则运动员性别的自我认同应被认为是真实的、“纯净的”、符合公平竞赛的。而“非真实”的外源性性别变化，往往与兴奋剂或其他不正当竞争手段相关，须予以坚决的制裁。

当然，对主观因素的考察离不开诸如家庭环境、成长经历、文化传统、官方登记等客观因素，需要结合这些辅助性信息加以鉴别。

4.2.4.2　客观因素的考察

运动员性别判定的客观因素包括了生理因素、竞争优势、用药情况、法律性别、社会认同等。尽管体育中的性别不单纯是生理问题，但对客观因素的考察，仍应以生理因素和竞争优势为重点，依然离不开医学、运动学的判断，仍需充分的科学证据作为支持。国际田联在“钱德案”中的“致命”缺陷就是其缺乏足够的科学依据。若有足够证据证明某一生理因素与运动的“表现优势”直接相关，且该因素在男女两性间具有差异，那么该生理因素就应被认为是合理区分体育中男性和女性的生理因素之一。

对于社会性别和法律性别，性别政策应弱化它们的地位，避免结论的不一致、规范之间的冲突以及对运动员保护的不均衡。法律性别与生理性别、心理性别都没有必然的联系，各国的性别制度也并未统一。虽然社会性别与自我认同的性别的塑造有一定联系，但其本质上是外界对性别的评价和判断。同时，社会性别的考察范围影响着结论，不同范围内的人们对于同一运动员的性别评价也可能是不一致的。

4.2.4.3　主客观的统一与竞争优势的排除

当运动员的性别选择并非出于真实意愿，性别实际上成了运动员获取不正当的竞争优势的手段，则无论运动员现存的生理因素是否与心理性别具有一致性，其声称的性别都是无效的。当其生理性别与心理性别不一致时，基于对性别自主最大限度的承认和必要的限制，若运动员对于女/男性的自我认同是善意的，则只要具有某种女/男性生理因素（包括后天手术形成的因素），就应被定位女/男性运动员。但若运动员完全不具有其“认同”的性别的生理因素，其“性别认同”应认定为是非真实、善意的，所拥有的竞争优势也不能因“认同”而获得正当性。因为这种情况反映出运动员缺乏主动追求“认同”性别的态度和努力，或是这种认同的形成是完全没有客观依据的。

除了正当性层面的考察，竞争优势还需经过合理性考察。很大一部分学者持这样的一种观点，认为只要是天生的、内在的竞争优势，就符合公平竞赛的要求，就应当被接纳。然而，体育竞赛的首要特征就是其竞争性，即要求比赛结果的不确定性和竞争水平的相当性。失去了竞争性这一前提，竞争即无公平性可言。倘若受某种生理因素影响的竞争优势致使竞争实际上失去意义，超出社会的一般接受程度（特别是其他运动员、观众的接受程度），有违性别划分和体育公平的目的，则这种优势属于超出了合理的范围。对于具有“非合理”竞争优势的运动员的性别自主权的限制则是必要的。

4.3 考察范围的准确界定

“皮斯托瑞斯案”[1]在某些方面，展示出了与体育性别问题（尤其是间性运动员问题）的类似之处。它们同样涉及“弱势组别”与“优势组别”的划分，以及“竞争优势”的判断的问题。在该案中，因为国际田联在调查中没有考虑奥斯卡在400米全程中假肢的作用，也没有全面调查假肢的影响，CAS认为国际田联的测验是不全面的。[2]

结论的准确性很大程度上就取决于判断时所考察的范围，范围过窄则无法了解竞争优势在比赛中整体的作用，过宽则缺乏针对性、导致“一刀切”。对有关性别的竞争优势的考察，首先需要确定一个周全、恰当的考察范围。体育权力机构和争议解决机构需在具体的比赛项目中结合运动员自身情况和其他必要的客观因素，对运动员的生理因素所产生的影响作出全面调查，以得出准确、公平的结论。国际田联的政策，就一定程度上体现出依具体项目特点作具体规定的发展趋势。

5. 完善检查和争议解决程序，保障运动员权益

除了在实体规则上实现体育公平和运动员权利的均衡保护，在程序规则上，

---

〔1〕 CAS，“CAS 2008/A/1480 Pistorius v/ IAAF”，http://jurisprudence.tas-cas.org/Shared%20Documents/1480.pdf，最后访问时间：2018年11月6日。

〔2〕 参见周青山：“对国际体育仲裁院裁决‘奥斯卡案’的法理思考”，载《体育学刊》2010年第11期。

运动员性别检查制度也应体现其正当性，并且更加强调程序对相对弱势一方的运动员权益的保护功能。

5.1 确立公开、一致的标准

国际奥委会和国际田联的“共识”已经就睾酮含量提供了量化的标准，虽然这些标准的科学性有还待检验，但至少其保障了运动员的知情权，为性别判断提供了具有稳定性的、可预见性的依据，并为运动员提供了对标准发起挑战的可能性。国际田联最新的条例还决定将性别问题统一交由国际田联的医疗官员和专家组处理，以避免由于缺乏理解或资源导致错误适用以及不同国家联合会适用不一致的风险。然而，仍有一些体育组织缺乏公开和明确的判断标准，将问题完全交由医疗机构或医疗专家自行判断，这使得判断缺乏必要的限制和监督，并可能导致判断的不一致性。只有通过设立量化的公平性标准，才能逐渐消除人们内心的失衡，促进体育竞赛规程的健康发展。[1]

5.2 注重程序的保密性

性别检查必然会涉及运动员的生理和心理信息，而这些信息一旦公开，就会产生不可逆后果，侵犯运动员的隐私、名誉和尊严或其他权益。同时，运动员还拥有性别表达自由，即不仅有表达自己认同的性别的权利，还有决定是否向外界表达其性别的权利（但与此同时也要承担因拒绝表达而无法获得参赛资格的后果）。未经允许直接宣告运动员性别的行为则导致对这种自由的侵犯。这就对性别制度提出了保密性的要求。

保密性要求不仅是检查过程中对具体信息的保密，运动员的检查结果和后续处理、争议解决，也尽量维护其保密性，相关信息仅应由体育管理机构、赛事组织者、争议解决机构、运动员自身及其所属机构等有限的体育主体知晓。此外，通过“生物护照”或建立运动员信息系统，也有助于运动员信息在非公开的状态下在体育主体间进行必要的传递，在一定程度上加强对性别信息的保护。

5.3 严格启动程序和强化主体责任

不可否认，性别检查本身对于运动员有一定的侵犯性，需要严格的程序加以控制。国际足联《性别检查条例》以及 2012 年奥运会的条例所采取的程序和措施值得体育权力机构的借鉴，其以纪律处罚为手段，促使各相关主体严格遵守规定，防止相关主体随意地提出质疑、启动检查程序，防止无辜运动员接受不必要的检查，尽可能避免对运动员的侵犯。同时，设立严格惩戒程序还可督促相关机构或人员在进行性别检查时作出公正判断，并严守信息秘密。

---

〔1〕 参见陈金鳌等：“变性人参赛资格审视”，载《体育文化导刊》2013 年第 5 期。

5.4 恢复普遍性检查的设想

针对检查对不同运动员区别对待、有违平等的质疑，体育界还可以在信息保密性得以保证的情况下，考虑恢复强制性的性别检查，而且检查不应局限于对女性运动员，而是面向所有运动员，成为普遍性检查。同时，考虑到检查资源的有限性和性别检查的效率性问题，体育权力机构还可以设立期限豁免制度，即已经进行过一次性别检查的运动员在一定的时间内无需再进行检查，体育管理机构或赛事组织者通过“生物护照”或其他信息系统直接确认其性别，并且可以将性别检查纳入到“健康检查”或兴奋剂检测程序之中。

5.5 救济途径的拓展

目前，有关性别争议的处理主要还停留在体育组织内部，CAS 受理的争议仅有“钱德案”和“塞门亚案”两例，而司法救济也似乎没有被视为有效的解决途径。但公共权力的介入并非完全没有个例。美国变性运动员理查兹就曾通过诉讼获得了美国网球公开赛的参赛资格，韩国人权委员会也曾介入足球运动员朴恩善的性别争议。〔1〕司法救济程序虽不能广泛适用到各国，但假以时日，一些国家的案例或许会在国际体育运动交往日益密切的发展中辐射到其他国家，以正视对两性人权利保护，〔2〕推动性别法律承认和性别权利保护的统一。公共权力的介入，特别是司法审查的介入，还或许会对体育权力机构性别政策的制定产生影响，并为体育争议解决机构提供更多裁判思路。

结语

总之，体育中的性别问题是体育二元性别结构不可避免的问题。性别问题的解决，需要人们认识到心理性别、生理性别、法律性别的差异，需要达成不同价值和权利间的平衡，需要尊重社会的接受、注重规范的统一。这其中，体育公平与运动员权利保障的冲突与衡平的问题尤为重要。在维护运动员尊严和最基本权

〔1〕 2013 年，韩国联赛数支球队质疑朴恩善的性别，并进行罢赛，惊动了韩国人权委员会。人权委员会认定强迫女球员进行性别鉴别属于性骚扰，随意要求对他人进行性别鉴别都等同于性别歧视。要求朴恩善进行性别鉴定的 6 支球队主教练受到处罚，被要求参加人权教育课程。韩国足协主席也遭到警告处分。

〔2〕 参见乔一涓：“论两性人运动员参赛资格的法律救济”，载《北京体育大学学报》2014 年第 1 期。

利的前提下，体育权力机构需要在实体规则方面通过主客观因素判断竞争优势的正当、合理性，并在程序方面给予运动员更多的保护。

本文主要是从现有的体育二元性别结构展开论述的，男女区分参赛虽然被普遍接受，但这一结构并非是不可置疑的。正如坎波雷斯等人所说，“钱德案”再一次显示了保留体育的二元性别结构的必要性似乎引起了比它应该解决的问题更多的问题。[1]建立多元的体育性别结构或不再以性别而是以其他因素作为区分，或许是体育在未来的发展方向。

由于科学知识水平、文化传统等条件的影响，性别问题在中国似乎不为人所关注，无论是在医学界、体育界还是法律界，都鲜有关于体育性别问题的研究。虽然人数和知名度有限，但间性和变性运动员在中国是确实存在的，[2]甚至引发过争议。在性别多元化日益被接受和体育国际交往越来越频密的今天，有关间性、变性或其他性别争议的案例可能会越来越多。体育性别问题是中国不能回避的问题，需要相关领域更多的关注和更深入的探讨。

---

〔1〕 Silvia Camporesi, Paolo Maugeri, “Unfair Advantage and the Myth of the Level Playing Field in IAAF and IOC Policies on Hyperandrogenism: When is it fain to be a woman?”, *Gender Testing in Sport: Ethics, cases and controversies*, Oxon: Routledge, 2016, pp. 46～59.

〔2〕 参见吕娟：“假若性别消失”，载《法律与生活》2004年第1期。

陕西省户外运动安全法律保障研究[1]

张恩利　郭春玲[2]

摘　要　陕西省户外运动安全事故频发，急需加强户外运动安全法律保障。运用文献资料法、逻辑分析法、案例分析法、访谈法对陕西省户外运动安全法律制度进行研究，发现目前存在专项立法缺位，立法层次不高，立法内容粗疏，立法脱离实际，法律责任弱化，法律体系不健全等问题；行政执法力量相对薄弱，行政执法规范性有待提高，行政执法力度不够，部分行政执法案卷仍有瑕疵；自助游安全事故赔偿责任认定争议较大，自甘风险理论与侵权免责条款难获法官支持等法律保障问题。原因在于立法者对于安全问题认识不足，部门立法缺乏沟通；相关立法难以获得立法者的重视和支持；现行立法没有明确行政执法主体与职能边界；大量体育社团尚未登记注册，行政监管陷入盲区；法院尚未建立起判例制度，自甘风险理论适用存在分歧。未来应从立法保障、执法保障和司法保障三个方面完善陕西省户外运动安全法律保障制度。

关键词　户外运动　安全事故　法律保障　陕西省

陕西省山地旅游资源得天独厚，户外运动迅速兴起，规模不断扩大。全省近500家户外协会俱乐部，常年参加户外运动的群众已经超过50万人次，西安驴友人数高居全国第一。随之而来的是频频发生的户外运动安全事故，造成了巨大的人身财产损失，给当地政府带来了巨大救援压力，对陕西省体育旅游造成不良影响。地方政府必须敲响户外运动安全警钟，从法律层面加强户外运动安全保障。

---

〔1〕 基金项目：陕西省科学技术研究发展计划面上项目（2014KRM110－01）；陕西省哲学社会科学基金项目（13P041）。

〔2〕 作者简介：张恩利，男，河北万全人，博士，教授，研究方向为体育政策与法规；郭春玲，女，天津人，教授，硕士生导师，研究方向为体育法学。

通过完善陕西省户外运动安全法律保障制度，实现户外运动法治化管理，引导户外运动规范化发展，依法保障公民健身权利和人身财产安全，从而实现陕西户外运动社会效益和经济效益双重价值目标。

1. 陕西省户外运动安全法律保障现状

1.1 陕西省户外运动安全立法保障体系

1.1.1 直接适用中央立法

陕西省户外运动立法相对滞后，特别是在户外登山活动安全方面，相关法律规定更加少见，目前主要依据国家体育总局制定的相关管理办法对陕西省境内开展的户外活动安全进行指导规范。如 1991 年中华人民共和国体育运动委员会出台的《外国人来华登山管理办法》（1991 年 8 月 29 日），2003 年国家体育总局制定的《国内登山管理办法》（2003 年 7 月 25 日）。这些中央政府体育部门制定的户外运动安全的法律规范，被陕西省体育部门直接适用，作为省内户外运动管理执法的直接法律依据。

1.1.2 地方体育综合立法

陕西省户外运动安全立法规定，多是出现在综合体育立法的相关条款当中，对于户外运动安全问题起到宏观指导和政策指引的作用。如《陕西省全民健身条例》（2007 年 9 月 27 日），《陕西省人民政府办公厅关于加快发展健身休闲产业的实施意见》（2017 年 5 月 4 日）。这些省级综合立法，为未来制定陕西省户外运动安全专项立法奠定了法律基础。

1.1.3 高危体育项目立法

为规范陕西省经营高危险性体育项目行政许可的实施，保障人民群众健身安全及合法权益，陕西省体育局结合本省实际制定了《陕西省〈经营高危险性体育项目许可管理办法〉实施细则》。该实施细则较为全面地规定了经营高危险性户外运动项目安全保障的具体措施。

1.1.4 体育旅游安全立法

《陕西省旅游管理条例》（2005 年 12 月 1 日）是陕西省较早出台的旅游管理法规。该法规从体育旅游的角度规定了户外运动的安全问题。《陕西省旅游条例》（2016 年 4 月 1 日）是规范陕西省旅游行业活动和行为的地方法规，也是体育旅游管理的法律依据，对于规范体育旅游安全问题具有指导意义。从上述立法内容可以看出，体育旅游作为户外运动的一种形式，其安全风险问题受到了旅游管理部门的高度重视，为户外运动安全提供了更加有力的法律保障。

1.2 陕西省户外运动安全执法保障内容

1.2.1 行政执法主体与范围

陕西省各级地方体育行政部门的执法范围主要是经营和主办漂流、攀岩、狩猎、探险、蹦极、游泳、射击、滑雪、高山滑雪、拓展训练等技术要求高、危险性大、直接关系人身安全的户外运动项目和活动的行政许可、行政检查、行政处罚。此外，如马拉松长跑赛事、山地自行车速降赛事、户外水上运动赛事等大型户外运动需要公安部门、旅游部门、生态保护部门（如秦岭办）的行政审批、行政督查，甚至是行政处罚。

1.2.2 行政执法工作实践

（1）体育执法人员培训。陕西省户外运动安全执法保障需要一支高素质的体育行政执法队伍。为此，陕西省多次组织体育行政执法人员培训活动，以提高执法水平，切实保障户外运动参与者的人身财产安全。2017 年，陕西省体育局相继组织了全省经营高危险性体育项目行政执法培训班和经营高危险性体育项目（滑雪）行政执法暨指导员培训班活动。

（2）游泳场所行政检查。陕西省体育行政部门十分重视行政检查工作。2016 年陕西省体育局发布《关于开展全省经营高危险性体育项目（游泳）行政执法检查的通知》。检查内容包括：游泳场所是否有高危险性体育项目经营许可证；经营许可证是否到期；经营者是否将许可证、安全生产岗位责任制、安全操作规程、体育设施、设备、器材的使用说明及安全检查等制度、社会体育指导人员和救助人员名录及照片张贴于经营场所的醒目位置；经营期间是否具有不低于规定数量的社会体育指导人员和救助人员；社会体育指导人员和救助人员是否持证上岗，并佩戴能标明其身份的醒目标识；是否将可能危及消费者安全的事项和对参与者年龄、身体、技术的特殊要求，在经营场所中做出真实说明和明确警示，并采取措施防止危害发生；游泳场地、设施设备条件是否符合国家标准（GB19079.6－2013）；其他。

（3）滑雪场所行政处罚。2017 年 12 月，陕西省开始对经营性滑雪场进行行政执法检查。此次执法检查发现，部分滑雪场的问题主要有相关证照不齐备、安全防护措施不到位、不同级别雪道分类指导跟进不足、区分不明显等，由此产生了不同程度的安全隐患。

体育执法人员对于场地设施标准较低、安全措施不到位的提出了限期整改要求。对于尚不具备开放条件的滑雪场，有关部门已责令其关停。

1.3 陕西省户外运动安全事故司法案例分析

1.3.1 鳌山穿越驴友死亡案件及评述

（1）案件经过与审理。2012 年被告董某在中华户外网等处发布鳌山赏雪出行活动的召集帖。据此帖，杨某报名参加，并缴纳费用 300 元。在鳌山穿越过程中，因遭遇暴风雪，致杨某及另两位参与者身体失温死亡。本次活动前，被告董某给杨某在中国太平洋财产保险有限公司购有高风险的商业户外保险。

法院认为，自助式户外运动不同于常规的旅游活动，具有一定的探险性质。参加者明知风险性活动，仍然愿意参加并愿意承担由此产生的后果，即自甘冒险性。且组织者董某不具有营利性，对于参加者没有很大的支配权利，对参加者也无监护的义务。故判决不支持原告赔偿诉讼请求。

（2）案件评述。从该案中可以看到，法官在归责过程中适用了参加者风险自负理论，同时也确认了组织者的安全保障义务，并在公平原则的基础上，提出给予一定数额经济补偿的判决。基于公平原则“和稀泥”，看似合理，其实不然。组织者作为非营利者，尽到了告知、救助、购买保险的安全保障义务即可。由于受害人自身原因导致意外伤亡事故，而要求组织者给予人道主义赔偿，缺乏法律依据，不利于维护司法正义。

1.3.2 连珠潭景区登山驴友坠崖案件及评述

（1）案件经过与审理。2014 年被告徐某组织群中成员进行连珠潭景区登山活动。付某作为群成员缴费参加了此次登山活动。活动当日，付某下山行至连珠潭景区百藤园附近通往其他景点的一处山路上坠崖导致死亡。

法院认为，被告西安市长安区连珠潭生态旅游度假山庄确无法充分保障游客安全，其确未尽到安全保障义务，被告景区应承担未尽安保义务的赔偿责任。被告徐某在发现警示标牌时，没有通知其他人员注意安全，故应对付某死亡承担责任。付某在攀登过程中未能尽可能小心攀爬导致事故发生，亦应承担责任。

（2）案件评述。从该案中可以看到，组织者收取一定费用，并在组织过程中存在过错责任；经营者在经营场所没有合理设置安全告示和安全设施，没有尽到安全保障义务；消费者缺乏自身保护意识。根据过错比例原则，三者各自承担 60%、20%、20% 的法律赔偿。这是较为合理的判决结果，符合事实正义。有利于警示户外运动相关利益主体警惕安全问题，注意安全风险防控。

1.3.3 户外运动安全事故司法判决特点

第一，法官主要以《中华人民共和国侵权责任法》（以下简称《侵权责任法》）、《中华人民共和国民法通则》（以下简称《民法通则》）、《中华人民共和国合同法》（以下简称《合同法》）等民事法律为审判依据。非营利性组织和自助式户外运动缺乏基本的法律保护，案件审理多以《民法通则》与《侵权责任法》作为适用法律。针对商业性营利户外运动，参与者负有安全保障义务，法院主要依据《侵权责任法》来审理相关案件。

第二，自甘风险作为免责事由在司法实践中逐渐被认同。自甘风险可作为免责事由，在我国司法上虽没有明确，却在实际案例判决中获得使用，尤其广泛适用于自助户外运动案件。

第三，侵权责任法归责原则在案件审理中需要甄别适用。侵权责任的归责原则包含了过错责任原则、过错推定原则、无过错责任原则和公平责任原则。案例一适用到无过错原则和公平原则；案例二适用到过错责任原则和过错推定原则。

2. 陕西省户外运动安全法律保障不足及原因

2.1 陕西省户外运动安全立法保障之不足

2.1.1 立法缺位

陕西省户外运动安全立法规定大多分散在《陕西省全民健身条例》等体育行业和旅游行业的相关法规之中。这些规定三言两语，内容粗泛，缺乏可操作性，呈现出碎片化、零散化的特点。这种立法现状不利于统一规范户外运动安全保障问题，陕西省急需制定一部户外运动安全保障的专项立法。

2.1.2 立法层次不高

陕西省现有户外运动安全立法规定主要出现在《陕西省〈经营高危险性体育项目许可管理办法〉实施细则》等立法层次较低的政府文件当中。这种较低层次的立法现状无法跟上陕西省户外运动快速发展的新形势。面对大量出现的户外运动安全事故纠纷，司法机关缺乏直接适用的法律依据，迫切需要立法机关提高户外运动安全立法层次，制定覆盖全省的法规条例。

2.1.3 立法内容粗疏

现有户外运动安全立法规定是体育、旅游、生态等综合性行业立法的一部分内容，诸如《陕西省全民健身条例》等地方性法规只有 2 ~3 条户外运动安全规定条款。这些户外运动安全立法规定大多是点到为止，没有具体内容，缺乏可操作性。

2.1.4 立法脱离实际

陕西省对于射击、漂流、蹦极、拓展训练、狩猎、探险、穿越山岭、攀登山峰等其他危险性户外运动项目没有配套立法规定。这种配套立法的缺位，脱离了陕西省户外运动安全事故的发展实际。

2.1.5 法律责任弱化

《陕西省旅游管理条例》《陕西省秦岭生态环境保护条例》虽然规定了危险性运动项目的审批流程、经营服务、活动备案等管理问题，却没有对相关主体应承担的责任和义务作出明确界定，这在一定程度上反映出现行立法对户外运动相关主体的法律责任的弱化。

2.1.6 法律体系不健全

尽管《陕西省全民健身条例》等地方性法规是陕西省户外运动安全的法规依据，但是在缺少省级地方政府规章的情况下，直接由省体育局制定高危险性体育项目管理文件，这体现出陕西省户外运动安全立法体系的不健全。

2.2 陕西省户外运动安全执法保障之不足

2.2.1 行政执法力量相对薄弱

陕西省经营性游泳场馆不断增加，攀岩、滑雪、潜水等高危险性体育项目在部分地方也已出现经营性场馆，这对体育行政执法提出了更高的要求。大多数地方体育部门都没有独立的执法机构，也没有专职的行政执法人员，行政执法经费、车辆等也得不到保障，这些短板严重制约了行政执法工作的正常开展。

2.2.2 行政执法规范性有待提高

政府通过执法检查发现，有的游泳场馆救生员没有人力资源保障部颁发的资格证书，而是以其他组织颁发的证书代替，体育部门仍然发放了许可证；个别地方体育部门具体从事行政执法的人员没有法制部门印制的行政执法人员资格证，无证执法。这些不规范的行政执法行为一旦被提起行政复议或行政诉讼，体育部门将陷入被动境地。

2.2.3 行政执法力度不够

一些地方在经营高危险性体育项目执法上存在重许可、轻监管的问题，每年开展实地检查的次数很少，并且基本上是与公安、卫生部门联合执法、运动式执法，体育部门单独执法比较少见。监管措施也以行政告诫为主，多为责令整改，甚至对无证经营的违法行为也只是责令停业，不敢、不会、不愿实施行政处罚，行政执法失之于软，效果大打折扣。

2.2.4 部分行政执法案卷仍有瑕疵

政府行政许可案卷管理不规范，有的只有经办人签名而无明确意见，有的行政许可案卷以部门公章来代替部门意见，有的行政许可案卷制作过程中存在先许可、后补制相关文书的情况。行政处罚案卷尽管数量不多，但从内容上看，存在事实认定和适用法律方面的表述还欠精准，所归档法律文书的书写还不够规范等问题，这些瑕疵都从一定程度上影响了案卷的完整性和规范性。

2.3 陕西省户外运动安全司法保障之不足

2.3.1 自助游安全事故赔偿责任认定争议较大

登山探险等户外运动具有一定的危险性，活动过程中容易发生人身意外伤害，造成不可挽回的人身财产损失。造成安全事故的原因多种多样，需要逐一明确，进而确定法律赔偿责任。常见的户外运动安全事故主要缘于：组织者安全保障义务问题，参加者自我保护与安全防范问题，体育设施供应商产品质量问题，体育设施管理者操作与维护问题，不可抗自然灾害问题，等等。一旦出现法律纠纷，法院将会根据实际情况进行合理判决。但是目前较大的司法争议是自助参加者和网络组团参加者意外伤害事故的赔偿责任认定问题，实际判案过程中往往会出现不同的判决结果。

2.3.2 自甘风险理论与侵权免责条款难获法官支持

我国法院尚未就自甘风险理论和合同中的侵权免责条款的承认问题形成共识。从现有判决结果来看，赔偿责任的认定更加倾向于适用无过错责任，即户外运动组织者主观中并不存在故意或者过失，但可能依然需要合理补偿受害者损失。这种基于情理补偿的做法实际上不利于户外运动组织的客观发展。另外，许多户外运动民间组织者因不具有营利目的，为了规避安全风险而要求参与者签订事前免责合同，这种强制性做法在司法实践中很难获得法院的认可与支持，原因在于法院倾向于保护弱者权益，追究组织者的安全保障责任。

2.4 陕西省户外运动安全法律保障不足之原因

2.4.1 立法者对于安全问题认识不足，部门立法缺乏沟通

户外运动作为一种迅速兴起的休闲体育项目，包括立法者在内的许多人目前都停留在初步认知状态，甚至不了解具体运动项目的内容及其背后的安全风险。特别是立法者对于户外运动的危险性认识不一：体育部门牵头制定的《陕西省全民健身条例》更强调高危险性体育项目的安全问题，旅游部门牵头制定的《陕西省旅游条例》和《陕西省旅游管理条例》侧重于风险性不高的体育旅游项目，环保部门牵头制定的《陕西省秦岭生态环境保护条例》主要关注具有较高风险的山地户外运动项目。不同部门立法者站在不同视角看待户外运动项目安全问题，必然会在立法过程中表现出不同的安全立法认知，导致标准不一的立法保障差别。因此，立法者应当提高站位，力争制定一部统一规范的户外运动安全管理法规。

2.4.2 相关立法难以获得立法者的重视和支持

长期以来，立法部门和政府部门相对不太重视体育管理工作，其中一个重要的原因就是立法功利性。立法者习惯性地低估体育产业的经济效益和体育事业的社会效益，认为体育立法效益不高、紧迫性不足，相比其他行业立法可以适当推

后。这种低估体育立法的现象与体育部门的立法游说能力不足有着直接关系。相较而言，旅游部门却积极推动户外体育旅游立法，借助陕西旅游大省的传统影响力，将户外运动项目的推广和发展全面纳入到旅游立法规划当中。但是旅游部门较少关注户外运动安全问题，而这是体育部门应当关心并且熟悉的业务领域，因此未来依然需要体育部门推动户外运动安全立法进程。

2.4.3　现有立法没有明确行政执法主体与职能边界

户外运动的管理比较复杂，具体执法往往牵涉体育部门、旅游部门、环保部门、公安部门等多个行政管理部门，如攀岩、游泳等高危险性体育项目主要由体育部门负责管理，同时需要工商部门、卫生部门、消防部门的配合执法；涉及徒步、漂流、摩托艇等户外体育项目则由旅游部门负责管理；涉及秦岭穿越等山地户外运动项目则由秦岭生态环保部门负责管理；涉及射击、航空运动等户外运动项目则由公安部门、军事部门负责管理。这些行政部门在各自法定职责范围内对相关户外运动项目进行业务管理固然权责明晰，但是在户外运动安全这一广泛涉及安全管制、生产制造、技术服务、食品卫生、军事涉密问题上，却难以实现执法全覆盖。只有制定一部统一规范的户外运动专项立法，明确牵头执法单位和其他相关执法单位的权利义务，才能有效解决户外运动安全执法效果不佳的难题。

2.4.4　大量体育社团尚未登记注册，行政监管陷入盲区

由于我国社团登记注册要求较高，许多户外运动社团处于非法活动的状态，既没有在民政部门进行备案管理，也没有加入官方社团接受组织领导。陕西省内大量的户外运动团体通过户外用品商店（企业）、微信、QQ 等通信工具发起自助式户外运动，活动组织具有临时性、隐蔽性、松散化、零散化等特点，活动组织者包括商店经营者、旅行社导游、户外运动教练、户外运动交流爱好者等各类人群，他们既不向公安部门备案活动方案，日常也不接受体育部门监督管理，导致体育部门和公安部门无法监管此类无组织、无资质、无保障的自发性户外运动。大量非法性质的“三无”户外活动（组织），成为行政部门的监管盲区，给行政执法工作带来挑战和难题。

2.4.5　法院尚未建立起判例制度，自甘风险理论适用存在分歧

陕西省户外运动安全事故频发，事故类型繁多，加之组织者身份目的各不相同，活动组织形式多样，导致审判法官在责任认定中面临归责原则适用的难题。适用何种归责原则，很大程度上是法官根据案情结合个人理解作出的最后选择。这种做法体现出法官在释法过程中拥有较大的自由裁量权。但是这种掺杂较多人为因素的审判过程难免引起诉讼双方的不满与争议。

3. 加强陕西省户外运动安全保障的法律对策与管理措施

3.1 增强风险防范意识，坚持依法治体

3.1.1 增强风险防范意识

户外运动的组织者、经营者、参与者是户外运动安全事故的法律主体，各自承担着安全保障义务和甘冒风险责任。法官在适用法律过错原则时，往往会视具体实际分析相关主体履行责任的情况，由此确定法律赔偿责任。在司法实践中，相关判决结果显示，由于组织者和经营者未能尽安全警示和保障义务而面临承担主要赔偿责任的案例占据多数；同样也有为数不少的户外运动参与者由于自身缺乏安全风险防范意识，造成滑跌、坠崖、迷路、失温等安全事故，从而不得不自己承担一部分人身财产损失的情况。因此，为了最大限度地减少户外运动安全事故，户外运动的组织者、经营者、参与者应当加强安全风险防范意识。

3.1.2 坚持依法治体

陕西各级地方政府积极发展户外运动产业，主要是为了促进旅游、带动经济，却忽略了户外运动本身具有的安全风险问题，对于户外运动安全风险缺乏足够的了解和防范；面对复杂难解的户外运动安全事故，立法机关、执法机关和司机关准备不足，应对不良，其原因在于相关部门缺少依法治体的法治意识，没有重视户外运动安全法律保障问题。为此，施政者应当增强户外运动法治意识，重视户外运动安全的立法保障、执法保障和司法保障问题，全面构建陕西省户外运动安全法治保障系统。

3.2 提高立法层次，制定专项立法，完善立法内容，健全法规体系

3.2.1 提高立法层次

陕西省户外运动立法层次偏低，既没有专项立法，也没有高层次立法的专章论述，只有个别语句出现在《陕西省全民健身条例》等地方立法当中，不足以提升户外运动立法层次，难以促进户外运动的快速发展。因此有必要在陕西省人大立法层面制定《陕西省户外运动管理条例》。考虑到体育部门的立法影响力有限，体育部门应当积极联合旅游部门、文化部门、生态环保部门、公安部门，共同推进户外运动省级人大立法工作。制定《陕西省户外运动管理条例》，将极大地提高陕西省户外运动的立法层次，为制定陕西省户外运动安全配套立法提供法

律依据。

3.2.2 制定专项立法

陕西省专项立法的缺位，使得户外运动安全立法和执法从法源上缺少法律依据，或是依据不充分。迫切需要省级人大机关制定一部超越部门立法、全省普遍适用的《陕西省户外运动管理条例》。未来制定《陕西省户外运动管理条例》，将有助于完善陕西省户外运动立法，建立健全陕西省户外运动法规体系，有助于加强陕西省户外运动安全的法律保障。

3.2.3 完善立法内容

在当前《陕西省户外运动管理条例》尚不能立即进入地方人大立法计划的情况下，应当通过修订《陕西省全民健身条例》的方式，进一步完善户外运动安全立法；或者由体育部门牵头制定、相关行政部门联合下发《陕西省户外运动管理办法》。这种地方政府规章对于防范和化解陕西省户外运动安全风险具有重要作用。

3.2.4 健全法规体系

陕西省户外运动安全立法数量较少，内容不成体系，不利于全面保障户外运动安全。立法者必须结合户外运动发展实际，提前做好安全风险法律防范，明确行政部门管理责任，强化经营者与组织者的安全保障责任，从各项目、各主体、各层次健全完善陕西省户外运动安全法规体系。

3.3 充实执法队伍，提高执法规范，加大执法力度，加强执法协调

3.3.1 充实行政执法队伍

目前陕西省户外运动安全执法任务主要由体育部门执法人员完成。然而陕西省多数地市体育部门尚未配备专职执法人员，个别地区仅配备少数体育执法人员，主要负责高危险性体育项目的执法检查工作。面对当前如火如荼、快速发展的户外运动，体育部门缺乏足够的执法人员完成繁重的日常安全执法工作。因此需要政府重视体育行政执法工作，不断充实体育执法队伍，最终建立起一支高素质的专业执法队伍。

3.3.2 提高行政执法规范

陕西省体育行政执法人员应当认真学习《中华人民共和国体育法》《全民健身条例》《经营高危险性体育项目许可管理办法》《中华人民共和国行政处罚法》等法律法规。体育局应当适时组织执法人员参加培训，充分掌握执法依据、执法内容、执法程序和执法文书制作等执法工作内容。坚持双人持有效执法证执法制度，强化执法意识和证据意识，坚持规范、公正、文明执法，认真做好执法笔录和证据固定，及时将执法信息上传行政执法监督平台，及时将执法数据归档。要严格按照执法案卷制作要求装订案卷，体育局政策法规处应当通过执法监督平台和实地检查方式，适时抽查执法情况和执法卷宗。

3.3.3 加大行政执法力度

陕西省体育部门应当加大行政执法力度，建立执法检查长效机制，每月开展执法活动。坚持教育与处罚相结合，加强执法普法宣传教育，增强执法对象的守法意识，综合运用宣传教育、责令整改、行政处罚等手段，提高执法效果。

3.3.4 加强部门执法协调

户外运动执法牵涉体育部门、文化部门、旅游部门、公安部门、生态环保部门等多部门协同执法问题。体育部门作为行业主管部门有责任加强部门协调，推动体育执法工作落到实处，维护法律尊严。不可否认，体育部门也是一个弱势政府部门，难以有效推动其他部门积极配合户外运动执法活动。这就需要立法机关或是省级政府授权体育部门牵头体育综合执法工作，成立综合执法指挥部，协调其他政府部门，共同完成户外运动安全检查执法工作。

3.4 建立司法判例制度，借鉴自甘风险理论，承认侵权免责条款

3.4.1 建立司法判例制度

户外运动安全事故纠纷类型多样，究其原因，不外乎个人原因、组织者原因两个方面。另外，法官往往依据过错责任原则、无过错责任原则、过错责任推定原则、公平原则、自甘风险原则认定户外运动安全事故法律主体的赔偿责任，因此可以将有代表性的案例作为司法审判的法律依据，建立司法判例制度，统一户外运动安全事故的判案标准，减轻法官的判案负担和个人倾向，避免不必要的诉讼纠纷，维护司法的统一与权威。

3.4.2 借鉴自甘风险理论

自甘风险理论的适用理由是户外运动参与者作为完全民事行为能力人应承担的可预见的安全风险法律责任。这种安全风险认知符合户外运动的基本规律，也符合法律公平责任原则。实际上通过实践自甘风险原则，有助于户外运动参与者提高风险防范意识，减少因为自身原因造成的大量的户外运动安全事故。国内有些法院已经开始尝试适用自甘风险理论，这与体育运动伤害事故的自甘风险原则如出一辙，因此，陕西省地方法院应该在户外运动安全事故司法审判中积极借鉴自甘风险理论，为公正公平解决户外运动安全事故纠纷寻找新的法律途径。

3.4.3 承认侵权免责条款

目前许多户外运动发起者或组织者都会在活动开始前让户外运动参与者签署免责协议书或者是安全风险告知书，以此规避或是减轻户外运动安全事故的法律赔偿责任。这种免责协议条款是否可作为户外运动商业合同的补充协议，并具有法律效力，这是法院需要进行司法解释的法律问题。客观来说，组织者侵权免责条款与安全保障义务存在直接矛盾，但是法官如何理解户外运动的安全风险问题，就成为法官是否承认侵权免责条款的重要原因。从目前陕西省内户外运动自

助游较为普遍的现实来看，许多户外运动参与者缺乏风险防范意识，造成安全事故，因此不能单单追究非营利性户外运动发起者或组织者的侵权责任，应当有条件地承认侵权免责条款，这与适用自甘风险理论的道理是一致的。

3.5 加强安全教育培训，完善服务质量标准，建立信息备案平台

3.5.1 加强安全教育培训

鼓励户外运动社会组织开展山地户外运动项目从业人员的职业教育和培训，特别是安全教育培训，使之树立安全首要意识。强制要求从事高危险性山地户外运动项目的技术指导和救助人员必须持证上岗，提高职业技能和安全救险能力素质。户外运动管理部门可以委托西安体育学院等第三方专业技术机构，为社会组织、相关企业和个人进行户外运动安全教育培训。对于已开设户外运动专项的大专院校，应当开设安全教育与急救培训必修课程。

3.5.2 完善服务质量标准

导致陕西省户外运动安全事故的一个重要因素就是户外运动服务规范和场地设施的安全标准存在缺陷。为此，需要加快推进山地户外运动和山地户外运动产业的标准体系建设，制定山地户外运动服务规范，健全山地户外活动的安全、秩序和质量保障体系，提高山地户外运动和山地户外产业在设施建设、服务提供、技能培训、人员资质、活动管理、项目运营、器材装备等方面的标准化水平。

3.5.3 建立信息备案平台

户外运动的组织活动信息和人员信息是户外运动安全救援的关键数据，直接决定了户外运动安全救援的最终成败。救援人员通过掌握户外运动的活动地点、穿越路线、人员身份信息、家庭联络方式等重要信息，可以及时有效地实施救援行动，最大限度地解救受困人员。因此需要设立山地户外运动备案信息公共服务信息平台，建立山地户外运动企业组织、相关协会及会员、俱乐部导游领队等从业人员等其他社会组织的信息数据库，建立山地户外运动组织活动备案信息数据库，突破全省山地户外运动服务信息盲区，各地相关部门实现管理信息互联互通，有效保障山地户外运动安全开展。

结语

陕西省立法机关和政府部门应当高度重视户外运动安全问题，建立陕西省户外运动安全法治保障体系，健全户外运动安全风险防范机制，动员政府、社会、企业、个人等相关法律主体增强安全保障意识，各方面齐抓共管，共同维护陕西

省户外运动健康发展的良好局面。

参考文献

［1］中华人民共和国体育运动委员会《外国人来华登山管理办法》（1991年8月29日）

［2］国家体育总局《国内登山管理办法》（2003年7月25日）

［3］《陕西省全民健身条例》（2007年9月27日）

［4］《陕西省人民政府办公厅关于加快发展健身休闲产业的实施意见》（2017年5月4日）

［5］《陕西省〈经营高危险性体育项目许可管理办法〉实施细则》

［6］《陕西省旅游管理条例》（2005年12月1日）

［7］《陕西省旅游条例》（2016年4月1日）

［8］陕西省体育局发布《关于开展全省经营性高危险性体育项目（游泳）行政执法检查的通知》（2016年6月14日）

［9］《陕西省秦岭生态环境保护条例》（2007年11月24日）

［10］刘雪芹、黄世席："美国户外运动侵权的法律风险和免责问题研究——兼谈对中国的借鉴"，载《天津体育学院学报》2009年第3期。

体育赛事中观众不当行为的法律思考

姜　涛　傅潇漫[1]

摘　要　观众不当行为对体育赛事的影响日益严重，不但影响比赛的顺利进行，还可能造成更大范围的秩序紊乱和利益伤损。在设立法律应对机制时，首先需要取得观念共识，即观众不当行为是不可能彻底根除的，只能合理控制。针对观众球场暴力行为、破坏秩序行为、侮辱歧视行为等不同类型的观众不当行为，法律规制手段应有所不同。但是总的来说，单一的高强度管控已满足不了现实需要，应当合理界定责任主体，推广“处罚 + 禁令”的处理模式，建造全方位、法治化的法律规制系统。

关键词　观众不当行为　球场暴力　破坏秩序　歧视

在体育赛事中，除了赛事组织者和参赛方之外，观众也是重要的参与主体。在体育产业迅猛发展的21世纪，观众对于体育赛事的重要性越来越大。尤其是对各种职业体育赛事而言，观众的参与度和关注度，是赛事经济效益的保障，甚至是决定着赛事生死存亡的基础性因素。与此相应，观众的不当行为（spectator miscondust）也会影响赛事的运行。对此，除了在公共道德层面引导观众行为之外，也需有妥当的法律应对机制，以防范可能的风险。

1. 禁绝还是控制?

——思路的设定

虽然体育比赛的组织者会通过多种途径倡导观众文明观赛，但是悲观地说，

---

〔1〕 作者简介：姜涛，男，副教授，法学博士，主要研究方向为体育法学、诉讼法学。傅潇漫，女，硕士研究生。

寄望于在体育赛事中由观众的高素质来保障赛事平稳运行，多数情况下可能都只是幻想。即便是在身体对抗相对较少的项目中，观众的不当行为也比比皆是。[1]

1.1 禁绝观众不当行为绝无可能

许多第一次踏入中超赛场的观众，会在短短的90分钟时间内，完成从对其他观众的侮辱性语言深感不适到“跟着一起骂”的过程。体育赛场，是一个充斥着竞争元素、归属意识、情感释放的开放性空间。在这里，除了极少数观众是中立的角色外，其他观众都是分属对抗着的两个队的支持者。而在体育赛事进行的单位时间内，这两个对抗着的球队，短暂地在赛场之内把观众划分成了两个对抗的阵营。尤其是在那些“德比”对抗中，球队之间的既往矛盾，会使赛事的激烈和火爆程度更超平时，相应地，观众的情绪也更加热烈。

体育对于现代社会来说，负担着一种特殊的压力释放功能。也许不能把体育称之为和平时期的战争，但是，体育能够起到满足人的竞争本能、释放人的竞争天性的作用，这是显而易见的。在一个四方的围栏里，两个拳击手在规则之下用重拳雨点般地打击对手，这不但是选手之间的竞争本能在释放，而且对于观众来说，也是一个通过“移情”来把内心的激情释放出来的过程。那么，在观看比赛的过程中，成百上千的观众聚集在一起，把观赛的激情相互渲染，这时候观众的理性程度必定弱于平时，产生某些不当行为，是无可避免的宿命。只要一个社会接受体育赛事的合法设置，那就只能接受它可能的副产品。

1.2 对待观众不当行为不能只是被动处理，而应当积极控制

我国目前已经有了一些控制观众不当行为的法律，但所涉及的行为种类还不够全面。《中华人民共和国体育法》第51条规定：“在体育活动中，寻衅滋事、扰乱公共秩序的，给予批评、教育并予以制止；违反治安管理的，由公安机关依照治安管理处罚法的规定给予处罚；构成犯罪的，依法追究刑事责任。”在实践中，对于球场暴力等较为严重的观众不当行为，也是主要依靠《中华人民共和国治安管理处罚法》（以下简称《治安管理处罚法》）和《中华人民共和国刑法》（以下简称《刑法》）来处罚的。[2]但是，上升到动用这些行政处罚尤其是刑事处罚手段的，只是那些严重的球场暴力，对于更多没那么严重的观众不当行为，往往只是容忍、漠视，这对于赛场的秩序是个隐患。全面、有效地处理观众不当行为，应当分不同情形，予以积极控制。

---

〔1〕 比如在2015年的美国网球公开赛中，费德勒和德约科维奇比赛中，观众持续送给后者嘘声，对比赛已经形成了较大的干扰。而在2016年的美国网球公开赛中，有观众对澳大利亚球员托米奇出言不逊，声音大到足以让球员听到，托米奇情绪失控回骂了该球迷而被裁判警告。

〔2〕 参见石岩：“国内外反球场观众暴力的立法”，载《体育学刊》2004年第2期。

2. 观众不当行为的类型

体育赛事中观众常见的不当行为，大概有以下几种类型。对其采取的控制手段，也相应有所不同。

2.1 球场暴力行为

这里所说的球场暴力行为，仅指观众所实施的、直接的物理意义上的人身攻击的球场暴力行为。实施暴力行为的地点，并不严格地限于球场之内，也包括赛场之外有关联的延伸区域内。实施暴力行为的时间，也不严格地限于比赛进行中，也包括赛事结束之后自然延伸的一定时间内。如何判断上述地点和时间上的延伸，可掌握的标准是，与该场体育比赛合乎情理地具有关联性，未发生地点或时间上明显的阻断。

体育和暴力之间的关系，其实很难天然切断，而诸多论者都曾指出，体育拥有一种特殊的功能，就是使人们体内潜藏的暴力倾向得以发泄。如劳伦兹认为，体育比赛越是具有暴力色彩，就越容易使个体得以精神解脱，这种受压抑的敌对情绪的释放和消除，是人们忘情地参与或者观看比赛的原因。[1]但是，合理宣泄和失去控制之间，往往只是一步之遥，需要精妙地作出控制。体育赛事往往观众人数众多，如果出现群体性的暴力攻击行为，后果不堪设想。比如1985年5月29日发生在比利时的海瑟尔惨案，就是一个痛苦的记忆。利物浦队和尤文图斯队的欧洲冠军杯决赛之战，赛前就有足球流氓在看台上闹事甚至纵火，比赛期间双方球迷大打出手，导致本来就破败失修的球场看台倒塌，造成了压死39人、受伤300多人的惨案。我国也不乏类似事件。比如1985年发生在北京的“5·19”事件，在中国足球队输给香港队之后，观众发生了严重的哄闹、破坏事件，砸了28辆汽车，殴打干警致40多人受伤。又如2002年发生在西安的“3·24”事件，球迷因不满裁判判给客队点球，赛后冲进球场殴打裁判，焚烧了多辆警车。

2.2 投掷杂物、使用燃烧装置、制造光照和噪音等破坏秩序行为

此类行为，也是直接形成了物理意义上的赛场秩序破坏，但由于并未直接形成人身攻击和殴斗，相对来说比较可控。

---

〔1〕 参见张金成等：“我国球场暴力研究概述”，载《天津体育学院学报》2005年第3期。

这些破坏行为，又可以区分为两种情况，一种是直接影响到了比赛的正常进行，比如噪音巨大，或者使用激光笔照射运动员眼睛，或者不断把杂物投掷到赛场内，使得运动员无法正常进行比赛；另一种是在比赛区域之外进行，虽不直接影响比赛秩序，但是破坏了其他观众正常的观赛秩序，比如将水瓶、鸡蛋、旗子、牛奶等物在观众席上随意抛掷的行为。

上述行为，如果不直接造成人身伤害、财产损害等结果，可以通过裁判员、赛场管理人员等工作人员及时制止来解决。如果造成了人身或财产等直接损害，赛事组织者应承担起初步的调查职责，收集并保存相关证据。

2.3 侮辱和歧视行为

赛场上大规模的侮辱行为，不会产生物理意义上的攻击效果，但会在精神层面对受攻击的运动员、客队球迷、裁判员产生人格贬损的后果。对于这种不当行为，可以根据表现形式，分别进行规制。如果表现形式是即时、短暂的，宜采用公共道德引导、赛事组织者引导的方式；如果表现形式是持续性的、可传播的，比如用文字形式公然侮辱，在观众席上打出巨幅的侮辱性海报，那就应当以“赛事组织者的制止＋警察等行政权力保障”的方式予以控制。

歧视行为（discrimination）较之于侮辱行为，带有更深一层的文化意义上的贬损目的，不但会在比赛进行当时造成对立，而且非常容易在心理层面上造成后续的社群分裂，可以说具有更严重的后果，因而更应予以规制。就体育赛事参与者而言，歧视行为会带来“影响体育参与权”“影响平等享有公共体育服务”“影响体育就业”等危害；[1]而如果考虑到歧视行为在一般观众当中普遍存在的现实，则其危害远不止此。国内外体坛存在着诸多歧视行为，包括性别歧视、种族歧视、国籍歧视、宗教歧视、职业歧视、年龄歧视等。

就我国而言，性别歧视、种族歧视、宗教歧视等相对较少，而地域歧视则是一个颇具“中国特色”的突出问题。比如 2017 年 4 月 25 日亚冠联赛小组赛中，广州恒大客场对阵香港东方队，比赛临近结束前，客队广州恒大队球迷打出了一条横幅，出现了“歼英犬灭港毒”字样，亚足联对此提出了指控，认为恒大球迷区存在不当行为，涉嫌歧视，违反了《亚足联纪律准则》第 58 条和第 65 条的规定。令人遗憾的是，此种行为并非个案。在 2017 年 11 月 14 日进行的亚洲杯预选赛中国香港主场对阵黎巴嫩队比赛的赛前奏国歌仪式进行中，中国香港队部分主场球迷对国歌发出嘘声，就这一观众不当行为，亚足联对香港足球总队进行

〔1〕 参见周青山：“论体育领域歧视的法律规制”，载《上海体育学院学报》2015 年第 3 期。

了罚款。[1]如果说，上述发生在广州和我国香港地区的球迷不当行为，还存在一些较为明显的事件背景的话，那么，在大量的职业联赛日常赛程进行中出现的地域歧视，则大多没有具体的冲突缘由，而只是单纯的相互攻击，因而更难看到消弭的希望。在新浪、搜狐、网易等大型网络社区的体育新闻里，留言板充斥着不同俱乐部球迷之间的攻击和谩骂，而且经常和地域挂钩，仅仅因为地域的不同，就党同伐异，言辞激烈地互相辱骂甚至攻击。历史证明，地域歧视一旦造成一个社会之间的裂痕，国家认同往往变得脆弱。[2]体育竞技的直接对抗性，容易激发某些观众内心潜在的地域歧视，而这种偏见如同传染病毒，极易在体育文化中扩散传播，值得人们引起重视。

3. 观众不当行为的法律规制

对上述常见类型的观众不当行为，目前在不同项目的体育赛事中，已经各有一些规制手段，但实效不佳，急需加强法律规制。笔者认为，为了在体育赛事场内外都形成良好秩序，谋求长远的治理效果，不能只是单纯动用强力提高管控程度，而应着眼于以下几个方面，打造法治化的规制系统。

3.1 合理界定责任主体

在体育赛事尤其是大型体育赛事中，由于场馆内观众数量众多、追究观众个体责任的操作难度很大，因此，一种常见的处理方式是，惩罚主场的球队，将主场的球队作为责任主体，为观众的不当行为“买单”。例如《中国足球协会纪律准则（2019版）》第87条规定，“会员协会及/或俱乐部（队）对观众行为负责”，无论观众的不当行为是由于有意或者疏忽，会员协会及/或俱乐部（队）要对此负责，并承担罚款或其他处罚。在与足球一样职业市场较为发达的篮球CBA联赛中，也有类似的规定，要求赛事承办单位、主队俱乐部为观众破坏赛场秩序承担责任。

上述做法具有一定的可行性。但是，从法律责任的设置上来说，对主队实施这样的无过错责任，这样将鱼龙混杂、散兵游勇型的赛事观众和管理资源有限的

---

〔1〕参见网易体育2017年12月20日报道：“香港球迷再嘘国歌 香港足总被亚足联罚款3000美元”，http://sports.163.com/17/1220/11/D63IEEN900058780.html，最后访问日期：2018年8月12日。

〔2〕参见石勇：“地域歧视：消解国家认同的隐忧”，载《廉政瞭望》2012年第3期。

主队简单粗暴捆绑在一起的做法，其正当性真的无懈可击吗？答案并非如此。不妨观察一下其他国家在类似问题上的态度。例如在美国，NBA 就不提倡在无过错的基础上对俱乐部或场馆方进行处罚。有法院在判决中论证说，场馆方没有义务保证场馆绝对安全，法院要求受害者以过错责任原则来追求场馆方的法律责任。[1]

笔者认为，应改变这种无过错责任的方式，而将之改为过错责任方式。在主队俱乐部或者场馆方存在以下情形时，由其对观众的不当行为负责：场馆存在不安全因素，这种因素造成了赛场秩序的损害，场馆方注意到了或者被推定注意到了该不安全因素。当主队俱乐部或者场馆方善良、合理地尽到了管理义务时，观众的不当行为造成损害，应由其自己负担相应的民事、行政或刑事责任。

3.2 法律规制手段的一般模式

对于观众的不当行为，采取“处罚＋禁令”的方式是较为合理的应对措施。处罚是立足于既往的失范行为，禁令是针对未来的观赛利益，二者结合起来，相得益彰。就其中处罚而言，已有《治安管理处罚法》和《刑法》可以进行规制。根据《治安管理处罚法》第 24 条的规定，对扰乱文化、体育等大型群众性活动秩序的，可依情节处以警告、罚款或拘留的处罚。对因破坏赛场秩序而被拘留的观众，可以同时责令其 12 个月内不得进入体育场馆观看同类比赛；违反规定进入体育场馆的，强行带离现场。根据《刑法》第 291 条的规定，聚众扰乱运动场秩序，抗拒、阻碍国家治安管理工作人员依法执行职务，情节严重的，对首要分子，处五年以下有期徒刑、拘役或者管制。除了第 291 条的聚众扰乱公共场所秩序罪之外，针对观众球场暴力行为的具体表现，还可能适用“妨害公务罪”“故意毁坏财物罪”“故意伤害罪”等罪名。出于立法俭省的精神，在对球场暴力行为的处罚方面，可继续沿用现行行政和刑事法律的相关规定。[2]

就“禁令”而言，则需要大力加强。《治安管理处罚法》已经规定了“因扰乱体育比赛秩序被处以拘留处罚的，可以同时责令其 12 个月内不得进入体育场馆观看同类比赛”。对于这种“禁令”的执行，目前主要是公安机关将被禁止观赛人的照片发往全国各地的同类比赛场馆，由安保或检票人员对照照片进行识别。上述做

---

〔1〕 参见孙彩虹：“观众破坏 CBA 赛场秩序行为规制研究——以 NBA 为借鉴”，载《成都体育学院学报》2017 年第 4 期。

〔2〕 在这方面，的确有不少国家制定了专门的法律来应对球场暴力，比如意大利的《反球场暴力法》、阿根廷的《体育活动安全法》、比利时的《足球法》、英国的《足球观众法案》《足球犯罪法案》《足球骚乱法》等。详见石岩：“国内外反球场观众暴力的立法”，载《体育学刊》2004 年第 2 期。

法太过笼统，且对工作人员要求太高，因此在实践中可操作性很差。[1]鉴于我国目前信息技术、网络技术运用的普遍性，可以尽快建立实名观赛制度、不良行为观众的“黑名单”制度。在具体设计黑名单制度时，要考虑到制度的弹性，比如针对不同当量、不同损害后果的不当行为，可以分别设置从 1 个月、3 个月、1 年直至终身禁止进入赛场的不同档次“禁令”。由于大型体育赛事基本都是在城市举办，对于网络支撑、电子购票、实名认证，绝大多数观众应该都能接受。对个别不使用互联网的观众，可以对其专门设一个验票口，现场查验其真实身份证件。

3.3 管理主体和执法主体合理分工，密切合作

主队俱乐部或者场馆方，是体育赛事的管理主体。他们在赛事运营中，可以起到对进入场馆的观众进行身份甄别、引导观赛秩序、监控看台违法行为等作用。可以说，管理主体的所谓“管理”，很大程度是对于“赛场”这个“地”的管理，而非对“人”的管理。毕竟，当个别观众不服从场馆的管理、甚至出现肢体冲突等现象时，作为平等民事主体的场馆方，是不具备执法权力的。因此，以警察为代表的行政执法主体，应该对大型体育赛事在赛前有预案，赛中有勤务保障和实时监督，发挥出其应有的秩序管理职能。

在新时代信息交流空前发达的背景下，其实还有另外一个管理主体，也在体育赛事的“泛空间”之内具有管理职责，这就是前面所述的各大网络体育社区。虽然在这些网络社区里，观众是在物理意义上的赛场之外发表评论，但是，诸如“侮辱和歧视”这样的网络暴行，经由现代化的传播途径，可能比赛场上的某些不当行为更具损害性，毕竟，赛场只在比赛进行的有限时间和空间内开放，观众不当行为集中在一时一地；而网络体育社区发表的地域歧视之类言论，却会经由文字的形式而长久留存下来。在网络实名制已经付诸实施的今天，应该说，相关网络运营商是可以很容易地对这些不当行为形成有效监控的。这些机构应对其所经营的网络体育社区的不当行为负责，并接受相关行政权力主体的监督和管理。

参考文献

[1] 石岩：“国内外反球场观众暴力的立法”，载《体育学刊》2004 年第 2 期。

[2] 张金成等：“我国球场暴力研究概述”，载《天津体育学院学报》2005 年第 3 期。

---

[1] 参见孙彩虹：“观众破坏 CBA 赛场秩序行为规制研究——以 NBA 为借鉴”，载《成都体育学院学报》2017 年第 4 期。

［3］周青山："论体育领域歧视的法律规制"，载《上海体育学院学报》2015 年第 3 期。

［4］网易体育："香港球迷再嘘国歌　香港足总被亚足联罚款 3000 美元"，http://sports.163.com/17/1220/11/D63IEEN900058780.html，最后访问时间：2018 年 8 月 12 日。

［5］石勇："地域歧视：消解国家认同的隐忧"，载《廉政瞭望》2012 年第 3 期。

［6］孙彩虹："观众破坏 CBA 赛场秩序行为规制研究——以 NBA 为借鉴"，载《成都体育学院学报》2017 年第 4 期。

日本体育志愿者与防止伤害事故法制度研究

张林芳[1]

摘　要　通过对日本体育志愿者与伤害事故的防止研究，分析日本体育志愿者伤害事故纠纷案例，揭示日本是怎样预防体育志愿者活动中伤害事故的发生和推进体育志愿者活动安全管理（リスクマネジメント危険管理）等法制度，为我国今后在体育志愿者活动中防止伤害事故法制度的制定方面提供理论和实践的借鉴依据。

关键词　体育志愿者　防止　伤害事故　危险管理　日本

前言

在21世纪初的日本，“志愿者”被称为“21世纪的社会关键词”。围绕着福祉，在像教育、文化、医疗、国际合作、城市建设、环境问题、休闲体育及各大国际体育赛事等各种各样的领域，志愿者已跨越国境正在逐渐扩大发展起来。

日本的休闲体育及各大国际体育赛事领域的志愿者已成为日本志愿者活动的重要内容。体育指导、赛事的运营和教练的知识、技术、技能以及体育参加者的安全管理等方面越来越被重视。

在日本从事休闲体育的体育指导员中，指定专业的有报酬的指导员很少，实际上大部分都是一些业余体育志愿者，是无报酬的指导员。在美国的体育志愿者活动中如果发生了伤害事故，志愿者对事故的责任可以被减轻或免除，但日本与美国不同，其志愿者相关事故的审判等与一般的指导员是被一样对待的。

---

[1] 作者简介：张林芳，中国内蒙古呼伦贝尔学院体育学院教授。

本文中，首先阐述什么是体育志愿者，其次分析体育志愿者在活动中所面临的事故和纠纷，最后通过事例来分析、揭示日本是怎样在体育志愿者活动中防止伤害事故的发生和推进体育志愿者活动的安全管理（リスクマネジメント危险管理）等法制度。首先了解日本针对体育志愿者的定义是怎样的。

1. 日本体育志愿者的定义及种类

1.1 日本体育志愿者的定义

根据日本文部科学省的“体育活动中的志愿者活动的实际情况等的调查合作者会议”，对体育志愿者的定义（スポーツボランティアの定義）为：“在地区体育俱乐部和体育组织活动中，不以获取报酬为目的，在俱乐部和体育组织活动的日常活动上支持运营和进行指导活动，还在国际体育赛事和地区体育赛事上，提供劳动、技术和时间以及支持体育赛事运营的人，称之为体育志愿者。”

实质上近年日本一些学者们研究指出对“体育运动（Sportsスポーツ）”的理解不只是单一的“从事、参加体育运动”，可将体育运动（Sportsスポーツ）分为三种形式，包括“参加体育运动”（する）、“观看体育运动”（みる）、“支持体育运动”（ささえる）三种形式。如图表所示具体说明如下：

“参加体育运动”“观看体育运动”“支持体育运动”的三种形式

“参加体育运动”“观看体育运动”“支持体育运动”的三种形式
“参加体育运动”：在原本的体育运动概念中，运动员和体育爱好者根据比赛规则，在地区的体育俱乐部和公共及民间体育设施中进行各种现代和传统体育运动的场景。
“观看体育运动”：国际比赛联盟、体育协会、J联赛和日本联赛等活动，在体育场和竞技场等体育设施中进行，观众们在体育活动现场观看比赛，或者通过电视和影像等体育媒体观看，享受体育运动比赛场景。在以奥林匹克为代表的奥林匹克活动和职业体育比赛中“观看体育运动”，其运营是离不开志愿者支援的，如果没有志愿者的存在，一些大的体育比赛活动也是不可能圆满成功的。
“支持体育运动”：体育志愿者指导员在体育活动中发挥了领导作用和支持帮助作用。其不只是起到辅助的作用，还创造出以前没有出现的“参加体育运动”和“观看体育运动”这一创造性的作用。

在日本体育活动中，首次征集体育志愿者组织活动是为了“1985年日本神户举办的世界大学生运动会（也被称为大学生奥林匹克运动会）”而进行的，其

志愿者总数达到了42 000名。之后以1995年阪神大地震中志愿者活动为契机，日本把当年（1995年）称为“志愿者年”，从此日本国民对志愿者活动有了更进一步的认识，志愿者活动也有了更高的社会声誉。

随后在1998年长野冬奥运会上，又有32 579名志愿者参加，成为支持大会运营的庞大力量。体育志愿者的服务活动引起了社会的广泛关注和支持，对长野奥运会冬季运动会圆满成功起到了非常大的作用。

另外，在2002年日本和韩国举办的FIFA世界杯中，为了支持这一比赛成功举办，有29 189名日韩的志愿者（JAWOC、2002）参加。

在日本像这样大规模的国际体育赛事活动举办中，被称为大赛运营的“主角”的体育志愿者是不可缺的。也就是说在日本，当今体育志愿者已经成为大型国际体育运营和活动中非常重要的人力资源。

不仅如此，在日本城市区域等进行的一些体育赛事和体育活动中，实际上，体育志愿者为了支持比赛成功也非常活跃，使大会气氛高涨，为比赛运营做出贡献。体育志愿者不仅是工作人员，也可以是参加体育比赛的人员，也可以作为观众去观看比赛等。

近年来在日本，随着人们自由时间的增加和平均寿命的延长，人们对体育和健康的关心日益高涨。日本也在群众健身计划中规定：“通过体育运动来营造充满健康活力的区域”。

到现在为止，日本通过鼓励与“参加体育运动”和“观看体育运动”完全没有关系的人，积极推进他们参加体育志愿者活动，使对支持体育运动感到喜悦和有意义的人数逐渐增加，这就是所谓体育志愿者活动在体育活动领域里从量的扩展中产生质的深度，这是进入21世纪以来促进体育发展的一大重要因素。

1.2 日本体育志愿者的种类

日本体育志愿者可以从作用和范围来划分，如图表所示大体可分为三类。

一类：体育赛事志愿者

1. 国际和国内运动会体育赛事的志愿者

（国际比赛如奥运会、亚运会之类的国际运动会和地域体育赛事及马拉松运动会等活动的服务及全国体育赛事的服务）（不定期活动）

2. “专业体育志愿者”（具有专业能力和资格者）

（裁判、翻译、医疗救护、大赛干部、数据处理人员等）

3. “一般体育志愿者”（经当时的培训即可的体育志愿者）

（供水·供餐、向导·接待、记录·发通知、安排交通、运输·驾驶及邮件等）

续表

二类：体育俱乐部·体育团体、指导员、体育运营志愿者 1.（俱乐部、体育团体）（定期活动）是指利用日常生活时间定期地为社区体育团体、体育少年团、棒球队等进行体育指导服务以及为体育俱乐部的管理提供帮助的一种活动。 2. “体育志愿者指导员” （裁判、教练、体育指导助理） 3. “体育运营志愿者” （俱乐部干部：监督、会计、运输、驾驶、宣传、数据处理、竞技团体干部等）
三类：高水平运动员志愿者 “顶级运动员、职业运动员” （指导少年，访问设施，参加地域体育活动等）

上文叙述了体育志愿者的分类，下文重点论述关于日本推进体育志愿者和防止事故风险的管理，为今后我国的体育赛事特别是 2022 年冬奥会体育志愿者和防止事故的风险管理法律制度的制定方面提供可借鉴依据具有现实的意义。

2. 关于日本推进体育志愿者和防止事故风险的管理

近年，在日本地域体育赛事和举办的马拉松大赛上很多体育志愿者都是市民。但是在这些活动中，志愿者不是万事如意的，有时也会遇到事故或纠纷。在这样的情况下，关于该如何应对这样的问题，以及是怎样认识到风险管理，以下进行论述。

根据日本学者小笠原正、诹访伸夫（2009）的说法，“风险管理”（英语：risk management）是美国早从 20 多年前开始采用的组织性管理风险、避免损失等的过程，风险管理是由风险特定、风险分析、风险评价构成的。风险管理是以最小的费用有效地处理各种危险的、不测损失的经营管理手法。美国和加拿大在体育活动和娱乐活动中为了防止事故发生也实施了“风险管理”的方法。

随着“风险管理”的方法也引进到日本，应用于各领域（包括体育领域），其目的是从法律责任进行防御。具体来说：（1）防止发生事故的伤害；（2）避免因事故造成的伤害而诉讼；（3）诉讼的话，要有利地进行；（4）将损害赔偿金控制到最小限度。

日本体育志愿者活动也引入风险管理机制，将体育伤害风险降低到可控的范围之内。制定并执行体育志愿者活动风险管理的计划，以便有效地控制体育指导活动，进而避免其发生意外、伤害和损失。风险管理的流程主要包括：识别风险、评估风险，事先制定好充分的应对办法等。体育伤害风险含自然环境风险、社会环境风险、教练和指导员作风风险、能力风险和体育活动者的自身风险。

随着日本审判制度开始，也有了相关体育志愿者纠纷的案例，通过以下案例分析进一步地了解日本体育志愿者的风险管理法制度。

3. 日本体育志愿者事故案例

围绕日本体育志愿者的事故案例很多，下面对日本志愿者的典型事故案例进行分析。

3.1 案件的概要

昭和51年8月1日，在三重县津市近郊的安浓川参加四叶儿童会主办的徒步旅行的T君（9岁）在河里游泳时溺水身亡。

徒步旅行由儿童会委托1名体育志愿者指导员和两名儿童会干部和其他指导员共11名人员组织，组织共有30名儿童和6名中学生参加了徒步旅行。当天是烈日炎炎的状态，在当初预定的情况下，在约50m的日阴下游下去河里游泳。T君在指定范围的水域的下游约15m附近的深度游泳时溺死。

T君的父母，以儿童会委托的1名体育志愿者指导员和2名儿童会干部和其他会员共11名人员为被告，向法院提起损害赔偿诉讼。

3.2 法院判决

虽然T君也有不注意的一面，但是儿童会委托的1名体育志愿者指导员和2名儿童会干部，有疏忽大意的情况，没有对儿童履行“照顾义务”和“注意义务”，存在过失，因而有损害赔偿的责任，各自赔偿金额为266.0036万日元（人民币18万左右）。

3.3 法院判决理由

关于儿童会被委托体育志愿者指导员责任，作为体育指导员或教练，日本的民法和地区社会教育法中有规定：“特别是必须要照顾孩子们的身体和希望不能有对生命的严重的危险，要有安全照顾义务和注意义务的责任”。另外，因为发现附近的河底和岩石容易滑倒，在上游和下游有深度，因此进行游泳区域选定的情况，明确规定儿童进行游泳必须在安全区域进行，从儿童的年龄构成、行动特征等来看，进入上下游的深度，为了避免发生事故，有义务考虑安全性，采取适当的措施。其他的指导员们从当时的立场和状况来看，被认为对儿童的安全有义务，但这是抽象的义务，出现事故时，不能认定为防止事故的具体注意义务。

儿童会委托的1名体育志愿者指导员和2名儿童会干部有疏忽大意的过失，要求其他指导员承担注意义务是很困难的，因为三重县和津市没有进行社会教育的具体义务，所以没有对其他人员进行判罚。

对死亡儿童T君“如果听从体育指导员的指导进行行动，有可能不会发生事故”，事故是T君自己“因为不注意危险所导致”，根据“本案件是由无偿的服务活动支持的儿童会活动之一的情况”，“与旅游业者所做的团体活动相比，其违法性的程度显著低”，但是也依据法律规定对“被告们应该负担损害赔偿，也就是两方都有过失责任，所以损害赔偿金额各分担一半”。

3.4 案例分析

从这个判例中得知，日本针对体育志愿者事故，在判罚上虽然认定是体育志愿者，但是全体注意义务的免责也是不被认可的，只是与旅游业者相比，其违法性明显低。这也考虑了T君的自我过失，对全体损失的被告应承担的比例被认为是五成。委托儿童体育志愿者指导员责任程度是不至追究刑事责任的，但也可以理解为民事上所述的担责程度。

从案例来看，日本儿童会和体育志愿者，没有按照日本防止事故的“风险管理”法制度执行，对郊游（徒步旅行）所遇见事故没有进行预防和预见，从而导致了事故发生，对儿童没有履行“照顾义务”和“注意义务”，有过失行为，有损害赔偿的责任，当事故发生时，责任人即使是无偿的体育志愿者，也要追究法律责任，不能免责。

结语

根据上述的事故案例，在日本虽然是无偿服务志愿者活动中发生的事故，但是法院也要认真履行法律程序，并作出判决。也就是说在体育活动和娱乐活动中发生事故时，除了道义的责任之外，法律责任有民事上责任、刑事上责任，如果是公务员的话，也会追究行政上责任。

但是，也有不被追究责任的案例。是由于自己的过失（所谓的自损事故）、不可抗力（气象条件和自然灾害等外部原因发生的伤害事故，按要求即使进行注意和预防，也不能防止灾害发生的情况等）是可以免责的。

在现代社会中，志愿者发挥了贡献社会这一巨大的作用和功能，因此，围绕志愿者活动发生的事故，如果对立、诉讼等问题发生，笔者希望能早点解决。

在体育志愿者活动中有无法避免的事故发生。但是，政府部门如果有爱心、有责任心，如果积极对待体育志愿者是重要且有意义的话，那么就需要确定应对这些风险的有效且迅速的对策。

综上所述，在日本体育志愿者活动中为了防止伤害事故发生，引入风险管理机制，将体育伤害风险降低到可控的范围之内。制定并执行体育志愿者活动风险管理的计划，以便有效地控制体育指导活动，避免其发生意外、伤害和损失。风险管理的流程主要包括：识别风险、评估风险，事先制定好充分的应对办法等。体育伤害风险含自然环境风险、社会环境风险、教练和指导员作风风险、能力风险和体育活动者的自身风险等。

随着我国社会不断进步和发展，近年我国志愿服务事业蓬勃发展，志愿者在社会服务、大型活动、国内外大型的体育比赛（包括2008年北京奥运会）上起到非常大的作用，为社会做出了贡献。今后为了我国体育事业的发展和迎接2022年北京和张家口冬奥会的召开，相信会有更多人加入到体育志愿者服务中来，在体育志愿者活动中避免不了会发生一些事故，为了预防体育志愿者活动中伤害事故的发生，我国应该借鉴日本经验，推进制定体育志愿者活动安全管理（リスクマネジメント危険管理）等法制度，对完善我国相关法制度具有现实而重要的意义。

参考文献

[1] 笹川体育财团编著：《体育白皮书》，笹川体育财团2008年版。

[2] 山口泰雄：《体育·志愿者的邀请》，世界思想社2004年版。

[3] 伊藤尧、山口良树：《体育六法》，东京道和书院2004年版。

[4] 日本体育振兴中央编委会：《学校安全·灾害互助给付》，日本体育振兴中央出版社2005年版。

[5] 日本体育健康中央编委会：《学校管理事故细则（19）》，日本体育健康中央出版社2005年版。

[6] 小笠原正、诹访伸夫：《体育风险管理》，日本工业出版社2009年版。

推荐意见：

1. 推荐文献题目：《日本体育志愿者与防止伤害事故法制度研究》
2. 国际学术会议：中国政法大学举办《新时代体育法治的理论与实践国际

研讨会》论文报告，2018 年 9 月。

3. 推荐文献作者评价：张林芳是呼伦贝学院体育学院教授，曾是日本筑波大学博士课程研究生、外国人研究员，中国体育法学会员，主要研究方向为体育法学，中外研究成果诸多。

4. 文献所属学科：体育法学

5. 文献主要观点和贡献：随着我国社会不断进步和发展，近年我国志愿服务事业的蓬勃发展，志愿者在社会服务、大型活动、国内外大型的体育比赛（包括 2008 年北京奥运会）上起到非常大的作用，为社会做出了贡献。今后为了我国体育事业的发展和迎接 2022 年北京和张家口冬奥会召开，相信会有更多人加入体育志愿者服务中来，在体育志愿者活动中会避免不了发生一些事故，为了预防体育志愿者活动中伤害事故的发生，我国因该借鉴日本经验，推进制定体育志愿者活动安全管理（リスクマネジメント危险管理）等法制度，完善我国相关法制度具有现实而重要的意义。

格斗比赛中的侵权责任认定

赵思涵[1]

摘　要　格斗体育项目是一种非常特殊的竞技性体育赛事，身体对抗的冲突形式使得它具有极高的风险性。当前，因其特殊性，体育法学者对格斗比赛中发生的人身伤害侵权问题进行了广泛探讨。格斗比赛人身伤害侵权归责体系的特殊性来自于以下五个方面：主体具有特定性、空间和时间具有特定性、活动具有关联性、责任认定的依据特殊、遭到侵害的权利类型特殊。相对于国外而言，我国的归责体系还具有缺少明确有力的法律依据和缺少完整有效的纠纷解决机制这两大缺陷。在适用原则上，人身损害免责条款和过错责任原则的运用具有适当性。我国的归责体系还需要继续不断发展完善，与时俱进。

关键词　格斗比赛　人身伤害侵权　侵权责任认定体系　人身伤害免责条款　过错责任原则

格斗，又叫作搏击。格斗的意思即“打斗、战斗”。从古到今，人类的历史上出现了许许多多不同的格斗技，发展到如今，还留在公众视野中的有拳击、摔跤、跆拳道、泰拳、散打、相扑、综合格斗和实战桑搏等多种格斗技。格斗比赛的历史非常久远，据现有记载，它的历史有5000多年。经过中间一段时间的发展后，现代拳击起源于18世纪的英国。在MMA比赛[2]中，降服对手并迫使对手认输是赢得比赛的重要手段。综合格斗比赛的过程和规则流畅清晰。当参赛的运动员被对手击倒或筋疲力尽时，他们被允许通过拍击地面的方式来承认自己的失败。[3]

---

〔1〕 作者简介：赵思涵，中国政法大学刑事司法学院2017级本科生。

〔2〕 MMA比赛，全称为Mixed Martial Arts，即综合格斗比赛，是一种规则极为开放的竞技格斗运动。

〔3〕 参见百度百科词条：“综合格斗”，http://baike.baidu.com/item/综合格斗/6479248? fr = aladdin，最后访问时间：2019年8月6日。

让一个从未接触过格斗比赛的人来看格斗比赛的规则和历史起源，他也能很轻易就辨别出这项比赛的危险性，所以我们说，在这种极为特殊的体育比赛中，人身伤害侵权事件非常容易发生。如何来界定这类特殊的侵权行为，分析双方的过错责任，以及研究格斗比赛中的免责条款，成了当下体育法学科的重要研究内容。

1. 格斗比赛中人身侵权行为的特殊性

如上文介绍，格斗比赛是一种特殊类型的竞技体育，以击倒对手为目的，具有巨大的身体冲撞对抗性和极高的人身损害风险。因此，格斗比赛中时常发生的人身伤害侵权是当前我国体育法学者广泛讨论的一和特殊侵权行为。

为什么说格斗比赛中的人身伤害侵权行为是一和特殊的类型呢？这可以从以下五点来分析：

1.1 主体具有特定性

格斗比赛本身的主体就是非常特殊的，一般都是久经训练的运动员。这就把侵权行为的主体也限定在了双方运动员中。而专业运动员除了平常训练的内容之外，也会对参加比赛可能造成的人身伤害有一定的心理预期。这种心理预期，实际上就是对比赛中要承担的风险的一种默许的知情同意。而事实上，许多格斗比赛的举办方也要求运动员参赛时签署一份风险预警通知书，这点下文会具体讨论。

但是还有一个重要的问题，那就是格斗比赛时，在场的不仅仅只有双方运动员，还会有观众、裁判等人。如果这些主体在比赛时对运动员进行了人身侵权行为，比如投掷重物等，或者说仅仅是做出了影响运动员发挥的行为，使得他的对手对他造成了不必要的伤害，这种情况如何归责，也是值得关注的难点。

1.2 空间和时间具有特定性

这种特殊的侵权行为的界定范围一般局限在专用的竞赛场地和特定的比赛时间中。而格斗场外或格斗结束后发生的侵权行为则不在此列，应当按照一般侵权行为处理。换句话说，我们不能随意扩大此类侵权的时间和空间范围。但是这里特定的空间和时间需要动态变化，在运用到具体事件中，有的时候为了包含运动员行为的完整性，应当适当调整时间和空间的定义。比如拳击选手如果一拳将对手打下了拳击台，那么这个行为是否属于这个空间内的行为需要被特殊分析，就要具体结合当事人的主观意识。但比赛选手如果继续下台追打，那么这种行为肯定超出了特定的竞技场地。由此产生的侵权行为实际上不再属于上述特殊侵权行为。相反，它应被视为承担必要民事或刑事法律责任的一般侵权行为。

另外，时间和空间范围还体现在，一方运动员在比赛中受到冲击，但结束比赛短时间内并无不良反应，直到几周或几月后，甚至是在另一场比赛中复发，这样的人身侵权行为是否应该包含在最初那场比赛中，或者应该具体如何裁定双方、多方责任，也具有很强的事实依赖性。

1.3 活动具有关联性〔1〕

“格斗比赛的关联性”指的是，一方的加害行为必须与特定的正在进行的比赛项目密切相关。如果加害者在受害者拍地认输后还继续使用暴力，或者运动员在比赛期间由于口角而过于冲动所造成的人身伤害等，就超出了比赛本身的竞技性与目的性，由此产生的侵权行为应根据侵权责任法的一般规定进行归责。

1.4 责任认定的依据特殊

就格斗比赛的人身侵权责任而言，首先会适用民事侵权法的体系，同时在充分考虑该比赛特殊性的基础上进行责任的认定以及追责。如德国立法机关还制定了一些单行法，对体育比赛中的侵权纠纷产生了影响。此外，各种体育竞赛的规则对于确定这种特殊的人身伤害责任的赔偿责任也具有重要意义。因此，在具体评判事故责任时，通常都需要详细了解所涉及的格斗比赛中的竞赛规则。

1.5 在格斗比赛的人身伤害侵权案件中，损害结果一般都指向人身伤害

被害人被侵犯的权利是生命权、健康权和身体权等人格权利。至于财产上的损失，比如破坏拳击比赛的拳击台等行为，就超出了本文所要讨论的侵权案件的范围。

总而言之，虽然格斗比赛中的人身伤害侵权与一般侵权行为有很多共同之处，归责时也一般以过错责任原则为归责原则。但是，由于上述几点与一般侵权行为有差别的重要特征，就其特殊性，格斗比赛中的侵权行为应当适用另一套归责制度。

2. 我国的归责体系现状

同样由于上述五点，这种特殊类型的侵权行为也不属于侵权责任法中规定的

〔1〕 参见章祺辉：“对抗性体育比赛中的人身损害赔偿研究”，复旦大学2009年硕士学位论文。

特殊侵权行为。[1]其特殊性取决于体育竞赛产业相对于社会生活的独立性以及格斗比赛在竞技体育中的特殊地位。这种特殊性使得在竞赛中的人身伤害侵权不能简简单单运用现成的归责体系。

就国内而言，当前格斗比赛中的人身伤害侵权责任认定制度存在较大缺陷，以至于格斗比赛的运动员们的权益无法得到根本保障，对我国格斗竞技体育事业的发展也是一种不小的阻碍。缺陷具体表现在两方面：

2.1 缺少明确且有力的法律依据

这不仅是格斗比赛领域的问题，甚至整个体育竞赛的运行都没有完善的法律规范来适用。《侵权责任法》等相关规范侵权责任的法律法规仅能适用一般侵权行为和七种特殊侵权行为，无法适用于格斗比赛中。我国体育单行法出台的很少，较高位阶的法律甚至只有《中华人民共和国体育法》（以下简称《体育法》）[2]一部法律。且《体育法》尚不够完善，其中只有“在竞技体育活动中发生纠纷，由体育仲裁机构负责调解、仲裁”[3]这样的法律条文，导致格斗比赛侵权行为发生争议时无法找到更为有力的法律依据来运用，最后使得格斗领域成了法律的“豁免区”。

2.2 缺少完整且有效的纠纷解决机制和归责体系

在解决格斗比赛中发生的人身伤害侵权纠纷时，我国尚未形成一套公正、中立、公开的解决程序，以至于此类纠纷大部分都通过体育行业内部程序解决。而通过内部行业规范解决时，往往会产生运动队等强势主体与相对处在下风的格斗比赛运动员的冲突，最后导致问题虽然解决了，但是事实上受害方得到的补偿还是少量的，甚至得不到合理补偿。究其根源，还是因为《体育法》中规定的体育仲裁机构的设立不完善，甚至未有设立。遍查法条，大部分提及建立体育仲裁机构的规范性文件事实上都是地方性法规，如《浙江省体育竞赛管理办法》(2007)，甚至这些文件也没有具体详细地列出体育仲裁机构的职责、仲裁流程等我国试图建立的这套体育运动人身侵权纠纷解决机制中必要的规则，更不用说更具特殊性的格斗比赛领域了。

虽然我国这个方向的法律法规几近空白，但是国内外学者还是提出了许多具有建设性意义的学说。主流观点认为，在格斗比赛中的侵权责任认定主要遵循的

---

〔1〕《中华人民共和国侵权责任法》（以下简称《侵权责任法》）第五章到第十一章分别规定了产品责任、机动车交通事故责任等七种特殊的侵权责任类型，但有关体育比赛中侵权责任问题还是未有提及。

〔2〕此处引用的法律为《体育法》（2016），现行有效。

〔3〕此处引用的法条为《体育法》（2016）第32条之规定：“在竞技体育活动中发生纠纷，由体育仲裁机构负责调解、仲裁。体育仲裁机构的设立办法和仲裁范围由国务院另行规定。”

是过错责任原则，而针对过错的认定应采用主客观结合说。[1]

由于主观意识判断的困难，在评定格斗比赛运动员是否具有主观故意性时，主要是通过对外化的行为研究分析来确定的。近来越发精密的数据仪器也为这项工作提供了很大的帮助。而客观方面主要应该考量具体的格斗比赛的竞赛规则，来评判加害方的侵权行为是否超出了比赛能容忍的最大限度，同时考虑不同运动员的身体素质可能会对行为结果造成的影响。事实上，这一点已经在格斗比赛中分重量级别的现状中体现出来了。

所以，要在我国建立完备的此类人身伤害侵权归责体系，还需要立法主体与各方之间更多的配合，再针对格斗比赛这类特殊的激烈的体育竞赛，设置有别于其他运动的仲裁机制。

3. 人身损害免责条款

虽然我国针对这项剧烈体育项目的归责体系还处于初始阶段，但在学术领域，关于这个问题的研究从来就没有停止过。在众多的学者观点中，有一种规则是至关重要的，那就是仅限于格斗比赛这类对抗性体育运动的侵权行为归责体系中的人身损害免责条款。

人身损害免责条款，是一种仅在格斗比赛等剧烈运动中适用的免责条款。所谓免责条款，就是指当事人双方在合同中事先约定的、旨在限制或排除其未来责任的合同条款。[2]而在格斗比赛中，双方当事人之间的合同关系一般表现为运动员选择报名参赛后，其与赛事组织方之间形成的相应的合同关系。这种合同关系也会通过书面的形式明确下来，我们可以把参赛运动员与赛事组织者之间的参赛合同视作是同等效力，因为其参赛合同中也包含了双方之间的应承担的权利和义务。也就是说，参赛合同的签署，实际上也是运动员与赛事组织方之间正式的法律关系的形成。而人身损害免责条款一般都会附在参赛合同中。按照《中华人民共和国合同法》（以下简称《合同法》）中的规定[3]，包含这种造成对方人身伤

〔1〕参见高金宝："竞技体育人身伤害侵权行为研究"，内蒙古大学 2011 年硕士学位论文。

〔2〕参见孙思琪："搏击赛事人身损害免责条款及其法律规制"，载《吉林体育学院学报》2017 年第 5 期。

〔3〕此处引用的法条为《合同法》第 53 条之规定："合同中的下列免责条款无效：（一）造成对方人身伤害的；（二）因故意或者重大过失造成对方财产损失的。"

害的免责条款的参赛合同实际上是无效的。但由于格斗比赛的特殊性，也由于上文提及的我国法律依据的空白，行业规范中，这种人身伤害免责条款事实上也在我国存在。

具体而言，格斗比赛中的人身伤害免责条款通常有三种形式：第一，将相关的免责（一般是赛事组织者的免责以及附带侵权方运动员的免责）内容列在竞赛规则中；第二，在参赛报名表中列入免责声明，要求报名者签署；第三，提供专门的免责申明文件，要求参赛运动员或者参赛团体领队签署。

在具体的归责体系中，这一人身伤害免责条款的正当性来自受害人同意和自甘风险理论，这是两种对抗性体育比赛中的人身伤害侵权行为责任认定时最为常见的抗辩事由。

3.1 受害人同意

受害人同意是指受害人事前明确做出自愿承担某种损害结果的意思表示。[1]有效的受害者同意还应满足以下要求：①做出同意的受害人有同意能力。根据德国民法学通说，受害者的同意能力不能通过是否有行为能力来判断，而应该基于受害者在特定案件中识别的能力。②同意的内容明确具体。只有这样，侵权的界限才能明确，不会出现不可预测的情况。③同意必须出于受害人自愿。如果受害者的同意是由于受到胁迫、欺诈等非自愿原因，那么受害人的同意也就会由于缺乏主观真实性而不成立。值得注意的是“弱势参赛者”这个概念。受害人事前“同意”时也许不是受到了胁迫或欺诈，但可能其身份、财产、社会地位等的弱势地位使得其不得不非自愿地签署。未来我国法律应该考虑到这个方面的内容。④受害人同意的内容不能违反法律上的强制性规定和公序良俗。有些权利不能由权利人自行抛弃，法律应该做出这样的规定。

3.2 自甘风险理论

自甘风险是指明知某具体危险状态的存在，而甘愿冒险行事。[2]其特点就在于受害人只是知道其行为存在一定的风险，但是为了某个更大更重要的目标而甘冒这个风险，在意志层面，受害人并不希望风险现实地发生。如同受害人同意，自甘风险理论也需要成立的要件，主要有这几点：①自甘风险人是完全民事行为能力人，且在个别案件中对自愿承担的风险具有相当的认识能力。②行为人对风险的认识是明确的。③行为人承担风险是出于自愿。④受害人自甘风险的内容也不能违反法律法规的强制性规定和公序良俗。

---

〔1〕 参见张念明、崔玲：“摒弃‘公平’的公平之路——以体育领域中的风险自负为视角”，载《政法论丛》2008年第3期。

〔2〕 王泽鉴：《侵权行为法》，中国政法大学出版社2001年版，第242页。

只有满足了以上构成要件，才能真实地形成对格斗比赛中人身侵权归责的责任抗辩事由，也就是我们所说的人身伤害免责条款。免责条款的存在，大大简化了格斗比赛中人身侵权行为的归责程序，使得这项体育运动能够发展。但事实上也对受害方造成了一定程度上的维权困难。

4. 针对国内格斗比赛人身侵权归责体系的建议

在借鉴国外学说和立法例的基础上，结合中国现有的相关归责体系，可以针对现有缺陷提出几点建议：

首先，具体完善针对体育竞赛纠纷解决机制的法律法规，填补体育类单行法和部门规章的法律依据空白。这需要国内外学说与立法者意图的融合，结合中国的实际国情，尽快出台详细的、多层次的规范性法律文件。在这些法律基础完善的前提下，再进一步确定针对格斗比赛中人身伤害侵权的仲裁制度，充分利用现有的体育仲裁机构，对特定案件中的双方或者多方主体的过错责任进行认定，并做出仲裁决议。双方当事人不服的，可以上诉至人民法院。甚至在合理的时期、恰当的条件下，可以建立专门审判体育竞赛中人身伤害纠纷各类案件的特殊法院，更有效率地处理该类案件。

其次，对于过错责任原则中的过错认定阶段，应当充分考虑类属特殊体育竞赛中的格斗比赛的竞赛规则和行业规范，用作判断参与者在格斗比赛中的侵权行为是否超越限度的标准。在违反客观标准的情况下，再进一步探讨其是否有主观上的故意，最后认定过错存在。这个过错的认定过程，也是必须交由仲裁庭或者法庭来进行。

再次，格斗比赛中的抗辩事由应当进一步予以明确。人身免责条款的设置有利有弊，立法者应当针对受害人同意和自甘风险理论两大事由做出法律上的强制性规定，明确赛事组织者和参赛运动员之间的合同关系的形式以及格式条款的内容，以在纠纷发生时保障受害人的最大利益。

最后，格斗比赛因其特殊性，在其中发生的人身侵权行为也相对较多。也因其特殊性，这种侵权行为的责任认定以及最后补偿都具有不同于其他一般侵权行为的复杂性和模糊性。在我国现有追责体系尚不完善的情况下，进一步研究这种体系的正当性和未来发展迫在眉睫。

参考文献

［1］章祺辉："对抗性体育比赛中的人身损害赔偿研究"，复旦大学2009年

硕士学位论文。

［2］高金宝：“竞技体育人身伤害侵权行为研究”，内蒙古大学 2011 年硕士学位论文。

［3］孙思琪：“搏击赛事人身损害免责条款及其法律规制”，载《吉林体育学院学报》2017 年第 5 期。

［4］董晗：“格斗比赛中的人身伤害侵权研究”，上海师范大学 2018 年硕士学位论文。

［5］张念明、崔玲：“摒弃‘公平’的公平之路——以体育领域中的风险自负为视角”，载《政法论丛》2008 年第 3 期。

［6］王泽鉴：《侵权行为法》，中国政法大学出版社 2001 年版。

浅论中国足协框架下职业足球主体的权利保障

沈天骁[1]

摘　要　同我国大部分社会团体一样，中国足球协会在生成过程中遵循政府选择的路径，因此不免在运行机制上欠缺独立性，在意志形成机制上存在民主性与自治性的不足。比起为会员利益服务的社团，足协在一定程度上体现出成为体育行政机关实施行政行为、规避诉讼的工具的倾向，这导致在现行足协章程框架下，我国职业足球的参与主体难以通过民主决策和管理的方式对自身权利义务实现合理分配。同时，薄弱的立法与足协法治化程度的不足导致相关主体难以在权利遭受足协侵犯时寻求司法救济。为此，宜将职业足球俱乐部和球员、裁判员等从业人员或其构成的组织纳入足协会员行列，在权利受到足协侵犯的场合，相关主体应当有权在穷尽一切内部救济后提起行政诉讼。

关键词　中国足球协会　社会团体　权利保障　行政诉讼　穷尽内部救济

引言

随着《中国足球改革发展总体方案》《中国足球中长期发展规划（2016年－2050年）》等文件相继出台，实现中国足球协会与行政机关“政社分开”的实体

[1] 作者简介：沈天骁，中国政法大学法学院2017级体育法方向法律（法学）硕士研究生。

化改革（以下简称“足改”）不断推进成为公众极为关心的议题。其中，对包括职业足球俱乐部与从业人员在内的职业足球参与主体，尤其是对那些“广州吉利诉中国足协案”、“长春亚泰诉中国足协案”和“G7 革命”的经历者而言，〔1〕最关心的无非是：自己能否通过中国足协的机制表达自己的利益诉求？能否以民主方式形成并实现行业共同体的共同意志？若与足协产生纠纷，其能以何种方式得到救济？

以往而言，不同政策背景下，学者对相关问题的着眼点有所不同。早期，论者多以“长春亚泰案”所涉足协纪律处罚的可诉性为讨论基点：有人认为足协“社团罚”实质上是变相的行政处罚，如主张“禁止从事任何与足球有关的活动”有等同于“吊销营业执照”的效果，因而可诉；〔2〕有人认为足协处罚权是依照《体育法》授予的具有自律性的新型权力，不可寻求行政诉讼〔3〕；还有人认为足协权力可分为纯粹的行业自律管理权和法律授予的行政管理权〔4〕，兼有私权属性和法律让渡的公权属性〔5〕；也有的学者从足协发展渊源和章程确定的运行机制入手，分析其民主性与自治性，认为足协在很长时间内难免成为体育行政部门落实政策的工具。〔6〕随着足球体制改革深入，学者们则不再囿于以案例分析的方式讨论足协的行政诉讼可诉性问题，而或是从行政机关与尚在成长的社团的反思性合作的角度论述讨论自治与法治的关系〔7〕，或是讨论足球事务管理权限在不同法人主体之间的划分等问题〔8〕。

总体而言，早先的研究在足改的背景下似难以跟进新近的改革进程，而近年的研究虽然颇具建树，却较少与立法动态相结合进行讨论〔9〕，本文则希望多少

---

〔1〕2001 年、2002 年广州吉利足球俱乐部、长春亚泰足球俱乐部分别因不服中国足协处罚决定，向法院提起名誉权侵权诉讼和行政诉讼。前者法院不予受理，后者则被法院驳回起诉。G7 革命指 2004 年以北京国安为首的七家俱乐部因对“黑哨”和足球体制不满，而联合向足协“逼宫”，提出落实“管办分离”、成立中超公司等要求的事件，以双方妥协收场。

〔2〕参见袁曙宏、苏西刚：“论社团罚”，载《法学研究》2003 年第 5 期。

〔3〕参见肖宗涛等：“对《体育法》赋予体育社会团体处罚权的研究”，载《武汉体育学院学报》2002 年第 5 期。

〔4〕参见应松年、周卫平：“法律法规授权的行业协会与行政诉讼”，载《法制日报》2002 年 2 月 24 日。

〔5〕参见韦志明：“论中国足协行业规范的法源地位”，载《天津体育学院学报》2015 年第 3 期。

〔6〕参见李赟乐：“中国足协法律主体地位研究”，中国政法大学 2011 年硕士学位论文；王小平、马宏俊主编：《体育法学专题研究》，中国政法大学出版社 2012 年版。

〔7〕参见韦志明：“论体育行业自治与法治的反思性合作——以中国足球协会为中心”，载《体育科学》2016 年第 4 期。

〔8〕参见易剑东、施秋波：“论完善中国足球法人治理结构的关键问题——写在《中国足球改革总体方案》颁布一周年”，载《体育学刊》2016 年第 3 期。

〔9〕如《民法总则》《社会组织登记管理条例（草案征求意见稿）》《中国足球协会章程》等。

填补这一缺憾。

1. 我国社会团体概述

社会科学领域关于社团的学说纷繁复杂，[1] 难见统一定义，但一般以组织性、私有性、非营利性、自治性和自愿性为基本特征。[2] 在我国，社会团体作为法律术语，指的是具备法人条件，基于会员共同意愿，为公益目的或者会员共同利益等非营利目的设立的非营利法人。[3]

不同于西方纯粹民间性质的社团，我国具有较大社会影响力的社会团体大都遵循“政府选择”的生成路径。[4] 在社会转型期，尽管行政机关将部分行政权力转移给社会组织，但其往往不愿意彻底放弃权力，导致社会团体“半官半民”色彩浓重，许多社团甚至与政府部门是“一套人马，两块牌子”。政府对社会团体的控制倾向也体现在《社会团体登记管理条例》中：社会团体的成立采取登记管理机关和业务主管单位的双重许可制，[5] 其活动受业务主管单位和登记管理机关双重管理，[6] 同时，同一行政区域内不批准设立业务相同或相似的社会团体[7]。至于社会团体决策的民主性与活动的自主性，《社会团体登记管理条例》则几乎没有提供任何制度性保障。

值得注意的是，近年来我国相关立法进程似乎对以上问题作出了回应，比如，2016 年民政部发布的《社会团体登记管理条例（修订草案征求意见稿）》对包括行业协会、商会在内的四类社会团体的设立条件予以放宽，可直接登记，不再需要业务主管单位批准。再如，2018 年民政部发布的《社会组织登记管理条

---

〔1〕 此处“社团”即我国法律上的“社会团体”。本文不专门对此加以区分。相比较而言，用到“社会团体”的场合，或更强调其作为我国法律规制对象的法律要件符合性。

〔2〕 ［美］莱斯特·M·萨拉蒙：《全球公民社会——非营利部门视界》，贾西津等译，社会科学文献出版社 2002 年版。

〔3〕 参见《民法总则》第 87 条、第 90 条。

〔4〕 即社团的成立主要由政府部门决定，但未必排除民间意愿和资源的参与，一般认为中国足协便是典型。参见王名等：《中国社团改革——从政府选择到社会选择》，社会科学文献出版社 2001 年版，第 64 页；袁曙宏、苏西刚：“论社团罚”，载《法学研究》2003 年第 5 期。

〔5〕 参见《社会团体登记管理条例》第 9 条、第 12 条。

〔6〕 参见《社会团体登记管理条例》第 24 条、第 25 条。

〔7〕 参见《社会团体登记管理条例》第 13 条。

例（草案征求意见稿）》第41条至第44条对社会团体内部的组织架构进行了较完善的规定。但于前者而言，设立条件上的放宽在多大程度上意味着社团、体育社团获得更大的自主权，或许还需观察；[1]于后者而言，新的规定更注重组织架构的形式，仍难以避免“一套人马，两块牌子”的情况。可见，包括中国足协在内的诸多依照政府选择路径生成的社会团体仍将面临困扰多年的问题：一方面，成员利益并非其首先服务的对象，社团意志很难说是社团成员的共同意志；另一方面，社团又容易成为行政机关逃避行政法律责任的工具，包括社团成员在内的行政相对人很难以社团作为行政诉讼被告寻求司法救济。

2. 中国足协框架下职业足球主体权利保障的困境

《中国足球协会章程》规定：中国足协是我国从事足球运动的组织自愿结成的全国性、非营利性、体育类社团法人，是团结全国足球组织和个人共同发展足球事业、具有公益性质的社会组织，根据法律授权和政府委托管理全国足球事务。[2]《中国足球协会调整改革方案》也将改革后的足协定义为根据法律授权和政府委托管理全国足球事务，具有公共职能的自律机构。[3] 依此表述，足协似乎已经修正我国社团的痼疾，职业足球主体的权利似乎得到了充分保障：一方面，他们作为会员，通过足协内部的民主决策机制，对行业内部事务进行自律性的管理与调整，这当然有助于其权益保障；另一方面，足协对全国足球事务进行管理时具备经法律法规授权的行政主体地位，作为行政相对人的职业足球主体对其行政行为不服时有权提起行政诉讼。然而，在实践中不难发现，这两条权利保障之路仍没走通。

2.1 足协意志形成机制的民主性质疑

意志形成机制是否民主、自治，关系到足协能否摆脱行政机关的干涉，成为实质而非形式上的社会团体，这要求足协的行业自律管理权必须源于会员的授

---

〔1〕 更重要的是，《社会组织登记管理条例（草案征求意见稿）》采取社会团体、基金会、社会服务机构“三合一”的立法思路，该行政法规一旦颁布，《社会团体登记管理条例》的效力恐将终止，而该草案征求意见稿并没有放宽行业协会、商会等四类组织的设立条件。

〔2〕 参见《中国足球协会章程》第3条。

〔3〕 参见《中国足球协会调整改革方案》第一部分第（二）项。

予，且会员的构成必须体现广泛代表性。按逻辑，职业足球俱乐部及教练员、运动员等从业人员作为职业足球运动最主要的参与主体，当然有权作为足协会员参与民主决策和自律管理，对相关权利义务做出合理分配以实现对权利的事前保护。然而，令人费解的是，足协章程却把足球俱乐部、运动员等从业人员排除会员之列。

依足协章程的规定，足协会员包括各地区、各级、各系统的足球协会、女足和青少年足球组织以及各种联赛组织——其中并没有“足球俱乐部”的字眼——唯一的兜底条款“会员大会同意接纳的其他组织”〔1〕倒为俱乐部留有成为会员的机会，可目前也没有任何一家俱乐部以此途径成为足协会员〔2〕。如果俱乐部不能成为足协会员，足协又是如何体现章程第 11 条所称的会员“地域覆盖性和行业广泛性”的呢？其安排是：由各地区、各系统足球协会等组织负责本区域和领域内的足球事务，俱乐部只能接受它们的管理、监督和处罚。〔3〕俱乐部作为被管理对象，在职能范围内负有与足协会员协会同样的义务，〔4〕却仅有列席会员大会、参与讨论的权利，不享有表决权。〔5〕应该说这样的规定既不合法也不合理。

首先，它既不符合《社会团体登记管理条例（修订草案征求意见稿）》所要求的民主决策、民主管理的内部治理机制。〔6〕也不符合《国际足联章程》第 20 条第 2 款的要求：“（国际足联的）所有会员协会都必须保证其管辖的俱乐部可以就任何有关会员资格的事务独立地做出决定。”如果说前者尚未出台，其规定也比较原则，因此不具备足够拘束力，可《国际足联章程》的规定就很明确了，既然中国足协制定章程时以之为依据，又怎么能如此明显地与之违背呢？

其次，俱乐部虽然肩负一定的普及足球运动、发展足球事业的社会责任，可它们毕竟是营利法人，首先考虑的是经济效益，这是由足球市场化、职业化决定的。若俱乐部不能成为会员并就有关自己切身利益的重要事项做出决定，显然难以期待其权利得到事先保障，则难免会出现“G7 革命”一样足协章程框架外的“俱乐部－足协”间冲突。直到今天，我们在足协章程中仍找不到俱乐部得以当家作主的依据，相反却看到足协为防范下一次“G7 革命”而设置的“本会会员

〔1〕参见《中国足球协会章程》第 11 条。

〔2〕目前足协仅有 47 个会员协会。

〔3〕参见《中国足球协会章程》第 14 条。

〔4〕参见《中国足球协会章程》第 19 条：中国足协注册范围内的俱乐部、联赛组织、省市足球协会及其他组织应遵守：1. 在本会章程规定的权利、义务和工作范围内开展工作；……。

〔5〕参见《中国足球协会章程》第 22 条第 5 款。

〔6〕参见《社会团体登记管理条例（修订草案征求意见稿）》第 29 条。

及本会辖区内俱乐部不得成立跨地区联赛组织或俱乐部联合体”的条款。[1]

与俱乐部所面临的情况相同，依足协章程，教练员、球员等足球从业人员同样不能成为足协会员。而由于俱乐部不具备会员身份，从业人员也无从通过俱乐部表达自身诉求。退一步而言，即便足协将各俱乐部纳入会员之列，但考虑到近年每一届会员大会召开之时正是教练员、球员流动最频繁的冬季转会期，那么又该让转会前还是转会后的俱乐部表达从业者的诉求呢？

如此可见，足协显然还不能称为基于会员共同意愿，为会员共同利益而设立的社会团体，职业足球主体还不能从内部实现权利的事前保障。

2.2 阻塞的司法救济之路

如前文所述，我们难以从成员授权的角度寻找足协各项管理权力的合法性资源，只能转向分析足协是否是经法律法规授权的行政主体。对此，理论上的答案是肯定的，[2] 即一旦足协的管理行为侵害职业足球主体的权利，后者有权寻求司法救济。可是，出于种种原因，司法救济之路在实践中也被阻塞了。

2.2.1 立法薄弱导致司法救济困难

近年来有关足协争议的典型案例如广州吉利案、长春亚泰案，法院要么驳回起诉，要么裁定不予受理。应当说法院的处理方式无可非议，而如此局面则是立法的不足导致的：

其一，《体育法》虽设有“法律责任”一章，但观其内容，不难发现，立法者仅是从管理者视角，对被管理者或社团内部工作人员违反法律、体育纪律的行为进行了否定评价，至于体育社团本身作为管理者时做出的行为有违法律规范时是否要承担法律责任，并无明确规定。[3]

其二，《体育法》授予体育社团以运动员注册管理权、全国性单项体育竞赛管理权、项目普及和提高工作管理权、代表中国参加国际单项体育组织权、违规违纪行为处罚权以及兴奋剂违纪处罚权，[4] 但没有对这些权力的运用条件、程序等问题进行具体规定，如果提起诉讼，法院尚缺少审查足协行为合法性的依据。

其三，前述规定究竟是法律对体育社团进行授权，还是法律对体育社团的自

---

〔1〕 参见《中国足球协会章程》第61条第3款。

〔2〕 见本文第三部分。

〔3〕 这与《体育法》立法背景有关，1995年我国正处于向社会主义市场经济体制转型时期，计划经济思维模式还有所存留，因而该法更加注重实现国家对体育事业的调控，突出体育行政部门在竞技体育中的主导作用，而忽略了对体育主体的权利的保障与救济。参见马宏俊、袁刚：“《中华人民共和国体育法》修订基本理论研究”，载《体育科学》2015年第10期。

〔4〕 参见《体育法》第29条、第31条、第40条、第49条、第50条。

律管理权予以确认？这些权力是否又能直接概括为管理全国足球事务的权力?[1]这些问题都没有得到法律规范层面上的回答。换句话说，行政权力和行业自律管理权之间的界限没有明确。据此，法院在实践中宁可把这个烫手的山芋拒之门外。

2.2.2 足协自身法治化程度仍待提升

除却立法的薄弱，足协自身法治化水平的短板，同样导致了司法救济的困难：

首先，足协章程确定的纠纷解决机制未明确足协自身可否作为争议一方当事人，受案条件与范围也不够清晰。章程所规定的“行业内纠纷”或“国际足联、亚足联或被本会章程规定范围内的争议”的内涵和外延尚不明确。[2]

其次，足协的纠纷解决机制排除了相关主体的诉权，其合法性值得商榷。足协章程要求其会员“承认并接受中国足协仲裁委员会和国际足联争议解决机构对行业内纠纷的管辖权，并在其章程中载明”“保证不将在国际足联、亚足联和本会章程规定范围内的争议诉至民事法庭，国际足联、亚足联和本会章程另有规定的除外”。即“除本章程和国际足联另有规定外，本会及本会管辖范围内的足球组织和足球从业人员不将争议诉诸法院。有关争议应提交本会或国际足联的有关机构。”[3] 然而，第一，如前文分析，足协章程并非基于全体足球主体的合意所产生的契约，相关条款要么因为构成排除接受条款一方当事人主要权利的格式条款而无效，要么根本无从构成合同上的仲裁条款，排除相关主体寻求司法救济权利的做法显然缺乏合法性。第二，这些条款系中国足协根据《国际足联章程》和《亚足联章程》制定的，而这两部上位规则在限制国内普通法院管辖权的规定中，均有一条但书：“国际足联规则（和亚足联规则）或者具有效力的法律条文，有允许或要求诉诸国内普通法院的特别规定者除外”[4]，可见足协章程有窄化上位规则之嫌。第三，即便足协章程也有“除本章程另有规定的除外”的表述，似乎为司法救济开了口子，但其具体是如何“另作规定”的，我们又无从知晓。

最后，中国足协是唯一代表中国的国际足联和亚足联会员，是管理全国足球事务的唯一实体，在行业内具有很强的权威，相关主体即便不愿意也不得不服从其规则。换句话说，尽管目前中国足协仲裁委员会运转得比较顺畅，但与其说这是因为其法治水平高，实现了自治规范与国家法律的良好的衔接，倒不如说这一切是建立在当事人不敢也不能寻求司法救济的基础上的。

---

〔1〕 参见《中国足球协会章程》第3条。

〔2〕 参见《中国足球协会章程》第11条、第14条。

〔3〕 参见《中国足球协会章程》第11条、第14条。

〔4〕 参见《国际足联章程》第55条第3款、《亚足联章程》第63条第1款。

3. 促进职业足球主体权利保障之构想

本文主张，要保障各职业足球主体的权益，需要在增强足协民主决策和管理机制以及疏通司法救济渠道两个方面多下功夫。

3.1 扩大足协会员范围

职业化、市场化是世界足球发展的总体趋势和我国足球改革的目标，作为营利法人的足球俱乐部和以足球谋生的从业人员则是职业足球的支柱与根本。若行业协会的目的在于维护行业共同利益，实现会员共同意愿，则上述主体应当也必须成为足协会员中的主力。本文主张将足球俱乐部划入足协会员之列，同时也考虑将足球从业人员纳入其中。

从立法技术上来讲，将俱乐部列为足协会员并不困难。本文也可给出些粗浅建议："俱乐部"的字眼在目前足协章程中共出现30次，大部分要么出现在有关足协工作原则的规定中，要么出现在对比赛管理和申报等一些具体技术性事项的规定中，而对俱乐部权利义务做出实质上分配的条文非常少。[1] 若将俱乐部吸纳进入会员之列，则这寥寥几个条款或者只需把跟在"会员"后面的"俱乐部"删除，或者根本不必修改。[2] 唯有目前会员协会依照第14条第1款规定所负有的部分职责不适宜由俱乐部承担，该条款可经修改而只作为针对各级足球协会和联赛组织等非俱乐部会员的专门规定。至于第22条第5款有关俱乐部只能列席会员大会而不具有表决权的规定，删除即可。

关于足球从业人员是否可作为会员的问题则相对复杂。足球从业人员的数量远多于俱乐部，如何保证其话语权，并保证足协最高权力机构——会员大会不至于因为人员过于庞杂而效率低下的问题值得研究。本文主张，可由从业人员先组成本领域的社会团体，再允许该社团作为他们的代表加入中国足协并取得会员资格。[3] 如此，一方面本领域人员可以先自我组织，使每个主体有充分的机会以

---

〔1〕 如《中国足球协会章程》第4条第3款、第14条第1款、第19条、第22条第5款、第56条第4款、第61条第3款。当然，关于比赛管理和申报等问题的规定也并非完全不涉及俱乐部的权利义务，但在竞赛管理规则中对俱乐部做出要求属于国际惯例。将俱乐部纳入会员体系后，也只需对这些规则中的个别词语进行置换。

〔2〕 如《中国足球协会章程》第4条第3款、第19条、第56条第4款、第61条第3款。

〔3〕 比如香港足球总会就规定球员团体、裁判团体、教练员团体和其他代理机构都可以和联赛球会（即俱乐部）一样成为会员。参见《香港足球总会章程细则》第7条。

民主、自治的形式表达自己的意愿和诉求，避免球员、教练员等人员因待业或频繁流动而没有自己的利益代表；另一方面，形成共同意志后，以社团形式加入足协并出席会员大会，有益于集中而有力地表达自己的意志，避免会员大会因人员太多、声音太杂而效率低下、流于形式。这种民主集中的形式是值得考虑的。

3.2 疏通司法救济渠道

足球是改革发展步伐较快的项目，其法律制度建设较其他项目相对完善，据目前《国际足联章程》《中国足球协会章程》等规则，足球领域内纠纷有中国足协仲裁委员会、国际足联仲裁机构、体育仲裁法庭等机构按照一定的顺序和层级予以解决，且这些机构的公信力也有加强的趋势。但不论如何，既然前述限制足球主体诉权的条款欠缺合法性，则诉讼的渠道应该是打开的。

3.2.1 足协管理行为的行政诉讼可诉性分析

如前文分析，运动员注册管理权、全国性单项体育竞赛管理权、违规违纪行为处罚权等全国足球事务管理权并不是基于足球运动主体的共同意志而赋予足协的，而是来源于《体育法》的授权。全国足球事务属于公共事务，足协一旦行使上述权力，便会涉及公共利益，并单方面地对职业足球主体的权利义务产生重大影响，那么足协的足球事务管理权便符合行政权力的构成要件，只要其具体行政行为没有被《中华人民共和国行政诉讼法》第13条排除出受案范围，法院就应当予以受理。

需强调的是，正是因为立法的薄弱以及足协意志形成机制中自治的缺乏模糊了足协自律管理权和行政权力的区别，上述足球事务管理权才可一并解释为足协经《体育法》授权而享有的行政权力。但上述模糊势必有一天被搞明白，届时行政诉讼和民事诉讼的适用情形也终将明确，只是这还需要较长的时间才会实现，本文的价值主要在于为相关主体在现阶段通过行政诉讼寻求救济提供一个方向。

3.2.2 运用“穷尽内部救济”原则

既然在法理上说得通，法院就不应拒绝受理职业足球主体对足协提起的诉讼。但司法资源终究是有限的，面对排除司法救济的条款，法院可先进行解释再做判断。若经解释，条款完全地排除了法院管辖，则应认定该条款无效；若条款可以解释为“仅当事人穷尽内部救济后仍不能恢复权利，方可寻求司法救济”，则视之为有效。这种安排是妥当的：一方面，职业足球有很强的专业性与规则性，竞赛周期和频率紧凑。其中的专业问题法官未必了解，司法程序的效率也未必符合职业足球的要求。将纠纷首先交由专门的仲裁机构解决，则可以兼顾专业性与时效性；另一方面，“穷尽内部救济”是荷兰法院从一系列判例中发展出来的原则，如今在体育法治发达的西方国家，已很少有法院推翻体育仲裁机构作出的裁决，但这一原则仍被这些国家所保留，那么体育法治不甚发达的我国则更不应该采取“一刀切”的做法，因为这对于原本处于弱势的职业足球主体来讲至关重要。

结语

总而言之，如我国大部分社会团体一样，中国足协遵循政府选择的路径生成，意志形成机制欠缺民主性与自治性，比起为会员利益服务，更容易成为体育行政机关推行政策、躲避诉讼的工具。这导致我国职业足球主体既难以通过民主决策与管理的方式对自己的权利义务实现合理分配，也难以在权利遭受足协侵犯时寻求司法救济。本文主张把职业足球俱乐部和从业人员纳入足协会员行列，在他们认为权利受到足协侵犯时，有权在穷尽一切内部救济后提起行政诉讼。

参考文献

[1] 张兵、仇军：“管办分离后中国职业足球改革的路径选择与机制依赖”，载《体育科学》2016 年第 10 期。

[2] 钱静：“中国足球协会内部纠纷解决机制的完善——以体育自治为基础的考量”，载《体育与科学》2014 年第 3 期。

[3] 陈承堂：“社团罚的合法性审思——武汉光谷足球俱乐部退赛事件的法理解读”，载《武汉体育学院学报》2009 年第 7 期。

[4] 卢元镇：“论中国体育社团”，载《北京体育大学学报》1996 年第 1 期。

[5] 沈建华、汤卫东：“职业足球俱乐部纠纷解决机制探析”，载《上海体育学院学报》2005 年第 3 期。

[6] 姜明安主编：《行政法与行政诉讼法》，北京大学出版社、高等教育出版社 2011 年版。

[7] 谭小勇等：《体育法学概论》，法律出版社 2014 年版。

[8] 董小龙、郭春玲主编：《体育法学》，法律出版社 2013 年版。

[9] 王小平、马宏俊主编：《体育法学专题研究》，中国政法大学出版社 2012 年版。

[10] 何增科主编：《公民社会与第三部门》，社会科学文献出版社 2000 年版。

中国足协纪律处罚规范中的溯及力问题研究

张　鹏[1]

摘　要　中国足协在纪律处罚规范中对溯及力的设定经历了不同的阶段。而溯及力的设定会对足协成员的权利和利益产生重要影响。通过对法的溯及力进行分析，发现足协纪律处罚规范中的溯及力问题与其在理论上有很大的相通性。对足协纪律处罚规范中溯及力的设定应走法治化的设定道路。具体来说，中国足协纪律处罚规范中的溯及力的设定应该在民主化的基础上，以不溯及既往为原则，溯及既往为例外，并且对允许溯及既往的情形加以明确规定，避免肆意的溯及既往，维护纪律处罚规范的安定性。这也是实现依法治体、依法治球的要求。

关键词　中国足协　纪律处罚规范　溯及力　法治化

中国足球协会纪律处罚规范是促进足球运动健康发展，维护足球比赛良好秩序，创造公平竞赛的环境，预防并处罚违背体育道德行为和球场暴力行为的重要依据。[2]而所谓中国足协纪律处罚规范中的溯及力问题，是指新的纪律处罚可否适用于其生效以前发生或正在发生的事件和行为，并对这些事件和行为发生面向过去和未来的影响。由于中国足协纪律处罚规范从制定到现在经历了多次的修改，如何处理新旧处罚规范的时间效力是中国足协不得不面对的一个问题。只有准确的界定新旧处罚规范的效力范围，才能正确的适用规范、定分止争，实现纪律处罚规范的价值目标。

---

〔1〕　作者简介：张鹏，中国政法大学法学院2018级体育法方向法律（法学）硕士研究生。

〔2〕　中国足球协会：《中国足球协会纪律准则》，足球字［2018］114号。

1. 中国足协纪律处罚规范中对溯及力问题的设定沿革

按照时间标准，中国足协纪律处罚规范中对溯及力的设定大致经历了三个阶段：即空白时期、有利溯及既往时期和溯及既往时期。

1.1 空白时期

2003年，中国足协制定了《中国足球协会纪律处罚办法》（以下简称《处罚办法》），随后，在2004年和2005年对该《处罚办法》进行了两次修改。但在修改前后的《处罚办法》中均未提及溯及力的问题，对处罚办法的时间效力未作规定。此即中国足协纪律处罚规范中对溯及力问题设定的空白时期。

1.2 有利溯及既往时期

2006年，中国足协制定了《中国足球协会纪律准则及处罚办法（试行）》[以下简称《准则及处罚办法（试行）》]，2009年，又对该《准则及处罚办法（试行）》进行了修改。修改前后的《准则及处罚办法（试行）》第5条均规定："本准则及处罚办法适用于其生效后发生的各种事实。在本准则及处罚办法生效后处理的此前发生的事实时，在对当事人更有利的条件下，本准则及处罚办法也适用于以前发生的事实。"[1]由此可见，在这一时期，中国足协在纪律处罚规范中对溯及力的设定采用的是有利溯及既往的原则。

1.3 溯及既往时期

2010年，中国足协制定了《中国足球协会纪律准则及处罚办法》（以下简称《准则及处罚办法》），2011年对该《准则及处罚办法》进行了修改。其第5条规定："本准则及处罚办法原则上适用于其生效后发生的各种事实。处理本准则及处罚办法生效前发生的事实时，在符合本准则及处罚办法第一条的情况下，也适用于以前发生的事实。"[2]2015年中国足协又制定了《中国足球协会纪律准则》（以下简称《纪律准则》），该《纪律准则》在2016年、2017年、2018年经过三次修改。其中该《纪律准则》第5条"适用时间"条款的规定和2011年的《准

---

〔1〕 中国足球协会：《中国足球协会纪律准则及处罚办法（试行）》。

〔2〕 中国足球协会：《中国足球协会纪律准则及处罚办法》，足球字［2011］139号。

则及处罚办法》的规定保持一致，均采用溯及既往的原则。

1.4 有利溯及既往时期向溯及既往时期的转型

中国足协纪律处罚规范中对溯及力的设定由有利溯及既往转向溯及既往，究其原因，主要是由中国足协对广州医药俱乐部、成都谢菲联俱乐部和青岛海利丰俱乐部三家涉假球队的处罚事件所引起的。2010 年 3 月 21 日，中国足球协会纪律委员会对三家俱乐部的贿赂行为分别作出了足纪字［2010］001 号、002 号和 003 号处罚决定。其中对广州医药俱乐部和成都谢菲联俱乐部处以降至 2010 年中国足球协会甲级联赛的处罚，对青岛海利丰俱乐部处以取消俱乐部注册资格并罚款 20 万元的处罚。有人可能会认为同样是贿赂行为，为什么处以不同的处罚，这样的处罚明显是有失公平和正义的。然而，中国足协作出这样的处罚完全是根据当时的纪律处罚规范依法作出的。

具体情况是这样的：广州医药俱乐部的贿赂行为发生在 2006 年 8 月 19 日和 9 月 9 日；成都谢菲联俱乐部的贿赂行为发生在 2007 年 9 月 22 日；青岛海利丰俱乐部的贿赂行为发生在 2007 年 9 月 22 日和 2009 年 9 月 2 日。根据当时中国足协的纪律处罚规范，对三家俱乐部的处罚依据有两个条款可以适用。第一，是《准则及处罚办法（试行）》第 70 条的“不正当交易条款”。其规定：“参赛球队或运动员违背体育道德，丧失体育精神，为谋取不正当比赛成绩或不正当利益进行私下交易，经纪律委员会认定，给予下列处罚：（1）降级并罚款；（2）取消注册资格；（3）其他处罚。前款各项处罚可以独立或合并使用。”第二，是《准则及处罚办法（试行）》第 63 条的“贿赂条款”。其规定：“任何运动员、官员、俱乐部（球队）代表自己或第三方向中国足球协会有关机构、比赛官员、运动员、官员、俱乐部（球队）等提供、许诺或给与不正当利益，企图促使其违反中国足球协会规定，将受到下列处罚：（1）运动员：停赛；（2）官员：禁止从事任何与足球有关的活动；（3）俱乐部（球队）：降级。”

在这两个条款中，“不正当交易条款”的处罚明显比“贿赂条款”的处罚要重。若不考虑溯及力的问题，足协完全可以依照第 70 条的规定作出更重的处罚。然而，由于广州医药俱乐部和成都谢菲联俱乐部的行为发生在 2009 年 3 月 21 日之前，而对俱乐部进行处罚时现行有效的纪律处罚规范是《准则及处罚办法（试行）》(2009)。根据该《准则及处罚办法（试行）》第 5 条“适用时间条款”的规定，在本准则及处罚办法生效后处理的此前发生的事实时，在对当事人更有利的条件下，本准则及处罚办法也适用于以前发生的事实。因此，足协只能根据第 63 条的规定，对广州医药俱乐部和成都谢菲联俱乐部作出相对较轻的处罚。这也是足协根据有利溯及既往原则作出的完全符合纪律处罚规范的决定。

而对青岛海利丰俱乐部的处罚就相对比较简单。青岛海利丰俱乐部实施的违纪行为，一个发生在2009年3月21日之前，一个发生在2009年3月21日之后。对其2007年9月22日的行为，根据第63条的规定作出和另外两个俱乐部一样的处罚；对其2009年9月2日的行为，则根据《准则及处罚办法（试行）》（2009）第70条的规定作出处罚。最终将以上两个处罚合并执行处罚为：取消青岛海利丰俱乐部注册资格并罚款人民币20万元。

通过以上分析可知，中国足协对三家俱乐部的处罚决定完全是根据当时现行有效的纪律处罚规范依法做出的。但由于纪律处罚规范中“有利溯及既往”的规定，导致足协无法对广州医药俱乐部和成都谢菲联俱乐部的行为处以更重的处罚，出现同样的违纪行为却受到不同处罚的情形。为了解决这一问题，避免以后出现类似的情形，足协于2010年制定了《准则及处罚办法》，其中关于“适用时间条款”的规定也转变为溯及既往原则。从“有利溯及既往”转变为“溯及既往”，无疑可以严惩违规违纪行为，但难免会影响俱乐部、球员、教练员等的权利和利益，有违反体育法治精神的嫌疑。因此，对中国足协纪律处罚规范中的溯及既往原则的合法性与合理性仍有待考量。

2. 从法的溯及力考察足协纪律处罚规范中的溯及力问题

2.1 法的溯及力

溯及力是法学的一个基础理论问题，法的溯及力是法的效力的一个重要方面，其影响着针对某一具体法律行为或法律事件的处理结果，影响行为人的切身利益。之所以产生法的溯及力问题，主要是因为任何法律总会随着社会的发展变化而发生变动，引起新旧法律的更替与交接。因此，当一个法律行为跨越新旧法律规范的时候，就产生了新的法律能否适用于其生效之前的行为的问题。从规范的角度讲，只要有法律，就会有法律的立、改、废，也就会产生新法能否溯及适用的问题。[1]

在法的溯及力问题上，学界主要存在三种观点。一种观点认为，法不能溯及

〔1〕参见朱力宇、孙晓红：“论法的溯及力的若干问题——关于法律不溯及既往的争议、实践、反思与主张”，载《河南省政法管理干部学院学报》2008年第1期。

既往；另一种观点认为，法可以有溯及力；第三种观点认为，应以法不溯及既往为原则，溯及既往为例外。笔者赞同第三种观点。之所以要坚持法不溯及既往的原则，主要是基于以下的考虑：在新的法律实施之前，人们在旧的法律范围内所进行的行为是合法的。如果允许法具有溯及力，就需要人们事先考虑自己的行为是否会受到日后的法律的制裁，这无疑会限制人们的行为自由，侵犯人们的信赖利益，不符合法治的基本精神。而法不溯及既往原则要求执掌公权者不得溯及既往地配置、调整权利及义务，从而保护普通善良人的正当行为预期。[1]因此，坚持法不溯及既往原则有利于尊重和保障人权，限制国家权力，维持社会秩序。但是，法不溯及既往原则不应该过于绝对化，在特定条件下应允许法律具有溯及既往的效力。绝对的法不溯及既往原则可能会损害国家利益或者社会公共利益，违背社会进步的要求，在特定条件下会背离自由人权保障的价值目标。而立法者进行法律的立、改、废以适应社会变革，同时也可以根据国家利益或者社会公共利益的需要制定具有溯及力的法律。[2]通过立法规定具有溯及力的法律，自然具备合法性和正当性。

在允许法律溯及既往的情况下，一般应遵循以下几项原则：第一，维护社会公共利益原则。当公共利益保护较公民权利保护有价值优先性时，公共利益应当可以成为限制个人权利的理由，从而允许法律溯及既往。第二，有利于保障人权原则。当新法更有利于保障人权的时候，应当允许法律溯及既往。我国《立法法》第93条就规定法律、法规、条例和规章原则上不溯及既往，但为了更好地保护公民、法人和其他组织的权利和利益而作特别规定的除外。第三，信赖利益保护排除原则。当社会主体基于对法律规范的稳定性和法律秩序的安定性，未形成值得保护的信赖利益时，则可以允许新法具有溯及既往的效力。第四，比例原则。该原则和有利于保障人权原则密切相关。由于法不溯及既往原则的主要价值在于对公民权利和自由的保护，而法溯及既往则会限制公民权利。因此，在制定溯及既往的法律时，需要结合立法目的、考虑其对公民权利的限制是否合理、正当、必要，是否符合比例原则。

总而言之，笔者认为法的溯及力问题实则是价值判断的问题。法是否具有溯及力，关键要看其是否有利于法治的实现与完善，是否有利于保障人权，是否有利于维护社会公共利益。坚持法不溯及既往的原则，也是基于维持法的安定性，保护公民和社会权利的法治理念的考虑。但是，当新的法律有利于增加公民的权

---

〔1〕 参见刘风景："法不溯及既往原则的法治意义"，载《新疆师范大学学报（哲学社会科学版）》2013年第2期。

〔2〕 孙晓红：《法的溯及力问题研究》，中国法制出版社2008年版，第106页。

利和利益的时候，则应该允许新法具有溯及既往的效力。

2.2 足协纪律处罚规范中的溯及力问题

根据《中国足球协会章程》的规定，中国足协是从事足球运动的组织自愿结成的全国性、非营利性、体育类社团法人。因此，足协制定的纪律处罚规范就属于行业自治规范，是足协对中国足球运动及其会员进行制度化管理的规范。虽然足协的纪律处罚规范不同于国家的法律，然而，笔者认为它和法律一样涉及溯及力的问题，并且和法的溯及力有很大的相通性。

首先，足协的纪律处罚规范也涉及溯及力的问题。从 2003 年，中国足协制定《处罚办法》以来，纪律处罚规范经历了数次的修改，尤其是 2015 年以来，《纪律准则》每年都要进行修改。在修改的过程中就面临着新旧处罚规范的时间效力问题，因而就产生了处罚规范的溯及力问题。其次，足协在制定新纪律处罚规范的时候，必须权衡新旧规范的价值，处理好个人利益与社会利益、行业组织的利益与其会员的利益的关系。在平衡各方利益的基础上设定合理、适当的“适用时间条款”。再次，2015 年，随着《中国足球改革发展总体方案》的出台，中国足球迎来了最好的发展机遇。在全面推进依法治国和依法治体的法治背景下，足协制定的纪律处罚规范应该体现法治理念和法治精神。而在溯及力问题上也应做到尊重和保障人权，充分考虑足协各会员协会、球员、教练员等相关人员的权利与利益。

综上所述，通过法的溯及力来考察足协纪律处罚规范中的溯及力问题，发现二者有很大的相似性，并且在法理层面上是相通的。因此，足协在设定纪律处罚规范中的溯及力的时候，可以参照法的溯及力的设定原则进行设定。

3. 足协纪律处罚规范中溯及力的法治化设定

目前《纪律准则》中的“适用时间条款”采用的是溯及既往的原则。而在当下依法治体，依靠“法治”治理足球的背景下，笔者认为该条款的规定是违反基本的法治理念和法治精神的。另外，正如本文第二部分的分析论述，现行的“适用时间条款”是为了弥补《准则及处罚办法（试行）》中存在的明显漏洞，严惩足球领域的“假赌黑”事件，避免出现同样的行为却受到不同处罚的情形。不可否认的是其体现了足协“依法治球”的决心，但修改后的“适用时间条款”似乎有点过犹不及，无法保障俱乐部、运动员、教练员等的信赖利益，不利于人权保护。基于此，笔者认为中国足协纪律处罚规范中的溯及力的设定应该在民主化的基础上，以不溯及既往为原则，溯及既往为例外，并且对允许溯及既往的情形加以明确规定，避免肆意的使用溯及既往原则，维护纪律处罚规范的安定性。

3.1 民主化是纪律处罚规范中溯及力法治化设定的基础

民主是法治的基石。要实现足协纪律处罚规范中溯及力的法治化设定，必须坚持民主原则。虽然中国足协是一个社团法人，实行行业自治，但在行业自治中也应该坚持民主原则。通过民主程序，让足协成员广泛参与到纪律处罚规范的设定中来，充分听取足协成员的意见。这样制定出来的纪律处罚规范才能真正体现足协全体成员的意志，才具有正当性，符合民主化、法治化的要求。

然而实际情况并非如此。在《纪律准则》以及之前的纪律处罚规范中均规定："本准则实施后，中国足球协会可根据实施情况及国际足联、亚足联的新规定对其进行必要的修正。"[1]这表明足协在对纪律处罚规范进行修改，包括对处罚规范中的溯及力的设定，都是由足协内部直接完成的。但足协根据纪律处罚规范作出的处罚决定却关系到俱乐部、球员、教练员、裁判员等相关主体的利益，然而他们却并没有参与到纪律处罚规范的修改、制定中，并没有实现行业自治的民主化。而民主化是实现纪律处罚规范中溯及力的法治化设定的前提，没有建立在民主化程序上的溯及力设定，是无法实现溯及力的法治化设定的。

因此，足协在未来修改、制定纪律处罚规范，对溯及力问题进行设定的时候应听取各个俱乐部、球队等足协成员的意见，必要的时候还可以听取法学界专家学者的意见。避免足协的纪律处罚规范修改过于随意以及内部化的弊端，实现纪律处罚规范的民主化、法治化设定。

3.2 不溯及既往作为纪律处罚规范中溯及力法治化设定的原则

在民主化的基础上，对纪律处罚规范中溯及力的法治化设定应坚持不溯及既往的原则。之所以要坚持不溯及既往，主要是基于以下几方面的考虑：第一，为了维护处罚规范的安定性以及对足协成员信赖利益的保护，应坚持不溯及既往的原则。足协成员因信赖现行有效的处罚规范而安排和处分自己的行为，由此而产生的信赖利益应当得到保护。第二，足协作为一个行业组织，享有自治权。这就存在着权利滥用的可能，进而会侵犯足协成员的权利和信赖利益。因此，有必要通过设定不溯及既往的原则保护足协相关成员的权利和利益。第三，足协根据其享有的自治权可以在纪律处罚规范中设定财产罚（如罚款）、资格罚（如取消注册资格、禁止从事任何和足球有关的活动）、声誉罚（如警告、通报批评）等一

---

〔1〕 中国足球协会：《中国足球协会纪律准则》，第106条，足球字［2018］114号。

系列处罚。如果允许绝对的溯及既往，足协成员的权利和利益难免会受到侵犯。因而需要在纪律处罚规范中设定不溯及既往的原则来保障人权，实现处罚的法治化。

综上所述，基于维护处罚规范的安定性，保护足协成员的信赖利益，防止足协滥用权利，以及避免足协在处罚规范的设定和适用过程中侵犯足协成员权利等方面的考量，在纪律处罚规范中应设定不溯及既往的原则作为其基本原则。

3.3 溯及既往作为纪律处罚规范中溯及力法治化设定的例外

任何原则都不是而且不能绝对化。不溯及既往原则尽管有其正确的价值取向，但一旦绝对化，就会使该原则在特定条件下背离它的价值追求。正因为不溯及既往原则有其局限性，因此把溯及既往原则作为纪律处罚规范中溯及力法治化设定的例外就有其存在的必要性。

《准则及处罚办法（试行）》第 5 条规定了有利溯及既往的原则。该规定体现了在溯及力设定上的法治化，然而这样的规定太过于笼统。并且如果新的规范对当事人有利的情形都允许溯及既往，也不利于对那些严重违背体育道德，扰乱足球比赛秩序的行为进行处罚。因而笔者认为，在纪律处罚规范中设定溯及既往原则时，首先可以参照法律溯及既往时应遵循的原则，设定一个基本的原则性条款，对溯及既往进行概括式的规定。然后，在基本原则的指导下规定可以适用溯及既往的具体情形。进行这样更加具体的规定，一方面可以避免笼统的规定有利溯及既往导致该规则的滥用，使那些严重危害足球秩序的行为却无法受到应有处罚的尴尬局面；另一方面又可以体现有利溯及原则对人权的保障，对足协成员的权利和利益的保护，这也是实现法治化设定的应有之义。同时，规定适用溯及既往的具体情形，在实践中可操作性更强，更加便于适用。

结语

足协在纪律处罚规范中对溯及力的设定经历了三个不同时期。然而，笔者认为《纪律准则》第 5 条规定的“适用时间”条款存在着“非法治化”瑕疵。本文通过分析构建足协纪律处罚规范中溯及力设定的法治化方式，旨在建立一种理性的纪律处罚秩序，实现纪律处罚的法治化，实现足球治理的法治化，进而促进中国足球的健康发展。

参考文献

［1］中国足球协会：《中国足球协会纪律准则》，足球字［2018］114 号。

［2］中国足球协会：《中国足球协会纪律准则及处罚办法（试行）》。

［3］中国足球协会：《中国足球协会纪律准则及处罚办法》，足球字［2011］139 号。

［4］朱力宇、孙晓红："论法的溯及力的若干问题——关于法律不溯及既往的争议、实践、反思与主张"，载《河南省政法管理干部学院学报》2008 年第 1 期。

［5］刘风景："法不溯及既往原则的法治意义"，载《新疆师范大学学报（哲学社会科学版）》2013 年第 2 期。

［6］孙晓红：《法的溯及力问题研究》，中国法制出版社 2008 年版。

我国高校学生体育权利法律保护研究

李 静[1]

摘 要 学校体育是我国体育事业发展过程中的重要组成部分，学生作为学校体育中的重要主体，其体育权利应该得到法律保护。但是我国当前对学生体育权利进行保护的法律法规尚不完善，加之存在学校管理不到位、师生体育权利意识普遍较为薄弱等问题，导致近年来高校体育侵权现象时常发生，大学生的体育权利亟待加强保护。法律可以为人的权利提供更为有力的保护，从立法层面研究当前的法律法规存在的主要问题，并结合我国实际情况提出针对性的改进建议，有利于相关法律制度的完善，从而使高校学生的体育权利得到更好的法律保护。

关键词 高校学生 体育权利 法律保护 侵权

绪论

随着我国《全民健身条例》等文件的相继出台，体育运动开始得到大众的重视，大力发展体育事业不再只是对竞技体育的全面助推，社会体育和学校体育也成为其中的重要环节。高校作为发展学校教育的重要基地，应该在丰富学生体育活动形式、增强学生体质等方面积极探索，在促进学校体育事业的发展上发挥应有的作用。然而，近年来高校学生体育权利被侵犯的现象屡屡发生，究其原因，除了高校教学管理不到位、学生体育权利意识淡薄、社会宣传教育力度不够

---

[1] 作者简介：李静，中国政法大学法学院2018级体育法方向法律（法学）硕士研究生。

之外，我国对学生体育权利进行保护的法律法规不够健全也是其中的重要因素。为了解决学生体育权利保护不足问题，本文主要从法律法规层面研究解决对策。

在论述过程中，本文综合运用了文献分析法、文本细读法、综合分析法等分析方法，对我国现有关于学生体育权利的法律规定进行了研究，总结了其中存在的主要问题，并结合我国实际情况，针对性地提出了完善建议。通过以上努力，力求我国在相关法律法规层面取得进展，促进对学生体育权利的更好保护。

1. 体育权利的概念

权利这一概念，往往出现在法律规定中，通常是指法律赋予个体实现自己利益的某种力量。随着社会的发展和法治建设的推进，我国法律对公民权利的保护逐步完善。近年来，在国家全民健身的大力号召下，越来越多的人开始参与到体育运动中来，体育权利的概念开始引发学者关注。学界对体育权利的概念尚没有统一的看法，刘永风从人权视角出发，认为体育权利可以这样定义：学生依据我国相关法律法规在体育活动及相关事务中享有的各种能动手段，目的是为了实现自己的合法权益。[1]巩庆波认为体育权利可以定义为应受法律保护的体育相关利益。[2]笔者认为，体育权利作为权利的下位概念，可以界定为社会承认和受法律保护的、人们追求和维护与体育相关的各种权益的资格，包括人们参加体育活动和体育竞赛，接受体育教育等。[3]

总体来说，公民的体育权利主要包含以下几个方面：第一，公民可以自主决定做出或者不做出一定的体育行为，如按照自己的意愿参加特定的体育活动等；第二，公民有权要求特定主体做出或者不做出一定的体育行为，如公民有权要求地方政府为其参加社会体育活动提供必要的支持等；第三，当公民的体育权利受到不法侵害时，有权通过各种合法方式寻求相应救济，从而维护其合法的体育权益。[4]如公民在社区利用体育设施进行锻炼时，因设施故障受到伤害，有权要求

[1] 参见刘永风、何金："从人权视角审视我国的学生体育权利问题"，载《山西师大体育学院学报》2010年第6期。

[2] 参见巩庆波："大学生体育权利的保障与义务的履行"，载《体育科研》2015年第1期。

[3] 参见付江平："对高校大学生体育权利问题的探讨"，载《内江科技》2017年第11期。

[4] 参见刘毅："学生体育权利及其救济"，河南大学2006年硕士学位论文。

对相关设施有检查维修义务的主体为此承担相应的法律责任。

2. 高校学生体育权利的内涵

高校学生的体育权利是指法律法规提供保护的、高校大学生在学校各种体育活动中为了追求和维护自己与体育有关的权益而享有的资格。由于高校学生同时具有普通公民和学生的身份，其体育权利也可以分为以下两大方面，一方面是作为普通公民应该享有的体育权利，另一方面是作为高校学生这一特殊主体应享有的体育权利。[1]与前者相比，高校学生享有的特殊的体育权利主要是针对高校校园内的体育活动，其特征主要有以下几点：第一，权利主体限定为高校学生；第二，权利范围限定在学校内；第三，权利内容包括接受高校的体育教育、使用校园内的体育设施等多方面。本文研究的内容主要针对后者，即高校学生基于其学生的身份应享有的体育权利。

权利不是孤立存在的，人们享有权利的同时往往要履行相应的义务，高校学生享有的体育权利也是如此。在学校教育中，学生的体育权利和体育义务对其身心健康发展起着同样重要的作用，[2]因此，真正从保护学生权益的角度出发，要求我们在了解学生体育权利的同时应该对其体育义务也予以一定程度的重视。学生的体育义务是指依据法律法规或者学校规定，学生在参加体育活动时应尽的责任及违反规定应承担的不利后果。一部分体育义务同时也是学生的体育权利，如学生应当接受学校的体育教育，同时接受体育教育也是学生的权利；还有一部分体育义务则是纯粹性的责任，如学生应当遵守学校体育竞赛规则、应合理使用并且不得破坏体育设施等。

为了督促高校学生重视体育锻炼、积极参与体育活动，国家和政府希望通过为学生设定体育义务的方式达到这一目的，然而，从现实情况来看，强制义务下的实施效果不容乐观。可见，要想真正推动体育运动在高校学生中的普及、增强学生体质，更要在注重对学生体育权利保障的基础上加大宣传力度，让学生对体育权利和义务有正确的认识，培养学生对体育运动的兴趣，让学生真正爱上体育运动，这样才能达到强身健体、健康身心的目的。

---

〔1〕 参见毛淑娟：“侵害大学生体育权利的归责及其救济”，陕西师范大学2011年硕士学位论文。

〔2〕 参见巩庆波：“大学生体育权利的保障与义务的履行”，载《体育科研》2015年第1期。

3. 我国对高校学生体育权利的法律保护现状及问题

3.1 我国涉及学生体育权利的法律法规概况

如上所述，为了推动体育运动在高校学生中的普及、增强学生的体质和培养学生的体育权利意识，需要注重对学生体育权利的保护。而在法律上为学生提供更好的保护则需要在现有的基础上进行针对性的改进，所以研究我国对学生体育权利的法律保护现状十分必要。

我国现有对学生体育权利的规定分散在《中华人民共和国宪法》（以下简称《宪法》）和其他的诸多法律法规中，其中，效力等级最高的为《宪法》，[1]最具代表性的法律主要是我国的《中华人民共和国体育法》（以下简称《体育法》）和《中华人民共和国教育法》（以下简称《教育法》），此外还有《学校体育工作条例》和《全民健身条例》等行政法规及其他一些法规和规章等。

具体来看，首先，关于体育权利的概念，现有法律法规几乎没有涉及，仅在《教育法》中能找到对受教育者部分权利的规定。其次，学生体育权利的内容也鲜有明示规定，大多都只能从学校和其他管理部门的法定义务中推定。在《体育法》中，几乎通篇都是对国家和有关管理部门责任的规定，[2]虽然专门设有“学校体育”的章节，其中也主要是对学校提出的各种体育方面的要求，如“要求学校开设体育课、组织多种形式的课外体育活动、定期举办运动会”等，[3]从这些对学校义务的规定中，可以推知学生享有要求学校履行以上法定义务的权利。我国《教育法》在受教育者的权利条文中规定了学生有使用学校教学设施的权利，由于学校体育设施属于教学设施的范围，因此可以理解为这是法律对学生享有的体育设施使用权的规定。另外，《学校体育工作条例》和《全民健身条例》也从学校在体育工作中应尽的义务出发侧面规定了学生享有的体育权利。《学校体育工作条例》规定学校在体育行政部门的指导下组织实施学校体育工作，并从体育课教学、课外体育活动、课余体育训练与竞赛、体育教师和体育场地设施等方面对学校提出了诸多具体要求，这些要求是为了实现增强学生体质、增进学生

---

〔1〕 参见陈莹利、邓杨名：“我国学校体育法律制度构建研究”，载《体育科研》2015 年第 5 期。

〔2〕 参见徐娟：“我国学生体育权利研究的述评”，载《福建体育科技》2016 年第 4 期。

〔3〕 参见刘明霞：“大学生体育权利之实现途径研究”，载《法制与社会》2012 年第 34 期。

身心健康的目的，能够体现出对学生权利一定程度的保护，但也不是对学生体育权利的直接规定。《全民健身条例》中仅在第 21 条、22 条、23 条涉及了学校体育义务，与《体育法》规定的内容存在部分重复。最后，学生体育权利的救济问题，仅在《教育法》、《普通高等学校学生管理办法》和《全民健身条例》中有一定的涉及。《教育法》中规定了申诉和诉讼途径，但没有提到申诉的具体受理机构，对诉讼途径也没有进行细化规定；《普通高等学校学生管理办法》中规定学生对学校的处理或处分决定不服的，有向申诉处理委员会提起申诉的权利，申诉能为学生提供一定的救济，但显然不能涵盖体育权利被侵犯的所有情形；《全民健身条例》在法律责任部分规定学校违反条例规定的，由县级以上政府的教育主管部门责令其改正，拒不改正的，可以给予责任人员处分，这也只能算是对学生权利的间接保护。

3.2 现有法律保护存在的问题

根据上文对相关法律法规的概述，可以看出我国现存有关学生体育权利的法律法规存在以下问题：

3.2.1 法律规定分散

我国目前没有专门规定学生体育权利的法律法规，相关的规定分散在不同效力等级的各种法律法规中，这种分散立法的现状不仅不利于对学生体育权利的同等保护，还很容易导致不同法律规定之间的重复甚至矛盾冲突。例如，关于学校运动会的举办频率，我国《体育法》第 20 条规定“学校应当组织多种形式的课外体育活动，开展课外训练和体育竞赛，并根据条件每学年举行一次全校性的体育运动会”；《全民健身条例》第 22 条规定“学校每学年至少举办一次全校性的运动会”；《学校体育工作条例》第 15 条规定“全国中学生运动会每 3 年举行一次，全国大学生运动会每 4 年举行一次。特殊情况下，经国家教育委员会批准可提前或者延期举行”。上述三个不同的法律法规中都规定了学校应该定期举办运动会，但在举办的频率要求上却截然不同，这对法律的实施造成了一定程度的阻碍。

3.2.2 法律规定模糊抽象，可操作性低

我国目前关于学生体育权利的法律规定中有一部分因为没有及时修改，条文规定得比较模糊抽象，内容过于简单，导致其无法良好适应社会发展的需求。法律的目的在于实施，过于模糊和概括的法律规定难以在实践中落实，也就无法达到法律制定的目的。例如，我国《全民健身条例》中规定“学校应当在课余时间和节假日向学生开放体育设施”，但是并没有具体规定如何开放、是否收费等问题，加之不同学校体育设施配置情况有很大差异，导致实践中各地的不同学校做法不一。有的学校对学生开放时间长，有的学校开放时间短，有的学校不收费，但有的学校不仅收费还存在价格不合理现象。做法不同导致学生的体育权利

未能得到同等保护，难以实现立法目的。

3.2.3 对学生权利的直接规定太少

上文论述到，我国目前有关学生体育权利的法律法规基本都只从学校应尽的义务方面进行规定，直接规定学生体育权利的条文屈指可数。我国公民的权利意识尚不够强烈，法律法规一味强调义务很容易让学生忽视自己应有的权利。特别是在高校与学生这种具有管理与被管理特点的关系上，学生本就处于相对弱势的地位，若没有法律对其权利的直接规定，学生难以有勇气和信心向学校主张体育权利。例如，在高校的体育教学中，学生享有自主选择体育课程的权利，但实践中经常出现由于选课系统故障或者教学设施缺乏而让学生被迫选择某门课程的情况，〔1〕由于在现有规定中并未明确规定学生享有上述体育权利，面对这些侵权现象，学生往往只能选择沉默。

3.2.4 权利救济途径缺乏明确规定

从现有规定来看，在我国，学生体育权利被侵犯能采取的法律救济途径只有申诉和诉讼，但法律法规对这两种救济途径都没有具体规定，而且从现状来看，很难起到维护学生权利的作用。目前我国对学生提起申诉的规定中，基本都将事由限定在对学校的处理和处分不服上，但学生的体育权利被侵犯有多种表现形式，现有的申诉途径难以涵盖学生发生体育伤害事故、无法自由选择体育课程等内容。而且很多学校没有建立有效的申诉机制，〔2〕再者，由学校对自身的行为进行审查难免存在不公正问题〔3〕。诉讼虽然能够公正地解决纠纷，但学生通过诉讼维权不仅面临诉讼本身存在的耗时长、费用贵、举证难问题，〔4〕还会面临来自学校的压力。总之，现有法律法规未能给学生提供有效的救济途径，这使得侵权者能够轻易逃避法律责任，侵权现象难以遏制，学生体育权利缺乏保护。

4. 立法层面的完善建议

从我国对学生体育权利法律保护的现存问题来看，完善相关立法具有必要性

〔1〕 参见王越锋："关于现代大学生体育权利保护现状调查"，载《浙江体育科学》2017年第2期。
〔2〕 参见张雷："我国大学生体育权利保障浅析"，载《天津市工会管理干部学院学报》2012年第3期。
〔3〕 参见徐娟："我国学生体育权利研究的述评"，载《福建体育科技》2016年第4期。
〔4〕 参见陈宁娟："我国学生体育权利的法律研究"，西北师范大学2016年硕士学位论文。

和迫切性。针对上述问题，笔者提出以下改进建议：

4.1 在《体育法》中明确规定学生的体育权利和义务

目前我国《体育法》中对学校体育部分规定的内容过于抽象和笼统，且未涉及学生的体育权利和义务问题，笔者认为，应该在“学校体育”这一章节中加入对学生体育权利和义务的明确规定，改善现有规定分散模糊的问题。

学生体育权利的立法可以从以下几个方面入手：第一，明确规定学生这一主体享有受法律保护的体育权利，同时应履行一定的法律义务。这样规定的意义在于区分一般的公民身份，将学生这一特殊身份的主体纳入体育权利保护的范围内。同时，权利和义务难以分割，规定学生的体育义务能够一定程度上促使其积极行使体育权利。第二，明确规定体育权利和义务的内容。结合《教育法》等其他法律法规中的规定，可以将学生的体育权利分为受教育权、人身权、财产权和监督权等种类。[1]学生的受教育权是指学生享有接受和要求学校提供相应的体育教学服务、自主选择体育项目等权利；人身权主要是指学生有权要求学校对其参加校园内体育活动、体育竞赛的人身安全给予必要的保障，并对其受到的人身伤害采取补救措施等；财产权是指学生享有要求学校对其使用体育设施和通过体育活动获取收益等行为进行保护的权利；监督权是指学生对学校履行体育教学和服务等行为的情况享有监督、举报等权利。通过对学生享有的体育权利进行明确规定有利于提升学生的权利意识，还能为学生维权提供明确的法律依据，促进对学生权益的更好保护。学生的体育义务主要包括接受体育教育和遵守体育规则，如学生应该上体育课、不得破坏体育设施等。学生对体育权利的正确行使往往也是其履行义务的表现。[2]第三，应该明确规定体育权利保障的条件和方式。[3]体育权利的实现需要一定条件的保障，如高校为了保障学生体育活动的顺利开展，需要配置一定的体育场馆设施、体育教师等资源。因此，《体育法》应该将高校必须具备的体育保障条件以条文的形式规定下来，避免高校以各种理由推卸责任。

4.2 在法律中规定明确的救济途径

为了避免侵犯学生体育权利现象的发生，需要加强对体育权利的保护，但是保护体育权利仅靠法律规定是远远不够的，如果缺少有效的救济途径，权利保护

---

〔1〕 参见颜廷锴：“大学生体育活动中体育权利的现状调查与发展对策研究”，苏州大学2018年硕士学位论文。

〔2〕 参见巩庆波：“大学生体育权利的保障与义务的履行”，载《体育科研》2015年第1期。

〔3〕 参见徐娟、罗畅伟：“《体育法》学校体育部分增设学生体育权利和义务的研究”，载《当代体育科技》2017年第19期；付江平：“对高校大学生体育权利问题的探讨”，载《内江科技》2017年第11期。

只能是一纸空文，难以奏效。因此，我们需要构建起一套行之有效的救济方法，使侵权者承担应尽的责任，被侵权者得到应有的保护。

对学生体育权利的保护应该贯穿于学校体育活动的始终，救济途径也应如此。首先，为了预防学生在体育活动中的伤害、分担发生体育伤害事故的风险，应该在学校体育教学中引入保险机制，起到事前防范的作用。建立和不断完善学校体育伤害事故的保险机制有利于使学生的体育权利得到更好的保护，减轻学校和学生在意外事故中的经济负担。[1]因此，应该在《体育法》中规定政府有义务为学校购买责任险，同时应对学生购买意外伤害保险给予补贴。[2]其次，在学校的体育活动中，为了保护学生各种各样的合法体育权利，使学校在监督下履行职责，应该建立健全学生对学校、老师等履职主体的投诉、举报机制，[3]让学校对其侵权行为承担法律责任。最后，应该保证学生在体育权利受到侵害后有畅通的渠道进行救济。目前，我国《教育法》和《普通高等学校学生管理办法》中规定了学生在一定条件下有向学校提起申诉的权利，但申诉范围有限，应该在现有基础上将学校的有关体育行为也纳入申诉范围。在这种情况下，学生认为高校的行为不当，可能侵犯其合法体育权益时，就可以向学校提出申诉，维护其正当权益。高校应该设置专门的申诉机构，并配备专业人员，最大限度地保证处理结果的公正，避免申诉流于形式。除了这种内部救济方式之外，应该保障学生通过外部途径寻求救济的权利。由于学校对学生实施某些法律法规授权的行为时，其身份已经具有行政主体的性质，学生认为这些行为侵犯其体育权益的，应当允许其通过行政复议和行政诉讼的方式进行维权。[4]但是，法律法规需要对目前高校的哪些行为可以纳入行政法的审查范围进一步作出具体规定，使学生寻求救济的途径更加通畅。

4.3 加快相关部门和学校配套管理规范的制定

法律在规范社会关系和行为的过程中要维持其稳定性，不能朝令夕改，因此，《体育法》中关于学生体育权利只能规定一些体现原则性和相对具有稳定性的内容。但由于社会的快速发展和变化，为了更好地适应社会需求、解决现实问题，需要对法律进行细化规定。上文提到需要由《体育法》对学生的体育权利和义务进行统一和明确的规定，并在法律中为学生寻求权利救济提供有效途径。法律不能面面俱到，学校在贯彻落实对学生体育权利的保护时，需要在法律框架

〔1〕 参见徐娟："我国学生体育权利研究的述评"，载《福建体育科技》2016 年第 4 期。

〔2〕 参见陈莹利、邓杨名："我国学校体育法律制度构建研究"，载《体育科研》2015 年第 5 期。

〔3〕 参见张雷："我国大学生体育权利保障浅析"，载《天津市工会管理干部学院学报》2012 年第 3 期。

〔4〕 参见宋军生："大学生体育权利的研究"，载《体育科学》2007 年第 6 期；刘永风、何金："从人权视角审视我国的学生体育权利问题"，载《山西师大体育学院学报》2010 年第 6 期。

内根据实际情况制定具体的配套规范。一方面，应该大力加强学校与教育主管部门之间的合作，针对法律法规中不够具体的内容制定配套的实施细则，这样不仅可以细化部分比较抽象的法律规定，有利于法律法规的贯彻实施，还能结合学校的实际情况在法律范围内做出灵活调整，可以弥补法律灵活性不够的缺点，真正实现保护学生体育权利的目的。另一方面，为了避免学校通过不作为的方式减轻自己的责任，需要由各地教育主管部门督促学校制定针对性的实施办法，对法律法规的规定加以细化并贯彻落实。

总结以上建议，可以发现从法律的制定到实施的每个过程都需要付出巨大努力才有助于立法目的的实现。在法律中规定学生的体育权利和义务，有利于增强学生的主体意识和权利意识，促使其积极行使权利，并为学生维权提供法律依据。在法律的实施过程中，需要学校和相关部门的配合，学生也应该积极行使监督权，让学校依法依规履行职责，尽可能预防和避免侵权行为的发生。在学生的体育权利受到侵犯后，通过法律规定为其权利救济提供有效途径，尽量弥补其遭受的损失，保护其合法权益。

结语

通过对我国关于学生体育权利的法律法规进行分析，笔者发现当前我国相关的法律法规存在许多不完善的地方，主要体现为法律规定分散且条文模糊抽象、可操作性低、对体育权利的直接规定太少和缺乏有效救济等问题。为了预防和减少体育侵权现象的发生，更好地保护学生的体育权利，笔者提出了一些立法层面的改进建议。针对现有规定分散和抽象的问题，笔者建议在《体育法》中对学生体育权利和义务进行统一明确的规定。由于现有规定缺乏对权利的救济，需要通过法律为学生提供有效的权利救济途径，主要包括投诉、申诉、复议和诉讼等。由于法律具有稳定性，为了更好地适应不同地区不同学校的实际情况，教育主管部门和学校应当加强合作，在法律范围内制定具体的实施办法，为法律的贯彻落实奠定基础。权利的意义需要通过行使得到体现，学生应该加强对自身体育权利和义务的了解和认识，积极行使权利和履行义务，促进学校教育更好地发展。除了法律法规的完善之外，对高校学生体育权利的保护仍面临许多其他障碍，这需要包括学校、教育主管部门、社会等多方主体的共同努力，相信在更加完善的法律框架下，这些问题都能逐渐得到良好的解决。

学校体育场馆对外开放的法律思考

杨　正〔1〕

摘　要　党中央提出建设体育强国的目标并不断推进，但这一进程同样需要法律规制，为了解决社会体育资源不足，对外开放学校体育场馆正在逐步进行，但面临诸多问题。本文从法律规制的角度入手，就我国学校体育场馆对外开放进行相关分析，在我国体育资源现状的基础上研究以法律规制学校体育场馆开放的必要性和可行性，分析对学校体育场馆开放的法律规制现状，对于法律规制中存在的问题进行剖析，在问题基础上提出相关建议，确保学校体育场馆开放在有效的法律规制下开展。

关键词　学校体育场馆　开放　法律规制

不久之前胜利闭幕的十九大为我国体育事业的建设绘制了宏伟蓝图，其报告中明确提出："广泛开展全民健身活动，加快推进体育强国建设"。这既体现了对建设体育强国、开展全民健身的重视，也体现了我国全民健身活动取得的进步。但公共体育场馆不足正成为制约全民健身运动发展的现实挑战，日前引起热议的洛阳王城公园篮球场之争正是这一问题的直接体现。国家体育总局第六次全国体育场地普查数据显示，截至2014年，全国共有体育场地169.46万个，人均体育场地面积1.46平方米，远低于美国的人均16平方米和日本的人均19平方米，远不能满足人民的体育运动需求。根据本次普查数据，我国现有的体育场馆面积中53.01%为学校体育场馆，因此向社会开放学校闲置的体育场馆自然成为缓解体育资源不足的方式之一。国内外都有开放学校内体育场馆作为公共体育场馆补充的情况，我国也自20世纪末先后在《中华人民共和国教育法》（以下简称《教育法》）、《中华人民共和国体育法》（以下简称《体育法》）和《全民健身条例》等法律法规中做出了倡议性的规定，鼓励学校对社会开放体育场馆，但

〔1〕　作者简介：杨正，中国政法大学法学院2018级体育法方向法律（法学）硕士研究生。

缺乏具体有可操作性的规定，学校也面临资金不足、责任风险承担等问题。在实践中，学校体育场馆对社会开放仍处于开放率低的状态，缺乏有效法律规制。

1. 对学校体育场馆开放的法律规制的必要性及可行性

1.1 我国体育场馆资源现状的要求

根据2014年12月国家体育总局发布的第六次全国体育场地普查的数据，我国共有体育场地169.46万个，总面积19.92亿平方米，人均体育面积1.46平方米。与十年前相比这些数据有了显著提升，但与美国日本相比，人均仍有十几倍的悬殊差距。在体育场馆资源缺乏的状态下，现有体育场馆中，各级学校拥有的体育场馆数量约占1/3，面积所占比例达53.01%。如此庞大数量的优质体育资源除了满足学校教学需求外，其余大多数时间并没有很好地发挥作用而处于闲置状态，因此，为了缓解当下的体育场馆不足与全民健身需求之间的矛盾，在不干扰学校教学秩序前提下合理开放学校体育场馆应成为一项长期性的过渡方式。我国自20世纪开始就对学校体育场馆开放做出了法律规定与要求，但我国学校体育场馆开放率偏低的问题至今仍然存在。面对我国社会体育资源不足与不断增长的社会体育需求的矛盾，一个具有法律保障的多元健身服务体系是必需的，而其中通过对学校体育资源开放进行有效的法律规制是其实现的必要手段，有助于对在开放过程中面临的产权归属、开放方式和责任风险承担等问题进行明确的规定，保障其开放的有序实施。

因此，面对我国体育资源的现实状况，对学校体育资源开放进行有效的法律规制是确保学校体育资源发挥应有价值的制度保障。

1.2 学校体育场馆法律性质的体现

明确学校体育场馆的法律性质是其向社会开放的前提，也是进行法律规制的前提。学校体育场馆是指高校占有使用的、在法律上确认为国有资产并能以货币计量的附着在学校园区内具有体育和娱乐功能的地面建筑和设施。[1]在此我们还

---

〔1〕 参见董俊："高校体育场馆开放的法律规制"，载《四川体育科学》2010年第3期。

要做出一个重要的区分，公办学校和民办学校。公办学校是以公共财产为资金来源进行运营的事业单位，而民办学校是以非公共财产为资金来源运营的，其体育场馆为私人财产而非公共体育设施，故不列入本文中讨论应当开放的范围。《教育法》第32条规定“学校及其他教育机构在民事活动中依法享有民事权利，承担民事责任。学校及其他教育机构中的国有资产属于国家所有”，体现了国家作为国有资产的所有者，而学校体育场馆作为国有资产，其所有权归属于国家，体育场馆的使用权则一般归属于政府的教育主管部门或其他主管部门。学校体育场馆资源的所有权和使用权主要归国家所有的性质决定了学校体育场馆资源具有社会公共资源的属性。另外，从经济学的角度来看，学校体育场馆也具有准公共产品的特性。[1]作为社会公共资源，从功能上看，学校体育场馆的建设就不仅为了学校的体育教学、体育训练和体育竞赛等活动，也要满足全民健身的需求。因此学校体育资源对社会开放也是其自身性质的要求，但其开放应与社会体育场馆相区分，其公益性是有所不同的，《教育法》第49条也规定学校参加社会公益活动的前提是“不影响正常教育教学活动”，所以，以有效的法律规制来确保学校体育场馆自身性质的实现是必不可少的。

1.3 确保相关法律法规有效实施的必然要求

“徒法不足以自行”，我国现行相关的法律、法规、规章及其他规范性文件等都对学校体育场馆的开放进行了不同程度的规定，但如果缺乏有效执行，法律就成为一纸空文。上文提到的《教育法》第49条和《体育法》第46条规定“公共体育设施应当向社会开放，方便群众开展体育活动”，国务院颁布的行政法规如《学校体育工作条例》、《公共文化体育设施条例》和《全民健身条例》等又对学校体育场馆开放做出了进一步的规定。为了更好地执行法律法规，相关部委还出台了一系列规章和规范性文件，提出了具体的要求。这些法律法规的出台对学校体育场馆开放进行高层次的规定，提出了具体的方针及任务，为学校体育场馆对外开放提供了法律保障，但具体到各地情况不同，在实践中缺乏有效贯彻。因此有效的法律规制就成为确保这些规定实施的必然要求，可通过制定更有可操作性的地方立法确保执法效果。[2]

1.4 域外对学校体育场馆开放立法的借鉴作用

对于学校体育设施对外开放，域外的其他国家和地区很早就注意到这一问题，并通过法律规制付诸实践。在美国，1927年就有32个州通过法律规定“社区可使用学校的建筑作为社区体育中心”，同时，政府与学校之间通过达成协议

---

〔1〕 参见曹春宇：“学校体育场馆资源社会化的法律透视”，载《首都体育学院学报》2008年第2期。

〔2〕 参见范明志、陈锡尧：“我国高校体育场馆的公共经济学分析”，载《体育科研》2005年第1期。

制定计划，推动学校体育场馆合理地向社会开放。[1]日本自1962年就开始制订学校体育设施向社会开放的一系列政策和措施，1976年还专门颁布了《关于推进学校体育设施开放事业的通知》，并出台了相应的《开放设施管理细则》和《开放运作方式细则》等，[2]日本政府设立的文部科学省体育科主要职责之一就是促进学校体育设施对社会开放。[3]其他如法国和德国等也均在体育专门法或其他法令中对学校体育场馆开放做出了规定。在上文中已经提到，我国从国家层面也在法律、行政法规等规范中对学校体育场馆开放做出了相关规定，各地学校体育场馆开放的工作也在逐步推进，但这一工作的实际开展情况却未必理想。如《北京晚报》2017年10月25日刊载的《体育场馆对外开放要实事求是》中提到，北京市副市长王宁在接听服务热线时就市民反映的按公示应开放而未开放的学校体育场馆的问题做出了回应，要求相关部门尽快核实并协调开放时间。[4]面对开放情况不理想的现状，域外各国对这一问题的法律规制实例为我国充实立法内容和实现法律效力提供了有可行性的借鉴。

2. 现行学校体育场馆对外开放的法律规制的情况

我国自1995年颁布《体育法》以来，关于体育的立法也在不断发展，各种法规规章等不断出台，为推进依法治体迈出了坚实的步伐。在这些法律法规中，提到有关学校体育场馆或学校体育设施对外开放的规定有很多，对这一问题做出了不同层级的规定。通过查阅国家体育总局公示的相关法律法规的内容，我国现行有效的对于学校体育场馆向社会开放进行规制的相关规定主要在以下几个层面：

2.1 法律

在1995年颁布的我国首部体育专门法《体育法》中，第46条规定，“公共体育设施应当向社会开放，方便群众开展体育活动，对学生、老年人、残疾人实行优惠办法，提高体育设施的利用率”。前文已经论述过，我国学校体育场馆其性质为社会公共资源，也应属于公共体育设施的范畴。因此，《体育法》中的规

〔1〕 参见唐迅、冉建：“国外学校体育设施及开放现状述评”，载《山东体育科技》2008年第1期。

〔2〕 苏连勇：《体育社会问题与控制》，北京体育大学出版社2007年版，第315页。

〔3〕 杨文轩、杨霆：《体育概论》，高等教育出版社2005年版，第191页。

〔4〕 参见张骜：“体育场馆对外开放要实事求是”，载《北京晚报》2017年10月25日，第12版。

定就从法律的角度明确了学校体育场馆从职能上不仅要满足学校内的体育需求，也需要兼顾社会的体育需求，发挥作为公共体育资源的作用。在同年颁布的《教育法》对学校的体育场馆的属性和职能均做出了规定，《教育法》第 32 条规定，“学校及其他教育机构中的国有资产属于国家所有”，第 49 条规定，“学校及其他教育机构在不影响正常教育教学活动的前提下，应当积极参加当地的社会公益活动”。2016 年颁布的《中华人民共和国公共文化服务保障法》（以下简称《公共文化服务保障法》）第 32 条也对学校体育场馆开放做出规定，“国家鼓励和支持机关、学校、企业事业单位的文化体育设施向公众开放”。《教育法》、《体育法》和《公共文化服务保障法》在形式上确立起学校体育设施对外开放的法律保障，更重要的是为开放提供了法律依据，为学校体育场馆开放提供了上位法依据，但其规定多为原则性规定，存在内容过于宽泛、规制的对象针对性差和可操作性差的问题。

2.2 法规规章

法律作为较高位阶的规范，不能事无巨细地做出具体规定，而为了执行法律而制定的法规规章等则可以弥补这一不足，对具体问题进行更为详尽的规定。《公共文化体育设施条例》第 6 条规定，“国家鼓励机关、学校等单位内部的文化体育设施向公众开放”。2016 年新修订的《全民健身条例》第 28 条规定，“学校应当在课余时间和节假日向学生开放体育设施。公办学校应当积极创造条件向公众开放体育设施；国家鼓励民办学校向公众开放体育设施。县级人民政府对向公众开放体育设施的学校给予支持，为向公众开放体育设施的学校办理有关责任保险。学校可以根据维持设施运营的需要向使用体育设施的公众收取必要的费用。”

2.3 中央文件

自 1995 年发布第一版《全民健身计划》至今，《全民健身计划》也随着时代发展进行更新，最新发布的《全民健身计划（2016～2020 年）》在统筹全民健身全局的同时，在体育设施资源的利用上，也强调要盘活存量资源，“确保公共体育场地设施和符合开放条件的企事业单位、学校体育场地设施向社会开放”，为全民健身提供场所保障。除此之外，在中央层级，近几年有大量的文件均对学校内现有的体育场馆向社会开放进行规定，以现有存量资源满足社会全民健身、健康、娱乐和文化产业发展的多方面需求。如《中国防治慢性病中长期规划》[1]、《“十三五”卫生与健康规划》[2]、《国务院办公厅关于加快发展健

〔1〕 规定内容为：“推动有条件的学校体育场馆设施在课后和节假日对本校师生和公众有序开放”。

〔2〕 规定内容为：“推动公共体育设施免费或低收费开放，逐步对社会开放学校体育场馆等运动健身场所”。

身休闲产业的指导意见》[1]、《国务院关于加快发展体育产业促进体育消费的若干意见》[2]和《国务院办公厅关于强化学校体育促进学生身心健康全面发展的意见》[3]等一系列文件，均对学校体育场馆开放进行了明确规定，并对开放方式和安全保障等实际问题有所涉及。

2.4 部委制定的其他规范性文件

在法律和法规等具有较高效力的上位规范对学校体育场馆开放进行了规定的前提下，国家体育总局和教育部及其他国家部委单独或联合制定了诸多规范性文件，进一步完善对学校体育场馆向社会开放的规定，逐步形成越来越完整的规范体系。2017 年 2 月教育部和国家体育总局发布的《教育部 国家体育总局关于推进学校体育场馆向社会开放的实施意见》是近年来对学校体育场馆开放做出的最完善详尽的规定，对我国学校体育场馆向社会开放提出了总体要求，规定了指导思想、基本原则和目标，并对开放范围、开放办法、保障措施和组织实施四个方面进行了规定。国家体育总局 2016 年发布的《体育发展“十三五”规划》提出“鼓励机关、学校等企事业单位的体育场馆设施向社会开放”。

2.5 地方立法文件

在检索了地方的相关法律文件和已有的相关调查研究，我国各地目前有一定数量规定学校体育场馆开放的地方立法文件，其中主要有三种情况，第一种是全民健身立法文件中对学校场馆的规定，第二种是地方性法规和地方政府规章中的规定，第三种是各地在规范性文件中对学校场馆的规定。第一种情况在各地最为普遍，我国大多数省份均制定了各地的《全民健身条例》，如《北京市全民健身条例》、《江苏省全民健身条例》和《内蒙古自治区全民健身条例》等，在条例中均对学校的体育场馆开放做出了不同的规定，一些走在立法前列的设区市也制定了自己的《全民健身条例》，对此做出了规定。第二种是在各地地方性法规和政府规章中关于学校体育场馆作出规定，其中有散见于法规或规章中关于场馆开放的内容。如《河北省体育设施管理条例》中有对学校体育设施开放的规定，也有如《江苏省体育设施向社会开放管理办法》这种对学校体育设施向社会开放的专门性的规章。第三种是规范性文件，在各地广泛开展试点开放后，有很多地方均以规范性文件的形式进行规定，如《镇江市人民政府办公室关于加快学校

---

[1] 规定内容为：“盘活用好现有体育场馆资源。加快推进企事业单位等体育设施向社会开放。推动有条件的学校体育场馆设施在课后和节假日对本校学生和公众有序开放”。

[2] 规定内容为：“学校体育场馆课余时间要向学生开放，并采取有力措施加强安全保障，加快推动学校体育场馆向社会开放，将开放情况定期向社会公开”。

[3] 规定内容为：“推动有条件的学校体育场馆设施在课后和节假日对本校师生和公众有序开放”。

体育设施向社会开放的实施意见》和《淮南市人民政府办公室关于学校体育设施向社会开放的指导意见》等。近年来，地方立法对于学校体育场馆开放的规制取得了很大进步，很多从开放方式、范围、安全保障、经费等方面做出了规定，有利于进一步推进和完善场馆开放。

3. 学校体育场馆对外开放法律规制中存在的问题

随着全民健身活动的不断开展，开放学校体育场馆越来越成为弥补社会体育资源不足的一个共识，我国和其他国家都正在或已经经历从摸索、逐步尝试到正常运行的发展过程，而在这过程中法律法规的规制引导甚至强制作用是必不可少的，但如何让法律法规发挥好它的作用以促进学校体育场馆开放和社会体育资源优势互补是一个复杂的问题。上文中已经提到我国在近一二十年出台的一系列相关的法律法规文件，效力上从法律到行政法规规章和规范性文件等一系列规定全覆盖，在层级上又有中央立法和地方立法两种轨道并行，看似规定不断完善，体系也越来越健全。2017 年 2 月份教育部联合国家体育总局又发布了《教育部 国家体育总局关于推进学校体育场馆向社会开放的实施意见》，进一步对学校内体育场馆开放进行规定，对以往诸多空白问题也进行了规定。但如此多的规定后其实施情况却并不尽如人意。上文中提到的北京市副市长王宁接听服务热线时市民反映学校体育场馆按公示应开放而未开放，2017 年 4 月《北京青年报》登载《开放学校体育场馆别成为“纸上谈兵”》一文也指出并分析了学校体育场馆开放中存在的问题，这些都反映了我国学校体育场馆开放情况仍不乐观且存在诸多问题，其中法律规制中存在的问题主要表现为以下几个方面。[1]

3.1 立法缺乏系统性，未形成体系

如前文所述，自 20 世纪 90 年代中期以来，我国关于学校体育场馆开放的法律法规取得了一定的发展，在诸多法律法规文件中均有对此的相关规定，但这也正是问题所在，我国尚未有对学校体育场馆或更具体的学校体育场馆开放的专门立法，也未能就现有生效的相关规定形成完整的体系。我国现行有效的相关规定均为散见于《教育法》、《体育法》或《全民健身条例》中的内容，对该问题的

---

〔1〕 参见冰启：“开放学校体育场馆别成为‘纸上谈兵’”，http://news.cnr.cn/comment/latest/20170407/t20170407_523695708.shtml，最后访问时间：2017 年 12 月 27 日。

法律规制缺乏系统性。现有对学校体育场馆开放规制相对全面的《关于推进学校体育场馆向社会开放的实施意见》仅为部委发布的规范性文件，缺乏足够的法律效力。因此，目前对于学校体育场馆开放行为的规制往往只能通过寻找一些零散的法律法规条款的途径去完成，其意义和绩效与政策引导、政府推进、法律监管、市场准入等系统的规制体系差距甚远，这必然导致在具体的规制运作方面呈乏力的状态，难以做到有法可依。而立法的不足势必对执法带来不利影响，难以保证法律规制的有效实施。〔1〕

3.2 相关规定多为原则性规定，缺乏可操作性

从我国现行立法看，提及学校体育场馆开放的法律法规有一定数量，但多为“应当向社会开放”和“国家鼓励向社会开放”等具有一定原则性或倡导性的规定，并缺乏相关的配套规定，很难说具有可操作性。现行的规定缺乏可操作性可能导致的不利后果即为相关下位规范内容的不充实，在处理学校体育场馆开放实践中众多相关问题时难以规制。例如在开放过程中，采用何种开放方式，何种场地应开放，以及开放的具体时间如何确定等诸多问题均缺乏有效规定，有法可依尚不能达到，何谈执法必严。

3.3 相关主体权利规定的缺位

我国关于学校体育场馆开放的立法中，例如《教育法》第49条中的“学校及其他教育机构在不影响正常教育教学活动的前提下，应当积极参加当地的社会公益活动”和《公共文化体育设施条例》第6条中“国家鼓励机关、学校等单位内部的文化体育设施向公众开放”，相关法律法规规定多为以原则性规定对学校等主体设立开放体育场馆的义务，但缺乏对其享有的决定权及经费和制度保障的规定。据此，我国现行规定中仍存在规定了学校的开放义务，但并未对其开放中应享有的权利进行充分规定，存在权利义务不对等的情况。

3.4 相关责任主体不明确

作为一个完整的法律规范，对学校体育场馆开放的规范应包括行为模式和法律后果。但在我国现有关于学校体育设施对外开放的立法中，仅有对行为模式的立法规定，而反映法律后果及法律责任的相关条文却非常少，甚至没有。〔2〕对于法律责任和具体责任承担的主体以及形式规定的缺失，难免使违反相关规定的违法成本降低，使立法流于形式，相关规定实施的可能性大大降低。与此相关，由于责任规定的缺失，在开放运行中如出现体育伤害事故或相关纠纷，其责任主体

〔1〕 参见董俊：“高校体育场馆开放的法律规制”，载《四川体育科学》2010年第3期。

〔2〕 参见徐鸿鹏：“关于学校体育设施对外开放的立法研究”，载《南京体育学院学报（社会科学版）》2008年第1期。

的确定是问题争端解决不能回避的一个问题，责任规定的缺失势必会导致实践中的难以处理，为开放带来困难。

4. 对学校体育场馆开放的法律规制的建议

4.1 完善相关法律法规体系，加强规定的系统性、可操作性

针对前面提到的我国目前对学校体育场馆开放的法律规制缺乏系统性，未形成体系的问题，着力健全相关法律法规体系是法律规制有效开展的重要前提。目前，我国相关规定主要散见于不同法律法规规章的内容之中，较为健全的也仅为部委的规范性文件，效力较低，这些内容还很不完善且缺乏体系性，因此应着力完善一个规定全面的法律规范体系，避免规定缺乏可操作性，细化对开放过程中各方面问题的规定，构建一个对学校体育场馆开放的法律规制系统。具体的立法建议有以下几点：

4.1.1 对现有法律法规相关内容进行修订

可以在具有较高效力的法律或法规如《体育法》和《全民健身条例》中就学校体育场馆开放的规定进行修改，因为各地情况不同，对此也不应以强行性规定进行一刀切，可以考虑在《体育法》的具体内容中进行原则性立法，采用非强制性的法律规范，法律条文可表述为：学校体育设施在不影响学校正常教学秩序的前提下应积极向社会开放。除了具有较高效力的法律规定外，为执行法律规定制定的法规和规章中应结合实际情况对开放中的具体问题做出进一步具体的规定。2016 年进行修改的《全民健身条例》对该问题进行了部分详细规定，尤其是对政府的财政支持及保险保障的问题做出了原则性的规定，明确了政府在其中的角色，但具体执行的问题仍有待其他配套规定进一步明确，可以采用如援引性的规定，另行制定其他法规或规章进行细化。在之后的法律修改中，还应对开放中的具体问题做出规定，如对开放形式、成本承担、场馆建设、运营维护、伤害事故、对外收费等做出进一步的规定。

4.1.2 颁布针对学校场馆开放的单行立法

我国目前学校体育场馆和社会体育场馆均存在运营和开放中的种种问题缺乏法律的有效规制，多为散见于其他法律法规中的零星规定，缺乏体系性。建议可在现行的法律法规体系之中，另行颁行专门立法，其效力层级以国务院行政法规为宜，既避免用法律规定大材小用又能具有较高的法律效力，可以对开放中的问

题发挥足够的规制作用。其内容可以是在全社会体育场馆整体的规定中设立对学校体育场馆的专章规定，也可以直接是全部对学校体育场馆的专门规定。这样既能执行相关法律的规定，又能发挥对更低效力层级的行政立法和地方立法的统率作用，有利于法律规制更具系统性。

4.1.3 加强针对学校体育场馆开放的地方立法

结合前述建议，构建相关法律规制体系，地方立法是保障中央立法实现的必要手段。结合现有的地方立法情况，各地方应坚持“因地制宜”的原则，结合各地不同现实情况进行地方立法。可在各地此前颁布的地方《全民健身条例》的修改中加入针对学校体育场馆开放的规定；除此之外，有条件的地区可以结合上位法和各部委的规定，制定专门的地方立法。[1]如拉萨市在2017年制定的《拉萨市学校体育场馆向社会开放管理办法（试行）》，对学校体育场馆开放中的日常管理、人员职责、安全消防卫生等问题进行明确规定，并在附件中对开放时间、开放区域、开放对象等做出了具体明确的规定。《铜陵市人民政府办公室关于做好学校体育场馆向社会开放工作的意见》也是地方政府对这一问题制定的规范性文件，其中对政府各机构责任的明确值得各地借鉴，对教育局、体育局、物价局、财政局和民政局以及学校的职责进行了明确具体的划分，有利于责任的切实落实和监督。

4.1.4 明确开放过程中的法律责任主体，实现权利义务对等

一方面，现行法律法规体系中对学校体育场馆开放的义务做出了相关规定，但并未赋予相关责任主体一定的权利保障，单纯以原则性的规定要求开放，并未赋予充足资金、安全和场地建设的保障，这就难以确保开放执行的质量，难免使法律规定流于形式。因此，应在相关的地方立法和中央立法中加强对责任主体权利的保障，如意外保险机制和财政的支持额度的限额，减少开放的后顾之忧。另一方面，对于开放的相关主体，其义务规定也以原则性倡议性为主，如违反规定未开放，其责任由学校还是相关政府机构承担，承担何种责任均不明确，应进行补充规定。除开放的责任外，开放中的安全保障责任也是各级学校开放体育场馆的顾虑，对于锻炼中的意外事故安全保障义务的责任承担也需要在立法中进一步明确，也可引入保险机制，如太平洋保险推出的学校体育场馆公众责任险。[2]

4.2 转变观念，营造氛围

学校体育场馆作为社会公共资源的一部分向社会开放是一种正常的现象，然

---

〔1〕 参见丁红娜等：“地方立法保障学校体育场馆对外开放的思考”，载《河北体育学院学报》2014年第1期。

〔2〕 参见范威等：“学校体育场馆对外开放的法律问题研究”，载《成人教育》2011年第12期。

而在我国开展的不顺利，除了法律规制的不全面之外，还存在的一个可能的不利因素就是长久以来形成的封闭观念，长期“关门办校”管理思维某种程度上与如今的“依法治校”观念存在冲突，可能导致对于学校体育场馆开放的规定执行不到位的现象。因此，为了破除观念的障碍，各级学校也应加强对法制观念的树立，培养领导干部的法治理念，依法决策，依法治校，形成服务型的管理模式。此外，树立法治观念也有利于培养学校整体的开放氛围，人人尊重法律，遵守学校规定，有利于加强对学校体育场馆开放的理解，对学校体育场馆的开放有积极作用。

4.3 加强立法评估，确保法律法规的实施

党的十八届四中全会指出：法律的生命力在于实施。为了保证法律法规的实施，我国和其他各国均进行对立法的评估工作。一般而言，立法评估包括立法前评估和立法后评估。立法前评估又称为预评估或事前评估，在法律法规施行前将会存在的不利情况进行充分评估并准备应对措施，对法规进行成本收益分析，事后评估即立法后实施中进行的质量评估。在学校体育场馆开放中，各种立法文件具有一定数量，例如其中对于各地财政对学校开放体育场馆进行的支持数额的确定，要结合各地经济发展水平等因素进行考量，而对其法律文件确定的数额是否合理进行的前期调研等均属于立法的前期评估。[1]所以，在相关的法律规定制定时需要各机关进行充分评估，以确保相关规定的合理性。而立法后评估是在施行过程中，对于执行状况的效果进行反映，如果存在施行不利的情况，应及时反馈相关部门启动相关法律规定的治修程序。

结语

学校体育场馆向社会开放是弥补现阶段全民健身需求得不到满足的必然趋势，统筹学校内优质的公共体育资源，弥补社会体育资源不足。但这一趋势仍是一条非根本性的解决途径，弥补社会公共体育资源不足的根本途径应为建设优质充足的社会体育场馆，但这需要很长时间和大量资源来实现。就现有情况，合理开放学校体育场馆是一个切实可行的解决方案。相关法律法规发展至今，已经取

〔1〕 参见杨维立：“地方立法准备阶段民意参与机制之思考”，载《人大研究》2011 年第 4 期。

得了很大进步，但在实行过程中仍面临着法规规制难以落到实处的问题。当今是全民健身活动广泛开展、体育产业蓬勃发展的新时期，对学校体育场馆开放的法律规制提出了更高的要求，因此，加强对学校体育场馆开放的法律规制势在必行。应努力完善相关法律法规体系，确保学校体育资源和社会资源的有机互联，缓解广大青少年和人民群众日益增长的体育健身需求与体育场馆资源供给不足之间的矛盾，促进全民健身事业的繁荣发展。

我国体育仲裁机构设立展望

孔云龙[1]

摘　要　《中华人民共和国体育法》（以下简称《体育法》）第32条规定："在竞技体育活动中发生纠纷，由体育仲裁机构负责调解、仲裁。体育仲裁机构的设立办法和仲裁范围由国务院另行规定。"自《体育法》颁布（1995年）至今，我国还没有设立常设体育仲裁机构，这就意味着我国还没有构建一套行之有效的解决体育纠纷的法律争端解决机制，影响了我国体育事业的健康发展。鉴于建立体育仲裁机构解决体育纠纷是国际和国外最普遍的做法，因此，借鉴国际和国外体育仲裁机构建设的经验，建立符合我国国情的体育仲裁机构是当前一项重大而紧迫的工作。

关键词　竞技体育　体育纠纷　仲裁机构　组建模式

建立体育仲裁机构解决体育纠纷是国际和国外的普遍做法，我国目前还没有建立专门的体育仲裁机构处理体育纠纷，诉诸法院的体育纠纷案件并不多见，更多体育纠纷还是通过体育行业内部途径解决，如足球和篮球纠纷往往通过足协和篮协建立的仲裁委员会处理。但是这类仲裁委员会实际上是协会的内部机构，其裁决的中立性和公正性值得怀疑，裁决也没有获得司法权力的认可，没有法律强制执行力，而协会章程禁止当事人将争议提交法院处理，人为地阻断了当事人依法维权的渠道，挑战国家司法权威。从最终意义上讲，这类"争议解决方法"很有可能不是在解决争议，而是在制造纠纷。《体育发展"十三五"规划》提出"研究探索建立中国特色的体育仲裁制度，加强与国际体育仲裁机构的沟通合作"的要求，因此，十三五期间，建立符合中国国情的体育仲裁机构是法律人和体育人共同奋斗的目标。

---

[1] 作者简介：孔云龙，安徽体育运动职业技术学院讲师，硕士，研究方向为体育法学和国际私法。

1. 国外主要国家体育仲裁机构设立考察

1.1 比利时体育仲裁委员会

1991年10月1日，比利时国家奥委会和体育协会委员会成立了比利时体育仲裁委员会，并通过了《比利时体育仲裁委员会规则》。根据比利时有关法律的规定，比利时体育仲裁委员会受理发生在比利时国家体育协会或共同体的体育协会之间的及上述协会与他们的俱乐部或参加者之间的争端，仲裁委员会有权对受理案件和针对当事人可自由处分的权利作出裁决。这个体育仲裁委员会具有很大的权威性，日常工作由奥委会的一位法律专家主持。每个仲裁员在任职之前均要作出庄严的声明。〔1〕

1.2 卢森堡体育仲裁委员会

1994年2月，卢森堡奥林匹克和体育委员会建立了卢森堡体育仲裁委员会，并通过了《卢森堡体育仲裁委员会规则》。卢森堡体育仲裁委员会的受案范围包括体育组织、个人之间以及事实或行为必须与体育领域有关的争端案件、已经穷尽体育协会内部解决纠纷办法的争端案件、不属于体育协会管辖范围的争端案件等，并明确规定可排除普通法院的管辖。〔2〕

1.3 澳大利亚全国体育纠纷解决中心

澳大利亚于1996年1月成立了澳大利亚全国体育纠纷解决中心（National Sports Dispute Center，简称NSDC），是澳大利亚境内解决体育纠纷的调解与仲裁机构。〔3〕

1.4 英国体育纠纷解决委员会

2000年1月1日，英国成立了英国体育纠纷解决委员会（Sports Dispute Resolution Panel，简称SDRP），该机构仿照国际体育仲裁院的模式组建，总部设在伦敦。SDRP设立的目的是为英国的体育行会、俱乐部、运动员、教练员个人提供一个“简单、独立、有效”的体育纠纷救济机制，“公正、快捷、经济”地解

〔1〕 参见于善旭等：“建立我国体育仲裁制度的研究”，载《体育科研》2005年第3期。

〔2〕 参见于善旭等：“建立我国体育仲裁制度的研究”，载《体育科研》2005年第3期。

〔3〕 郭树理：《体育纠纷的多元化救济机制探讨（比较法与国际法的视野）》，法律出版社2004年版，第146页。

决他们之间的体育纠纷。SDRP 主要功能有三：仲裁体育纠纷；提供咨询意见；调解体育纠纷。[1]

1.5 美国仲裁协会

美国体育仲裁制度是以国家统一的民商事仲裁制度为基础建立起来的。[2]根据《美国业余体育法》的规定，美国奥委会与美国仲裁协会达成协议，由美国仲裁协会受理和仲裁有关的体育争端案件。美国体育仲裁具体受理的案件范围主要包括：由于参赛资格问题引发的争端；由于违反行为准则引发的争端；由于服用禁用药物引发的争端；与体育有关的商业争端；体育活动的组织者与专业广播公司合作伙伴间关于出让广告权合同引发的争端；运动员、教练员雇佣合同争端以及其他需要仲裁的问题。其受理和裁决体育争端案件分别采用常规程序、快速选择程序和上诉程序。[3]

1.6 加拿大体育与法律中心

加拿大承担体育仲裁工作的是由法律界人士建立的独立民间机构——体育与法律中心，主要解决运动员等个人和体育组织之间发生的有关争端。该中心广泛招聘体育仲裁员，形成了覆盖全国的体育仲裁员网络体系。[4]

1.7 日本体育仲裁机构

日本体育界于 2003 年 4 月 7 日设立了日本体育仲裁机构（Janpan Sports Arbitration Agency，简称 JSAA），于 2003 年 6 月正式开展活动。日本体育仲裁机构是模仿国际上体育仲裁机构成立的，由日本奥委会、日本体育协会、日本残疾人体育协会出资联合创办，处理的事务是国际比赛运动员的选拔和禁止药物使用等方面出现的纠纷。[5]

2. 国际体育仲裁院的设立与发展

2.1 国际体育仲裁院的设立

1981 年萨马兰奇当选国际奥委会主席后想设立一个专门管辖体育争议的机

〔1〕 参见郭树理：《体育纠纷的多元化救济机制探讨（比较法与国际法的视野）》，法律出版社 2004 年版。

〔2〕 参见赵豫："论世界体育仲裁的发展"，载《中国体育科技》2004 年第 5 期 。

〔3〕 参见董小龙、郭春玲主编：《体育法学》，法律出版社 2013 年版。

〔4〕 参见杨波："日本体育仲裁机构正式成立"，载《中国体育报》2003 年 4 月 8 日。

〔5〕 参见杨波："日本体育仲裁机构正式成立"，载《中国体育报》2003 年 4 月 8 日。

构，后经国际法院的大法官和副院长以及国际奥委会委员凯巴·姆巴依主持的工作组予以讨论并起草名为“国际体育仲裁院”的章程。1983 年在新德里举行的国际奥委第 86 次会议上决定成立国际体育仲裁院（Court of Arbitration for Sport，简称 CAS），并通过了其仲裁规则。1984 年 12 月 17 日萨马兰奇主席在国际体育仲裁院执行院长姆巴依法官等陪同下正式宣布成立国际体育仲裁院，地点设在瑞士洛桑。国际体育仲裁院负责建立仲裁庭，由仲裁庭审理体育仲裁案件。

2.2 国际体育仲裁理事会的设立

1993 年 9 月，在奥林匹克博物馆举行的“国际法律与体育”大会上，出席会议的著名法学专家们提出建立一个新的机构，即由国际体育仲裁理事会取代奥委会对国际体育仲裁院实行财政、行政管理及监督。1994 年 6 月 22 日，国际体育界的领导者和国际奥委会执行理事会经过会谈后签署了巴黎协定，其旨在成立国际体育仲裁理事会（ICAS）以监督国际体育仲裁院的活动以及规定国际体育仲裁院新的组织结构。ICAS 的所在地为瑞士洛桑，由 20 名成员组成，均系资深法律专家。ICAS 职能包括通过及修改《国际体育仲裁委员会与体育仲裁院章程及规则》，从其成员中选择主席和副主席，确定组成 CAS 仲裁员及调解员名单的人选，行使有关回避及撤换仲裁员的职权，负责 CAS 的财务，监督 CAS 仲裁院办公室的活动，建立区域或地方的永久性或临时仲裁机构等。

2.3 国际体育仲裁院分部及临时仲裁机构的设立

1996 年国际体育仲裁理事会在澳大利亚悉尼和美国纽约设立永久性的体育仲裁分部，直接隶属于体育仲裁院办公室。1996 年国际体育仲裁理事会首次在亚特兰大夏季奥运会设立临时仲裁庭，此后，夏季奥运会和冬季奥运会分别在举办期间设立临时仲裁庭。如 2008 年北京奥运会期间国际体育仲裁院设立临时仲裁分院（AHD）。另外，国际体育仲裁理事会也应邀在其他综合性运动会或国际单项比赛成立临时仲裁庭，如 2000 年欧洲锦标赛和 2002 年英联邦运动会。[1]

3. 我国体育仲裁机构设立的基本原则

3.1 民间性原则

民间性原则要求建成后的仲裁机构应当是一个民间组织，而非政府领导下的

〔1〕参见董小龙、郭春玲主编：《体育法学》，法律出版社 2013 年版，第 322 页。

官方或半官方的组织。目前，我国商事仲裁机构设立存在的主要问题是行政化现象极为明显，[1]导致商事仲裁司法化，背离了设立仲裁制度的价值追求。因此，民间性原则是我国建立体育仲裁机构必须坚持的原则，以确保建成后的体育仲裁机构是真正的民间组织。

3.2 独立性原则

独立性原则要求体育仲裁机构与任何行政机关、社会团体、个人和其它体育仲裁机构之间无隶属关系，仲裁庭办理案件时，不受任何机关、社会团体和个人的干涉，也不受仲裁委员会的干涉。确立体育仲裁机构独立性原则是仲裁活动的公正性和仲裁制度价值目标实现的保证，决定着仲裁机构的生死存亡，是体育仲裁制度的核心问题。

3.3 按需设立原则

该原则要求按照社会的实际需要设立体育仲裁机构，换言之，如果某地区体育纠纷数量少且较为简单，可以利用现有的社会纠纷解决机制予以解决，就没有必要在该地设立体育仲裁机构。相反，如果某地区体育纠纷多且复杂，利用现有的社会纠纷解决机制很难解决好，那么就得考虑在该地区设立体育仲裁机构，以专门解决此类纠纷，这样可以有效避免社会资源的浪费。

4. 我国体育仲裁机构设立模式构想

关于我国体育仲裁机构的设立模式，有学者认为，我国只需设立一个全国性的体育仲裁机构，地点在北京即可。如“根据竞技体育纠纷的数量情况和统一仲裁规则的需要，建议目前在我国只设立一个全国性的体育仲裁机构为宜，地点设在首都北京。”[2]“不过，无论如何，体育仲裁院只能有一个，无论是分支机构还是临时机构都是其不可分割的组成部分，这些机构作出的裁决都应当视为中国体育仲裁院的裁决，其法定地点设在北京。”[3]

但是笔者以为，按照商事仲裁机构的组建模式设立我国体育仲裁机构比较理想，首先在各省会市设立体育仲裁机构，受理各省发生的体育纠纷，随着体育的

---

〔1〕 参见谭兵主编：《中国仲裁制度的改革与完善》，人民出版社2005年版，第37页。

〔2〕 董小龙、郭春玲主编：《体育法学》，法律出版社2013年版。

〔3〕 黄世席：《奥运会争议仲裁》，法律出版社2006年版，第236页。

发展、纠纷的增多，确实需要在各地级市设立的，也可以设立。这种模式具有如下优点：一是可以保证各地体育仲裁机构的独立性；二是能够调动各体育仲裁机构的积极性；三是方便争议双方仲裁，确保体育纠纷的快速解决。

5. 我国体育仲裁机构的组织架构设想

5.1 体育仲裁理事会

体育仲裁理事会由地方体育协会、地方律师协会和地方法学会共同出资组建，并分别选派7名体育专家，7名资深律师及7名法学教授任仲裁理事会理事，各理事均为兼职，没有工资报酬，每届任期4年，可连选连任，但是最长任期不得超过2届。体育仲裁理事会为非常设机构。

体育仲裁理事会主要职责有：负责制定仲裁理事会和仲裁院章程、仲裁规则和工作规则；负责筹措仲裁院运行经费和监督仲裁院的经费支出；负责组建体育仲裁院；任命体育仲裁院院长和副院长；分别组建体育专家库、资深律师专家库和法学教授专家库，并分别制定仲裁员名录，供争议双方从仲裁员名录中选择仲裁员等。

体育仲裁理事会设秘书处，秘书处由秘书长1名，副秘书长1名和秘书2名组成。秘书长和副秘书长由理事会从理事中选举产生，秘书长和副秘书长原则上从体育协会、律师协会和法学会推荐的理事中产生。副秘书长协助秘书长工作，秘书从社会公开选聘，为专职人员，协助副秘书长处理理事会的日常工作。秘书处负责召集理事会开会，起草和发布文件、规章制度等，向体育仲裁理事会负责，是其常设机构。

5.2 体育仲裁院

体育仲裁院设院长1名，副院长1名，办事员2名，均从社会中选聘。院长和副院长未必是体育或者法律方面的专家，但一定要是在某个行业有相当声望的、有一定知识的德高望重的长者，负责处理仲裁院的日常事务。

体育仲裁院设立案庭，其中庭长1名，副庭长1名，办事员2名，从社会中选聘，处理仲裁立案事务，如受理仲裁申请、引导争议双方选聘仲裁员、安排开庭时间、收取立案费、整理仲裁案件卷宗等工作。

体育仲裁院设若干仲裁庭，具体审理向仲裁院提起的体育纠纷。仲裁庭不设专职的办事人员，仲裁庭原则上由3名仲裁员随机组成，其中2名仲裁员由争议双方分别从不同的专家库中各选聘1名，另1名仲裁员由仲裁院从第三个专家库中随机抽取。首席仲裁员由争议双方共同从3名仲裁员中推选或者由仲裁院院长从3名仲裁员中指定。

新时代的我国体育纠纷解决制度
——体育纠纷解决“或裁或审”制度的研究

姜　熙[1]

摘　要　新时代中国体育法治建设中一项至关重要的任务就是建立起包括调解、仲裁、诉讼在内的体育纠纷解决体系。文章运用文献资料法、比较法、案例分析法等方法，对《中华人民共和国体育法》（以下简称《体育法》）第 33 条（现为第 32 条）没有落实所造成的当前我国体育纠纷解决困境进行了分析。文章重点对新时代我国体育纠纷解决制度建立的目标、制度安排进行了分析与论证。研究认为，建立一个多元的、开放的、高效的、公正的、尊重各主体选择权的多元化体育纠纷解决体系是新时代我国体育纠纷解决制度建设的目标；在“只审不裁”“只裁不审”“先裁后审”“或裁或审”四种纠纷解决制度安排中，“或裁或审”机制应该成为首选方案。

关键词　新时代　体育法　体育纠纷　体育仲裁　体育法治

在新时代中国特色社会主义法治建设进程中，纠纷解决制度建设是重要事项。纠纷解决的合法性、公正性以及结果的正义性和及时性直接反映了法治水平。[2]体育纠纷解决是新时代体育法治建设的重要内容。1995 年颁布的《体育法》第 33 条（现为第 32 条）规定了竞技体育纠纷由体育仲裁解决，但 20 多年过去了，我国的体育仲裁制度还是没有建立起来。从 2005 年国家体育总局正式提出修改《体育法》的工作任务以来，我国体育纠纷解决制度的建设就成为学

---

[1] 基金项目：①国家社科基金重大项目“中国体育深化改革重大问题的法律研究”（项目编号：16ZDA225）；②国家社科基金项目“国际体育仲裁院仲裁案例研究与裁判要旨通纂（1986－2016）”（项目编号：18BTY07）。作者简介：姜熙（1982～），男，博士，副教授，湖南益阳人，研究方向：体育法学。

[2] “中共中央关于全面推进依法治国若干重大问题的决定”，载人民网，http://politics.people.com.cn/n/2014/1028/c1001－25926121.html，最后访问时间：2018 年 6 月 28 日。

界和业界广为关注的问题。[1]2017 年国家体育总局再次启动了《体育法》修改研究工作，其中关于单独设立体育纠纷解决章节已经基本达成共识。然而，我国到底要建立一个什么样的体育纠纷解决制度，如何进行制度设计特别是如何处理好体育仲裁与诉讼之间的关系等问题需要系统地研究解决。为此，本文将在分析我国体育纠纷解决现状的基础上，对我国体育纠纷解决制度建立的目标、制度安排等重大问题进行分析。

1. 当前我国体育纠纷解决存在的困境
——基于李某与沈阳××足球俱乐部有限公司劳动争议纠纷案的分析

1.1 李某与沈阳××足球俱乐部有限公司劳动争议纠纷案情与法院裁决

2010 年 2 月 1 日，李某与沈阳××足球俱乐部有限公司签订《××足球俱乐部运动员工作合同》，合同约定，李某在沈阳××足球俱乐部有限公司一线足球队从事训练、比赛，合同期限自 2010 年 2 月 1 日至 2013 年 12 月 31 日止。合同期内第一年，李某每月工资为 15 000 元，2011 年度打满 90 分钟赢球是 12 000 元，平球是 6000 元，2012 年度为 11 000 元、5500 元。2013 年 2 月 5 日李某向中国足球协会仲裁委员会提交仲裁申请，中国足球协会仲裁委员会于 2013 年 2 月 25 日出具足仲字（2013）第 2221 号裁决书，该裁决书解除了李某与沈阳××足球俱乐部有限公司之间的工作合同。2013 年 8 月 19 日李某向中国足球协会仲裁委员会提交关于沈阳××足球俱乐部有限公司欠薪一案的仲裁申请，该委以李某所主张的事实已在足仲字（2013）第 2221 号裁决书中审理完毕为由，对于李某的仲裁请求不予受理，同年 10 月 12 日，李某因要求沈阳××足球俱乐部有限公司支付 2011 年度和 2012 年度的赛季奖金，向沈阳市劳动人事争议仲裁委员会申请仲裁，该委于 2013 年 10 月 17 日作出沈劳人仲不字（2013）773 号不予受理通知书，以李某的仲裁申请不属于劳动人事争议仲裁事项作出不予受理的决定。[2]

---

〔1〕 参见姜熙：“《体育法》修改增设‘体育纠纷解决’章节的研究”，载《天津体育学院学报》2015 年第 5 期。

〔2〕 辽宁省沈阳市中级人民法院民事裁定书，2018 年 4 月 23 日。

李某于是诉讼至法院。

一审法院认为，劳动者的合法权益受法律保护。一审法院根据《中华人民共和国劳动合同法》第2条认定，沈阳××足球俱乐部有限公司系企业法人，符合与劳动者建立劳动关系的主体资格。2010年2月1日，双方自愿签订的《××足球俱乐部运动员工作合同》是双方真实意思表示，现双方就工作合同期间发生纠纷，应属于劳动争议纠纷。关于李某要求沈阳××足球俱乐部有限公司支付2011年度和2012年度拖欠的奖金的问题。一审法院判定李某共计应得的奖金为75 666元，应由沈阳××足球俱乐部有限公司支付给李某。沈阳××足球俱乐部有限公司不服一审判决，提起上诉。[1]之后二审法院驳回了沈阳××足球俱乐部有限公司的上诉，维持原判。但沈阳××足球俱乐部有限公司向辽宁省高级人民法院申请再审。辽宁省高级人民法院指令沈阳中级人民法院再审该案。沈阳市中级人民法院另行组成合议庭，在再审过程中，辽宁省沈阳市中级人民法院认为李某与沈阳××足球俱乐部有限公司签订的《××足球俱乐部运动员工作合同》已经约定“发生争议时，由双方协商解决。双方不能协商解决时，可向中国足球协会仲裁委员会申请仲裁，乙方为中国籍运动员时，仲裁委员会的裁决为最终裁决”。在关于管辖权问题上，辽宁省沈阳市中级人民法院认为，李某与沈阳××足球俱乐部有限公司签订的工作合同就争议解决方式明确约定为向中国足球协会仲裁委员会申请仲裁，即双方就争议解决方式达成了仲裁协议，排除了人民法院对争议的管辖权。该协议符合《体育法》第33条（现为第32条）“在竞技体育活动中发生纠纷，由体育仲裁机构负责调解、仲裁”的规定。[2]所以，2018年4月，辽宁省沈阳市中级人民法院就李某与沈阳××足球俱乐部有限公司劳动争议纠纷案进行裁定，李某的起诉不属于人民法院受理民事诉讼的范围，人民法院对该案没有管辖权。

1.2 由李某与沈阳××足球俱乐部有限公司劳动争议纠纷案看中国体育纠纷解决制度的吊诡现状

1.2.1 法律的不完善——评《体育法》第33条（现第32条）

我国1995年颁布的《体育法》第33条（现第32条）规定了“在竞技体育活动中发生纠纷，由体育仲裁机构负责调解、仲裁。体育仲裁机构的设立办法和仲裁范围由国务院另行规定。”[3]根据该条规定，我国体育纠纷解决的途径是体育仲裁。虽然该条规定了体育纠纷由体育仲裁解决，同时也授权国务院出台仲裁

〔1〕 辽宁省沈阳市中级人民法院民事裁定书，2018年4月23日。

〔2〕 辽宁省沈阳市中级人民法院民事裁定书，2018年4月23日。

〔3〕 全国人大常委会：《中华人民共和国体育法》，https://baike.baidu.com/item/中华人民共和国体育法/2054228?fr=aladdin，最后访问时间：2018年6月28日。

机构的设立办法和仲裁范围，但《体育法》从1995年颁布至今已经20多年，国务院至今没有出台具体的办法。而体育纠纷出现后，本文上述的李某与沈阳××足球俱乐部有限公司劳动争议纠纷案中，法院却依据《体育法》第33条（现第32条）排除了自己的管辖权，不受理这类体育纠纷案件。虽然不是全部的法院都作出类似的裁定，但大部分法院都是如此处理的。致使当前体育领域的纠纷主体没有解决纠纷的途径。可以说，这些法院仅仅看到了《体育法》第33条（现第32条）的前半条而完全忽视了《体育法》第33条（现第32条）后半条没有落地执行的事实。

虽然中国足协建立了自己内部的纠纷解决机制，使得足球领域还有这一内部救济途径，但中国的体育协会中也就仅仅中国足协才有内部的纠纷解决机制，其他单项协会的纠纷解决机制基本没有。所以，我国当前的体育纠纷解决基本上处于一个“无法”的状态。《体育法》第33条（现第32条），一方面为体育纠纷解决建立体育仲裁机制提供了法律依据，为体育仲裁制度的建立提供了可能性，但按照当前的实践来看，由于后面条款没有得到落实，反而成了阻碍体育纠纷解决的条款。体育纠纷出现后依法应该通过体育仲裁解决，但没有真正建立体育仲裁制度。如果采用诉讼解决，法院却认为依据《体育法》第33条（现第32条）自己没有管辖权。可见，我国体育纠纷解决就是这样一种吊诡的现状。《体育法》第33条（现第32条）原本为体育纠纷解决提供一套纠纷解决机制的良好愿望不但没有实现，反而成了阻碍纠纷当事人寻求公正救济途径的法律条款。

1.2.2 体育仲裁机构的认定——中国足协仲裁机构并非《体育法》第33条（现第32条）意义上的仲裁机构

在上述李某与沈阳××足球俱乐部有限公司劳动争议纠纷案的法院裁决中，核心的一个问题是管辖权的问题。法院基于《体育法》第33条（现第32条）放弃了自己的管辖权。其依据是案件应该由中国足协的仲裁委员会受理。我们可以理解为审理该案的辽宁省沈阳市中级人民法院已经将中国足协的仲裁委员会视为了《体育法》第33条（现第32条）意义上的体育仲裁机构。但中国足协的仲裁委员会是否是这样的机构我们可以进一步分析。

中国足协的仲裁委员会以往叫“中国足协诉讼委员会”，该委员会在2009年之后就改为了“中国足协仲裁委员会”，相应的《中国足球协会诉讼委员会工作条例》也改为了《中国足球协会仲裁委员会工作规则》[1]。从目前的情况来看，

---

〔1〕 中国足球协会：《中国足球协会仲裁委员会工作规则》，载 http://www.fa.org.cn/ggzl/wjjbgxz/2009-07-22/258071.html，最后访问时间：2018年2月20日。

该仲裁委员会不具有正式法律意义上的体育仲裁机构地位，因为根据《体育法》第33条（现第32条）的规定，“体育仲裁机构的设立办法和仲裁范围由国务院另行规定。”但国务院至今从来没有出台过任何规定，而且《立法法》目前对仲裁是要求立法的。[1]其次，中国足协的仲裁委员会目前在独立性、中立性以及仲裁程序、实体规则、仲裁员选任等诸多方面都受到广泛的质疑。[2]所以，“中国足协仲裁委员会”当前仅仅是一个中国足协内部的争议解决机构，并非是独立的、第三方的，严格仲裁法、体育法意义上的仲裁机构。不能因为其名称里面具有“仲裁”二字就将其视为体育仲裁机构。所以，在李某与沈阳××足球俱乐部有限公司劳动争议纠纷案中，辽宁省沈阳市中级人民法院对中国足协仲裁机构的法律地位的认定是存在巨大问题的。

此外，从法治的角度来讲，行业协会的仲裁不能排除司法管辖。所谓行规怎能大于国法？以体育为例，如果各个全国性的单项协会都设立内部仲裁机构（非独立机构），且排除司法介入，这样就可以阻断内部的纠纷案件采取其他外部程序解决，体育完全成为法外之地。或者其他行业也纷纷效仿体育，也都建立自己的行业仲裁体系，然后强制性规定要走自己的仲裁程序，这还是新时代法治所应出现的局面吗？

2. 我国体育纠纷解决的制度安排

2.1 关于我国是否要建立一个独立的体育纠纷解决体系的问题

多年来，学界和业界都倡导建立一个独立的体育纠纷解决体系，这是因为学界、业界已经看到了并意识到了体育仲裁解决体育纠纷的诸多优势。这也是为什么1995年《体育法》第33条（现第32条）存在的原因。当时的立法思路就是为建立独立的体育纠纷解决体系留下法律依据。之后，1996年苏明忠教授《国际体育仲裁制度评介》一文发表。[3]同年，汤卫东教授对我国体育仲裁法律制度进行

---

〔1〕 全国人大：《全国人民代表大会关于修改〈中华人民共和国立法法〉的决定》，http://www.npc.gov.cn/npc/xinwen/2015-03/18/content_1930129.htm，最后访问时间：2018年6月28日。

〔2〕 参见姜熙：“《体育法》修改增设‘体育纠纷解决’章节的研究”，载《天津体育学院学报》2015年第5期。

〔3〕 参见苏明忠：“国际体育仲裁制度评介”，载《中外法学》1996年第6期。

了研究。[1][2]2002 年开始，于善旭、郭树理、黄世席等知名学者开始介入到体育仲裁研究中，我国的体育仲裁研究开始迅速发展。[3]正是从 2002 年开始我国体育仲裁的研究成果增多，尤其自 2006 年开始学术产出显著性增加，2008 年达到一个顶峰。[4]这与 2006 年《国务院立法工作计划》关于起草《体育仲裁条例》的要求有关，同时由于学术界围绕北京奥运会体育纠纷解决以及如何利用北京奥运会建立我国体育纠纷解决机制进行了大量的研究，所以这段时间体育仲裁研究成果达到顶峰。经历了这样的一段研究历程，特别是对国际体育仲裁院体育纠纷解决体系进行的大量研究，使得学界进一步就建立独立的体育纠纷解决体系达成了共识。

建立独立的体育纠纷解决体系的立足点主要是体育纠纷的特殊性，这种特殊性一方面表现为体育领域纠纷解决具有专业性的要求，另一方面主要表现为体育纠纷一般都需要更为快速的解决。此外，体育的全球化程度很高，纠纷的主体多样化且具有跨国性。正是基于这些特殊性，国际体育仲裁院（以下简称 CAS）开始建立和发展。CAS 的发展起到了良好的示范作用，尤其是 CAS 奥运会临时仲裁更是给各国的体育纠纷带来了不小的影响，也使得各国对体育纠纷解决的特殊性有了很好的认识。国际足联（FIFA）、世界反兴奋剂机构（WADA）等国际机构、国际性单项协会等与 CAS 的合作进一步助推了国际体育仲裁的发展。体育纠纷解决体系逐步形成了一个单独的体系。一些国家纷纷开始通过正式的国家立法来建立自己国家的体育纠纷解决体系，具体如表 1 所示。

表 1 相关国家体育法中的体育纠纷章节或条款

国家、法律	内容
加拿大《身体活动与体育法》	加拿大体育纠纷解决中心
西班牙《体育法》	第十三章为体育仲裁章节
肯尼亚《体育法》	第七部分为体育纠纷法庭的专门部分
马来西亚《体育发展法》	第 23 条至第 24 条（内部争端解决程序）
南非《国家体育与娱乐法》	第 13 条（争议解决）
法国《身体活动与体育组织和促进法》	第 19 条
日本《体育基本法》	第 5 条、第 15 条

---

〔1〕 汤卫东编著：《体育法学》，南京师范大学出版社 2000 年版，第 265～283 页。

〔2〕 黄世席：《奥运会争议仲裁》，法律出版社 2006 年版，第 29～44 页。

〔3〕 ［英］布莱克肖：《体育纠纷的调解解决：国内与国际的视野》，郭树理译，中国检察出版社 2005 年版。

〔4〕 参见王克阳等："中国体育仲裁研究热点与前沿解析——基于科学知识图谱的方法"，载《体育学刊》2016 年第 5 期。

纵观各国立法，如果把体育纠纷单独列出来建立一套单独的机制，其基本都有一套十分系统的规则和严格的程序。如2003年修订的加拿大《身体锻炼与竞技运动法》几乎整部法都是围绕加拿大体育纠纷解决中心来规定。肯尼亚《体育法》有整章的体育纠纷法庭的规定。所以，单独的体育纠纷解决体系在满足体育纠纷解决特殊性要求的同时并没有降低其法治的水准，有些国家的体育纠纷解决机构或体育法庭的程序规则、实体规则都不逊色于一般的法院或法庭，在纠纷解决人员的选拔上也不亚于法院法官的遴选。这就保证了这套体育纠纷解决体系能够维护体育领域的公平正义，保障纠纷当事人的正当权益。所以，建立一套独立的体育纠纷解决体系已经成为很多国家的做法，也成为我国体育纠纷解决制度建立的一个重要选择。

2.2 关于商事仲裁、劳动仲裁和体育仲裁的问题

关于仲裁，目前我国有两种仲裁体系，一种是《中华人民共和国仲裁法》（以下简称《仲裁法》）确立的商事仲裁，一种是《中华人民共和国劳动争议调解仲裁法》确立起来的劳动仲裁体系。那么，两者与体育纠纷解决存在什么样的关系或者能为体育纠纷解决提供可能的途径吗？首先我国1995年9月1日起施行了《仲裁法》，但我国《仲裁法》并没有就体育仲裁做出相关的规定，且《仲裁法》第1条就明确了该法中仲裁所解决的纠纷是“经济纠纷”。[1]而体育纠纷中虽然一部分纠纷可以被视为经济纠纷，但很大一部分纠纷则是参赛资格、纪律处罚、兴奋剂问题等方面的纠纷，纠纷范围与《仲裁法》涉及的经济纠纷范围存在很多不重合的地方，许多纠纷都属于非经济性的。还有大量的纠纷虽然有“经济纠纷”的成分，又涉及其他许多体育事项，所以，很难清楚地明确这类纠纷的属性。其次，《仲裁法》总则第2条明确规定了可以申请仲裁的是“平等主体的公民、法人和其他组织之间发生的合同纠纷和其他财产权益纠纷”。而体育纠纷的主体大部分情况下都不是对等的，体育纠纷大部分是发生在个人与体育组织、体育协会、体育机构、俱乐部等之间。所以，按照《仲裁法》，除了体育领域的纯经济纠纷外，很多体育纠纷属于不可仲裁的范围。更何况，体育纠纷中除了标的金额较大的体育商业类和球员合同类纠纷对于商事仲裁机构而言较为感兴趣外，其他诸如纪律处罚纠纷、参赛资格纠纷等的仲裁不能为仲裁机构带来多大的收益，反而商事仲裁机构需要花费成本建立专业的体育仲裁团队，所以商事仲裁机构对这类纠纷的解决和仲裁业务受理也缺乏主观能动性。故难以通过《仲裁法》的商事仲裁来解决体育仲裁的问题。

---

〔1〕《中华人民共和国仲裁法》，中国人大网，http://www.npc.gov.cn/npc/xinwen/2017-09/12/content_2028692.htm，最后访问时间：2018年6月28日。

再分析劳动仲裁，劳动仲裁是指由劳动争议仲裁委员会对当事人申请仲裁的劳动争议居中公断与裁决。[1]在我国，劳动仲裁是劳动争议当事人向人民法院提起诉讼的必经程序。也就是说，我国解决劳动争议的一大特点是"先裁后审"，法院基本只受理对劳动裁决不服的劳动争议案件。由此，仲裁成了劳动争议处理的必经程序。在当前我国体育纠纷缺少解决途径的背景下，体育领域的劳动纠纷是否适合用劳动仲裁也是值得思考的。在上述的李某与沈阳××足球俱乐部有限公司劳动争议纠纷案中，李某最先是向沈阳市劳动人事争议仲裁委员会申请仲裁，该委以李某的仲裁申请不属于劳动人事争议仲裁事项为由作出不予受理的决定。但笔者发现，并非是所有的体育类劳动争议纠纷劳动仲裁委都不受理，比如重庆市江北区劳动争议仲裁委员会就受理过谢晖与重庆力帆俱乐部的劳动争议申诉。[2]但是问题的关键并非是劳动仲裁是否受理的问题，而是劳动仲裁"先裁后审"的程序对于体育纠纷当事人尤其是运动员而言成本太高，主要是时间成本和机会成本。所以，劳动仲裁也不适于体育纠纷的解决。通过以上对商事仲裁和劳动仲裁的分析可见，这两种途径都难以适用于体育纠纷的解决。建立独立的体育纠纷解决制度仍然是实现我国体育纠纷解决法治化的主要路径。

2.3 我国体育纠纷解决制度建设的目标问题

既然已经明确了要建立独立的体育纠纷解决制度，那么建立一套怎样的体育纠纷解决制度就是一个十分重要的问题。对于我国体育纠纷解决机制的建构，许多学者都进行过探讨，建立包括调解、仲裁在内的多元化的纠纷解决体系是学界的基本共识。基于体育纠纷解决的特殊性，调解和仲裁成为最被推崇的方式，从CAS的实践可以证明这一点，尤其是体育仲裁，已经成为体育领域纠纷解决最重要的一种方式。与此同时，调解也被视为体育纠纷解决越来越重要的方式，并与仲裁程序的配合越来越密切。CAS近年来对调解程序也越来越重视。所以，我国建立体育纠纷解决体系的目标应该是建立一个符合我国国情且与国际接轨的开放的、多元的体育纠纷解决制度。一方面，这个体育纠纷解决制度要具有开放性。这是十分重要的一点，体育领域的纠纷解决要是开放性的，不能使体育领域成为一个独立的法律王国或者一个法外之地。体育纠纷解决不能与国家司法隔绝，要接受司法监督和司法审查，体育纠纷解决更不能排除国家法院的管辖。另一方面，体育纠纷解决制度的开放性还体现在对纠纷当事人而言的灵活性和可选择性。一般而言，纠纷解决方式可以分为诉讼和非诉讼两大类。调解、仲裁都是属

---

〔1〕《中华人民共和国劳动争议调解仲裁法》，载中央政府门户网站，http://www.gov.cn/flfg/2007-12/29/content_847310.htm，最后访问时间：2018年6月28日。

〔2〕参见莫石："维权斗争超现实结尾，谢晖重庆力帆70万私了"，载《体坛周报》2004年9月1日。

于非诉讼解决机制，也被称为替代性纠纷解决机制。当然，仲裁只是非诉讼纠纷解决机制中最普遍的方式之一。非诉讼纠纷解决机制还有诸如“专家认定”“微型审判”“中立性评估”等。[1]但这类替代性纠纷解决机制的前提都是基于纠纷当事人的意思自治或者双方合意。《体育法》第33条（现第32条）就是排除了体育纠纷采用诉讼解决的途径，体育纠纷解决由体育仲裁机构强制管辖，中国足协纠纷管辖也是一样，通过足协章程来强制管辖体育纠纷。这样的制度安排很容易导致体育成为一个独立的孤岛，完全与一般社会领域的法治隔离开来，不利于体育法治的发展。所以，体育纠纷解决制度要具有开放性。此外，体育纠纷解决制度要具有多元性，这里的多元就是纠纷解决的方式是多元的，要包含调解、仲裁、诉讼甚至还可以采取“中立性评估”等一些适合于体育纠纷解决的途径，但前提是要把选择的权利交给纠纷当事人。不能通过法律来强制性地规定体育纠纷只能通过特定的纠纷解决程序解决。

2.4 我国体育纠纷解决的制度设计问题——“只审不裁”“只裁不审”“先裁后审”“或裁或审”?

对于我国体育纠纷解决制度的构建，理论上可以有四种设计方案，即“只审不裁”“只裁不审”“先裁后审”“或裁或审”。

第一种方案是“只审不裁”，也就是体育纠纷解决全部通过法院的诉讼来处理，不设立体育仲裁等其他非诉讼机制。对于那些没有建立体育仲裁机构的国家而言，他们的体育纠纷解决主要还是通过法院的诉讼来解决。但从当前的实践层面看，这种制度安排不符合国际国内体育纠纷解决的发展趋势。对于我国而言，体育纠纷全部通过法院诉讼处理也不现实，一方面加大了法院的受案量，另一方面，体育纠纷由法院冗长的审理过程处理所产生的时间成本、机会成本几乎是体育纠纷主体尤其是运动员所无法承受的。再者，体育纠纷解决往往需要较强的专业性，这对审理案件的法院和法官提出了较大的挑战。所以，从实践层面和国际发展趋势来看，“只审不裁”的方案难以适应我国体育纠纷解决的需要。

第二种方案是“只裁不审”，也就是体育纠纷只能通过体育仲裁程序解决，排除法院的管辖权，这也是《体育法》第33条（现第32条）所包含的方案。这一方案主要是基于体育纠纷的特殊性，强制性要求体育纠纷通过体育仲裁途径解决。存在的缺点是容易使得体育领域成为一个封闭的领域，成为一个法外之地，以法定的形式剥夺了体育纠纷当事人的选择权，而且这种制度安排直接剥夺了纠纷主体的诉权，不符合法治的精神。此外，国际体育领域包括奥运会期间的

[1] 范愉：《非诉讼纠纷解决机制研究》，中国人民大学出版社2000年版。

强制性仲裁之所以能够存在是因为国际层面没有一个更为权威的司法机构，没有一个体育的国际法院。而对于国家法院而言，由于文化传统、法律制度等的多样性，不可能为国际性、跨国性的体育纠纷提供公正裁决，所以强制性仲裁得以成为可能。但是，作为一个国家的内部体育法治系统，一刀切地规定体育纠纷一定要强制性地走体育仲裁程序则不符合法治精神。即使是实践较为成熟的商事仲裁领域，仲裁也只是当事方约定了才有效的途径，并没有强制性要求一定要仲裁而完全排除司法救济途径。所以，“只裁不审”这种方案是值得再讨论的。

第三种方案是“先裁后审”，这种方式是在体育纠纷出现后先进行“体育仲裁”，当事人对体育仲裁结果不服后再提交法院进行诉讼。这种制度安排是我国目前劳动纠纷解决方式具有的特征。由于“先裁后审”把仲裁作为一种诉讼的前置程序，进一步拉长了纠纷解决的进程，延长了纠纷解决的时间，增加了当事人的诉累，时间成本和机会成本进一步增加，所以，“先裁后审”的方案也不符合体育纠纷解决的需求。

第四种方案是“或裁或审”，即体育纠纷出现后要么选择体育仲裁，要么选择法院诉讼，都是一局终裁。国家通过立法建立起包括体育调解、体育仲裁在内的非诉讼纠纷解决机制，同时鼓励纠纷主体采取非诉讼纠纷解决机制，但不排除法院对体育纠纷的管辖权，法律上不强制性地规定体育纠纷必须采取何种方式解决。选择哪种纠纷解决的权利交给了纠纷当事人，这样既保证了纠纷当事人的选择权，也保证了纠纷当事人的诉权。所以，“或裁或审”机制适应于我国体育纠纷解决的特殊性，同时符合法治精神。

3. 我国建立“或裁或审”体育纠纷解决制度的论证

以上“只审不裁”、“只裁不审”、“先裁后审”和“或裁或审”四种方案的核心问题其实是如何处理体育仲裁与诉讼的关系问题。当前对于体育纠纷解决机制的确立思路主要的分歧也是在于如何处理仲裁与诉讼的关系问题。而“或裁或审”的制度安排能够很好地在不违背法治精神的前提下解决好体育仲裁与诉讼的关系。

3.1 建立“或裁或审”机制的法理依据

3.1.1 从仲裁的本质属性看“或裁或审”机制

对于“仲裁”是什么的问题，学界和业界基本存在普遍的共识。虽然在表述上会有一定的偏差，但基本上都认为仲裁是且仅是当事人合意将争议提交给由双方选择的，或为双方指定的非政府裁决机构，并由其遵循中立的给予任一方陈述案情机会的审裁程序，做出具有约束力的裁决的程序。[1]从这个界定我们可以总结出仲裁的一个核心要件是“合意解决争议的方式”，当事人“合意”是一个核心的要素，也即是意思自治，意味着仲裁是一个基于当事人约定或协议的合意性程序。1958年的《承认及执行外国仲裁裁决公约》第2条仅适用于“当事人依据协议而承认交付仲裁”。[2]而《贸易法委员会国际商事仲裁示范法》第8条则仅适用于“当事人同意将其间的一切争议或特定争议交付仲裁的协议”。同样地，各国法院一致认为“仲裁是完全依赖于当事人的意愿而存在的产物”，并且“仲裁具有合同属性，未经双方当事人同意，不能强求其将争议交付仲裁”。[3]

可见，从“仲裁”的本质来看，首先就是要尊重当事人的意思自治，而在“或裁或审”机制下，当事人可以在双方合意的前提下将纠纷提交给体育仲裁机构来解决，这尊重了当事人的意愿。如果依据《体育法》第33条（现第32条）直接规定体育纠纷由体育仲裁解决，就可能存在体育纠纷当事人在没有合意的情况下就被法定强制去进行体育仲裁的情况，这不符合仲裁所具有的本质属性。

3.1.2 强制规定体育纠纷仲裁管辖权存在巨大的法治风险

《体育法》第33条（现第32条）直接规定了体育纠纷由体育仲裁解决，这是法定了体育仲裁机构对体育纠纷的强制管辖权。除了《体育法》第33条（现第32条）以外，体育协会的体育纠纷管辖权主要来源于协会章程。以中国足协为例，中国足协章程中就有关于纠纷管辖的规定。而运动员要注册、参赛都要遵守足协的章程，这种情况被视为是运动员与中国足协达成的契约，这种契约是体育协会对纠纷拥有强制性管辖权的主要依据。但这种契约是否具有合法性是值得思考的。可以说，这种契约的达成是否是双方意思表示真实有效，不是被胁迫，这是值得推敲的。因为目前我国都是单一协会的制度，协会具有垄断地位，全国仅此一家，协会的联赛可以说是反垄断法下的“关键设施”。[4]所以，协会与运动员之间就纠纷解决达成的契约是否是运动员的真实意思表示，运动员是否是被迫达成契约的是值得推敲的，毕竟协会具有垄断地位。

以上分析的合理性暂且不提，但强制规定体育纠纷仲裁管辖权存在巨大的法

---

[1] [美] 加里·B·博恩：《国际仲裁法律与实践》，白麟等译，商务印书馆2015年版，第6~7页。

[2] 《承认及执行外国仲裁裁决公约》，载中国人大网，http://www.npc.gov.cn/wxzl/gongbao/2000-12/26/content_5001875.htm，最后访问时间：2018年6月28日。

[3] 联合国国际贸易法委员会：“《贸易法委员会国际商事仲裁示范法》”，http://www.uncitral.org/uncitral/zh/uncitral_texts/arbitration/1985Model_arbitration.html，最后访问时间：2018年6月28日。

[4] 参见姜熙：“职业体育联盟运动员流动限制的反垄断思考”，载《体育科学》2012年第7期。

治风险是值得警惕的。从一个国家的法治角度来讲，一切行业的法律，包括体育行业的《体育法》，都不能通过法律条款来规定本行业的纠纷只能通过本行业的某个特定的非诉讼机制（包括仲裁）来解决。一方面，这样的做法直接排除了行业内各主体的诉权。另一方面，这样的做法直接导致了行规大于国法的情况，行业的一部法和行业协会的章程就能直接排除国家司法的管辖权，阻断行业内部的纠纷案件采取外部的国家司法程序解决，使得这一行业完全成为一个法外之地。如果各行业纷纷效仿，国家司法体系岂不形同虚设。

可见，我们既要基于体育特殊性来建立符合体育纠纷解决的体育仲裁机制，同时又要符合国家法治的要求，那么要解决这些问题，体育纠纷解决的“或裁或审”机制是最好的选择。这一机制既尊重了当事人的意思自治，同时又能够为纠纷当事人提供高效的纠纷解决途径，还避免了强制规定体育纠纷仲裁管辖权不符合法治精神的弊端。

3.1.3 从诉权保护来看“或裁或审”

《体育法》第33条（现第32条）的规定以及本文中李某与沈阳××足球俱乐部有限公司劳动争议纠纷案中的法院直接排除了纠纷当事人通过诉讼解决体育纠纷的权利，也就是直接排除了纠纷当事人的诉权。诉权是民事主体享有的在其民事权益受到侵犯或者与他人发生民事争执时，请求国家司法机关作出正确裁判，以保证民事权利义务得以实现的权利。诉权是宪法中的权利，无论是否进行诉讼，公民都享有诉权。诉权是宪法、人民法院组织法以及依据宪法制定的民法、经济法、民事诉讼法赋予的。如《中华人民共和国人民法院组织法》（2006年修正）第3条（现第2条第2款）规定：“人民法院的任务是审判刑事案件和民事案件，并且通过审判活动……解决民事纠纷……保护公民私人所有的合法财产，保护公民的人身权利、民主权利和其他权利……”。[1]审判民事案件，解决民事纠纷，是人民法院的任务。民事主体在其民事权利受到侵犯或者与他人发生民事权益争执时，就可以依据上述规定，请求人民法院给予司法保护，即享有诉权。而民法、经济法则又具体规定了民事主体在其民事权利受到侵犯或者与他人发生争执时，享有诉权的范围和行使。可见，诉权绝不仅仅是民事诉讼法所赋予的，它是民事主体的一种宪法性权利。从民事权利受到侵犯或者与他人发生民事权益争执时起，民事主体就享有诉权，即有权请求国家司法机关作出正确裁判，以保证民事权利义务得以实现的权利。“或裁或审”的体育纠纷解决机制充分尊重了纠纷当事人的诉权，当事人可以自由选择是通过体育仲裁还是通过法院起诉

〔1〕《中华人民共和国人民法院组织法》，载中国人大网，http://www.npc.gov.cn/npc/lfzt/rlyw/2017-08/29/content_2027481.htm，最后访问时间：2018年6月28日。

来解决纠纷。

3.2 从仲裁的优势和纠纷当事人理性抉择来看“或裁或审”制度

第一，体育仲裁可以为体育纠纷当事人提供一个中立的平台解决争议，从而使当事人与其各自的利益相关方分离开来。独立的体育仲裁机构不会偏向任何一方，能够保证纠纷裁决的公正性。

第二，体育仲裁能够提供比一般法院更为专业的裁决。体育纠纷通常具有较强的专业性，因为体育领域相对于其他领域存在广泛的特殊性。较一般法院而言，体育仲裁机构的仲裁员一般都是对体育行业特殊性和体育纠纷具有较深理解的专业仲裁员，可以为体育纠纷当事人提供更为专业的纠纷解决服务。面对体育领域的诸多特殊性，体育仲裁机构和体育仲裁员更善于处理这些具有特殊性的纠纷。

第三，体育仲裁在成本和效率方面的优势较诉讼更为明显。与诉讼相比，仲裁是一个成本更低、纠纷解决进程更快捷的争议解决方式。体育仲裁在成本和效率上的优势是有目共睹的。比如 CAS 提供的奥运会仲裁是 24 小时要做出裁决。体育仲裁对体育纠纷当事人的纠纷解决成本优势主要体现在时间成本、机会成本上。相对于冗长的法院诉讼，体育仲裁在保证公正性、专业性的同时，可以为纠纷当事人节约更多的时间和机会成本。

第四，体育仲裁在保密性或者私密性方面较法院诉讼更有优势。对于多数国家的法院而言，案件信息并不是保密的。而体育仲裁可以基于当事人的意愿来决定是否公开案件，这比法院的诉讼要私密得多。仲裁庭审基本上不对媒体和公众公开，在实践中当事人的陈述意见和仲裁庭的裁决也通常进行保密，即使公开也需要当事人的同意。可以说保密性降低当事人争议进一步扩大的风险，降低争议的附带损害，并使当事人得以专注于友好、务实地解决其争议。

当然，除了以上这些优势外，体育仲裁的裁决结果执行性也可以得到像法院诉讼一样的效果。所以，即使我们建立的是“或裁或审”机制，体育纠纷当事人考虑到体育仲裁所具有的诸多优势，基于理性也会选择体育仲裁。

结语

1995 年《体育法》颁布至今已经 23 年，遗憾的是《体育法》第 33 条（现第 32 条）不但没有得以落实，反而成了阻碍纠纷当事人寻求公正救济途径的法律条款，形成了当前大部分体育纠纷法院不受理，同时又没有体育仲裁机构解决的吊诡现状。进入新时代后，体育纠纷解决制度的建立成为新时代我国体育法治建设中一项至关重要的任务。就我国而言，建立包括调解、仲裁、诉讼在内的多元化的、开放性的纠纷解决体系是我国体育纠纷解决制度建设的主要目标。在"只审不裁""只裁不审""先裁后审""或裁或审"四种纠纷解决制度安排中，"或裁或审"机制应该成为首选方案。在"或裁或审"的制度安排中，体育调解和仲裁是体育纠纷解决可选择的途径，且是国家鼓励采用的体育纠纷解决途径，但不是唯一的、强制性的纠纷解决途径。"或裁或审"制度既保护了体育纠纷当事人的诉权、纠纷解决选择权，又不会增加纠纷当事人的诉累，同时还是符合法治精神的制度安排。此外，从目前国际层面和相关国家的实践来看，考虑到体育仲裁的诸多优势，体育纠纷当事方基于理性都会选择体育仲裁来解决纠纷，所以我们并不需要担心"或裁或审"会急剧增加法院受理案件的数量。总而言之，新时代的中国体育纠纷解决制度应该是一套开放的、高效的、公正的、尊重各主体选择权的多元化体育纠纷解决体系，这是代表新时代中国体育法治水准的重要内容。

国际体育仲裁院上诉仲裁管辖权强制性之反思

张于杰圣[1]

摘　要　由于现代社会法治的快速发展与进步，公众对于公平正义和公民权利的认识程度大幅度提升，因而CAS上诉仲裁管辖权的强制性越来越成为其未来发展的重要制约因素。同时，通过对其的反思以及我国客观实际限制的思考，CAS上诉仲裁管辖权强制性与我国国情并不相称。另外，从我国国家利益出发，去除“强制性”也是我国未来体育仲裁得以发展壮大的基本前提。因此，CAS上诉仲裁管辖权强制性具有相当的非正当性因素，并日渐成为整个国际体育仲裁领域公正性的阻碍。

关键词　体育仲裁　国际体育仲裁院　强制性　合宪性　举国体制

自1984年，时任国际奥林匹克委员会主席胡安·安东尼奥·萨马兰奇成立国际体育仲裁院（Court of Arbitration for Sport，简称CAS）以来，CAS经过近40年的发展壮大，不仅充分实现设立时国际奥委会所预想的目标，即“建立一个能够快速、有效、廉价和有约束力的解决体育争端之机构”，[2]更加成为国际体育仲裁领域，乃至整个国际体育争议解决领域中最具权威性与影响力，最为公认的具有极高公信力和公正性的体育争议解决机构或者仲裁机构。换言之，CAS对于体育争议解决的意义已经深入人心，其地位和受信任程度不可撼动。但是，CAS仍旧存在着公正性与独立性上的缺陷与瑕疵，在很大程度上制约着其进一步发展与提升公众的信任度。其中最备受争议的是CAS通过强制体育仲裁协议而获得的上诉仲裁的强制性管辖权。尽管CAS的上诉仲裁管辖权的强制性是CAS仲裁效率与约束力的保证，是CAS能够发展壮大的重要基础，但不可否认的是，这

---

[1] 作者简介：张于杰圣，中国政法大学法学院2018级宪法学与行政法学专业体育法学方向博士研究生。

[2] Ian S. Blackshaw, *Sport, Mediation and Arbitration*, T. M. C Asser Press, 2009, p. 151.

种强制性先天所具有的不正当性因素在当今越来越追求正义与公正的社会，也愈发制约 CAS 与国际体育仲裁的发展。

1. CAS 上诉仲裁管辖权强制性的非正当性因素

“仲裁是纠纷当事人根据他们之间达成的仲裁协议，将争议提交给第三方的仲裁员组成的仲裁庭进行裁决，并接受该裁决约束的一种争端解决方法”。[1]任何强制性的存在都会与仲裁本身相冲突，因其无论出于何种理由，都会违背仲裁合意的基本精神。因而争议 CAS 上诉仲裁管辖权强制性的学者们的理由几乎都集中于强制性本身。而事实上，强制性本身即为仲裁的一部分，其本质上仍是中立性的，且不会对当事人的合法权益产生实际影响。首先，因为强制性无处不在。一个正常健康的成熟社会应当是有序的，受到法律秩序约束的社会。生活在这样一个安定的、秩序的社会必然会受到来自法律强制性的约束与要求，同时也正是这种强制性保障着社会中任何人的合法权益不受侵害。其次，仲裁本身具有强制性。仲裁是一种私力救济方式，是与司法救济这种典型公力救济方式相平行、地位平等的当事人合法权益受损时的救济途径。一旦当事人选择以仲裁的方式解决争议，意味着在同一案件事实下将强制性地排除司法救济，即一裁终决。而仲裁的这种强制性也是其能够与其他救济方式并驾齐驱的资本与基础。因而，强制性所产生的问题并不在于强制性本身，而是在于强制性的来源与影响其中立性的因素。如果强制性的来源或者存在是基于非正当性、不合理性、不合法性的因素，这种强制性会异化为一种强迫性，导致 CAS 上诉仲裁管辖权开始有悖于仲裁的基本精神，偏离仲裁的正常轨道，从而备受质疑。因此，对于 CAS 上诉仲裁管辖权强制性的争议不应过多地着眼于强制性本身，而应着眼于强制性的产生与影响其中立性的因素之上。

1.1 上诉仲裁当事人诉讼能力的不对等性

与普通的国际体育仲裁相比较，CAS 上诉仲裁所能管辖的体育争议是极为有限的。根据国际体育仲裁院的《体育仲裁规则》第 R47 条的相关规定，上诉仲裁能够处理的体育争议必须是当事人在这之前已经穷尽体育联合会、体育协会或

---

〔1〕 参见石俭平：“国际体育仲裁与国际商事仲裁之界分——以 CAS 体育仲裁为中心”，载《体育科研》2012 年第 5 期。

体育组织的类似机构的章程或条例规定的所有可用的内部救济。符合用尽内部救济标准，而上诉到 CAS 进行仲裁的主要是具有纪律性质的体育争议，“通常是因体育协会或联合会就纪律性问题所作的最终裁决而产生，”[1]例如，禁赛争议，兴奋剂争议，参赛资格争议等，也即意味着上诉仲裁当事人在仲裁中的诉讼能力具有严重的不对等性。

其不对等性主要体现在两方面：第一，当事人的地位不平等。能够具有纪律性质的体育争议必然发生在体育组织与成员或会员之间，两者是一种纵向的法律关系。同时，纪律问题应当属于体育组织对其成员或会员的管理事项，即相关的体育争议在内容上是一种管理与被管理之间的争议，当事人之间必然处于一种不平等的地位之上。第二，当事人在仲裁中力量的不对等性。由于上诉仲裁当事人无论在地位上，还是争议内容上先天处于不平等的地位，当事人在仲裁时能够拥有的资源无法对等，动用的力量更是无法等量齐观，事实上使得一方当事人（即体育组织的成员或会员）处于绝对弱势的地位，在实质上导致仲裁当事人之间的诉讼能力有着巨大的沟壑。

仲裁最主要的特征并非是结果的公平性与公正性，而是仲裁的中立性。仲裁是私力救济最主要的形式之一，需要遵从最为严格的当事人主义，即仲裁庭仅能依据当事人所提供的证据、事实、理由等进行仲裁。换言之，在仲裁绝对中立的要求之下，“一裁终局”能够不显失公平的前提是需要仲裁当事人拥有平衡的、可对抗性的力量。否则，即使程序正义被坚持，但在实体正义上，仲裁排除司法救济的强制性将使仲裁沦为强者攫取利益的工具。但是，这并不代表是对力量不对等主体之间争议可仲裁性的否认。中国的劳动争议仲裁即为很好的范例。用工单位与劳动者之间的劳动关系争议也是一种纵向的法律关系、管理与被管理之间的争议。争议之间的当事人的力量对比更为悬殊，因而在制度设计时，便打破了仲裁“一裁终局”的传统强制性特征，而特别设计了仲裁前置的司法救济模式，目的即在于避免由于双方当事人不对等的力量可能造成的显失公平的裁决结果。

而 CAS 上诉仲裁当事人的不对等性使其在仲裁中的力量对比并不均衡，无法形成有效的对抗，仲裁结果实体的公正性与公平性自然难以保证。换言之，CAS 上诉仲裁管辖权的强制性完全排除司法救济，仲裁当事人悬殊的力量对比由此被固定，从而使得在客观上，仲裁的中立性不复存在。因此，基于上诉仲裁当事人的不对等性，CAS 上诉仲裁管辖权的强制性在事实上已无法体现中立性因素，继而失去实体正当的立场。

---

〔1〕 参见黄世席：“国际体育仲裁院上诉仲裁制度浅析”，载《社会科学》2005 年第 6 期。

1.2 CAS 的垄断性地位

自国际奥委会建立国际体育仲裁院开始，CAS 不只是推动整个国际社会体育仲裁事业的快速发展，更重要的是不断扩充自身的实力与国际影响，最终成为国际体育仲裁的标志。一方面，“在垄断体制下，作为强势垄断者的奥运会主办方排他性地通过格式化仲裁条款指定 CAS 作为仲裁服务提供者，并以此作为参与奥运会的先决条件，这就构成了一种准行业垄断。”[1]另一方面，自从国际足联以及国际田联接受 CAS 作为唯一上诉仲裁机构后，世界范围内近乎所有的体育联合会、体育协会或者体育组织都接受了 CAS 上诉仲裁管辖权，进一步加强了 CAS 的国际体育仲裁的垄断地位，并且在上诉体育仲裁方面形成了完全垄断，成为唯一的上诉体育仲裁提供者。据此，CAS 上诉仲裁管辖权的强制性客观上使得 CAS 拥有了自然垄断上诉体育仲裁的地位，但同时，这种垄断性也构成 CAS 上诉仲裁管辖权强制性最主要的非正当性因素，主要体现在两个方面。

1.2.1 不真实的仲裁合意

仲裁强制性的正当性来源是基于仲裁当事人有效的仲裁合意，即当事人选择仲裁解决争议的真实意思表示，主要有两层选择。第一层，是对选择仲裁，还是司法救济抑或是选择其他救济方式的意思表示。第二层，是对众多仲裁机构或仲裁地选择的意思表示。只有这两层意思表示都是由当事人自身且真实做出的，相应仲裁合意才视为有效。而各体育组织将 CAS 作为唯一上诉仲裁管辖机构列为格式条款，使得 CAS 的上诉仲裁管辖权由排他性升级为独占性，实际是剥夺另一方仲裁当事人选择司法救济的权利，而公民获得司法救济的权利在大部分国家都是被宪法所捍卫的公民基本权利，因此除非公民有非常明确的意思表示放弃这一权利，否则任何组织和个人都不得排斥或禁止公民向司法机关寻求司法救济。同时，CAS 作为唯一的上诉体育仲裁机构，没有任何竞争对手，当事人除却 CAS 之外，没有任何机构可以作为其上诉体育仲裁机构的替代选择，使得当事人任何选择性的意思表示都已无任何实际意义。因此，CAS 对上诉体育仲裁的完全垄断使得仲裁当事人无法达成真实有效的仲裁合意，CAS 上诉仲裁管辖权的强制性自然失去其正当性的基础。

1.2.2 “国际体育法庭”的存在

CAS 对于上诉体育仲裁拥有的完全垄断地位使其上诉仲裁管辖权异化为一种准司法权限的存在，成为“国际奥委会体育帝国”中的“体育争议最高上诉法庭”，其裁决所拥有的约束力与排他性已经远远超越普通仲裁结果的效力，甚至

---

〔1〕 张春良：“强制性体育仲裁协议的合法性论证——CAS 仲裁条款的效力考察兼及对中国的启示”，载《体育与科学》2011 年第 2 期。

可以媲美司法裁决的强制约束力。

同时，CAS 的垄断性使得其成为体育争议当事人最终解决争议的唯一途径，事实上在向当事人施加一种被动性的强制力与约束力，而基于争议解决的被动性的强制约束力通常只会在一国国内司法管辖权中体现。同时，原体育仲裁裁决效力可以排除国内的司法管辖，却要受到来自 CAS 上诉仲裁管辖权的限制。由此，CAS 上诉仲裁裁决的效力实际已经远远超越一般意义上仲裁裁决的效力，至少可以推出其将不低于一国国内司法裁决的强制约束力，使得 CAS 的上诉仲裁管辖权异化为一种准司法权限的存在。

因此，CAS 上诉仲裁管辖权的这种准司法性已经突破私法领域，实际开始具有公权力的属性。而有权力必有制约既是对公权力的要求，也是公权力的一大特征。但是，对于 CAS 所做出的仲裁结果除瑞士联邦法院可以就其程序正义进行有限监督外，几乎没有任何有效的制度性的制约方式，从而使得 CAS 上诉仲裁管辖权处于权力失控的边缘，而权力失衡的危险自是不言而喻的。因此，这种缺少有效监督与制约的准司法权限，不仅会影响裁决结果的公正性与公平性，更是对 CAS 上诉仲裁管辖权的强制性在一定程度上的否定。

1.3 CAS 自身的缺陷与瑕疵

尽管 CAS 已经建立超过 30 年的时间，但是其自身仍旧存在不少瑕疵，从而影响其上诉仲裁管辖权强制性的正当化。

首先，CAS 裁决公正性的来源之一便是其仲裁员完全独立的地位。这种独立不仅是在仲裁过程中的独立，也是在整个 CAS 组织框架中的独立地位。正是由于仲裁员过于独立的地位，其所做出的仲裁结果的公平性与公正性基本是依靠仲裁员个人内心的良知与理性，而无一个有效的制度性监督。同时，CAS 仲裁员很大一部分是来自国际知名的体育法领域的律师，这必然会出现同一场体育仲裁的仲裁员曾经是仲裁当事人的代理律师，有着极深的利益牵涉。

而即使 CAS 拥有回避制度，也无法杜绝这种情形的发生，因为仲裁庭无权依职权适用回避制度，仲裁当事人没有能力知晓每一位仲裁员曾经代理过的所有案件。并且，还极有可能出现这样一种情形：任何一位 CAS 仲裁员非为终身制，也不大可能长期担任，尤其是作为国际体育律师的仲裁员在其退职之后，为了其客观的职业前景，其会在担任仲裁员期间通过在仲裁中偏向一方当事人以追求和发掘其退职之后的潜在客户，从而形成一种灰色地带的利益牵连。或者，一方当事人与其所选的仲裁员本身即存在某种联系。例如在一起涉及瑞士营销公司和土耳其足协之间关于五场足球赛电视广播权的合同纠纷案中，双方在 CAS 仲裁后，瑞士方不服仲裁决定，向瑞士最高法院提出上诉，认为仲裁具有程序性错误，请求撤销仲裁。在原 CAS 仲裁中，土耳其足协主席和其选择的仲裁员都是同一个职业体育组织“Rex Sport”的成员，因此，瑞士营销公司一方认为这种一方当事人与仲裁员具有的会员资格的联系会影响到仲裁员的独立性和公正性。在一般民商事仲裁中，这种联系所引起的潜在性威胁可以忽略，但是考虑到CAS的垄断地位与受强制仲裁协议约束的当事人无替代性选择的地位，这种潜在性的威胁应当引起高度警惕。因此，CAS仲裁员过于独立且无有效监督的地位，将不仅严重影响仲裁的公平性与公正性，同时也会削弱CAS上诉仲裁管辖权强制性的正当性。

其次，作为CAS独立性象征的国际体育仲裁委员会（ICAS）仍然受到来自奥委会的影响，根据CAS的章程及规则，ICAS有近一半的成员仍由奥委会直接或间接任命，CAS的资金有1/3来源于国际奥委会和国家奥委会，奥委会对于ICAS发挥着主导性影响。虽然瑞士最高法院早在1994年便已确立了CAS的独立性地位，CAS也进行了相应的改革，但是，多年来CAS推翻国际奥委会或者其他国际体育单项协会的决定也并非多数。虽然CAS与奥林匹克机构之间的密切关系可能不会“产生偏见”，但这种影响可能是“阴险的”，因为这种微妙的影响可能导致制定有利于管理机构的原则，随着时间的推移，暗中对运动员产生不利的影响，或者影响涉及管理决策的案件。〔1〕

再次，为“国际奥委会体育帝国”影响的问题。CAS今天的成就与地位与国际奥委会在国际体育领域准垄断地位是紧密相连的。尽管自1994年CAS改革以来，其已基本实现在组织和财政上独立于国际奥委会，但是CAS毕竟是由国际奥委会建立，并且其在国际体育仲裁中的垄断地位也是源于国际奥委会的力挺，更何况两者之间人员的密切联系性，使得各方对CAS独立性的质疑不绝于耳，而且因为近年来国际体育组织内部的大型腐败丑闻而愈演愈烈。同时，垄断会带来权力集中，权力集中会带来绝对腐败。毕竟“一切有权力的人都容易滥用权力，这是万古不易的一条经验。有权力的人们使用权力一直到遇到有界限的地方才休止。”〔2〕包括国际奥委会在内的国际体育组织的腐败很大程度来源于其在体育领域的垄断，CAS对体育仲裁的垄断也源于此。尽管CAS还未曝光大型丑闻，但是潜在的腐败现象实际已经初露端倪，一旦曝光，是对整个CAS系统的巨大打击。腐败将成为CAS正当性存在的最大否定。

因此，CAS上诉仲裁管辖权所具有的强制性存在着诸多的非正当性因素，并致使整个CAS的上诉仲裁在一定程度上具有反仲裁的特征，成为CAS进一步发

---

〔1〕 Michael S. Straubel, “Enhancing the Performance of the Doping Court: How the Court of Arbitration for Sport Can Do Its Job Better”, *Loyola University Chicago Law Journal*, 2005, 4th ed, p. 1203.

〔2〕［法］孟德斯鸠：《论法的精神（上册）》，张雁深译，商务印书馆1982年版，第154页。

展的主要制约因素。同时，这也影响与启示着我国目前体育争议解决机制和未来体育仲裁的架构设立。

2. CAS 上诉仲裁管辖权的强制性对我国的影响

我国作为体育仲裁领域的新兴国家，有着后发优势，可以通过对国际体育仲裁的先进经验进行借鉴，大幅度提高我国体育仲裁领域的发展程度，并最终建立起成熟而先进的体育仲裁制度和体育争议解决机制，实现弯道超车。同时，也应注意到，对于域外经验不能全盘吸收，而应从我国实际出发，本着去芜存菁的精神，根据国情进行不同程度的吸收与反思。

2.1 CAS 上诉仲裁管辖权的强制性与我国国情的不相适应

由于世界各国及地区的体育发展程度与体育需求不同，对于包括 CAS 上诉仲裁在内的体育仲裁的接受程度也不尽相同，所以不同国家及地区对于 CAS 上诉仲裁强制性的适应度自是有所区别。基于我国特殊的体育法治环境，CAS 上诉仲裁管辖权的强制性在我国有着明显水土不服的不适应性。

2.1.1 举国体制下的阴影

体育仲裁的兴旺蓬勃、CAS 的建立与扩大，都是基于体育市场化大发展的结果。因而 CAS 上诉仲裁管辖权的强制性需要建立在已经基本实现体育市场化的基础之上。我国体育市场化固然在不断快速发展，但是在全国体育产业中仍占少数份额，以行政权主导发展的举国体制依然是我国体育事业与产业的核心及主体。在此意义之上，CAS 上诉仲裁管辖权的强制性自是无法适应我国的具体国情。

首先，举国体制意味着体育行政，即由国家行政统一管理体育及其相关事项。除足球等少数体育项目在组织机构上已经脱离体育行政管理外，几乎剩下的所有体育项目都依然是一种典型上下级式的体育行政管理模式。换言之，体育争议的解决也是体育行政管理的一部分，使得由体育行政管理的体育项目基本未设置相应的体育仲裁机构或者中立性的体育争议解决机构，其产生的体育争议实际大都以行政裁决或者行政决定的方式结束，而非体育仲裁，而体育行政的力量有限，从而使得大量体育争议就此被搁置，无法解决。因此，我国产生的大量体育争议由于缺乏相应的路径与条件，根本无法进入 CAS 上诉仲裁的范围之内，最后只得无疾而终，CAS 上诉仲裁管辖权的强制性在我国自是失去了其存在的意义，而我国积压的大量无法解决的体育争议已经慢慢成为我国体育事业与产业的附骨之疽，阻碍了包括举国体制在内的我国整个体育的发展。

其次，我国体育项目职业化程度不高，职业运动员仍是少数，大部分项目依然是由专业运动员构成。职业运动员与专业运动员的区别在于前者是以某项体育运动为谋生职业，是体育市场化的结果，而后者实际是由国家出资训练并且提供物质生活保障，为国家参与体育竞赛的运动员，是举国体制的标志。因而专业运动员是完全置身于国家体育行政管理体系之中，与国家有着较深的人身依附关系，具有类似于国家公务员的地位与性质，从而在专业运动员身上发生的体育争议带有明显的公权力属性，有着一定意义上行政法律关系的性质。而体育仲裁的当事人应当是具有平等地位的民事主体，争议内容应当完全限于私法领域并且是由私法调整的法律关系。因此，CAS 上诉仲裁管辖权的强制性在我国有着强烈的不适应性。

最后，我国现有的体育仲裁机构由于从组织上、人员上、财政上等方面完全依附于体育协会，使得我国不具有真正意义上中立性的体育仲裁。因此，我国实际没有能够与 CAS 相衔接的体育仲裁机构，CAS 上诉仲裁管辖权的强制性在我国自然也就没有任何实际意义。

2.1.2 合宪性的分析

在成文法国家，没有被法律或宪法所规定与认可的事项，至多只能算是道德位阶上的准则，因而任何事关公民自由与权利的事项都应当在现行法律或宪法中找到依据，否则便可能构成违宪。在美国，“法院会尊重当事人对仲裁争议的选择。法院尊重业余体育法，而该法规定了美国奥委会对美国参加奥运会的所有有关事项的专属管辖权。”[1]因而体育仲裁实际由美国制定法所认可，其强制性，尤其是对司法救济的排除便有了明确的法律依据。同时，法律是宪法的延伸与具体化，因此，体育仲裁在美国并不违宪，这也使得 CAS 上诉仲裁管辖权的强制性在美国被法律所正当化。

与之相较，在我国，包括规章与地方性法规在内的制定法中，仅有《体育法》第 32 条[2]有所涉及。而根据该条文可以得出两层含义：第一，竞技体育争议由体育仲裁解决；第二，体育仲裁具体事项由国务院另行规定。然而由于多年来国务院都未对体育仲裁进行任何行政立法，导致仅能确定体育仲裁解决纠纷的合宪性，其他问题都处于立法空白的状态。据此，根据公民权利“法无禁止皆自

---

〔1〕 参见黄世席：“国际体育仲裁中的管辖权问题研究”，载《当代法学》2006 年第 4 期。

〔2〕《体育法》第 32 条：“在竞技体育活动中发生纠纷，由体育仲裁机构负责调解、仲裁。体育仲裁机构的设立办法和仲裁范围由国务院另行规定。”

由”的法理以及公民享有司法救济权利的宪法保护，在未有对体育仲裁相关事项的明确法律依据前，我国公民应当保有对竞技体育纠纷寻求司法救济的权利。同时，由于我国对于体育仲裁具体事项的立法空白，CAS 上诉仲裁管辖权的强制性没有明确的法律依据，并且与我国公民保有的对竞技体育纠纷寻求司法救济的权利相冲突。因此，CAS 上诉仲裁管辖权的强制性与我国宪法所保障的公民权利相违背，在此意义上，其在我国并不具有合宪性，其正当性自然也无法在我国得到承认。

总之，无论是 CAS 上诉仲裁管辖权的强制性自身的缺陷，还是与我国国情的不相适应，都使得其在我国具体国情之下不具有当然的正当性。但是，这依然对我国未来建立体育仲裁制度或者体育争议解决机制提供了有益的启示。

2.2 中国应当的态度

对于体育争议涉及的个体来说，能够快速、有效、廉价和有约束力地解决体育争端便足以使其满足，因此，公正性与公平性是影响其对于现存奥运会强制性体育仲裁协议模式态度的最主要因素。但是，从国家层面出发，公正性与公平性显得就不是那么重要了，国家利益才应是决定性力量。主要在欧洲国家控制下的国际奥委会建立 CAS 的最主要动机便是快速发展扩大的国际体育市场及其背后所蕴含的惊人经济利益。无论是赞助商给予的利益、赛事的商业价值，还是转播权等所带来的实际收入无一不在刺激着每一个人的神经。CAS 建立与通过强制性体育仲裁协议实现 CAS 对国际体育仲裁垄断便是国际奥委会在步步为营地夺取解决国际体育争议的话语权，进而掌控国际体育市场，巩固其自身的垄断，最终可以轻易获得巨额的经济利益。这一点可以从美国体育界的态度得到佐证。作为世界最大的体育市场的美国，其每年所产生的体育经济利益占全球一半以上，其中又以美国四大职业联盟为最。美国国家橄榄球联盟（National Football League）、美国职业棒球大联盟（Major League Baseball）、美国男子职业篮球联赛（National Basketball Association）和美国国家冰球联盟（National Hockey League），这北美四大体育职业联盟每年的产值可与整个欧洲每年的体育产业所带来的经济利益相媲美，但是其对于体育争议纠纷更多是通过美国司法系统或者美国仲裁协会（A-merican Arbitration Association）解决，而对于 CAS 的态度则是不屑一顾。究其原因是如果北美四大体育职业联盟被纳入 CAS 的管辖范围，即意味着其承认与接受国际奥委会和 CAS 最高权威性，美国体育界将丧失自身的话语权，同时失去四大联盟所带来的巨大经济效益，这严重背离了美国利益，为美国体育界所绝对无法接受。

而我国作为新兴的体育市场，其所潜在的体育经济利益为国际所公认，因而发展我国自身的体育仲裁机制是我国体育事业发展的必然路径。然而，如果我国承认 CAS 的强制性体育仲裁协议，那么我国未来的体育仲裁机构将只剩两种选择：一种为坚持自身的仲裁终审裁决权。但是由于强制性体育仲裁协议的存在，极可能沦为摆设，因为相较于 CAS 与国际奥委会的权威与地位，不会有体育协会将强制性体育仲裁协议指向我国的体育仲裁组织，甚至我国国内单项体育协会迫于参与奥运会的压力，也会对此做出妥协。另一种为放弃仲裁裁决的终审权，承认 CAS 作为国际体育仲裁的最高权威，结果会使我国的体育仲裁机构沦为 CAS 的附庸，完全丧失我国体育仲裁的话语权，即意味着放弃这背后所代表的巨大经济利益，也等于是在放弃我国的国家利益。因此，从维护我国体育仲裁机构对于体育争议解决话语权的主导地位与维护我国的国家利益出发，我国应当坚决反对现存奥运会强制性体育仲裁协议模式中的“强制性”，以在最大程度上保护我国体育仲裁的发展壮大。毕竟，在一棵大树的树荫下，另一棵大树是绝对无法茁壮成长的。

结语

自 1994 年 CAS 改革以来，其公正性与独立性得到了广泛的承认与尊重，但是这已是 20 多年前的事情，在那之后 CAS 再无对其体制与制度进行实质性的改革，然而，斗转星移，当今的情势已经与往日有着极大的不同。当今社会已从矫正正义转向分配正义，对于公正与正义的要求和对于公民基本权利的捍卫程度与 20 多年前不可同日而语，对于 CAS 上诉仲裁管辖权强制性的接受程度也在逐年显著下降。因此，假若不正视与重视 CAS 上诉仲裁管辖权强制性的非正当性因素，不仅严重制约 CAS 未来的发展，还可能将国际体育仲裁多年来建立的公正独立的权威性消耗殆尽。

体育仲裁受案范围的完善

杨　楠〔1〕

摘　要　体育仲裁制度以其独特的机构独立性、专业技术性、特殊领域性，在现如今体育事业日益兴盛的背景之下，发挥着独领风骚的作用。本文通过分析美国、英国等体育仲裁受案范围的制度发展，给体育仲裁受案范围的完善路径提供合理范例。同时，分析体育仲裁受案范围的立法现状以及可操作性，增强完善立法的信心。最后，从体育仲裁受案范围的完善路径以及体育仲裁受案范围的具体划分两个角度，分别从宏观和微观上为体育仲裁受案范围的完善进行有益分析。

关键词　体育仲裁受案范围　类型化范围划分　肯定性与否定性范围

1. 体育仲裁受案范围的概念

1.1　体育仲裁受案范围概念的三个维度

体育仲裁受案范围的概念站在不同的维度上，有不同的界定方式。首先，站在体育仲裁主体也就是体育仲裁机构的维度上，体育仲裁受案范围是对于体育仲裁机构受理的体育运动中发生的纠纷的类型化。如果按照这种方式来界定体育仲裁的受案范围，那么也就意味着给了体育仲裁机构很大的自由裁量的权利，这种界定方式适用于英、美等体育运动发展程度较高、体育运动市场化程度明显、体

〔1〕　作者简介：杨楠，中国政法大学法学院2018级体育法方向法律（法学）硕士研究生。

育管理机制自治自主性强的国家。[1]

其次，站在国家立法规定的维度上，体育仲裁的适用范围是立法法律规定的竞技体育当中可以采用体育仲裁这种救济手段解决的体育纠纷。这种界定方式实际上更加重视从法律形式上对于适用体育仲裁范围的界定，也就意味着法律会对体育仲裁受案范围进行更多的限制，比如《中华人民共和国体育法》（以下简称《体育法》）当中就规定了体育纠纷通过体育仲裁解决的这一路径，但是这一路径又不断地被各大单项体育行业协会打断。

再次，站在体育仲裁客体也就是体育纠纷的维度上，体育仲裁的适用范围应当包括时空范围和对象范围，[2]所谓时空范围即纠纷应当是发生在固定时间，如竞技体育赛事当中、体育赛事准备过程中、体育训练过程当中等；同时应当发生在固定场所，如运动场馆内、训练场馆内等。所谓对象范围包括运动员、教练员、单项体育协会、各大体育行业协会、赞助商和广告商等多个主体。

对于未来构建我国体育仲裁制度的受案范围来说，最恰当的界定方式应当是结合体育仲裁客体的特征以及国家立法规定这两个维度，来对体育仲裁受案范围进行界定，也就是我国立法以及相关法律规定的，根据体育运动的相关技术性以及特性，可以采用仲裁方式解决的体育纠纷的范围。这样的界定其实为体育仲裁受案范围的扩大与完善提供了相应的空间和余地。[3]

1.2 体育仲裁受案范围的三个特点

根据体育仲裁受案范围的概念，可以很清晰地分析出体育仲裁受案范围所具有的三大特点，即法律规范性、技术特殊性以及纠纷适用仲裁性。其一，法律规范性中的法律规定，应当包括全国人大制定的法律以及相关的行政法规，但是需要强调的是应当把各大体育行业协会在其章程或是单项规定中做出的相关规范排除在外。其二，技术特殊性是指，由于竞技体育的技术性、技巧性较强，各项比赛规则性、界限性清晰，体育纠纷过程中必然具有特殊性，那么什么样的纠纷应当被纳入体育仲裁的受案范围，什么样的体育纠纷不应当被纳入体育仲裁的受案范围，应当结合具体行业的专业性具体分析决定，不应当一刀切。其三，纠纷适用仲裁性，由于体育仲裁实际上归属于整个仲裁行业的体系之下，体育仲裁也同时要受到《中华人民共和国仲裁法》（以下简称《仲裁法》）的规范，因此适用体育仲裁方式解决的体育纠纷也必须具有可仲裁性。

---

〔1〕 郭树理：《国际体育仲裁的理论与实践》，武汉大学出版社2009年版。

〔2〕 参见叶才勇、周青山：“体育纠纷调解解决及我国体育调解制度之构建”，载《体育学刊》2009年第7期。

〔3〕 刘景一、乔世明：《仲裁法理论与适用》，人民法院出版社1997年版。

2. 体育仲裁受案范围与普通仲裁受案范围相比较

必须承认的是体育仲裁和普通仲裁相比较，这两者的关系是“本是同根生”但又“各具特殊性”的关系，这里所说的普通仲裁既包括民事仲裁，又包括运行和程序上比较特殊的劳动仲裁。体育仲裁由于体育赛事具有技术性比较强，又受到特定的比赛、行业规则的限制具有不同于普通仲裁的特殊性，但是体育仲裁仍然是我国仲裁机制体系当中的重要组成部分，也同样归属于《仲裁法》的规范之下，因此可以说体育仲裁和普通仲裁是同根同源的。这也就决定着体育仲裁受案范围与普通仲裁受案范围会产生错综交叉的现象，同时对于发生交叉的范围也存在着差异性的规定。

一方面，在竞技体育当中产生的与合同有关的纠纷，比如说赛事转播合同、赛事直播合同、赛事第三方承办合同、广告赞助合同以及运动员保险合同等种类纷繁的合同纠纷，从表面上看这些纠纷的确完全可以归入民事仲裁和民事诉讼中来解决，但是，由于体育赛事所具有的特殊性导致如果单纯用普通仲裁来解决会产生很大的问题。比如在赛事转播中对于足球运动员、篮球运动员在赛场上的各种运动是否可以被称为著作权意义上的“作品”，从而得到著作权的保护，就需要具备专业体育知识的机构或仲裁员来对其独创性进行鉴定。但是在这一系列的问题解决过程中却还存在着很多受案范围空白、狭隘的问题，阻止了许多纠纷进入体育仲裁的路径。[1]

另一方面，在竞技体育当中产生的与人身有关的纠纷，比如运动员转会转俱乐部的费用问题、运动员参加各大赛事的参赛资格问题、运动员退役之后身体健康的保障问题等，这一类的问题似乎可以放在我国劳动仲裁的体系之下来解决，但是实际上，由于我国特殊的国情，即各大体育单项行业协会、教练员与运动员之间的关系并不是平等的，相反，甚至一定程度上存在着人身依附关系和行政意义上的上下级关系。比如，国家体育总局游泳运动管理中心将不配合赞助商的宁泽涛开除出队，命令其返回海军队训练，本质上来说宁泽涛与国家队之间其实存在着隶属关系，根本不具有平等地位，那么这个案件一定不能适用劳动仲裁来解

〔1〕 参见郭树理：“建立中国体育仲裁制度的设想”，载《法治论丛》2004 年第 1 期。

决，但是，却不应该阻挡这类案件进入体育仲裁这种救济机制的路径，阻挡这类案件进入体育仲裁这种救济机制明显是不合理的。

3. 国际与国外体育仲裁受案范围

3.1 国际体育仲裁受案范围

最初，国际体育仲裁院没有完全独立于国际奥委会，其在物质资金来源、人员聘用、成员关系等方面对于国际奥委会都存在一定程度上的依赖性，因此，其作出的体育仲裁国际认可度并不高，这也就直接影响到其体育仲裁受案范围，使得这个范围比较狭窄。但是，后期国际体育仲裁院独立于国际奥委会之后，其认可度和威信度都有了直接的提升，时至今日，国际体育仲裁院的受案范围，已经发展到了一个比较成熟的层次上，可以说已经形成了一个结构明确清晰、层层保障公平的受案机制体制。[1]

之所以说国际体育仲裁院的受案范围结构明确清晰、层层保障公平，是因为国际体育仲裁院将受理的各类体育进行纠纷类型化，以保障其结构的清晰明确，再根据其特性进入不同的仲裁程序，以保障其仲裁的公平。[2]其主要包括三个层次的仲裁程序，一是针对比较常见的经济型体育纠纷[3]和人身型体育纠纷[4]采用的普通型仲裁程序；二是针对对各大体育行业协会、体育管理组织的相关决定不满意、不服或是存在异议的体育纠纷[5]适用的上诉案件程序；三是针对与兴奋剂有关的重大体育纠纷的更为严格的特殊程序，这类纠纷由于其具有取证困难，技术检验严密、精准度要求高的特点，因此会适用更为严格的仲裁程序，甚至有时国际体育仲裁院在受理该类纠纷的时候，会打破一局终裁的限制，把那些已经经过各国体育仲裁院仲裁的案件，纳入国际体育仲裁院的受案范围当中，比如已经经过美国体育仲裁院仲裁的兴奋剂案件，仍有可能被纳入国际体育仲裁院的受案范围。[6]

---

〔1〕 参见宋军生："论体育行业自治与司法管辖"，载《体育科学》2012 年第 5 期。

〔2〕 参见何正兵："论我国体育仲裁的适用范围"，载《成都体育学院学报》2008 年第 2 期。

〔3〕 经济型体育纠纷主要包括因合同的解释或不能履行合同而引起的争议，范围涉及赞助、电视转播权、体育设施等方面的问题。

〔4〕 人身型体育纠纷主要包括运动员转会纠纷、运动员保险纠纷、运动员教练员财产纠纷等方面的问题。

〔5〕 该类问题一般涉及与纪律有关的问题，比如对于违反纪律条例的认定、运动场暴力行为等纠纷。

〔6〕 参见于善旭等："建立我国体育仲裁制度的研究"，载《体育科学》2005 年第 2 期。

3.2 英、美两国体育仲裁受案范围

英美的体育仲裁业的发展已经走在了一个比较成熟的道路之上，其体育仲裁受案范围可以说是内涵广泛、具体灵活的。英、美两国的体育仲裁清晰地分成“独立自主体育仲裁解决”以及“行会协会内部体育仲裁纠纷解决”，所谓“独立自主体育仲裁解决”，就是通过英国（伦敦）体育仲裁委员会和美国联邦体育仲裁机构作为第三方，来推进平等主体之间的契约的订立，由于该机构不隶属于任何其他机构，具有很好的独立性、自主性、公平性，因此在英美两国都非常受体育界的重视和欢迎。总结来说这两国体育仲裁受案范围主要采用“开放式特点接纳法”与“主要纠纷罗列法”，“开放式特点接纳法”是英美体育仲裁受案范围不采取封口式规定，而是由仲裁机构具体分析具体接纳。[1]“主要纠纷罗列法”罗列了英、美两国体育仲裁受案范围内的主要纠纷类型，即主要包括运动员参赛资格问题、违反体育行业相关规则问题、禁止服用药物类问题、体育商业问题、运动员与教练员雇佣问题等。因此，英、美体育纠纷绝大部分都进入到体育仲裁的解决程序当中来，至于诉讼的救济手段，法院只对体育仲裁的相关程序性问题[2]进行审查，而对于实体问题[3]不再进行审理。然而体育仲裁只有审理案件的实体部分才能够很好地帮助处于弱势地位的运动员个体。

但是英美两国的体育仲裁受案范围同时又是边界清晰、程序明确的。首先，英美体育仲裁受案范围边界清晰，是由于其对于那些纯粹技术性的体育问题，如赛场上裁判的判罚、比赛的结果等，这些问题是不能进入到体育仲裁受案范围的，否则就将大大影响到体育赛事的公平性、即时性、竞争性等。其次，英美体育仲裁受案范围程序明确是指对于那些体育竞技性问题，比如兴奋剂等问题，在行业协会没有全权授权的情况下，体育仲裁委员会是需要将行业协会内部的仲裁作为必须的前置性程序的。[4]

总之，无论是国际体育仲裁院对于受案范围的划分还是英美等国对于受案范围的划分，都为我国未来待建的体育仲裁受案范围的发展提供了非常重要的借鉴。

---

〔1〕 黄世席：《国际体育争议解决机制研究》，武汉大学出版社2007年版。

〔2〕 包括仲裁庭成员的回避问题、仲裁作出的手续问题、仲裁组成人员、仲裁流程手续等一系列问题在内的程序性问题。

〔3〕 包括运动员究竟有没有使用违禁药品、具不具备参赛国籍等一系列问题在内的实体性问题，典型案例有甘德尔兴奋剂案件、德国籍选手伊佩斯证明美国国籍错失奥运资格案件。

〔4〕 参见张春良：“体育纠纷救济法治化方案论纲”，载《体育科学》2011年第1期。

4. 完善体育仲裁受案范围的必要性和可行性

从2008年北京奥运会，到这些年我们中国在各大赛事，包括奥运会、世锦赛、世界杯等大型竞技体育赛事中的杰出表现，我们可以看到我国体育事业的兴旺发展。但是伴随着体育运动的发展，体育纠纷的发生也越来越频繁，纠纷的情况也越来越复杂，对于建立一个有效体育仲裁机构的呼声也就越来越大。但是我国始终没能建立起一个统一有效的国家体育仲裁机构，其中一个非常重要的原因就在于体育仲裁受案范围并没有被理清，同时，各大行业协会当中存在了许多“霸王条款”，实际上是对体育仲裁机构仲裁范围的一种剥夺。如今，大多数运动员在遇到纠纷时还是处于“求助无门”的情况。而对于行业协会内部的解决存在异议或是不服的情况不被纳入体育仲裁受案范围，又使许多运动员陷入“哑巴吃黄连”的尴尬境况。

同时，由于体育仲裁不同于普通的民事仲裁，它对仲裁的理论要求、技术要求、专业要求都非常的高，虽然我国适用于民事经济纠纷的《仲裁法》已经发展的比较成熟，对于仲裁受案范围的相关规定也已经比较完善，但是，体育仲裁的特殊性却决定着其无法完全适用于该法律，普通民事仲裁受案范围的界定也无法完全适用于体育仲裁当中。现如今我国在体育仲裁受案范围还存在立法缺失、体系不明确、制度设计落后等问题，处于一种亟待发展的状态。

体育仲裁不同于普通仲裁，但是又融合于普通仲裁，因此，相较于我国民事仲裁、经济纠纷仲裁、商事仲裁、劳动仲裁业的良性发展，现在的我们就像是在探索仲裁法的一个新的领域一样，汲取以往之所长，体会创新之发展，以此推动体育仲裁制度的构建和完善。普通仲裁与体育仲裁受案范围之间的交叉既是体育仲裁需要理清的点，又是其可以利用的制度框架。

同时，体育法制化的进程，也为体育仲裁制度的发展，提供了良好的法制基础，早在1995年，我国就将《体育仲裁条例》的立法工作提上日程，虽然在立法发展的过程中，遇到了各种各样的问题，但是大的法制环境，必将是体育仲裁制度体系化的标杆和旗帜，也为完善体育仲裁受案范围提供了很好的法律依据。

5. 体育仲裁受案范围的完善路径

5.1 纠纷类型化的区分为基础

将体育纠纷按照一定的标准进行类型化是完善体育仲裁受案范围的基础，只有先对纷繁复杂的体育纠纷进行合并同类项之后，才能够在具体纠纷发生之时，准确定位，确定其是否可以通过仲裁的方式加以解决，以及更为细化的问题，即采用何种仲裁程序对该问题加以解决。那么，想要进行分类，最为重要的就是确定分类的标准。体育纠纷的争议性以其争议内容的性质最为鲜明，争议内容本质上是合同的，可归纳为经济纠纷；争议内容本质上是处罚决定的，可归纳为惩戒纠纷；争议内容本质上是劳动关系的，可归纳为人身纠纷等。因此，要着重对体育纠纷主要内容的性质进行探究，才能进一步对其进行划分。[1]

5.2 肯定性范围与否定性范围相结合为主体

所谓“肯定性范围”是指通过法律的形式确定的、可以被纳入体育仲裁的受案范围的体育纠纷的法律范围的总和，以一部分规范会构成体育仲裁受案范围的主体内容，成为体育仲裁受案的重要依据。对于“肯定性范围”，英美国家基本将其划分为“经济型争议”和“人身型争议”，这对于仲裁行业发展程度非常高的国家是比较适用的，但是对于我国来说，这样笼统的规定是不够的，笔者认为应当深化为四大类别，即“经济型体育争议”、“行会惩罚型体育争议”、“竞技体育赛事型体育争议”以及“运动员周边人身关系型体育争议”四大类别，同时再在此四大类别的基础之上进行细化。[2]

而“否定性范围”，则是为了将一部分不可以纳入体育仲裁受案范围的体育纠纷划分出来，从而构成体育仲裁受案范围的边界。这种肯定与否定范围相结合的规范方式也是英美国家体育仲裁受案范围普遍采用的方式，其可以清晰而科学地划出体育仲裁的受案范围，再在之下进行分别细化。

5.3 强制性范围为保障

在体育纠纷当中，“使用违禁药品”“运动员参加重大体育赛事资格”“运动员转会”等这些问题实际上是明确区分于其他体育纠纷的，正如英美国家体育仲

---

〔1〕 参见凌辉、梅倩：“调解在体育纠纷解决机制中的应用”，载《首都体育学院学报》2005年第6期。

〔2〕 参见黄世席：“国际体育仲裁制度研究”，武汉大学2004年博士学位论文。

裁中将这些案件明确规定为必须以行会内部的体育仲裁为前置程序的特殊纠纷一样，我国也应当对于这类案件采取强制性规定，规定纳入强制仲裁的范围当中。由于这类问题技术含量要求更高、判别所需要的体育专业水准也更高，因此纳入强制性范围是对体育行业公平公正的保障。

5.4 开放式授权为发展

在以体育仲裁主体也就是体育仲裁机构为维度的概念当中，实际上就强调了体育仲裁主体对于体育仲裁受案范围应当具有一定的自主性，体育仲裁受案范围不应当是一个完全封闭的狭隘规定，而应当赋予仲裁机构以及一些专业的体育仲裁员自主裁量权。由于体育纠纷会随着体育事业的发展而更加得纷繁复杂，这样的开放式授权会使得体育仲裁机构的权威性增加，同时，也会为更多体育纠纷的解决提供路径。[1]

6. 体育仲裁受案范围的具体划分

我们可以从体育仲裁的特点来推论和分析体育仲裁的特殊受案范围，前文已论述，体育仲裁和普通的民事仲裁在本质上有同根同源的关系，虽然现如今我国还没能够完全地构建起和《仲裁法》相呼应的体育仲裁制度，但是从理论上来讲体育仲裁还是寓于《仲裁法》体系之下的。因此，体育仲裁的受案范围必须具有“关涉仲裁性”，也就是说涉及的体育纠纷必须是属于《仲裁法》的受案范围，否则不予受理。[2]

其次，随着我们国家的体育立法逐步地体系化、系统化起来，体育仲裁的受案范围必须符合“相关特殊法定性”，即其受案范围必须符合体育法、体育单行条例、体育规章制度等的规定。比如说，在我国《仲裁法》中规定，竞技体育纠纷应当通过体育仲裁的方式解决，但是，在《体育法》中又有相关规定，竞技体育中涉及的行政争议（比如说对于行业协会对于某个教练的行政人事关系上下调动、竞技体育竞赛中裁判员违背诚信公正技术意识作出的黑哨判罚等）是不能通过仲裁方式来解决的，但是具体的解决路径，法律也没有明确指出，造成了

---

〔1〕 参见包玉秋：“论我国体育仲裁立法的必要性”，载《沈阳师范大学学报（社会科学版）》2006年第6期。

〔2〕 参见宋军生：“论体育行业自治与司法管辖”，载《体育科学》2012年第5期。

一个立法上的缺口。

最后，体育仲裁具有相当的专业性、技术性、不可代替性，而这些特点，也就决定着体育仲裁受案范围的“特殊领域性”，也就是说，体育仲裁结合着专业领域的专业人才（仲裁员、仲裁庭）、专业仲裁技术，那么体育仲裁处理的也一定是竞技体育、部分大众体育中产生的纠纷。[1]

那么，体育仲裁的具体受案类型应当划分为——

6.1 竞技体育活动中的商事纠纷属于体育仲裁的范围

职业体育领域中的体育商业贸易纠纷、体育商事以及商业债务纠纷等可以通过体育仲裁来裁决，同时随着时代的发展，体育商事纠纷有了其更广泛的含义，比如职业俱乐部的混合所有权问题，职业俱乐部的大股东、投资者的相关权益问题，俱乐部运动员（此时将运动员商业化看待）租赁问题等。

6.2 竞技体育中的合同纠纷属于体育仲裁的范围

拿近些年发生的最典型的案例“中国足协下课卡马乔”案件来举例，由于当初在和卡马乔签订合同时漏洞百出（包括税金、教练员出现什么情况下足协可以提出合同无效等），因此卡马乔在“被下课”时提出巨额赔偿金的要求。这个案例属于典型的与教练员之间劳务合同关系的纠纷。与此相类似的还有职业俱乐部与球员（包括外聘球员）和教练员（包括外聘教练员）之间的劳务合同关系、体育赛事赞助商、主办方、电视台等之间的合同关系等。

6.3 竞技体育的参赛资格纠纷属于体育仲裁的范围

竞技体育活动中关于运动员、职业体育俱乐部、教练员、裁判员的注册资格等争议项目应归纳到体育仲裁的范围之内。在美国体育仲裁事业发展的初期，就出现过经典的因为二战移民，导致运动员失去美国国籍，最终参赛资格存在争议无法代表国家参加奥运会的案例。那么根据我国相关法律规定，也是把这一类的问题，直接纳入了体育仲裁的范围之内，以确保体育人的权利得到应有的保障。

6.4 章程、规则规定的体育争议属于体育仲裁的范围

在国家单项体育联合会的相应章程中基本上都规定将联合会内部出现的所有体育争议都适用体育仲裁裁决。笔者认为国际体育纠纷适用于体育仲裁，一方面其有着明确的法律法规规定，另一方面其也符合体育纠纷的国际惯例。[2]

6.5 体育行业协会的纪律处罚引发的纠纷和争议属于体育仲裁的范围

这一点也是我国现行体育仲裁存在的一个界限十分模糊的地方，具体地说，也就是涉及行政应不应该放手的问题。我国《体育法》有规定涉及运动员使用

〔1〕 参见何正兵：“论我国体育仲裁的适用范围”，载《成都体育学院学报》2008 年第 2 期。

〔2〕 参见于善旭等：“建立我国体育仲裁制度的研究”，载《体育科学》2005 年第 2 期。

违禁药物的争议，应当通过体育仲裁来解决。但是同时又规定运动员因使用违禁药物等受到纪律处罚引起的争议不属于体育仲裁的范围，这就造成了严重的混淆，导致一部分对行政处罚不服的运动员求助无门，更为严重的在于我国现行的体育行政行为复核程序也非常得不完善，那么就加剧了这种有困难、有纠纷解决不了的情况发生。

6.6 竞技体育领域的技术争议不属于体育仲裁的范围

竞赛期间出现了对裁判员的判罚不满而产生的技术性争议如何处理和及时进行救济也是笔者的关注点。首先，对于裁判员明显的、有违体育运动常识的误判、漏判的主观上的故意行为应纳入到体育诉讼的受案范围。其次，对于裁判员做出的违反诚信的判罚应纳入到司法诉讼的程序。在实践中，一些裁判员接受他人贿赂、索贿等作出违反相关规则的黑哨，带来了很恶劣的社会影响，本研究认为对这一类纠纷应实行零容忍的态度。实践中竞技体育技术性争议除了对教练员违背诚信的判罚应从司法介入的角度进行处理外，对于运动员在竞赛中有违诚信的假球案争议也应当纳入到司法解决的层面，唯有如此方能保障竞技体育的健康发展。

6.7 竞技体育活动的刑事纠纷不属于体育仲裁的范围

比如假球、黑哨、故意伤害等行为应通过刑法来调整。这是因为体育刑事案件无论对国家，还是对社会，又或是对个人都将产生极其恶劣的影响和伤害，国家为了从根本上维护社会的稳定与和谐、保障公民的合法权益不受侵犯，通过代表国家权威的司法机关来解决这些纠纷符合法治的精神和原则。

结语

通过与国际的体育仲裁制度与体育仲裁受案范围的比较研究，可以清晰地发现体育仲裁制度的科学构建、体育仲裁受案范围的合理界定，对于一个国家体育行业的纠纷解决是至关重要的，其对于整个体育行业的发展也是必不可少的。因此，我国要再加紧构建一个独立体育仲裁制度的步伐，加快对体育仲裁受案范围的立法规定，不仅要实现受案范围的广泛，使各种各样的体育纠纷能够获得顺利解决，更要实现的是受案范围的边界清晰、程序分明以及不同种类的纠纷，适用什么程序的体育仲裁，都要有清晰的规定。

论我国建构体育仲裁制度的必要性与经验借鉴

赵 叶[1]

摘 要 体育仲裁是一种解决体育行业纠纷的法律制度，是目前最为有效的非诉机制之一。体育仲裁制度具有广泛性、独立性、强制性等特征，对于解决体育行业的纠纷以及促进体育事业的发展具有极为重要的意义。随着社会经济的发展，国力的增强，我国体育事业越发繁荣昌盛。但是因此由体育竞技所引起的纠纷也越来越多。我国急需建立完善的体育纠纷处理机制。由此，构建我国的体育仲裁制度是十分必要的。但是，我国一直以来未建立起一套完整的体育仲裁制度。在借鉴日本和美国体育仲裁制度的成功经验，构建我国体育仲裁制度时，需要在立法完善、调解程序以及司法审判等方面做出不懈的努力。

关键词 体育仲裁 构建必要性 国外经验借鉴

1. 体育仲裁的概念与特征

1.1 体育仲裁的概念

"体育仲裁"是一项在体育法领域内的专业学术用语，主要是指在竞技体育中，一种能够解决体育行业内各种纠纷的法律制度。[2]有关争端的双方当事人应当首先将需要处理的纠纷案件提交给体育仲裁机构，然后由体育仲裁机构组成仲裁庭，以相关的法律条文和案件事实为准绳来进行裁决。在这一裁决过程中，体育仲裁机构作为第三方机构，针对那些自愿或者强制提交的纠纷，做出对于双方当事人都有效力的裁决，高效地实现体育纠纷的解决。目前，体育仲裁是解决体

---

[1] 作者简介：赵叶，中国政法大学 2017 级本科生。

[2] 参见郭树理："建立中国体育仲裁制度的设想"，载《法治论丛》2004 年第 1 期。

育纠纷的非诉讼机制中最有效的一种方式。

1.2 体育仲裁制度的特征

1.2.1 体育仲裁的广泛性

体育仲裁的范围是十分广泛的，在《中华人民共和国体育法》（以下简称《体育法》）中没有明确规定这一范围，同时也不能够非常明确地对其做出一个界定。体育仲裁的范围与社会经济的发展状况、纠纷解决机制的组织建设程度以及人们的法治意识等一系列因素有关，绝不仅仅是单凭着几个简单的要素就可以明确规划的，这一点与人民法院的受案范围有着异曲同工之妙。其中提及的体育争议可以包括很多的种类，根据体育仲裁院自己的说明，该组织受理的体育争议是那些直接或间接与体育相关的争议，有涉及有关体育原则问题的，有涉及金钱性利益、财产权利纠纷的，还有在体育实践和发展中起到作用的利害关系之间的争议，诸如此类。所以说，体育仲裁具有广泛性。[1]

1.2.2 体育仲裁的独立性

根据预先制定的仲裁规则和程序，体育仲裁机构能够独立地裁决体育纠纷，而无需经过其他机构或是法院的审理或者批准，这是体育仲裁独立性特征的体现。体育仲裁机构是一种自治性的民间组织，既要独立于司法机关、体育行政管理机关和其他国家机关，也要独立于各级单项体育协会、奥委会和其他社会团体法人。在1998年长野冬奥会上，国际体育仲裁法庭在处理罗斯案件[2]时，推翻了国际奥委会医学委员会对这一案件所做出的处罚决定，最终独立地成功解决了这一案件，维护了运动员的权益。这是从具体案例中体现的体育仲裁制度的独立性。

1.2.3 体育仲裁的强制性

体育仲裁具有强制性，这一特征体现在体育纠纷案件提起之前，相关当事人必须将体育纠纷提交仲裁机构进行仲裁。体育纠纷可以不经过调解等程序直接交由仲裁机构仲裁，但是不可以不经过仲裁而直接向法院申请诉讼。在当事人将体育仲裁提交给仲裁机构时，法律给予了当事人选择体育仲裁员的自由、是否公开审理的自由，充分体现了尊重当事人的自愿性的原则。[3]

---

〔1〕 参见叶强：《论体育仲裁的特殊性》，中国政法大学出版社2012年版。

〔2〕 德里克·罗斯（Derrick Rose），1988年10月4日出生于美国伊利诺伊州芝加哥，美国职业篮球运动员，司职控球后卫，绰号“风城玫瑰”，效力于NBA明尼苏达森林狼队。关于“罗斯案件”的简述：2015年8月26日，简·多伊向法院提交了一份民事诉讼，起诉罗斯和他的两位好友兰德尔·汉普顿和莱恩·阿伦。该诉讼声明被告三人在两年前的一次派对活动上，对原告下了迷药，并在几个小时后，也就是2013年8月27日凌晨，在原告意识不清醒的状况下，三人侵入原告的公寓对原告进行了轮奸。

〔3〕 参见兰仁迅：“体育仲裁的独立性与强制性”，载《法学》2004年第11期。

2. 我国处理体育纠纷的现状以及构建体育仲裁制度的必要性

随着我国体育事业的蓬勃发展，体育商品化、规模化、专业化的逐步深入，人们对体育的关注程度越来越高。伴随着这样的趋势，体育也逐渐发展成了一种产业，其背后不仅仅是国威与一国实力的象征，同时也潜藏着巨大的商业利益。各种主体之间纵横交错、纷繁复杂的利益关系带来了与体育运动相关的各种矛盾与争议。于是，如何处理这些矛盾与纠纷成了如今体育领域的一个巨大问题。

由于没有统一的体育纠纷解决机制，我国现行的体育纠纷解决方式主要是由各单项体育协会制定规则并具体实施，从而形成了各自为战的局面，不仅不成体系，有的甚至还违背了基本的法治精神。体育纠纷的解决机制，包括调解、仲裁、诉讼等，是十分多样的。在涉及这类纠纷时，很多人都会想到诉讼这样一种行之有效的方法。然而，从我国的实际情况来看，通过诉讼解决体育纠纷的效果并不理想。竞技体育纠纷属于体育领域的特殊问题。面对这些问题，普通法官往往因缺乏专业素养而感到茫然。通过具体的司法实践可以看出，法院和体育组织往往对体育纠纷有不同的理解，容易导致同类体育纠纷的不同解决结果。此外，在诉讼爆炸的时代，法院案件已经堆积如山，国家再将大量体育纠纷提交法院审理是不合理、不现实的。因此，体育仲裁获得了越来越多人的认可与青睐。

在体育竞技中，运动员们比拼的是一种竞赛能力，追求的是公平公正的结果。在解决体育纠纷的这一个利益再分配和权利义务重新调整的过程中，必须始终遵守并且体现这样一种公平公正的原则。在各种体育纠纷解决机制中，体育仲裁能够很好地体现这种公平正义。首先，体育仲裁活动应当遵循“事实为根据、法律为准绳”和“法律面前人人平等”的原则。其次，体育仲裁是一个严格遵守程序的过程，它充分体现了规则的公平性、程序的合法性，避免了外界的干扰。其次，体育仲裁员在经过专业的培训后，具有了专业的水平和良好的道德素质，这为体育纠纷的解决提供了公平的保障。最后，体育仲裁的独立性也保证了体育仲裁委员会能够充分独立地履行职责。

同时，一般来说，解决相关的体育纠纷都是要求具有体育法方面的专业知识的，它并非是普通的法官所能任意裁决得当的。对于很多涉及体育纠纷的案件，普通法官和体育法学界的专业人士的判定结果可能是截然不同的。竞技体育具有专业性和技术性的特点，只有内部专业人员才能更好地解决相关纠纷。因此，体育仲裁机制的建立可以促进体育纠纷的解决和实质正义的实现。

充分体现当事人意思自治也是体育仲裁制度的优势之一。这种优势意味着当事人可以根据自己的意愿在许多争端解决机制中选择是否采用仲裁。在决定采用仲裁后，他们还可以自己选择信任的仲裁员，并请求仲裁庭根据当事人的调解协议等作出仲裁裁决。这不仅赋予了当事人充分的自主性和自愿性，还极大程度地体现了对当事人的尊重。

体育仲裁制度还可以大大提高解决体育纠纷的效率，从而实现高效的权利救济。一般来说，竞技体育所产生的纠纷都是具有时效性的，竞技项目往往需要在短时间内解决那些在赛事上产生的争议与纠纷，从而给出一个相对公正合理的结果。如果将体育纠纷诉诸法院，那么法院复杂的程序以及期间的规定难以使体育纠纷得以快速地解决，这会大大影响赛事的进行。而体育仲裁程序简单灵活，能够节省在纠纷中所涉及的人力、物力和财力，更加有利于“成本最小化”以及“效益最大化”这一效率目标的实现。

1995 年，我国颁布实施了调整体育法律关系的基本法，其中规定了在竞技体育赛事中出现纠纷时，应当向体育仲裁机构寻求解决的方法。而体育仲裁机构的设立则由国务院另行规定。但是由于体育仲裁法学基本理论研究的薄弱，特别是体育仲裁特性方面的研究尤其薄弱。到目前为止，国务院既没有颁布相关规定，也没有设立专门的体育仲裁机构，这是我国体育仲裁立法的缺失。

综上所述，我国体育救济机制存在诸多问题和不足。为了更好地解决复杂的体育纠纷，迫切需要建立系统的体育仲裁制度。同时，我国体育仲裁制度建设的缺失也不符合当前国际体育法治的趋势。针对上述体育仲裁制度建设，笔者认为构建我国体育仲裁制度势在必行。

3. 国外体育仲裁制度的发展及其对我国构建体育仲裁制度的借鉴

——以日本和美国为例

3.1 日本体育仲裁制度的发展及其对我国构建体育仲裁制度的借鉴

在 20 世纪 60 年代，随着日本国内关于发展和健全体育仲裁模式的呼声越来越高，日本政府意识到了建立完善的体育仲裁制度的重要性。到 1998 年 1 月，日本出台了《关于本国反兴奋剂体质的设立》的历史性提案，指出现有的普通司法程序难以满足期内解决兴奋剂案件的需要，必须建立管理全日本体育赛事的体育仲裁机构。因此，1999 年，专门的体育仲裁研究所由日本奥委会成立了。在 2002 年 8 月，体育仲裁机构的设计进入了实质阶段，日本成立了体育仲裁机构筹备委员会。在 2003 年 4 月，日本奥委会联合日本体育协会和日本残疾人运动协会一起发起成立了日本体育仲裁机构，英文缩写为 JSAA，并于同年 6 月 21 日起正式办公，接受并仲裁各类提交案件。[1]JSAA 的成立，对于快速有效地解决体育领域的各类纠纷案件、从法律上明确各行业协会、体育团体和运动员的法律地位，保护其合法权益、推动体育协会和团体的规则透明化、促进体育事业公平公正的良性发展有着十分重大的意义。

一直以来，我国对于体育仲裁的具体实施机制并没有做出明确的法律规定，导致通过法律解决纠纷的途径十分有限，部分体育协会章程甚至存在违法条款。这无疑是我国体育事业发展中的一大绊脚石。日本自 2003 年以来就成立了专门的体育仲裁机构 JSAA，对日本体育的良性发展起到了很好的推动作用。这一点十分值得我们学习借鉴，我国应尽快建立独立的体育仲裁机构，并尽快完善关于体育仲裁的行政法规，打造一套有效地推动体育法制化和社会化发展的仲裁制度，顺应市场经济下体育竞技高速发展的需要，为各类体育纠纷创造快速、便捷高效的仲裁申诉渠道。

同时，维护仲裁机关的独立性也是很重要的，这能够保证仲裁程序的公平正义，提高仲裁的效率。日本体育仲裁机构之所以能够高效履行自身仲裁和监督职能，关键就在于成立了自己的理事会，在一切运营和决策制度上具有很好的独立性和中立性。在日本的运行模式中，体育仲裁机构具备独立法人资格，能够维护自身自主和独立的属性。这不失为一种克服地方保护主义、行政干预、长官意志的好方法，笔者认为这一制度能促使我国体育仲裁机构从成立之日起就全力维护自身公信力，秉持“公正、公平、公开”的基本原则，维护自身的可持续性。同时，我国体育仲裁机构应正确定位自身的功能属性。在日本，各体育组织和协会没有被强行要求参与各项体育仲裁事宜，各体育组织和协会可以在完全自愿的基础上决定是否由 JSAA 来仲裁各类体育纠纷。这也就是说，JSAA 对自身的定位是非常科学的，不干预各体育协会内部的正常运行，只为其提供仲裁服务。《中华人民共和国仲裁法》明确规定，最终仲裁协议必须以双方当事人通过仲裁解决

---

〔1〕 张涛：“日本体育仲裁运作模式对我国体育仲裁机制建设的借鉴研究”，载《运动》2018 年第 11 期。

纠纷的意愿为基础。因此，体育仲裁机构作为处理体育纠纷的独立法人机构，应确立自身第三方机构的属性，只有这样，才能公平、公正、快速、高效地解决有关争端。

当然，在借鉴日本成功经验的同时，必须建立一种符合我国国情的体育仲裁机制。完善体育仲裁的有关行政法规，必须遵守现行的法律法规。也要根据自身需要培养相应的仲裁专业人员，能够依照我国的现实情况灵活运用体育仲裁的相关规定，更准确更高效地解决各项体育纠纷。

3.2 美国体育仲裁制度的发展及其对我国构建体育仲裁制度的借鉴

作为一个世界体育强国，美国的仲裁制度相对完善，与此同时，仲裁机构也成规模发展。在美国，根据不同的法律依据，业余体育纠纷和专业体育纠纷原则上都可以通过仲裁解决。美国仲裁协会是美国最大和最著名的仲裁机构，它有权仲裁包括体育和与体育有关的纠纷。为了解决体育纠纷，美国仲裁协会于2001年成立了一个体育仲裁小组。随着职业体育运动的发展越来越复杂，仲裁已成为当事人避免高额诉讼的最有效方式，尽管仍然存在一些争议有待法院裁决。职业体育运动当事人之间的关系主要是以合同，尤其是雇佣合同的形式存在的，并且在合同中通常规定解决争议的仲裁条款。目前在雇佣合同中规定强制性的、有约束力的仲裁条款变得十分常见。利用仲裁来解决体育纠纷在美国是十分普遍的，包括在美国四大职业运动联盟中也十分常见。

在美国的体育仲裁中，许多问题都涉及上诉和工资问题，并且美国四大职业体育运动大联盟内部的仲裁程序是它们各自特有的、非组织性的仲裁程序。但是法院仍然能够接受对于体育纠纷的诉讼以及对仲裁持一种肯定的态度。商事合同中规定的仲裁条款在很大程度上能够确认双方的仲裁协议。从判例法的研究可以看出，在大多数情况下，仲裁协议是可以被遵守的，只有少数几个原因，立法机关和司法机关才能撤销其审查下的仲裁裁决。由于美国的仲裁制度有其鲜明的民族特色和文化因素，我国在构建体育仲裁制度方面不能过多地借鉴相关经验。笔者认为，国家对于仲裁机制这样的一种支持态度值得我们学习，同时通过司法审查这类方式对体育仲裁进行制约与监督，这是非常值得我们借鉴的。

3.3 构建我国的体育仲裁制度的借鉴经验

从我国的实际情况和世界体育发展的大趋势来看，我国有必要建立完善的体育仲裁制度。对于构建这样一种体育仲裁制度，我们需要考虑和完善的东西还有很多。对此，基于对我国体育业现状的浅陋理解，以及从外国借鉴的成功经验，笔者在此提出对于构建我国体育仲裁制度的几点建议。

首先，我们需要依靠具体的法律来保证建立健全的体育仲裁制度，所以我们需要建立健全的体育仲裁立法保护。以《体育法》第32条为依托和总的指导原则，制定予以具体细化的法规规章，其中需要对仲裁的基本原则、仲裁机构的组成、仲裁员的资格条件、仲裁程序等方面做出详细的规定。以便于对日后体育仲裁中产生的问题有完备的解决机制保障。同时，完善的立法也有利于建立我国体育仲裁委员会和仲裁法院作为体育仲裁制度的支持机构，从而形成自上而下的严格制度结构，促进我国体育仲裁制度的完整和协调。

其次，体育仲裁应规定体育组织的内部调解是体育仲裁的前置程序，仲裁机构的调解程序是体育仲裁的必要程序。一些体育组织将设立专门机构来规范体育纠纷。虽然这些组织对争端解决没有最终的效果，但是积极解决冲突，努力在萌芽阶段消除争端，这一点具有非常重要的意义。在国际体育组织中，国际奥委会设立了体育调解机构和体育仲裁机构。这为讨论和调解提供了灵活、非对抗、非公开、低成本的机会。在争端解决过程中，调解往往能发挥重要的作用，因此在许多场合都得到了广泛的应用。尤其重要的是，与一般的民商事纠纷相比，体育纠纷大多发生在运动员（队）与其体育组织之间。争端解决后，运动员（球队）仍然必须依靠他们的体育组织。如果争端解决过程非常激烈，争端各方在未来共存中不可避免地会尴尬甚至敌对。如果仲裁庭的调解能够促进双方在消除分歧的同时寻求共同点，无疑将有利于今后的长期和平共处。根据现行有关法律的规定，仲裁庭应当在处理劳动争议时首先进行调解。这就印证了中国的那句古话："大事化小，小事化了。"我们应将古人传递给我们的这种正确的处事态度运用到体育纠纷的调解中去。

最后，保证司法审判对于体育仲裁的规制对于体育仲裁制度的建构也具有至关重要的意义。在日常纠纷的处理中，不可避免地会出现争议双方不同意仲裁结果或是表示对仲裁结果不服的情况，那么在此种情境下，司法审判将会成为解决纠纷的最终方式。同时，司法审判具有强制性，能够保证一些与纠纷相关的解决或是惩治措施更好地得以落实。司法审判作为争议得以公平解决的坚实壁垒，在体育仲裁制度的实行中不容忽视。因此，对体育纠纷双轨解决机制的实施或裁决或审判，可以为我国体育仲裁制度的建设提供很好的建议。

结语

改革开放以来，我国体育事业在国家体制的大力支持下取得了长足进步和发展，在世界体育界的影响力与日俱增。然而，体育大国并不等于体育强国。在我国现行的社会冲突解决机制中，没有专门用来解决体育领域的相关纠纷的机制，而随着我国体育事业的不断发展，对于构建一种专门用来解决体育纠纷的机制越来越有必要。我们在继续推动全民体育水平提升的同时，也应加强各个相关领域的制度建设。在世界上许多国家都已经构建了比较完善的体育仲裁制度的对照下，我国应奋起直追，借鉴其先进经验，打造适合中国国情的特色体育仲裁制度，以此推动新时期体育事业更好更快地发展。

体育争议解决机构中利益冲突回避探讨
——从审理人员与当事人或其代理人的特殊关系出发

吴　炜[1]

国内体育争议解决机构主要有四类：法院、商事仲裁机构、单项体育协会内部设立的争议解决机构以及未来设立的全国性体育仲裁委员会。在“利益冲突回避”的问题上，法院的审判人员遵循《中华人民共和国民事诉讼法》的规定，商事仲裁机构的仲裁员遵循《中华人民共和国仲裁法》（以下简称《仲裁法》）及其内部仲裁员守则的规定，然而，在单项体育协会内部设立的争议解决机构中，对争议事项有决定权的人员（例如：中国足球协会仲裁委员会、中国足球协会纪律委员会、中国篮球协会纪律与道德委员会的委员等，以下统称“审理人员”），却没有类似的规则可以遵循，这也是未来在建立全国性体育仲裁委员会相关规则的过程中需要注意的问题。

针对上述现状，考虑到利益冲突的回避对体育争议解决的公正性有重要的影响，同时鉴于民商事仲裁在“利益冲突回避”问题上有更多的理论沉淀和经验积累，本文将首先介绍建立“利益冲突回避”规则的必要性，再比较民商事仲裁和体育仲裁在“利益冲突回避”方面的规则，然后通过对相关案例的分析，为国内单项体育协会与未来设立的全国性体育仲裁委员会建立“利益冲突回避”规则提出若干原则性的建议。

1. 建立“利益冲突回避”规则的必要性

在仲裁制度中，确保仲裁员不存在利益冲突是保障裁决公正、独立的必要前提。

---

〔1〕 作者简介：吴炜，国际体育仲裁院（CAS）仲裁员；上海国际经济贸易仲裁委员会仲裁员；上海通力律师事务所律师/合伙人；中国篮球协会仲裁委员会委员；中国篮球协会纪律与道德委员会委员；中国男子篮球职业联赛纪律委员会召集人；上海律师协会教育体育业务研究委员会主任；瑞士仲裁委员会会员。

因此，国内外在仲裁员回避的问题上，均有相应的规则。例如，我国的《仲裁法》及各仲裁机构的仲裁员守则对于可能产生利益冲突的回避情形有着列举式的规定；[1]《国际律师协会国际仲裁中利益冲突指南》（IBA Guidelines on Conflict of Interest in International Arbitration，以下简称《IBA 指南》）更是因为其对利益冲突的问题进行了更为全面、具体且有可操作性的规定，在国际仲裁中被广泛认可和适用。

相反，若缺乏“利益冲突回避”规则，仲裁员的公正性与独立性则很有可能因为利益冲突受到影响。例如，《IBA 指南》提到，如果当事人和仲裁员存在同一性，或仲裁员是当事人之法律实体的法律代表，或仲裁员对争议事项有实质的经济或私人利益，那么，必然存在对仲裁员公正性和独立性的正当怀疑。[2]

基于上述内容，考虑到在体育争议解决中，同样需要确保审理人员不存在利益冲突以保障裁决的公正性和独立性。例如，国际体育仲裁院的《体育仲裁规则》第 S18 条中也规定了，仲裁员和调解员应当以客观、独立和公正的方式处理案件。若仲裁员与代理人存在利益冲突的，那么该裁决将因为违反《纽约公约》而无法得到承认与执行。因此，无论是单项体育协会内部设立的争议解决机构，还是未来设立的全国性体育仲裁委员会，都应当建立一套完善的“利益冲突回避”规则。

2. 国内外与“利益冲突回避”相关的规则

如前所述，国内外在仲裁员回避的问题上，均有相应的规则。尽管体育争议解决不同于一般的民商事争议解决，但是这并不影响体育争议解决机构在利益冲突回避方面借鉴民商事仲裁的经验。例如，依照瑞士联邦法庭在 4A_234/2010 案[3]中的叙述，国际体育仲裁委员会（以下简称“ICAS”）在考虑仲裁员的公正性和独立性时，援引了《IBA 指南》。可见，单项体育协会可以比照民商事仲裁的相关规则，建立适合自身的“利益冲突回避”规则。

---

〔1〕 详见后文引述。

〔2〕 见 IBA Guidelines on Conflicts of Interest in International Arbitration 第 5 页（2）（d），第 20 页“Non-Waivable Red List”.

〔3〕 见 Alejandro Valverde Belmonte v. ComitatoOlimpico Nazionale Italiano（INOC），World Anti-Doping Agency（WADA），International Cycling Union（ICU），4A_234/2010，第 37 段。

2.1 国外相关规则

2.1.1 《IBA 指南》

（1）红色清单

红色清单由“不可弃权红色清单”和“可弃权红色清单”两部分组成。在不可弃权红色清单下，即使披露了此类情形也不能消除利益冲突，即仲裁员无论如何都不得继续担任该案仲裁员。在可弃权红色清单情形下，只有在双方当事人知晓并且仍明示同意该人士依然可担任仲裁员时，才视为对此情形放弃异议权。

①“不可弃权红色清单”：第 1.4 条

1.4 仲裁员或其所在的工作单位，为当事人或该当事人的关联机构提供日常服务，且仲裁员或其所在的工作单位从中获取实质经济收入。

即便是“实质性”的衡量标准可能会有所争议，但是在该规则下，若仲裁员所在的律师事务所与当事人一方有着长期服务关系，便足以构成利益冲突的合理判断。[1]

②“可弃权红色清单”：第 2.3.3 条

2.3.3 仲裁员与当事一方的代理人是同一律师事务所的律师。

通常而言，若某仲裁员所任职的律师事务所同时也是一方当事人所雇佣的律师事务所，那么即使该当事人未雇佣该所律师作为其代理人，也应当被认为具有明显的利益冲突。在《美国律师协会职业行为示范规则》中还提到，“为符合忠于客户的执业规则，一家律师事务所的众多律师们应被视为一名律师”。[2]可见在此情形下的显在冲突。

然而，考虑到法律行业中出现越来越多的大型律师事务所，出现如此情形的几率也越来越高。因此，仅在仲裁员充分披露了此类情况，并得到当事人各方的同意时，才可以认为不存在利益冲突。

（2）其他值得讨论的类似情形

①“可弃权红色清单”：第 2.1.1 条

2.1.1 仲裁员就争议已向当事人或当事人的关联机构提供了法律建议或专家意见。

源于“任何人不得成为自己的法官”这一至高无上的原则，在实践中，若一名合格、诚实的律师已经就某法律问题发表意见，那么我们也完全有理由相信，

---

〔1〕 Arbitrations：Conflict of Interest Revisited：A Contribution to the Revision of the Excellent IBA Guidelines on Conflicts of Interest in International Arbitration，Ramon Mullerat OBE，刊登于 IBA 期刊 Dispute Resolution International 中。

〔2〕 见 ABA Model Rules（第 1.10 条，Comment 2）。

他会坚持自己的观点，除非案件事实有了实质性的变化。同理可见，若某仲裁员已经就争议案件提供了法律建议或意见，明显已经不再适合成为仲裁庭的一员，因为我们很难相信他能够不带任何偏向性地考虑另外一方当事人的反驳意见。这不仅仅是仲裁员与当事人是否存在利益对价的问题，法律专业人士也常常闻名于立场坚定地维护其“学术尊严”，而可能产生“文人相轻”的类似后果。

在国内实践中，由于体育法律方面的专业人员更为欠缺，因此当事人甚至可能找到单项体育协会的仲裁员帮助其起草、修改合同文书。而在此类文书出现争议时，明显不适合再将当时的起草者选任为仲裁员，这将直接出现“成为自己的法官”情形。

②“橙色清单”：第3.1.3条

3.1.3　仲裁员在过去三年内曾两次或两次以上被当事一方或其关联机构指定为仲裁员。

橙色清单会使当事人对仲裁员的公正性和独立性产生合理怀疑，其反映的情形属于仲裁员有义务披露此类情形。所有此类情形下，在仲裁员披露后，除非当事人及时反对，否则即视为其已接受该仲裁员。

然而，无论是国内还是国外，在目前体育争议解决机构的内部规则中均未给予当事人基于类似于《IBA指南》第3.1.3条请求仲裁员回避的权利。[1]

③除此之外，橙色清单中还有如下情形：

仲裁员与另一仲裁员或当事一方的代理人在同一出庭律师办公室[2]；仲裁员在过去的三年内是同一仲裁中另一仲裁员或代理人的合伙人，或附属于同一仲裁中另一仲裁员或代理人[3]；仲裁员和当事一方的代理人存在密切的私人朋友关系[4]。

2.1.2　国际体育仲裁院的《体育仲裁规则》

《体育仲裁规则》第S18条规定，CAS仲裁员和调解员不得在CAS审理的案件中担任一方的律师[5]。除此之外，在对仲裁员与代理人共同任职是否需要回避的判断上，ICAS拥有非常大的自由裁量权。

---

[1] 然而，由于体育法律专业圈子过小，我们已经在德国高等法院裁定不予执行国际体育仲裁院关于速滑运动员Pechstein仲裁裁决的案件中看到了由此带来的潜在后果。该案中，德国高等法院虽然不是以利益冲突为由做出的裁定，但是其指出了仲裁员名单封闭性（圈子过小）的问题，导致仲裁程序的中立地位欠缺制度保障。

[2] 见IBA Guidelines on Conflicts of Interest in International Arbitration：第3.3.2条。

[3] 见IBA Guidelines on Conflicts of Interest in International Arbitration：第3.3.3条。

[4] 见IBA Guidelines on Conflicts of Interest in International Arbitration：第3.3.6条。

[5] 见Code of Sports-related Arbitration：S18.

2.2 国内法律法规与仲裁规则

2.2.1 《仲裁法》

根据《仲裁法》第34条的规定，仲裁员与本案当事人、代理人有其他关系，可能影响公正仲裁的，必须回避，并且当事人也有权提出回避申请。可见，我国《仲裁法》并未细化“其他关系”的情形，但是规定了判断的原则，即“可能影响公正仲裁的”。

2.2.2 规范律师行为的相关法律与规则

尽管仲裁员往往兼具律师身份，但是，经检索《中华人民共和国律师法》《律师和律师事务所违法行为处罚办法》，以及中华全国律师协会印发的《律师执业行为规范修正案》，均未发现对“利益冲突回避”作了详细规定。此外，即使上述法律与规则作了详细规定，当律师以仲裁员的身份出现在争议解决中时，上述法律与规则也并不适用。

2.2.3 仲裁委员会的仲裁员守则

经检索《北京仲裁委员会仲裁员守则》、《中国国际经济贸易仲裁委员会、中国海事仲裁委员会仲裁员守则》和《广州仲裁委员会仲裁员守则》等国内各仲裁委员会的仲裁员守则，我们发现可能使当事人对仲裁员公正性或独立性产生合理怀疑的事由包括：

（1）仲裁员或其供职的单位现任当事人的法律顾问或提供过法律咨询，或曾任当事人法律顾问或其他顾问，该顾问关系结束未满两年的；

（2）仲裁员是本案当事人、代理人的近亲属；

（3）仲裁员私自与当事人、代理人讨论案件情况，或者接受当事人、代理人请客、馈赠或提供的其他利益的；

（4）仲裁员在本案为当事人推荐、介绍代理人的；

（5）仲裁员担任过本案或与本案有关联的案件的证人、鉴定人、勘验人、辩护人、代理人的；

（6）仲裁员与当事人或代理人有同事、代理、雇佣关系的，或曾担任当事人的代理人结案未满两年的；

（7）仲裁人与当事人或代理人为共同权利人、共同义务人或有其他共同利益的；

（8）仲裁员与当事人或代理人在同时期审理的其他仲裁案件中同为仲裁庭的组成人员，或在同时审理的两宗案件中，各自互为案件的代理人和仲裁员的，后一案件被选定或指定成为仲裁员的；

（9）首席仲裁员两年内曾在其他仲裁案件中被一方当事人指定为仲裁员的；

（10）仲裁员与当事人或代理人有较为密切的交谊或嫌怨关系的；

（11）其他可能影响公正仲裁的情形。

3. 案例评析

依据前述国内外与“利益冲突回避”相关的规则，可以质疑仲裁员的客观性和独立性的事由非常多，比较典型的有以下三种情形：“仲裁员或其供职的单位现任或曾任当事人的法律顾问（包括提供法律咨询）”、“仲裁员与代理人共同任职于同一家律所”和“仲裁员与代理人是同一家仲裁机构的在册仲裁员”，但这并非是绝对的，仍然需要通过个案作具体分析。

3.1 针对仲裁员或其供职的单位现任或曾任当事人的法律顾问（包括提供法律咨询）

通常而言，仅在仲裁员或其所在的律师事务所同时为案件一方当事人提供法律服务的情况下，才会被认为存在利益冲突。而在瑞典斯韦亚上诉法院不予执行 KPMG AB v PROFILGRUPPEN AB 的案件中，法院将此类利益冲突情形进行了扩大解释。该案系争议的仲裁裁决于2010年12月22日在瑞典斯德哥尔摩作出，在仲裁裁决作出前，KPMG AB 指定仲裁员所在的律师事务所接受了其他客户的委托，将提供涉及以 KPMG AB 为被告案件的法律服务。同时，该仲裁员已经知晓该情形的存在。在此情况下，法院推定仲裁员及其律师事务所与当事人（KPMG AB）之间存在“利益冲突”，导致该仲裁裁决最终被判决不予执行。[1]

可见，依据瑞典斯韦亚上诉法院的观点，可以对“仲裁员或其供职的单位现任或曾任当事人的法律顾问（包括提供法律咨询）”作扩大解释：即在仲裁裁决过程中，仲裁员供职的单位即使是为当事人之外的第三方提供法律服务，但只要该法律服务涉及当事人的利益，则仍可能被认定为“利益冲突”而需要回避。

3.2 针对仲裁员与代理人共同任职于同一家律所

在“中国移动通信集团安徽有限公司淮南分公司与淮南市洞山房地产开发有限公司申请撤销仲裁裁决”案[2]中，安徽省淮南市中级人民法院认为，仲裁员任文改与洞山房开公司的代理人胡弟昌、胡继超是一个律师事务所的律师，属于同事关系，可能影响公正仲裁，该仲裁员符合法定回避情形，即使对方当事人没

---

〔1〕 见 KPMG AB v PROFILGRUPPEN AB（Svea Court of Appeal），（Casr No. T 1085 - 11）.

〔2〕 安徽省淮南市中级人民法院（2016）皖04民特314号。

有提出回避申请，该仲裁员也应当自行回避，故法院撤销了淮南仲裁委作出的裁决。

但是应当注意的是，内蒙古自治区赤峰市中级人民法院在“赤峰市城市建设投资（集团）有限公司与北京欧安地合众建筑设计顾问有限公司申请撤销仲裁裁决”案[1]中认为，虽然申请人赤峰市城市建设投资（集团）有限公司提出本案首席仲裁员与被申请人在仲裁中的代理人曾属同事关系，但“曾为同事关系”并不构成法定应当回避的情形。

3.3 针对仲裁员与代理人是同一家仲裁机构的在册仲裁员

在“山东省建设建工（集团）有限责任公司、山东唯实置业有限公司申请撤销仲裁裁决特别程序”案[2]中，山东省枣庄市中级人民法院认为，独任仲裁员郭紫刚和山东唯实置业有限公司的委托代理人刘荣渊同是枣庄仲裁委员会仲裁员名册中所列仲裁员，并同时在枣庄律协中担任职务，双方存在可能影响公正仲裁的其他关系，理应为避免当事人因此产生合理的怀疑主动申请回避而未回避，违反了我国仲裁法及枣庄仲裁委员会仲裁规则的规定。因此，法院撤销了枣庄仲裁委员会作出的裁决。

然而，在“上海梦之队国际贸易有限公司与NBA体育文化发展（北京）有限责任公司申请撤销仲裁裁决”案[3]中，北京市第二中级人民法院认为，尽管NBA公司仲裁案件代理人刘郁武律师曾任职于本案提交的中国国际经济贸易仲裁委员会并且现任仲裁员，但刘郁武律师担任NBA公司仲裁案件代理人并未违反《中国国际经济贸易仲裁委员会仲裁规则》的规定，且梦之队公司并未提供证据证明刘郁武律师的代理行为对仲裁程序及实体造成影响，故法院不支持梦之队公司基于上述理由要求撤销裁决。

此外，湖北省荆门市中级人民法院在“赵万红、沈忠良申请撤销仲裁裁决”案[4]中还详细阐述了理由。法院认为，首先，周明学旦与涉案仲裁案件的仲裁庭组成人员谢守宇、吴兴云、宋文权均为荆门仲裁委员会聘任的仲裁员，但四人与荆门仲裁委员会不存在劳动人事关系，故不能认定四人同属荆门仲裁委员会的工作人员。赵万红主张四人系同事关系，没有法律依据。因此，仲裁庭的组成并不违反仲裁法及仲裁规则的规定。其次，依据《荆门仲裁委员会仲裁员行为规范》（以下简称《行为规范》）第23条的规定，律师担任仲裁员的，其代理所在仲裁机构受理案

---

[1] 内蒙古自治区赤峰市中级人民法院（2017）内04民特23号。

[2] 山东省枣庄市中级人民法院（2016）鲁04民特9号。

[3] 北京市第二中级人民法院（2016）京02民特214号。

[4] 湖北省荆门市中级人民法院（2018）鄂08民特1号。

件的行为并不是绝对被禁止，只要不存在上述《行为规范》中列明的不得代理的行为即可，故无须回避。

结语

从上述国内外在“利益冲突回避”问题上的不同规则和法院的不同观点中，我们可以发现“仲裁员与当事人或其代理人存在特殊关系”是否需要回避，不能一概而论，关键还是要看是否会对仲裁程序及实体造成影响。

因此，为了“利益冲突回避”规则既是具体且有可操作性的，又能适应不断出现的新情况，本文提出如下建议，供国内单项体育协会及未来设立的全国性体育仲裁委员会参考：

4.1 根据不同的情形，为审理人员设置不同的披露义务

在“利益冲突回避”问题上，为审理人员设置披露义务是国内外的通行原则。因此，足球、篮球等单项体育协会，可以效仿《IBA 指南》的做法，在审理人员的守则或其他程序规则中明确列出，审理人员接受选定或指定时必须披露和无须披露的利益冲突情形。

4.2 给予当事人充分发表意见的权利

在审理人员披露利益冲突情形后，争议解决机构应当向各方当事人告知此情形。各方当事人可依照争议解决机构的判定规则，对“审理人员是否应当回避”发表自己的意见。需注意的是，若利益冲突情形产生于审理人员被指定之后，那么其也应当随时向各方当事人告知，并且允许当事人就新的情况是否导致利益冲突产生提出看法。

4.3 采取“概括＋列举”的方式，明确应当回避的情形

在“审理人员是否应当回避”的判定规则上，体育争议解决机构可以效仿国内部分商事仲裁委员会的做法，采取“概括＋列举”的方式，即先提出判断的原则（往往是“是否会影响裁决的公正性和独立性”或者“是否对裁决程序及实体造成影响”）；再列举具体的情形，常见的“应当回避”情形如前文所述，包括：审理人员或其供职的单位现任或曾任当事人的法律顾问（包括提供法律咨询）、审理人员与代理人共同任职于同一家律所等。在上述基础上，体育争议解决机构可结合当事人的意见，以“判定规则”为依据，作出“审理人员是否应当回避”的最终决定。

国际体育仲裁院及其制度简析

杨淑敏[1]

摘　要　在体育法课堂上，笔者第一次近距离接触体育法，才了解到这其中存在着诸多问题亟待解决。参考了大量文献之后，特作此文，本文通过对国际体育仲裁院改革之后遗留的问题以及其仲裁制度中缺乏的最密切联系原则、强制性仲裁条款的效力问题、裁决结果的特殊效力的论述提出了相应的问题，并就这些问题给出了解决建议。

关键词　国际体育仲裁院　改革　最密切联系原则　强制性仲裁条款　裁决结果的特殊效力

1. 国际体育仲裁院的发展历史及职能

二十世纪七八十年代，随着世界经济发展、国家之间的交流更加密切，体育运动以及体育竞技不仅发挥着越来越重要的作用，同时还向着商业化与专业化的方向发展，体育界内部的纠纷也接踵而至，为法院裁判造成了极大的负担。又由于体育特有的专业化性质，导致许多法官因为缺乏专业知识难以迅速作出适当裁决，造成了体育裁判的一大困境。为了有效地解决体育纠纷，促进体育事业的发展，前国际奥委会主席萨马兰奇先生提出了建立解决体育纠纷机制的设想，所以国际体育仲裁院（Court of Arbitration for Sport，简称 CAS）于 1984 年得以成立，其总部位于瑞士洛桑，其行为与决策受到《瑞士国际私法法案》的制约。

国际体育仲裁院成立之初，由国际奥委会管辖，在一定意义上可以说是其附

---

〔1〕 作者简介：杨淑敏，中国政法大学刑事司法学院法学专业 2017 级本科生。

属机构。仲裁院几乎所有的财政资金都来源于国际奥委会，国际奥委会还有权选择国际体育仲裁院的相关人员。这一系列运行机制显示了二者的密切联系，引起国际广泛的质疑——体育仲裁院完全从属于国际奥委会，其裁判的公正程度值得怀疑。国际法律与体育大会于1993年举行，与会者提出了建立新的机构的想法——建立国际体育仲裁理事会，通过这种方式，来取代国际奥委会对于体育仲裁院的管理与监督。该提案随后经“体育规则”确认，1994年11月生效的“体育仲裁规则”也对该提案进行了确认。1996年国际仲裁理事会为了高效解决问题，在纽约和悉尼设立了两个常设的仲裁分院。国际仲裁理事会随后成立了专门的特别仲裁分院，以解决奥运会以及世界杯期间的体育仲裁纠纷。

目前，国际体育仲裁院的职能主要是调解纠纷与仲裁。仲裁又可以分为普通仲裁与上诉仲裁，普通仲裁是商事合同纠纷与民事责任纠纷，上诉仲裁则针对运动员不满体育组织作出的裁决而进行的上诉。按照体育仲裁院处理的案件性质进行分类则可以分为四类——参赛资格案件、合同纠纷案件、纪律处罚案件、比赛结果纠纷案件。〔1〕从仲裁院的实践来看，其仲裁为体育竞赛健康有序发展确实作出了突出贡献。例如，我国柔道运动员佟文由于2009年兴奋剂检测中呈阳性被国际柔道联合会予以禁赛两年的处罚，佟文上诉到CAS，CAS以检测过程中存在严重违反程序的操作为由撤销国际柔道联合会的处罚决定，判决佟文有资格参加2012年的伦敦奥运会。从中可以看出CAS在体育组织和运动员中均起着至关重要的作用。但其解决纠纷的方式也因存在众多问题而使其威信受到挑战。

2. 简析国际体育仲裁院改革后遗留问题

如上所述，为了维护体育仲裁院的独立性与裁决的公正性，体育仲裁院于1994年进行了改革，并成立了国际体育仲裁理事会负责CAS的管理与监督。但通过观察体育仲裁院近年来解决纠纷的方法与结果，人们似乎还可以发现改革之前的弊端依然残留着。以国际知名的佩希施泰因案为例：佩希施泰因是德国著名速滑运动员，因其于2009年兴奋剂检测不合格，国际滑冰联合会对其作出禁赛两年的处罚，佩希施泰因不满处罚，向体育仲裁院提出仲裁申请，体育仲裁院在

〔1〕参见周青山：“国际体育仲裁院：权威的体育纠纷解决机构”，载《人民法院报》2017年8月25日，第8版。

审理之后维持了原定的处罚，佩希施泰因又向瑞士法院求助，未果，最终她向德国相关法院提起了诉讼。德国不同法院得出不同的审判结论以及审判结果。其中德国慕尼黑高院认为体育仲裁院改革不彻底——其仲裁人员以及个案中的首席仲裁员的任命无法保证其独立的审判地位。这些人员的任命模式显示其与体育组织有千丝万缕的联系，这极易导致裁决的不公正性。体育仲裁院的人员委任名单具有封闭性，对于仲裁员的专业性我们不予怀疑，饱受质疑的是产生这些人员名单的方式。委员会由20名委员组成，体育组织可以选任其中的12位，这实际上已经使得体育组织在仲裁院里拥有决定权了，更何况另外8名委员实际上也是由这12位委员委任的。[1]这样带有偏颇色彩的人员选任方式直接影响到裁判的公正与否。

在此次审查中，法院没有拘泥于传统——专注于个案体育组织人员的审查，而是不再拘泥于个案，将所有的体育组织视为一个整体、所有的运动员视为一个整体。这是审查方式上的重大变化，也更加符合实际。

在相应的案件争议中，指定首席仲裁员的方式也存在问题。在个案中首席仲裁员往往起关键作用。2013年起，上诉委员会主席由Corinne Schmidhauser担任，从其简历中可以看到她是瑞士反兴奋剂委员会与瑞士滑冰协会法律委员会的负责人，有学者质疑：她的身份使其难以保持完全的中立而不偏向体育组织——作为一名体育组织的负责人，她在长期工作中形成的理念和思维方式使她更容易认同体育组织的观点与决定、更容易从体育组织的角度思考问题从而加大对运动员的不利。[2]2015年3月，CAS进行公开声明，强调了其裁决的专业性，但并未就慕尼黑高院裁决中的质疑即仲裁人员的任命问题给出正面的答复，有逃避之嫌疑。看一看仲裁人员的简历——他们或多或少都与体育组织有关联。以上事实足以证明以前的改革措施并没有完全切断国际奥委会与体育仲裁院的联系，国际体育仲裁院的行动与决策未完全独立，其裁判的独立性与公正性还值得我们怀疑。

体育仲裁院必须全面改革以保证其独立性，否则在将来它将面临诸多压力、质疑与司法审查。人员的选任方式是首先要改革的，CAS需要的不仅是专业的精通体育与法律的人员，这些人员还需要代表不同的利益，尤其是处于弱势地位的运动员需要其利益的代表。可以考虑从体育各界委任仲裁员，例如选择教练、运动员以及体育组织工作者共同组成委员会来平衡利益。只有通过改革人员选任机制、平衡其中的利益才能使CAS维持“体育最高法庭”的地位。

---

〔1〕参见李智：“从德国佩希施泰因案看国际体育仲裁院管辖权”，载《武大国际法评论》2017年第1期。

〔2〕参见李智：“从德国佩希施泰因案看国际体育仲裁院管辖权”，载《武大国际法评论》2017年第1期。

3. 体育仲裁制度现存问题详析

3.1 最密切联系原则缺失

《体育仲裁法典》规定，对于一般仲裁程序，争议应首先根据当事人选择的法律解决，如果仍无法解决就直接适用瑞士法进行裁决。对于上诉仲裁程序，则适用被上诉组织所在地的法律，如果仍无法解决纠纷就适用仲裁庭认为适当的法律，但对于这种情况仲裁庭需要有说服力的理由。从上述规定可以看出体育仲裁院首先应尊重当事人的自主选择权与意思自治，但一旦意思自治不能够完全解决争议，就直接适用强制规定的法律而非适用最密切联系原则选择法律。[1]适用冲突法的实质就是尊重各方的意思自治与最密切联系原则，最密切联系原则即补充适用最接近当事人情况的法律，而仲裁院的法律适用规则直接忽视了这一原则，舍近求远，适用与当事人情况不太符合的法律以达到迅速解决体育纠纷的目的。这不仅损害运动员的利益，还扩大了体育仲裁院的权力范围。

体育仲裁院权力的扩展可以概括为其自由裁量权的范围扩展：CAS 可以选择适用补充性法律，可以在被上诉方所在地的法律与其认为合适的法律之间做选择。不同国家的法律有不同的规定，仲裁庭适用不同地区的法律会得到不同结果，仲裁院很可能因其认为合理的裁判结果而选择适用何种法律，即由其预先认为合理的裁判结果到相应的可以支持其结果的法律。这显然会失去裁判结果的公允。还有一个问题是：什么是仲裁庭认为适合的法律，在选择其认为合适的法律时有什么规则或者标准吗？答案是否定的，没有规则阐明其如何选择适合的法律，一切都由仲裁庭进行自由裁量。意思自治原则原本符合体育自治的精神，其背后本应紧跟着最密切联系原则，但在体育仲裁制度中却无这方面的规定，这造成法律适用的随意性，更加重了居于弱势地位的运动员的维权负担。

针对这一问题，有必要加入最密切联系原则作为补充性法律原则或者增加条款限制仲裁庭选择适合的法律的随意性，二者择其一才有可能使适用的法律更加符合当事人的需求、作出更公正的裁判。

---

〔1〕 参见周青山："现代冲突法视野下国际体育仲裁院实体法律适用"，载《北京体育大学学报》2018年第5期。

3.2 强制性仲裁条款的合法性

为了维护体育自治原则，有效解决体育纠纷，体育组织的章程经常规定强制性仲裁条款，这些条款被国际默认接受，而各国法院也不会轻易认定这些条款为无效。但是佩希施泰因案使得法院对于这类强制性条款产生了怀疑，也使得这些条款的合法性受到质疑。

首先了解仲裁的法理依据：当事人基于意思自治，作出自主选择及自主决定，将处分自己利益的权利交给第三方并放弃向法院起诉的权利。其中协商一致与自愿平等是核心，但这些强制性仲裁条款明显违反了此原则。但由于体育行业的特殊性与专业性，体育组织实际上具有国际垄断地位，如果运动员不接受体育组织提出的规则就会被排除在相应的领域之外，目前体育运动职业化，为了自己职业生涯的继续，运动员们只能被迫接受相应的不平等条款。私法中有定型化合同（一般指格式合同）的规定，对由于格式合同有两种以上的解释的要做出不利于制定格式合同一方的解释，并且应该按照通常理解来解释格式合同的规定。但在体育领域中，通常理解常常因为体育行业的专业性不被采纳，运动员们也没有选择权，法律规定也没有倾向于运动员，他们只能被迫与制定格式合同的体育组织签订合同。某位资深的 CAS 仲裁员也承认：如果说强制性仲裁条款中包含着意思自治的内容，完全是在玩文字游戏。面对强制性仲裁条款，运动员没有解决方案。

还有一个问题是体育合同中的“概括援引”，概括援引是指运动员签订的合同中并未包含该仲裁条款，但合同援引的其他文件中包含某仲裁条款，则该运动员也要受到该仲裁条款的约束。可以发现其中缺少了当事人的意思自治。按照通说，对法律进行概括式援引时需要依赖“信赖原则”，而且这种援引必须是善意的。[1]但显然体育组织设立类似的规则只是为了避免诉讼、将国家诉讼排除在体育之外，并非出于对运动员利益的考虑，因此并不满足信赖原则的要求，也就是说概括援引是否具有法律效力还有待商榷。

在佩希施泰因案中，最终诸多法院均认为强制性仲裁条款尽管存在瑕疵但还是有效且合法的，因为 CAS 的仲裁机制是解决体育问题的最佳机制——最专业、最迅速，即使存在某种瑕疵还是可以接受和容忍的。但我们认为仲裁的前提是当事人的自主权，未经当事人同意的仲裁不是真正意义上的仲裁。不能只因为体育仲裁院是最专业、最迅速解决体育纠纷的机构就以此为理由肯定其做出的裁决。以结果的合理性来论证手段的合理性是不符合逻辑的，这可能具有偶然性。我们追求的是公正的裁决而非最迅速的裁决。如果因其解决纠纷的优点而承认其做出

---

〔1〕 参见郭树理：“体育组织章程或规则中强制仲裁条款的法律效力辨析”，载《武汉体育学院学报》2018 年第 2 期。

的裁决的合理性，长此以往，体育仲裁院将不受到任何法律约束，这更巩固了体育界的三角结构的稳固性，即加重了体育组织对于运动员的压迫。

由于体育行业规则的专业性以及特殊性，再加上各国的法律制度有很大差异，与法院的诉讼相比，CAS 的仲裁效率高、费用低，我们不得不承认 CAS 裁判的优越性。但这不能成为肯定其裁判合理性的依据，仲裁院仍需在制度方面进行改革。在概括援引中，可以参照《中华人民共和国合同法》第 39 条关于格式合同的规定——应采取合理的方式提请对方注意免除或者限制其责任的条款，体育组织可以将强制性条款加入到参赛资格证书中，但要将其设置成为醒目条款，如放在第一条或者采取加粗、放大字体等方式，只有这样才可以满足信赖与知悉原则，而且避免了“签名效力瑕疵”之问题（签名效力瑕疵：运动员只是在参赛报名表中签名而非认可相应的强制性仲裁条款，这种未签名的强制性条款在严格仲裁——即强制性仲裁条款签名双方必须为当事人的国家中可能会出现形式的瑕疵，会出现这一签名是否有效的问题）。

3.3 裁决结果的特殊效力

在体育仲裁院裁决的过程中，其先前的裁判会成为先例，对之后的裁判以及法律的制定修改产生积极作用。虽然国际体育仲裁院的规则并未规定判例原则，但在仲裁实践中，CAS 常参考之前的一个或者多个判例，其在作出判决的时候也逐渐出现趋同的趋势，这在事实上承认了判例中的先例原则。根据英美法系的判例法以及遵循先例的原则，可以发现体育仲裁院具有“制定法律的权力”。[1]其在长期的实践中形成了国际体育法的判例法渊源，弥补了成文法的不足，使体育法体系更加严密、稳定。但正如前述，CAS 在裁判中存在诸多问题，判例中没有法理基础的制度会随着判例的参照作用而被不断巩固，造成恶性循环。我们认为在创造判例法规则的时候，CAS 应该小心谨慎，还应该设立事后审查机制，审查形成的判例法是否符合一般法理的规定，如果不符合应该立即纠正，只有这样才可以最大化的发挥判例的指导补充作用。

结语

综上所述，CAS 虽然在体育实践中发挥了重大作用，但其制度还存在许多问

〔1〕 张文闻、吴义华：“国际体育仲裁裁决的特殊效力：以 CAS 的仲裁权为视角”，载《成都体育学院学报》2017 年第 1 期。

题。目前德国慕尼黑法院已经挑战了国际体育仲裁院的权威，相信在未来，仲裁院还会承受相应的质疑，唯一的解决措施就是改革现有制度。从各界选择仲裁委员会人员，使其来源多样化，代表各方利益；在概括引援中，体育组织要将强制性仲裁条款醒目地写在参赛资格书上面，如加大字号或者加粗；建立事后审查判例是否合法的机制。当然，本文是在查阅相关资料、参照前人文献的基础上完成的，论述还不够全面，观察角度也略显单一。

论加拿大体育法对我国体育立法改善的启示

孙冠冠[1]

摘　要　在当代社会背景下研究体育法具有重要意义。我国的体育立法目前仍具有一定缺失。通过分析加拿大体育立法的历史与发展现状，本文借鉴它的改革思路，总结了加拿大现行体育法对我国体育立法的启示。

关键词　加拿大　体育法　立法改善

1. 在当代社会背景下研究体育法的意义

体育既是彰显人类文明进步的一面旗帜，也是中国特色社会主义下促进居民生活质量提升的一项重要内容。我国已经进入了快速的消费升级时期，城镇居民对物质生活的需求不断增长，对体育生活也愈发重视。如今研究体育法是具有极大意义的，相应的体育立法也毋庸置疑地需要根据时代发展进行相应改善。

体育法是由国家权力机关制定的调整体育活动中各种社会关系的法律规范的总称，调整对象是体育活动中人们之间所发生的各种社会关系。随着相关体育事业欣欣发展，随之而来的是各种体育纠纷，体育法对各类体育纠纷的解决的重要作用将日益展现。

既然体育法律关系的主体间的社会关系愈来愈复杂，加以调控的体育法则需要制定得更为全面。我们既要肯定体育法的特殊性，保留体育的法律仲裁，同时还要将其交由民法以及合同法，让法律去调整，在立法层面上能够更加务实，也

[1] 作者简介：孙冠冠，中国政法大学法学院2018级本科生。

更能节约资源。[1]就此而言，体育立法应当与其他部门法更紧密地联系，注重法律内容的创新。这样才能给予体育活动更多的保障、更正确的规范，推动群众体育，有力促进国家体育事业的进步。

2. 我国体育立法的现状及缺失

随着依法治国的全面推进，以1995年颁布的《中华人民共和国体育法》（以下简称《体育法》）为体育基本法的我国体育立法与现实问题的适应度日益下降。首先，《体育法》的许多条文中“应当”等强制性表述不足在一定程度上削弱了我国体育法的权威性。其次，在体育法中，较多注意定性的内容而忽视了定量的问题，许多有法不依的问题也由此产生。并且很多过于宏观的表述也导致在执法的过程中不容易找法律依据的困境。最后，相较于表述更为具体、支持力度更大的竞技体育，我国体育法对大众体育描述稍显模糊，有所轻视。我们急需通过完善体育立法来解决问题。

3. 加拿大体育法历史发展

汲取体育发达国家先进的立法经验来为我国体育法确立改革路向，再融入我国实际国情寻找具体的立法改善措施，无疑是立法提升的绝佳途径。而加拿大在体育发展模式上较为先进，值得我国研究借鉴。接下来将从它体育立法的历史发展进行分析。

加拿大体育立法的主要思路是根据体育领域中存在的社会问题以不断调整体育立法的方向和原则来到达预期的改善效果。随着体育事业不断国际化、产业化，旧法早已不能推动竞技体育的发展，在适应现代体育发展的过程出现了诸多漏洞。法律对体育的关切应体现对体育现实问题的关注，体育法作为具体领域中的

[1] 参见卢成：“欧美国家高度体育产业化和体育法的发展对我国体育法研究的启示”，载《当代体育科技》2017年第7期。

法，它的生命力在于实践，在于切实提高国民身体素质和促进竞技体育发展。[1]到目前为止，加拿大相继颁布了《国家身体健康法（1943 年）》、《健康与业余体育法（1961 年）》和《身体锻炼和竞技运动法（2003 年）》三部法律，下面将详细介绍这些法律出台时的社会背景和实施效果。

3.1 《国家身体健康法（1943 年）》

20 世纪中期，加拿大开启了城市化和工业化时代，农村人口向城市迁移，居民生活的方方面面都迎来了巨大的变革。体力劳动时长的骤减导致民众的健康水平日益下降，于是加拿大政府尝试通过立法来介入体育来改善现状。加拿大首部体育法《国家身体健康法》由此于 1943 年诞生。通过《国家身体健康法》，加拿大政府在国家层面建立了“国家身体健康委员会”和“国家身体健康基金”，试图建立联邦与省之间促进体育发展的机制，在体育领域实行“联邦/省费用分摊”政策，但由于当时体育在加拿大发展的传统——体育事务的管辖权一直属于地方政府，所以联邦政府想通过《国家身体健康法》介入体育的做法遭到了各省的反对。[2]《国家身体健康法》的实施效果并不理想，于是在 1954 年自由党政府废除了该法，同时也解散了加拿大国家身体健康委员会。

尽管实施效果不孚众望，但这部法律的颁布体现了国家重视体育的决心，创新尝试了从联邦到地方的多层级体育管理体制，最重要的是为之后的体育立法确定了基本思路。

3.2 《健康与业余体育法（1961 年）》

加拿大城市化和工业化进程的日益深入导致全民体育锻炼日益减少、体质健康持续下降。更糟糕的是，在 1956 年举行的意大利冬奥会上，加拿大在一直引以为傲的冰球项目上落败苏联。这更是严重打击了加拿大发展体育事业的信心，于是以此为契机，一些个人、组织、议员提出联邦政府应采取措施支持加拿大的竞技体育发展的主张。在成功获取保守党总理的大力支持后，加拿大推出了新的体育法，即在 1961 年正式颁布的《健康与业余体育法》。《健康与业余体育法》的颁布使加拿大逐步形成了从联邦政府到地方多级政府的体育管理体制，“联邦/省费用分摊”在体育领域中正式实行，加拿大开始重视竞技体育的发展和资助体育组织，一些体育项目的竞技水平有所提高，公共体育服务也得到改善。[3]

---

〔1〕 参见陈利红：“试论加拿大现行体育法的实践性及对我国体育立法的启示”，载《遵义师范学院学报》2016 年第 6 期。

〔2〕 参见陈利红：“试论加拿大现行体育法的实践性及对我国体育立法的启示”，载《遵义师范学院学报》2016 年第 6 期。

〔3〕 参见陈利红：“试论加拿大现行体育法的实践性及对我国体育立法的启示”，载《遵义师范学院学报》2016 年第 6 期。

3.3 《身体锻炼和竞技运动法（2003年）》

1981年起，加拿大对国民体质状况和体育活动现状进行了10次的调查，2002年调查结果显示，48%的国民因为保持了较高的体育活动参与从而保持了较好的身体状况，但约有50%的成人却处于超重状态。[1]借助调查，加拿大政府发现了体育锻炼对国民体质的重要意义，同时1988年汉城奥运会中加拿大短跑名将本·约翰逊服用兴奋剂被查处的事件也为体育发展战略方向的转变提供了契机，体育价值观的普及开始得到重视。2003年6月15日《身体锻炼和竞技运动法》正式生效。这部法律把体育提升到了一个伦理高度，明确了加拿大政府关于体育发展的目标，也由此设立了体育争议解决中心，力图给加拿大体育团体解决体育争议可选择的途径。在该法的积极影响下，加拿大的群众体育迅速发展，国民体质显著提升，竞技体育也取得了较好的成绩。

4. 加拿大体育法发展现状

《身体锻炼和竞技运动法》的实施使加拿大确定了体育发展的根本原则和基本目标。为激励人们参加体育运动，加拿大政府同社会团体在竞技运动和身体健康方面展开合作，阐明了指导竞技运动的道德标准和价值观，即不使用兴奋剂，公平公正地参与竞技运动，公正、透明、及时地解决体育争议。为落实目标，相应的系列政策和与之配套的法律、法规相继出台，大大加强了体育法的可操作性。

4.1 提高国民的体育参与度

为了凸显体育运动的价值，加拿大提出了参与体育运动可以“健康一世，快乐一生”的主张。同时，体育场馆设施的数量在全国范围内大幅增加，推进了群众体育的发展。群众体育的高度普及为竞技体育打下了坚实的基础。

4.2 完善社区体育设施的建设

2001年，加拿大政府在原有体育法的框架下公布了新的“加拿大体育政策目标（CSP）”，2002年~2012年，加拿大体育局将大众体育纳入其体育发展政策目标并作为重点在全国推广实施，2005年至2006年，加拿大体育局颁布和实

〔1〕参见姜熙：“加拿大《国家身体健康法》和《健康与业余体育法》研究及启示”，载《成都体育学院学报》2015年第1期。

施了“加拿大体育资助项目”“体育赛事承办资助项目”等资助计划，同时从福利与保障制度层面上进行社区体育设施的建设与完善，在政策与建设投入方面给予支持。政府也发布了另一项规定即在社区建设的规划阶段就应考虑与之相配套的体育活动中心。所有体育公共场地设施属于市政府，公共体育设施建设的费用纳入政府财政预算，群众休闲活动的经费主要来源于税收。社区内的体育休闲中心，社区内学校体育活动设施等以俱乐部的形式向市民开放，只能低价收费甚至免费。在加拿大，孩子在标准的冰球场滑一下午冰，只需 3 元钱，仅比一张公交车票稍贵。[1]

4.3 发挥社会组织在体育发展上的建设性作用

为鼓励更多的民众参与体育活动，就要充分发挥社会组织在国民体育发展上的建设性作用。联邦政府的体育管理机构与各相关利益组织形成“多战略合作伙伴”关系，政府为社会体育组织提供财政资助。1995 年，加拿大联邦政府制定了包括资格标准、评估、资助数额、签订责任制等内容的“体育资助与责任框架”(Sport Funding and Accountability Framework，简称 SFAF)。[2][3]这一框架制定了更科学与合理的评价标准来有效甄别出哪些体育组织、协会应当得到体育资助。为了达到更好的实施效果，政府的相关体育机构会定期考核这些体育组织，只有评估合格者才可获得体育资助。通过有效实践“体育资助与责任框架”，社会体育组织的体育参与度得到大幅度提升，社会组织在体育发展上的建设性作用得到充分发挥。

4.4 促进青少年参加体育活动

在青少年体育参与方面，加拿大推行“Go NB Program”计划，旨在鼓励和引导青少年积极参加体育锻炼，同时动员家长激励青少年参加体育运动，并实施一种把家庭税收与青少年的体育运动有效地联系起来的有针对性的税收抵免政策，即父母为孩子（16 岁以下）注册一个体育计划或健康计划，就可抵免一定的家庭税收，最高税收抵免额可达 500 美元。[4][5]针对多数青少年在学校上学的情况，加拿大政府格外重视促进学校里的体育活动参与度，并于 1988 年启动了《高质量的日常体育活动计划》，希望为青少年终身体育意识的培养提供专业

---

〔1〕参见陈玉忠：“加拿大体育政策的特点及启示”，载《上海体育学院学报》2014 年第 1 期。

〔2〕参见陈利红：“试论加拿大现行体育法的实践性及对我国体育立法的启示”，载《遵义师范学院学报》2016 年第 6 期。

〔3〕参见陈玉忠：“加拿大体育政策的特点及启示”，载《上海体育学院学报》2014 年第 1 期。

〔4〕参见陈利红：“试论加拿大现行体育法的实践性及对我国体育立法的启示”，载《遵义师范学院学报》2016 年第 6 期。

〔5〕参见陈玉忠：“加拿大体育政策的特点及启示”，载《上海体育学院学报》2014 年第 1 期。

的知识性和技术性支持。这一系列计划既保证了青少年参与体育活动的机会，又丰富了匹配青少年的各类体育活动，对引导青少年参加体育活动，养成健康的生活方式意义极为重大。

4.5 利用良好的群众体育基础发展竞技运动

《身体锻炼和竞技运动法》大大推动了群众体育和竞技体育发展的互补，并发展出了全民性培养挑选体育人才的有效途径即各种社会组织、俱乐部和协会，通过参加全国大型运动会并选出优秀者进入竞技体育的发展行列，充分发挥了群众基础的奠基作用。2010 年冬奥会上加拿大位列奖牌榜榜首的优异成绩便是这一举措有效性的最佳证明。

5. 加拿大体育法对我国体育立法的启示

加拿大体育法为适应体育事业的发展历经三次改革，每次改革都是基于发现体育社会问题并以问题为中心提供立法修改和完善的思路，也都起到了促进体育发展的积极效果。我国体育立法起步晚，而基本法《体育法》在 1995 年正式通过后历经两次修正。但随着我国体育发展商业化、产业化和职业化程度不断升高，各类体育纠纷不断上演，体育法律问题无法可依的现状使得法学界对《体育法》的再次修改和完善呼声日趋强烈。根据对加拿大体育法的改革过程的分析，我国体育法的修改和完善可从以下几个方面加以借鉴。

5.1 调整立法方向，协调立法内容

5.1.1 制定法律法规激励公民参与体育活动

加拿大通过《税法》《个人所得税法》促进和鼓励群众体育，并推出各类计划以激励青少年参与体育活动。那么我国在这些相关法律上也可以对群众参与体育活动实行优惠政策，在制定优惠政策时一定要细化优惠条件、金额数量和获取途径。

5.1.2 建立发展体育的财政资助制度

加拿大通过建立联邦政府和各省费用分摊协议、体育资助相配套的资助模式与责任框架（SFAF）来选择资助社会体育组织以推动群众体育的发展。我国在群众体育上的投入资金不足且利用不够合理，应当借助体育立法对政府购买公共体育服务、体育基金制度和社会团体及个人对体育的赞助和捐赠等做出具体规定。

5.1.3 重视群众体质监测

加拿大政府从1981年开始，连续10次对国民的身体状况进行跟踪调查。而我国仅在《体育法》第11条对体质监测和社会体育指导员方面做了高度概括性的规定。面对国民体质持续下降和社会体育指导员数量严重不足的现状，我国更应从立法层面对体质监测部门的监测时间、监测频率、监测程序、结果评估等方面做出详细规定，以便及时发现问题、解决问题，为群众健康水平的提升提供明确方向和菜单式服务。

5.1.4 加拿大现行体育法体现了国家对群众体育在立法层面上的高度重视，并着重利用群众体育的基础促进竞技体育的发展

而我国体育立法大多集中在竞技体育方面，对于群众体育活动，特别是对公民参与体育活动的权利义务、财政资助制度、激励措施、人民体质监测和社会体育指导员的招募培训工作等核心问题的规定严重缺乏，未能真正体现群众体育和竞技体育协调发展。[1]因此我国在体育立法方面首先应明确公民的体育权利，并制定配套法律法规加以保障。

总之，我国在修改体育法时要以群众体育和竞技体育协调发展为导向，具体明确各法律条文的内容，使体育立法在社会实践中行之有效。

5.2 完善管理体制和运行机制的立法

加拿大体育法用大量的条款来保证一个专门的委员会的建立，它的责、权、利既有立法的抽象性，更有法律条文的具体性。[2]而我国仅有《体育法》第4条第1款规定“国务院体育行政部门主管全国体育工作，国务院其他有关部门在各自的职权范围内管理体育工作。”第31条“国家对体育竞赛实行分级分类管理。全国综合性运动会由国务院体育行政部门管理或者由国务院体育行政部门会同有关组织管理。全国单项体育竞赛由该项运动的全国性协会负责管理。地方综合性运动会和地方单项体育竞赛的管理办法由地方人民政府制定。”提出管理体育的机构，笼统规定了各自的权力和义务范围。但没有其他的具体配套的法律法规来辅助落实，实践的困难使其难逃被“束之高阁”的命运。因此，我国体育管理体制和运行机制的立法改善，可以借鉴加拿大体育法改革的经验，并结合国情做出相应改变。首先要从立法的高度对体育行政部门的设立、组织构成、权力、义务及责任予以明确规定，在立法原则的指导下，应有明确的权力定位和责任主体条款；其次明确体育行政管理部门与体育社会组织之间的关系、界限、职责，切忌职责不明、责权不清；

---

〔1〕参见吴义华、张文闻：“加拿大体育立法研究”，载《湖北体育科技》2009年第3期。

〔2〕参见陈利红：“试论加拿大现行体育法的实践性及对我国体育立法的启示”，载《遵义师范学院学报》2016年第6期。

再次，建立政府体育主管部门的权力清单并明确实施该法的具体负责人和具体负责部门；最后建立与之配套的体育法实施细节。这样，才能使整个体育法位于一个系统化的管理体制和运行机制之中，保障体育法的实际落实效果。

结语

体育事业的发展对于我国的重要性毋庸置疑，但随着社会发展，我国体育立法不适应现实需要的问题日益凸显，体育立法需要改善。而加拿大在体育发展模式上较为先进，值得为我国研究借鉴。经分析它的体育法发展历史与现状，学习加拿大基于体育领域中存在的社会问题来调整立法的方向和原则以期达到预期效果的立法思路，笔者建议从调整立法导向与立法内容以及完善管理体制和运行机制的立法两大方面进行改善。我国当前体育法要走的路还很长，但目前的情况正逐步改善，前途一片光明，体育法未来的前景将是任重道远，以利天下。

第二编　职业体育的法治保障

韩国职业棒球联赛中的球员合同和球员代理人制度

作者：李炯珪[1]
翻译：吴日焕[2]

摘　要　在韩国职业棒球联赛中，球员要作为棒球选手进行活动，应依据韩国棒球委员会（KBO）规定为标准球员合同书的《统一合同书》，与俱乐部签订球员合同。不过，自 1982 年韩国职业棒球联赛开始以来的 37 年期间，韩国棒球委员会只认定球员本人与俱乐部间直接签订的面对面合同制度，对于通过代理人签订的球员合同不予认可。在韩国职业棒球选员协会等组织的持续要求下，韩国棒球委员会修改《KBO 联赛球员代理人规程》，允许球员通过代理人签订球员合同，于 2018 年 2 月开始生效。

关键词　球员合同　球员代理人　统一合同书　韩国棒球委员会　韩国职业棒球球员协会　KBO 联赛　KBO 规约

根据《KBO 联赛球员代理人规程》规定，球员代理人须经球员协会规定的资格审查和资格考试并得到球员协会的公认，只有取得公认（注册）的球员代理人才有资格代理球员与俱乐部签订球员合同。球员代理人可为球员进行球员合同的交涉及年薪合同的签订、年薪调整申请及调整等业务之代理活动。但是，依照《统一合同书》，球员合同一经签订，除了报酬和合同期间以外，其余球员与俱乐部间的权利和义务之事项均统一地确定，从事实上排除了当事人自由决定合同内容的权利。而且，由于《统一合同书》是由韩国棒球委员会单方面制定，所以依据《统一合同书》签订的球员合同，结构上不利于球员，根据不公正的

[1] 作者简介：李炯珪，韩国汉阳大学法学专门大学院，教授。
[2] 译者简介：吴日焕，中国政法大学民商经济法学院，教授。

合同条款，球员权利遭到侵害的可能性是很大的。

随着韩国职业棒球联赛中球员代理人制度的施行，可以期待韩国职业棒球联赛中球员合同更加合理地签订，球员权益保护将会有所提高。而且通过代理人与俱乐部磋商年薪或签订球员合同，选手可以集中精力在提高自身竞技能力的训练等方面。还有，球员价值评价将进一步客观化，从而使得球员供需市场更加透明，球员转会等球员交流活动更加活跃。但是在目前的职业棒球联赛中，球员代理人业务局限于与俱乐部协商报酬和合同期间，对于其他合同内容，仍依照《统一合同书》所含的条款统一地确定，因此球员代理人制度的作用受到限制，其远没有预期得那么理想。

一、序言

棒球选手要想在韩国职业棒球联赛中作为球员活动，需要与俱乐部签订球员合同。然而，从 1982 年韩国职业棒球联赛开始以来的 37 年期间，韩国棒球委员会（KBO）只允许球员本人依照《韩国棒球委员会规约》（以下简称《KBO 规约》）与俱乐部直接签订面对面的球员合同。球员不仅可以亲自与俱乐部签订球员合同，还可以通过代理人与俱乐部签订球员合同，这本应该是球员的当然权利，但韩国棒球委员会一直没有认可通过代理人签订球员合同。

对此，韩国公平交易委员会于 2001 年 3 月 9 日，认定制定并施行不允许球员通过代理人签订球员合同的《KBO 规约》的行为为不公正交易行为，作出纠正命令，让韩国棒球委员会对此修正或消除。于是，韩国棒球委员会修改其规约，规定一名律师可以代理一名球员，但通过附则规程暂缓其施行。经过韩国职业棒球球员协会（以下简称“球员协会”）不断地要求施行代理人制度，终于在 2017 年 9 月 26 日，KBO 理事会决议通过施行代理人制度，并于 2018 年 2 月 1 日开始，允许球员代理人代理球员签订球员合同。

韩国职业棒球联赛中，球员代理人是指，与球员签订球员代理人合同后，履行代理球员与 KBO 所属俱乐部协商签订球员合同、行使球员委任的权利等业务的人。球员代理人之认定只限于通过球员协会指定的资格审查和资格考试并得到球员协会公认的个人，只有获得公认的球员代理人才能代理球员与俱乐部签订球员合同。由于职业棒球球员代理人制度是通过球员协会来运营，因此由球员协会以《KBO 联盟球员代理人规程》及附属规程来规定球员代理人的业务范围、资格要件、球员代理人合同、球员代理人的权利与责任、球员代理人的监督及制裁等球员代理人制度之事项。

本文认为，与 2018 年 2 月开始施行的韩国职业棒球联赛球员代理人制度相关，球员代理人最重要的作用是代理球员交涉和签订球员合同，所以本文首先界定球员合同的含义，然后检视现存球员合同的签订方式及其存在的问题，最后探讨球员代理人制度的主要内容及期待效果。

二、职业棒球球员合同的含义

职业棒球中的球员合同，是指球员在一定期间专属于某个俱乐部，按照该俱乐部的指示和管理进行训练和参加竞赛，作为职业棒球选手向俱乐部提供包含特殊技能的活动，作为对价，俱乐部则为球员提供约定报酬的合同。棒球球员为了在职业棒球联赛中作为选手活动，依照《KBO 规约》第 37 条，需要与俱乐部签订韩国棒球委员会理事会制定的标准球员合同书之《统一合同书》。

《统一合同书》规定了合同期间、报酬和俱乐部的报酬支付义务、球员在俱乐部训练及参加比赛的义务、球员的身体状态维持义务、俱乐部费用负担之事项、球员负伤及疾病之事项、球员肖像利用之事项、合同解除条款等球员与俱乐部间的合同权利义务之重要事项。根据《KBO 规约》第 38 条规定，俱乐部与球员不得根据合同双方当事人的合意变更《统一合同书》的条款，只能在不违背《KBO 规约》之规定及《统一合同书》条款的范围内追加特约条款。违背《KBO 规约》第 38 条的特约条款和没有书面记载于合同书的特约条款为无效。与美国的情形不同，《KBO 规约》要求球员与俱乐部间的球员合同除了报酬与合同期间可以自行约定外，其余都要根据《统一合同书》条款规定内容，以同一的条件签订，是因为在职业棒球联赛中有必要统一地规定球员与俱乐部间的合同关系。

但由于《统一合同书》是由韩国棒球委员会单方面制定，球员与俱乐部间的权利义务事项除了报酬和合同期间外都是统一确定，所以若按照《统一合同书》签订球员合同，决定合同内容的自由事实上被排除。并且，韩国棒球委员会垄断韩国棒球联赛的运营，球员若想参加棒球职业联赛，只能按照《统一合同书》的条件签订合同。有鉴于此，韩国职业棒球联赛的球员合同在结构上不利于球员，因不公正的合同条款，球员的权利受侵害的可能性很高。

实际上，2001 年 4 月 6 日，韩国公平交易委员会认定韩国棒球委员会的《统一合同书》是“为了与多数相对方签订合同而按一定形式预先拟定的合同内容，属于《格式条款规制的法律》第 2 条第 1 款规定的格式条款”。同时，韩国公平交易委员会认为球员合同中的①第 8 条（用具）、②第 16 条（摄影，广告等）、③第 21 条（合同的转让）、④第 25 条（球员解除合同）、⑤第 30 条（纠纷）、⑥第 31 条（合同更新）、⑦第 34 条（承认）等违反《格式条款规制的法律》，命令韩国棒球委员会在收到纠正命令之日起 60 日内，修正或删除上述条款。

三、既有的球员合同签订方式与存在的问题

韩国职业棒球联赛开始以来一直到 2018 年初，韩国棒球委员会按照《KBO 规约》，原则上要求球员与俱乐部高管人员或在委员会事务处注册的俱乐部职员

当面签订球员合同。有人主张，不认可俱乐部与球员间当面签订合同以外的签约方式及程序是为了防止因代理人介入球员合同而发生的各种问题，但从球员立场上看，这导致双方签订合同过程中球员的协商力减少，还限制了球员签约方式的自由。还有，允许俱乐部可以通过职员等代理人与球员签订合同而不允许球员通过代理人与俱乐部签订合同，这对于那些很难熟悉合同详细内容的球员，显然非常不利，是不合适的。

2000 年 1 月，以球员权益保护为目的设立的韩国职业棒球球员协会主张，《KBO 规约》中只认可俱乐部与球员当面签订直接合同的规定行为为不公正交易行为，因此向公平交易委员会申告。对此公平交易委员会于 2001 年 3 月 9 日颁布纠正命令，“考虑到球员对法律认识不足和对合同内容中主要变数之一的其他球员竞技记录综合分析困难，认为《韩国棒球委员会规约》第 30 条可能会限制职业棒球球员的活动，俱乐部也可能会利用球员的这种地位进行不公正交易行为。”

根据公平交易委员会的纠正命令，韩国棒球委员会于 2001 年 10 月 31 日修改《KBO 规约》第 30 条，规定以球员与俱乐部关系人当面签订直接合同为原则，并允许球员通过代理人签订合同的方式，但该代理人需符合辩护士（律师）法规定。修改后的《KBO 规约》还规定指定为代理人的辩护士不能同时代理两名以上球员，不允许不符合辩护士法规定的代理人以直接或间接方式参与合同协议。对此有批判观点认为，交涉合同不仅仅是辩护士的业务，把进行代理合同交涉人员限定为辩护士，限制了球员自由选定球员代理人的范围，限制球员代理人不能同时代理两名以上球员签订球员合同的规定，可能会剥夺球员想通过有能力的代理人签订合同的权利。

但是《KBO 附则》第 171 条（代理人制度的施行日）规定“第 30 条规定的代理人制度要考虑韩国职业棒球发展条件及日本辩护士代理人制度施行结果等诸多情况，再经职业棒球俱乐部、棒球委员会及球员协会全体合意令定其施行日期。”这表明韩国球员委员会虽然根据公平交易委员会纠正命令允许了球员代理人制度并修改其规约，但通过附则规定保留了其施行，因此实际上代理人制度还没有正式施行。然而韩国职业棒球联盟允许外国球员通过球员代理人签订合同，对此多数学者主张这将差别化对待外国球员和国内球员。

对于韩国棒球委员会不施行球员代理人制度问题，早在 2012 年国会国政监察指出“公平交易委员会虽指出代理人制度有问题并颁布纠正命令，可过了 10 年也得不到履行，对此公平交易委员会要负责”。2013 年 3 月，公平交易委员会在国会提出的国政监察结果及处理结果报告书中对此事做了如下答复：“为早日开始施行，正与棒球委员会协商中。”2013 年 10 月 15 日国政监察前夕，公平交易委员会提出的业务现况报告中也做出“为早日开始施行，正与棒球委员会协商中”的反复答辩。然而事实上，公平交易委员会对韩国棒球委员会仍不认可球员代理人制度，还没开始履行纠正命令的行为并没有采取任何制裁措施。

2016 年 8 月政府《体育产业振兴法施行令》第 18 条（球员权益保护等）规定，文化体育观光部长官应为了球员权益保护和体育产业健全发展而研究落实代理人制度，为了落实代理人制度，必要时在体育团体和竞技团体中可以采取必要的措施。

四、球员代理人制度的导入和主要内容

（一）2018 年球员代理人制度的施行

尽管公平交易委员会颁布纠正命令，韩国棒球委员会依然保留施行球员代理人制度，直到 2017 年 9 月 26 日，在政府的决策和球员协会的不断要求下，决议实施球员代理人制度，并于 2018 年 2 月 1 日开始实施。

韩国棒球委员会规定代理人在一个俱乐部中代理的球员人数不能超过 3 名，代理的球员总数不能超过 15 名。自 KBO 联盟开始以来 37 年，球员代理人制度正式实施。

（二）球员代理人的意义

球员代理人是指受球员委托，代理球员进行业务活动或合同交涉，处理协商球员年薪、球员广告出演等事务的人员。如今更广义的定义则为，代理支援球员训练项目、医疗福利、法律服务，进行球员的财产管理、与球迷互动、安排球员居住、解决球员退役后出路等业务的人员。根据《KBO 联赛球员代理人规程》第 2 条第 1 项规定，“球员代理人是指与球员签订球员代理人合同后，代理球员与 KBO 所属俱乐部协商球员合同、行使球员委任的权利等为球员进行代理活动的人。”

再看国外的情况，美国加利福尼亚州“Miller-Ayala Athlete Agents Act”对“球员代理人”广义的认定是指直接或间接签订代理合同、签注合同、金融服务合同的人员，或为了签订职业赛事服务合同，与募集球员者、俱乐部间交涉相关球员的薪酬协商、申请、约束活动的人员［同法第 18895 条 2（b）（1）］。而日本职业棒球球员协会则在《公认球员代理人规约》第 2 条中狭义地规定“球员代理人是指代理球员协商签订球员合同的人员”。

球员代理人需通过球员协会指定的资格审查和资格考试并得到球员协会公认，才能为球员代理与俱乐部签订球员合同。鉴于职业棒球球员代理人制度的施行主体是球员协会，因此球员协会用《KBO 联赛球员代理人规程》及附属规程来规定球员代理人的业务范围、资格条件、球员代理人合同、球员代理人的权利与责任、球员代理人的监督与制裁等相关球员代理人的制度内容。

在美国，球员代理人的主要业务有：与俱乐部就球员合同、赞助合同、球员广告合同等进行合同代理签订；提供投资咨询、资金管理、医疗、法律相谈、退役后生活安排等球员个人管理服务。代理人几乎包揽管理球员竞赛外的法律和生活活动，这使得球员可以安心专注于竞赛，特别是在球员与俱乐部或大企业协商年薪合同或赞助合同时，代理人用专业知识保护球员的最大利益。并且代理人能够把握球员的潜在能力，挖掘新人球员，将球员商品价值发挥最大化，还能够支援球员训练项目、医疗福利、法律业务，进行财产管理、球迷互动、安排球员居住问题等。

不同于 MLB（美国职业棒球联赛），根据《KBO 联赛球员代理人规程》第 3 条第 1 项规定，球员代理人只能代理进行交涉球员合同及年薪合同的签订业务和可以代理《KBO 规约》上规定的年薪调整申请及调整，而没有经球员协会公认的代理人不能进行上述规约规定的业务。并且规定俱乐部不能与没有得到公认的球员代理人或公认被取消的或被停止业务的代理人交涉和签订合同（《KBO 联赛球员代理人规程》第 4 条第 2 项）。球员代理人不能代理签订球员的公共权以及球员协会利用 2 人以上球员价值进行的商业活动，如棒球关联用品制造、贩卖、流通、电子游戏、图书出版等（《KBO 联赛球员代理人规程》第 3 条第 2 项）。因此韩国职业棒球联赛中的球员代理人业务范围相较于美国有些狭窄。

（三）球员代理人的资格

球员代理人应通过球员协会的资格审查和资格考试，并得到球员协会的公认。以下人员不得成为球员代理人：①民法上规定的未成年人，限制民事行为能力人；②宣告破产后没有恢复的人；③ 信用不良者；④外国人；⑤根据规程被取消球员代理人公认后不满 5 年者；⑥被 MLB 或日本职业棒球联盟取消公认后不满 5 年者；⑦获监禁以上实刑，执行终了或免除后不满 5 年者；⑧正在被执行监禁以上的实刑；⑨违反国民体育振兴法而被判定有罪者或操作赛事结果胜负者，或唆使他人参与赌球者；⑩俱乐部的监督员、教练、球员、现任职员、俱乐部系列社团现任职员、KBO 现任职员、KBO 系列社团现任职员、报社现任职员；⑪正与球员、球员协会进行民事、刑事、行政上的纷争或因纷争而被判定为有罪或承担损害赔偿或得到行政处分者（《KBO 联赛球员代理人规程》第 6 条）。

与对于球员代理人没有特殊资格要求的韩国不同，在日本代理人资格要求为《日本辩护士法》上的辩护士，并且依美国 MLB 球员协会规约登录注册的代理人（仅限于获得依《美国 MLB 规程》规定的“General Certification”者）。美国也规定代理人需依据《球员代理人法》（Uniform Athlete Agent Act，2000）和《体育代理人责任、信托法》（Sports Agent Responsibility and Trust Act，2004），登录注册为体育代理人，并具备个别体育协会要求的资格条件，但不需要辩护士的资格。

球员代理人需通过球员协会的资格考试才能得到公认。球员代理人资格考试内容如下：①KBO 联赛球员代理人规程；②KBO 规约（包含附属球员契约书）；③协定书（韩美、韩日、韩国和中国台湾地区、职业－业余）；④KBO 联盟规程；⑤KBO 其他规程（赏罚委员会规程、棒球赛事公认规程、国家代表运营规程等）；⑥国民体育振兴法中罚则规定；⑦韩国兴奋剂防止规程中球员协会指定的规定；⑧球员协会指定的其他法律等，具体出题范围和出题方法由球员协会另定（《KBO 联赛球员代理人规程》第 7 条）。对通过资格审查和资格考试的人员，球员协会赋予公认球员代理人资格。球员协会为了保护球员和维持球员代理人制度进而为推动 KBO 联赛发展，在必要时可以拒绝或取消球员代理人的公认（《KBO 联赛球员代理人规程》第 5 条第 2 项）。

球员协会可对没有通过资格审查和资格考试的人员拒绝公认球员代理人资格。被拒绝的申请者在收到拒绝通知之日起 20 日内以书面方式可提出异议申请，球员协会应自收到异议申请书之日起 30 日内通知再审结果（《KBO 联赛球员代理人规程》第 8 条）。得到公认的球员代理人自公认日起每隔 2 年要接受球员协会的再审查。经过再审查，球员协会有权取消不符合资格要件、缺乏资格条件的球员代理人的公认。球员代理人在公认球员代理人名册上登录后，经 2 年没有与任何球员签订代理人合同，该资格将自动被取消。（《KBO 联赛球员代理人规程》第 9 条）。

（四）球员代理人合同的签订

球员选任球员代理人需签订球员代理人合同。球员代理人合同是指约定球员与球员代理人间权利义务关系的合同，其性质特点是球员代理人提供代理协商年薪合同等服务，球员则支付一定比例的费用。

一般球员在与俱乐部签订球员合同或协商年薪时，会面临种种困难，因此需要专门的球员代理人站在球员利益的角度为球员代理协商球员合同和年薪合同。

根据《KBO 联赛球员代理人规程》第 12 条规定，球员与球员代理人需依据球员协会另附提供的标准合同书内容签订球员代理人合同，合同书原件应交给球员。球员代理人在与球员签订球员代理人合同前应对球员说明合同期间、球员代理人报酬、合同撤回、合同解止解除等重要内容。球员与球员代理人在不违背《KBO 联赛球员代理人规程》及《KBO 规约》的前提下，根据双方合意可以记载对球员有利的特别条款。如果球员是未成年人或限制民事行为能力人，球员代理人应向球员的法定代理人或监护人说明《KBO 联赛球员代理人规程》第 12 条规定的条款，并应得到其法定代理人或监护人的同意，同意应在合同书中表明。

球员代理人的合同期间不能超过 1 年，到期后合同中的内容不会自动更新或延长。球员和球员代理人若想更新或延长，必须要有双方的书面合意并遵照球员协会指定的标准合同书（《KBO 联赛球员代理人规程》第 13 条）。

球员代理人的报酬要通过球员与球员代理人的合意而定，但不能超过球员合同总标的额的 5%。球员代理人的报酬来自于球员在 KBO 联盟及 KBO 联盟认可的竞技赛事赢来的收入，除此之外的球员收入，球员代理人不能要求按比例支付报酬，也不能约定此类报酬请求合同。球员代理人的报酬是在球员代理人进行业务活动而带给球员的利益中产生，与球员代理人没有关联的球员收入，球员代理人不能请求报酬（《KBO 联赛球员代理人规程》第 14 条）。

若规程中没有规定球员代理人合同的解释和效力，则参照民法对合同的规定及判例。如果球员代理人违反说明义务，不予交付合同书或者对合同的重要内容没予以说明，则不能主张合同内容（《KBO 联赛球员代理人规程》第 15 条）。

（五）球员代理人合同的撤回和解止

球员和球员代理人签订球员代理人合同后，球员自收到合同书之日起 14 日内，在没有交付合同书情况下从签订日起 14 日内可撤回合同。球员和球员代理人即使在履行合同、未违反球员代理人规程、未违反 KBO 事由的情况下也可以解止球员代理人合同。但在每年 10 月 1 日起到次年 1 月 31 日，没有得到球员协会许可的球员代理人合同则不能解止。球员代理人合同的撤回或解止要以书面形式作出，从书面表示撤回或解止意思之日起发生效力。合同撤回或解止应以由签订球员代理人合同的双方当事人作出为原则，但也允许通过双方委任的代理人进行。球员代理人合同自撤回或解止之日起 3 日内，双方当事人要返还给对方从合同中产生的金钱和财务。球员和球员代理人一方解止合同若对相对方造成损失，应赔偿损害和可得利益（《KBO 联赛球员代理人规程》第 16 条）。

球员不能与 2 名以上的球员代理人签订球员代理人合同，如果球员协会发现球员与多名球员代理人签订合同，可要求停止球员代理人的业务活动，直到球员解除多名代理人。球员代理人不能超过球员协会和俱乐部规定的人数与多名球员签订球员代理人合同，若超过规定人数而与多名球员签订合同，则会被停止进行业务活动。如果多名球员代理人同属于一个法人或一个团体，在不考虑雇佣、委任、其他合同等情况下，则把这个法人或团体看成一名球员代理人并适用上述规定（《KBO 联赛球员代理人规程》第 17 条）。

（六）球员代理人的义务和责任

球员代理人在代理球员时要考虑球员的利益，并尽到善良管理者的注意义务，自身利益与代理球员利益冲突时，应以球员利益为优先。球员代理人不得公开泄露在业务活动中所知的球员、俱乐部、球员协会、KBO 的秘密。如果球员代理人违反了以上义务，则要对球员、球员协会、俱乐部及 KBO 承担赔偿责任。（《KBO 联赛球员代理人合同》第 19 条)。球员代理人不得为了签订或维持球员代理合同的目的，而向球员及其关联关系人提供、借贷金钱或物质上的利益(《KBO 联赛球员代理人规程》第 20 条第 1 项)。

(七) 纷争的解决

体育纷争发生形式多种多样，为了尽快得到终结，人们更愿意适用法院裁判以外的纷争解决方式。通过诉讼解决纷争的方式需要耗费大量时间、费用及劳动力，因此诉讼以外有关体育纷争的调停制度和仲裁制度等纷争解决方式被大量地使用。

《KBO 联赛球员代理人规程》第 26 条规定，球员代理人与球员间的纷争和球员代理人与球员协会发生的纷争要遵循仲裁委员会决定，仲裁委员会由球员、球员协会的关联专家构成。仲裁委员会的构成、进行次数、异议申请等必要事项由球员协会另行加以规定。

五、球员代理人制度施行的效果

第一，球员代理人制度的施行使韩国职业棒球联赛球员合同签订更加合理化，球员权益保护将会有所提高。例如此前因俱乐部掌握球员信息、主导年薪协商，球员很难客观估计自身价值，现在球员代理人可以替球员搜索其他俱乐部的年薪情况、其他球员的具体合同条件、策定球员年薪数据等信息来与俱乐部商谈。球员代理人以专门的知识手段，在与俱乐部协商中能实现球员价值最大化，而且其自身与俱乐部没有像球员那样的情感利益纠葛，因此在协商中不会被动，可以极大限度保护球员权益。

第二，球员通过代理人与俱乐部协商年薪或签订球员合同，使得球员可以把精力集中在训练和自身竞技力的提高上。球员通过代理人与俱乐部协商也会避免球员与俱乐部直接沟通而产生的一些情感冲突。对于俱乐部来说，通过球员代理人对球员私生活进行管理及提供个人训练专门化服务，提高球员的竞技能力，也会减少俱乐部球员管理费用支出。

第三，球员代理人制度的引进使得球员价值评价客观化，球员市场透明化，让球员转会等球员交流活动更加活跃，进而职业体育市场也会更加活跃。通过公认的球员代理人签订合同，增加合同的透明性，杜绝阴阳合同等不正当行为，确保球员市场的公正性。

第四，俱乐部也能通过球员代理人了解球员竞技力和价值评估，从中挖掘球员并获得利益。因此俱乐部不应抵触与专门的球员代理人协商球员合同，要考虑到俱乐部和球员的共同长远利益，在合同协商方面应积极地与球员代理人进行，这有利于球员安心专注于提高自己的竞技力。

但从目前实施的代理人制度来看，代理人只能在报酬和合同期间问题上与俱乐部协商，其他合同内容都一律按照《统一合同书》内容规定，所以目前的球员代理人制度很难全面保护球员权益。根据《KBO 规约》，球员与俱乐部签订合同时不能变更《统一合同书》的条款，只能在不违背《KBO 规约》及《统一合同书》条款范围内追加特约条款，违背《KBO 规约》或没有书面记载的特约条款为无效。球员代理人对与球员权利关系密切的新人球员指明权制度、球员报酬限额制度、合同更新制度等问题无法交涉，对于球员肖像权利用及球员广告出演等问题协商也会受到限制，代理领域范围整体狭窄。《KBO 联赛球员代理人规程》第 3 条第 1 项更进一步规定“球员代理人能够代理进行的业务活动有球员合同的交涉及年薪合同签订，《KBO 规约》上规定的年薪调整申请及调整业务。”综上所述，虽然引进了球员代理人制度，但是其业务活动范围受到限制，其效果不甚理想。

手机直播体育赛事的侵权责任

朱文英[1]

摘　要　随着通信技术的不断提高，手机在线直播赛事已经成为可能，并可能会侵犯赛事转播者的合法权益。手机用户擅自在线直播体育赛事符合侵权责任的构成要件，而网络服务提供者如果符合既定的构成要件，也构成侵权，承担侵权责任。但同时，如果未接到通知或不知道侵权行为以及履行了移除义务，将免除责任。手机在线直播赛事的责任形式为自己责任和连带责任，责任范围包括实际损害与扩大的损害。责任类型主要包括停止侵害与损害赔偿。

关键词　手机用户　在线直播　体育赛事　应用程序　侵权

引言

随着智能手机的推广，网络视频直播终端从 PC 端走向移动端，手机几乎已经成为现代人的生活必需品。利用手机观看视频、查阅资料、日常办公、文件处理正在成为现代人生活的一部分。人们更倾向于使用手机收看视频，从而引来直播技术的流行和推广，并迅速普及。我国互联网信息中心（CNNIC）在 2016 年的一项调查研究表明，截至 2016 年 12 月，我国网络视频用户基数已达 5.29 亿人，其中手机视频用户规模为 4.37 亿人，手机网络视频使用率为 72.34%，且手机终端首次以 73.45% 的设备使用率超过 PC 端成为用户观看网络视频节目的首要终端。

体育比赛的观看也是如此，受比赛场地容量、经济条件、比赛时间与工作时

[1] 作者简介：朱文英，女，潍坊学院教授，法学硕士。研究方向：民商法、体育法。

间冲突等因素的影响，现场观看比赛的观众只能是极少数。因此，体育比赛特别是重大体育比赛的电视转播权出售价格随着时代的发展一直在飙升。而网络技术的发展和手机的普及，用视频观看体育比赛也成为体育运动爱好者尤其是年轻人的首选，从而使得新媒体转播权成为网络服务提供者关注的重要内容。如中国移动的咪咕就成为2018年央视世界杯新媒体及电信传输渠道指定官方合作伙伴。用户可以通过咪咕视频手机客户端和PC客户端观看全部64场世界杯赛事的1080P高清直播和点播内容，还可以通过家庭视频产品“魔百和”收看64场央视世界杯赛事高清内容。然而，科技的发展也存在负面的影响，就体育赛事来说，手机用户利用高科技擅自从事体育赛事直播，网络服务提供者也为手机用户直播体育赛事提供便利甚至将手机用户的直播体育赛事画面在自己平台播放，从而构成对转播权人或体育赛事组织者的侵权。

1. 手机视频直播的流程及特征

科技的进步带来了网络视频直播技术的飞跃，为手机用户进行视频直播提供了技术上的保障和简化。

1.1 手机视频直播的工作流程

从技术角度分析，手机视频直播主要包括前端拍摄、编码回传、平台解码、视频输出几个工作环节。根据这一流程，4G手机完全能够支持前两个环节的工作，其中前端拍摄主要依赖于手机处理器和摄像头的性能，编码回传环节则主要依赖于4G网络的带宽和速度。然后网络服务提供者（平台）通过解码程序将上传至平台的资料进行技术解码，最后将视频再行输送至多媒体终端用户（手机、PC等）。

在此流程中，手机视频直播是通过手机应用程序（app）来进行的，因此，手机用户需要一个应用程序，即app。而无论是苹果的IOS系统还是谷歌的Android系统，可以用于视频通信的手机应用程序（app）非常多。手机用户需要在手机上下载并安装app。手机录制的视频通过网络跟网络服务平台通信交互数据，然后从平台输送给用户收看。手机用户也可以在网上租赁互联网服务器，然后放上自己的代码，配置网址，其他人可以在上面留言、上传视频等。不过，申请网址以及获得代码都需要经过审核。著名的网络服务提供者（平台）有阿里巴巴（淘宝）、腾讯（微信、qq）、优酷、爱奇艺、奇虎360、咪咕等。

1.2 手机视频直播的特征

第一，原始性。手机的画面受手机功能的限制，除了利用手机自带的功能进行简单的美化外，录播视频的手机用户不可能像赛事转播那样进行画面选择和编辑，所以其录制传送的画面都没有经过任何剪辑，都是原始画面。

第二，即时性。手机用户不需要也很难对视频进行剪辑，录制的同时或者录制完毕就可以直接发送，无需等待。而赛事转播者需要将赛场所有机位的视频或镜头汇总、选择、剪辑并综合编辑，然后发送出去，期间都是技术操作，中间的时间间隔虽然比较短暂，但仍然有间隔。

第三，单一性。体育赛事转播者为了提高转播质量以更大程度地吸引观众，通常会在赛场内安置诸多机位，并将比赛的实时画面全部传到直播间，然后对所有的镜头进行综合、选择和编辑，并形成最全面的直播视频，最后输送出去。而手机用户仅仅用自己的手机在固定的位置进行视频录制，受自己的手机设备、赛场位置所限，其输送的视频画面质量比较单一，整体上远不如体育赛事转播者的专业画面质量。

第四，传播的广泛性。观众的人数与体育赛事的质量和规模有关，重大体育比赛如国际足联的足球比赛，每场的观众都有好几万人。对于比赛观众来说，可以要求他们不能携带照相、录像设备，但是却不能禁止他们携带手机。而观众在比赛期间发送视频也成为常态，不可能禁止。但绝大多数观众上传视频或者画面是为了分享快乐和精彩瞬间，并不是为了牟利，绝大多数手机用户基本是上传片段，但是也不能排除有些手机用户上传完整的比赛视频以牟取利益。

2. 手机用户的侵权责任

要确定手机用户直播赛事的行为构成侵权，其行为就必须满足一般侵权责任的构成要件。侵权责任的构成，是指具备哪些条件才能构成行为人因侵权行为所承担的民事责任。这是判断侵权人是否承担侵权责任的根据。目前，大陆民法学界主流观点为四要件：违法行为、损害事实、因果关系和过错。缺一不构成侵权责任。

根据《中华人民共和国侵权责任法》（以下简称《侵权责任法》）第 36 条第 1 款和第 6 条的规定，手机用户利用手机录播体育赛事显然构成侵权。

2.1 违法行为

违法行为是指自然人或法人违反法律而实施的作为或不作为，也即行为人的行为侵犯了他人受法律保护的权利和利益（法益）。如果没有行为人的加害行为，就不会产生侵权责任。作为一项重要的无形资产，虽然国内对赛事转播权的性质存在争议，但不可否认的是，该权利已经成为体育产业发展的巨大动力和基础元素。因此，国内法虽然没有明确转播权到底属于什么权利，但它的确是赛事组织者的一项权利，对于该权利的保护，《中华人民共和国民法总则》（以下简称《民法总则》）第120条作了概括性规定："民事权益受到侵害的，被侵权人有权请求侵权人承担侵权责任。"但《民法总则》并未对具体内容进行列举。可以理解为包括所有的民事权利和利益都应当受法律保护，如果出现了加害行为，就应当承担侵权责任。《侵权责任法》则进一步规定了对民事权利的法律保障。《侵权责任法》第2条在概括规定了侵权责任法的保护对象为民事权益后，在第2款以列举方式列举了法律保护的对象，并在列举的权利类型后面做了兜底性的规定，即"等人身、财产权益"。从上述规定可以看出，虽然转播权这一权利并未明确，但是不影响该权利能够在法律上得到保护，因此，手机用户在线直播行为侵害了赛事转播者独占性的权利，显然符合行为的违法性这一要件。

2.2 损害事实

近年来体育赛事实践证明，转播权已经成为体育运动发展的核心推动力量之一，成为体育组织发展的主要收入之一（如国际奥委会、国际足联），其扮演着越来越重要的角色。2018年俄罗斯世界杯，国际足联收入61亿美元，其中出售世界杯媒体转播权的收入占总收入的53%。国内的转播权市场近年来的竞争也日益白热化。据报道，2017年11月，中央电视台获得2018年~2022年国际足联各项赛事在中国大陆地区的独家全媒体版权。腾讯体育独揽篮球赛事重要资源

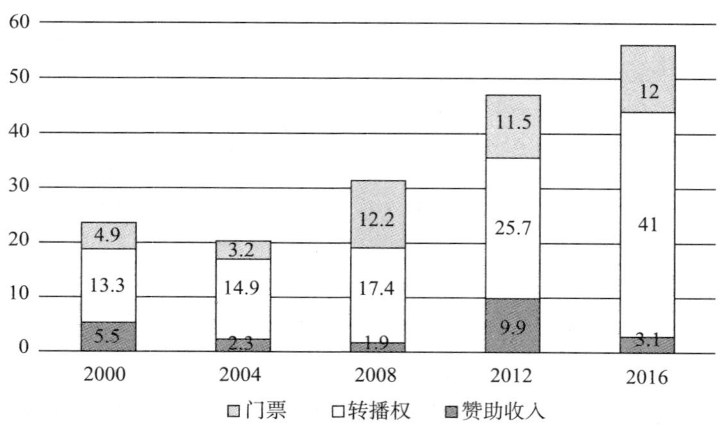

图1：2000年~2016年历届奥运会收入构成（亿美元）

（如购买美国 NBA 的转播权费用是 5 年 5 亿美元）、苏宁成顶级足球赛事版权的“代名词”等。这些报道纷纷出现，从而导致版权市场火热，体育赛事版权价格一路飙升。而随着大流量时代的到来，如何实现流量变现成为赛事版权营销 2.0 时代的主题。

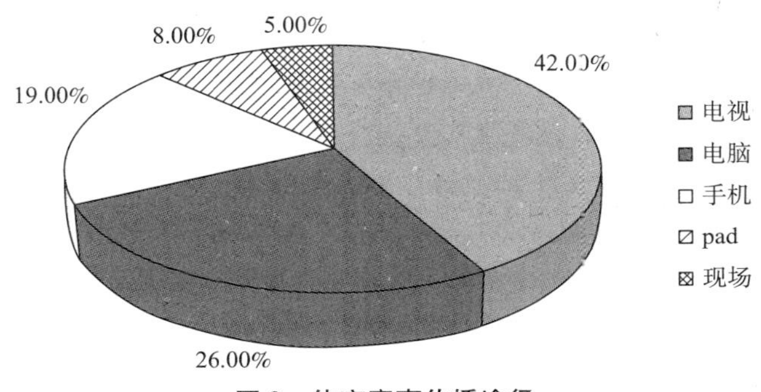

图 2：体育赛事传播途径

表 1：主要体育赛事国内版权价格

赛事	购买方	时间	版权内容	新约平均每年价格	旧约平均每年价格	增长率
中超	体奥动力	2016 年～2020 年	中超联赛电视公共信号制作及全媒体版权	16 亿元	0.8 亿元	1900%
中国之队	体奥动力	2015 年～2018 年	中国之队系列比赛公共信号制作和媒体版权	0.5 亿～0.8 亿元	0.1 亿元	400%～700%
NBA	腾讯	2015 年～2020 年	大陆地区 NBA 独家网络播放权	1 亿美元	0.2 亿美元	400%
英超大陆	新英体育	2013 年～2019 年	大陆地区全媒体播放权	1.67 亿美元	0.17 亿美元	882%
英超香港	乐视体育	2016 年～2019 年	香港地区独家转播权	1.33 亿美元	0.67 亿美元	99%
西甲	PPTV	2015 年～2020 年	中国区独家全媒体版权	0.5 亿欢元	0.1 亿欧元	400%

表 2：体育版权价格一览表

头部体育版权一览表

赛事	版权方 / 期限	价格
NBA	腾讯体育 2015-2020赛季	5亿美元
CSL	体奥动力 2016-2020赛季	80亿元人民币
	乐视体育 2016-2018赛季新媒体（后解约）	27亿元人民币
	苏宁聚力体育 2017-2018赛季新媒体	13.5亿元人民币
AFC	乐视体育 2017-2020赛季（后解约） 体奥动力接盘，分销予苏宁聚力体育	1.1亿美元
Premier League	新英体育 2013-2019赛季	8亿元人民币
	苏宁聚力体育 206-2022赛季	7.21亿美元
LFP	苏宁聚力体育 2015-2020赛季	2.5亿欧元
BUNDESLIGA	苏宁聚力体育 2018-2023赛季	2.5亿美元
CBA	CBA版权价格	?

（因涉及商业机密，部分版权未官宣金额）来源：正片 制作：孙伟

从图 1 可以看出，转播权收入在国际奥委会（IOC）的收入占比持续递增，2016 年更是飙升。图 2 有一个非常重要的现象，即利用手机观看比赛的比例竟然高达 19%。这也是近年来新媒体转播权价格持续上涨的重要原因之一。而表 1 和表 2 的数据表明，国内体育赛事的转播权价格与国际赛事相比差距较大，但同时也表明随着中国国内赛事的发展，转播权收入存在广阔的提升空间。

上述表明，随着独家转播权收入的不断增加，转播权给体育组织和体育赛事转播者带来了巨大的经济利益。特别是在大流量时代，随着手机流量的不断增容，手机观看比赛逐渐成为一种常态，此时，手机用户在现场擅自播放录制的比赛画面显然会给体育组织和赛事转播者的转播利益造成损害。

笔者以为，与普通网络侵权行为不同的是，手机用户在线直播体育赛事侵犯的权利应当限于财产权（与一般网络直播侵犯的主要是人身权如隐私权、肖像

权、名誉权等不同)，被侵权的体育组织和转播权人遭受的损害应当是财产损害。

2.3 因果关系

在侵权法中，因果关系即为损害行为与最终产生的损害之间的关系。依大陆法系学者的观点，对因果关系的确定分为条件说、相当关系说、盖然性因果关系说，也有的分为事实因果关系和相当因果关系（前者涉及的是损害原因和实际损失的关系，而后者具有双重功能：确定一般构成要件与确定损害赔偿范围)。英美法系的学者则将相关理论分为法律上的因果关系与事实上的因果关系和近因理论。中国侵权法中的因果关系的确定分为四种规则：直接原因、相当因果关系、推定因果关系、法律原因。侵权法上因果关系的确定在于对侵权责任加以限定，使受害人得到救济，同时明确责任范围。

如前所述，转播权给体育组织和赛事转播者都会带来巨大的经济利益，而手机用户的在线直播显然损害了转播权人的权益。但是，难点在于，手机用户在线直播赛事的行为与赛事转播权利人的损失之间的因果关系如何确定。也即体育组织和赛事转播者因为手机用户的在线直播给自己造成多少损害，实践中需要原告提出充足的证据或者进行科学的推算。

2.4 过错

过错是行为人在实施侵权行为时的主观心理状态，包括故意和过失。

鉴于手机用户的广泛性，对于直播比赛视频的手机用户来说，有的是为了取得利益，即上传视频获得点击量，并获得利益，而有的用户作为观众就是单纯在网上分享视频，通过 QQ、微信等传输平台分享比赛进程，分享观看比赛的心情。但是，无论哪种情形，作为观看比赛的观众，都应当知道比赛转播属于赛事转播者的专属权利。既然明确知晓赛事转播权属于权利人，作为观看比赛的观众就应当约束自己的行为，尊重转播者的权利，遵守自己的注意义务。而擅自将比赛视频或画面传输上网，很难将其行为归于过失，而应当属于故意。

综上，手机用户在线直播体育赛事显然构成侵权。

3. 网络服务提供者的责任

如前所述，手机用户要将视频上传网络，必须通过运营商的通道上传至网络平台（app)。那么，作为网络平台的所有人，网络服务提供者是否应当承担责任、承担何种责任?

3.1 网络服务提供者的界定及类型化

《侵权责任法》第 36 条使用了“网络服务提供者”概念。但是，何为网络服务提供者，理论上仍然存在争议。有学者认为，网络服务提供者是指在互联网基础服务和应用服务领域，使用网络电子信息传输设施，为他人提供营利或非营利网络电子通信服务的机关、团体、企事业单位或个人。另有学者认为网络服务商是指为网络提供信息传输中介服务的主体，也有学者认为，“Internet Service Provider”（以下略称 ISP）就是指网络服务提供者。还有学者认为，网络服务提供者是指为网络用户提供信息交流和技术支持的服务提供者，更有学者指出网络服务提供者是指为自己信息或他人信息提供服务的自然人或法人。虽然最后一种观点简单粗暴，但笔者觉得更为简单明了。如果是网络服务提供者自己的行为侵犯了权利人的民事权益，那么属于直接侵权，适用一般侵权责任规则。

至于网络服务者的类型，有学者认为应包括网络内容提供商（ICP）[1]和中介服务网络提供商（ISP）两类。更有学者将网络服务提供者细分为网络信息传输基础服务提供者、网络接入服务提供者、网络内容服务提供者（ICP）、网络空间服务提供者、网络信息搜索服务提供者、网络连接服务提供者和综合服务提供者。《信息网络传播权保护条例》第 20 条至第 23 条对网络服务者的类型作了列举性规定，包括：提供网络自动接入、自动传输、搜索、链接、信息存储空间服务和实施自动存储的网络服务者。为简单起见，笔者赞同简单的分类，即将网络服务者分为自己信息提供服务和为他人信息提供服务的网络服务提供者。

3.2 侵权责任构成

从本质上来说，无论哪种情形，都属于一般侵权，不构成特殊侵权，但是，网络空间与现实世界毕竟存在巨大的差异，因此，在侵权责任的构成方面也应当予以区别。如果网络服务提供者在自己平台为自己信息提供服务侵犯了他人的民事权益，属于一般侵权，适用侵权责任的构成，在此不再赘述。下面重点探讨《侵权责任法》第 36 条第 2、3 款规定的情形，即为他人提供网络服务的网络服务提供者的侵权责任构成。

3.2.1 手机用户实施了侵权行为

如前所述，手机用户未经许可，擅自录制比赛视频并上传网络，侵犯了体育组织及赛事转播者合法的民事权益，主观上存在过错，也即满足前述的构成要

---

〔1〕需要注意的是，美国法上的 Internet Content Provider（ICP）翻译为内容服务提供者本身并无错误，但美国法上所称的内容提供者是相对于交互服务提供者而言的，其并不包括为他人信息提供服务的服务提供者。我国电信业务许可制度使用了广义上的网络服务提供者概念，ICP 许可证的范围包括了为自己信息和为他人信息提供服务的网络服务提供者。

件，这是网络服务提供者承担责任的前提要件。

就网络服务提供者来说，手机用户与网络服务提供者（平台）的关系存在几种形式，如果是平台利用手机用户的终端录制赛事上传至平台，平台支付给手机用户费用，那么平台属于直接侵权（适用第1款）。或者也可能属于合作模式，利益分成，这就构成共同侵权，同时受《侵权责任法》第8条调整。而绝大多数情形是网络服务提供者仅仅提供服务，手机用户通过注册，拥有播放权限，然后自主决定播出内容。此种情形下，手机用户构成侵权。

3.2.2 网络服务提供者接到通知或者知道侵权事实

这是网络服务提供者承担责任的基础要件，也是此类侵权的特殊规则所在，包括通知规则和知道规则。

第一，通知规则。根据《侵权责任法》第36条第2款的规定，"网络用户利用网络服务实施侵权行为的，被侵权人有权通知网络服务提供者采取删除、屏蔽、断开链接等必要措施。网络服务提供者接到通知后未及时采取必要措施的，对损害的扩大部分与该网络用户承担连带责任。"在被侵权人获悉网络用户实施了侵权行为之后，有权利通知网络服务提供者采取必要的措施，这就是"通知规则"。如果赛事转播者发现有手机用户在利用网络平台转播体育赛事，有权通知网络服务平台，阻止更多的用户访问该网址观看比赛，避免自己的损失进一步扩大。从该款的规定可以看出，网络服务提供者对上传到平台的视频或其他资料没有事先审查义务，而且面对每一秒钟海量数据的出现，让平台承担事先审查义务是不现实，也不合理的。但是，权利人不同，为了保护自己的合法权益，避免用户擅自转播比赛，赛事转播者特别是购买网络转播权的权利人会密切关注网络平台的比赛信息。一旦发现，就可以通知网络平台，要求其采取必要的措施予以应对。

至于通知的内容，《信息网络传播权保护条例》第14条规定："通知书应当包含下列内容：（一）权利人的姓名（名称）、联系方式和地址；（二）要求删除或者断开链接的侵权作品、表演、录音录像制品的名称和网络地址；（三）构成侵权的初步证明材料。"第2款还规定了权利人应当对自己发出的通知书的真实性承担责任。否则会引发网络服务提供者的反通知规则。此外，通知以何种方式作出，法律法规也未作出明确规定，那么书面通知、口头通知都应当符合条件。特别是网络的传播速度快，口头通知更为快速便捷。如果规定使用书面形式，时间成本会提高，可能会使权利人的损失进一步扩大。

第二，知道规则。该规则规定于《侵权责任法》第36条第3款："网络服务提供者知道网络用户利用其网络服务侵害他人民事权益，未采取必要措施的，与该网络用户承担连带责任。"在知道规则下，网络服务提供者知晓权利人权益被侵犯的事实，而未及时采取措施，构成侵权。

对于“知道”，学界也存在诸多争议。有学者认为，知道应当解释为“明知”，只是针对不同类型的网络服务提供者和不同的权利对象，判断其是否“知道”的标准不同。有学者认为，知道包括“明知”和“应当知道”。司法实践中以应知来认定网络服务提供者主观过错日渐得到了法院的认可。也有学者提出了折中观点，即知道应当仅仅限于“明知”，但是，这并不排斥其在特殊情况下包括应当知道……也有学者提出，通过借助诉讼法中的推定规则，可有效证成网络服务提供者主观知道，从而实现了从起点客观事实不明到终点网络服务提供者承担侵权责任间逻辑脉络的贯通。笔者以为，民事立法中“知道”与“应当知道”是并列而非包含关系。现在民法学界基本达成共识，知道并不能解释为“应当知道”。而且，还应当注意的是，“明知”和“知道”在主观程度上还是有差异的。[1]

体育赛事新媒体的独占转播权一般由特定的网络服务提供者获得，如果手机用户在比赛时将体育赛事的视频上传至没有获得授权的平台，此时，该网络平台应当认定为“知道”，平台应当及时采取必要的措施，阻止视频播放，保护转播权人的权益，否则就可以认定平台存在过错。

3.2.3 未及时采取必要的措施

网络服务提供者在获悉（接到权利人的通知）或者知道权利人的权利受到侵犯后，应当及时采取删除、屏蔽、断开链接等必要的措施，阻止侵权资料继续扩散，并阻止其他用户继续访问。因为手机录制赛事视频直接传输至网络，然后提供至平台并发出，速度非常快。因此，网络平台必须在极短的时间内采取措施，否则可能要承担侵权责任。

《侵权责任法》第36条提供了删除、屏蔽、断开链接三种措施，还规定了兜底性的方式等。实践中，网络服务提供者该如何选择适用，才能被认定为采取的措施是必要的？也就是说，法律规定的三种措施该如何在实践中具体运用，以达到有效阻止侵权的标准或者条件。笔者以为，必要的措施需要根据网络服务提供者的不同类型、提供的服务种类、上传资料的内容等因素综合作出判断，采取的措施既能保障权利人的权益，又能够有效阻止侵权行为的持续发散。对于手机用户也是要如此。

而对于“及时”，网络服务提供者在接到通知或者知道网络用户的侵权行为之后，应当尽快采取措施，阻止侵权行为的继续状态。笔者以为，鉴于体育赛事

---

〔1〕 从《侵权责任法》草案中的几次改动中可以看出其中的差异：第一次审议稿（第63条）、第二次审议稿（第34条）都规定为“明知”，第三稿（第36条）改为“知道”，第四稿（第36条）改为“知道或者应当知道”，而最后颁布生效后的第36条又改为“知道”。

具有时效性，对于转播体育赛事的手机用户，网络服务提供者应该在尽可能短的时间内采取删除、屏蔽甚至断开链接的方式。时间自接到通知或者知道之时不应当超过24小时。

综上，虽然网络服务提供者的侵权责任属于一般侵权，但是，鉴于互联网空间的特殊性，作为特殊的侵权主体，其责任构成有别于传统的侵权构成四要件。

3.3 网络服务提供者的责任抗辩

与一般侵权的责任主体的抗辩事由不同，根据《侵权责任法》的规定，网络服务提供者的抗辩事由包括未接到通知或不知道以及履行了移除义务两种情形。

3.3.1 未接到通知或不知道

如前所述，在“通知规则”下，虽然法律没有明确网络服务提供者是否应当负有事前审查义务，但是根据第36条第2款规定的内容可以推定，网络服务提供者没有对上传至本平台的信息负有事前审查义务。而且网络服务提供者不负审查义务不仅是我国立法的选择，也是世界主要国家和地区普遍的选择。被侵权人如果发现有手机用户在录制现场视频并上传至网络，应当及时通知网络服务提供者（平台）。如果网络平台没有接到通知，那么，网络服务提供者就不应当承担侵权责任。

而在“知道规则”下，根据36条第3款的规定，网络服务提供者虽然没有事前审查义务，但其应当负有注意义务。随着网络技术的飞速发展，网络服务提供者可以通过技术手段对直播赛事进行过滤，以进行事先防范和预防。而如果网络平台完全拥有该项技术手段并进行了过滤和拦截，那么就应当认定其尽到了注意义务。如果网络服务提供者知道网络用户侵权事实而未采取必要措施，被侵权人就可以提起诉讼，要求其承担连带责任。

应当注意的是，虽然法律规定了“知道规则”，但是，在此类诉讼中，被侵权人应当提供足够的证据证明网络服务提供者知道此类侵权行为的发生。而实践中，被侵权人要证明这个事实是非常困难的。而网络服务提供者却只要证明自己“不知道”即可免责。为手机用户提供直播平台的网络服务提供者也是如此。

3.3.2 移除义务履行

也即“避风港原则”。如果网络平台在接到被侵权人的通知之后，及时通过技术手段移除了侵权信息，即被认为履行了移除义务，符合安全港条款，并因此免除侵权责任。避风港原则的内容为“通知—删除”。避风港原则的适用需要满足以下条件：网络服务提供者不知道网络侵权事实的存在；被侵权人向网络服务提供者发出了合法有效的通知；网络服务提供者在接到通知后及时采取必要措施移除相关信息。只要符合上述条件，网络服务提供者即可免除自己的责任。

4. 手机用户在线直播侵权的责任承担

民事责任承担是民事主体违反民事义务所应当承担的法律后果。手机用户擅自通过网络上传体育赛事视频，网络服务提供者违反了自己应当承担的义务，均构成侵权，应当承担侵权责任。如前所述，该类侵权责任的承担应当是财产责任。

4.1 责任形式

第一，自己责任。如果在比赛期间手机用户自己上传比赛视频，而网络服务提供者在接到通知或者发现后采取了必要措施，手机用户自己应当对损害承担责任。而如果网络服务提供者雇佣手机用户上传比赛视频到自己的平台，即网络服务提供者为自己提供服务，也属于自己责任。这两种情形都属于《侵权责任法》第 36 条第 1 款规定的情形，由自己承担责任。

第二，连带责任。包括两种情形：一是手机用户与网络服务提供者合作，手机用户将比赛视频上传至平台，然后双方利益分享，由此造成的损害，双方应当承担连带责任；[1]二是在网络服务提供者接到被侵权人的通知或者知道网络用户侵权事实的情况下，未采取必要措施的，被侵权人可以起诉网络服务提供者，要求其承担连带责任。从性质上考察，网络服务提供者此时构成侵权法上帮助的共同侵权。当然，理论界对立法中的连带责任存在质疑，有人认为网络服务提供者承担的责任为数人侵权的按份责任。也有人认为网络服务提供者的责任为有限补充责任。笔者以为，依据传统侵权法理论，学者分析的不无道理，但是却忽视了网络侵权的特殊性。在网络用户包括手机用户如此广泛、平台众多、信息海量的情形下，被侵权人仅仅确定侵权人就已经非常困难，如果再去确定网络用户（包括手机用户）与网络平台的责任份额，既不合理，又不现实。因此，确定双方的连带责任，是为了进一步提高网络服务提供者的责任程度，毕竟其拥有强大的技术手段，可以通过“过滤”“筛查”等技术履行自己的注意义务，以事先预防。而且，实践中，网络平台在承担了责任后，并未有向用户进行追偿的事例。因此，虽然网络服务提供者的侵权属于一般侵权，但仍然制定了特殊的规则，以适应网络技

---

〔1〕 笔者以为，此种模式下，手机用户和网络平台属于共同侵权，因为双方有利益分成，应当承担按份责任，但是，对于被侵权人来说，无需要求按份责任，直接要求承担连带责任为宜。网络服务提供者承担了全部责任后，可以按照既定份额要求手机用户承担按份责任。即对内按份，对外连带。

术发展的需要和特殊的规制。手机网络直播体育赛事更是如此。

4.2 责任范围和类型

第一，实际损害。在自己责任情形下，手机用户或网络服务提供者给独占转播权人造成实际损害的，应当承担损害赔偿责任。

第二，扩大的损害。根据第36条第1、3款的规定，网络服务提供者在为他人提供服务的情况下，在知道或者接到通知后没有尽到自己义务的，应当对扩大的损害承担责任。

至于责任类型，《侵权责任法》第15条规定了8类承担侵权责任的方式，而且规定可以合并适用。[1]但是，笔者以为，考虑到体育赛事的时效性、手机用户的广泛性、在线直播的迅速性，最主要的责任形式应该是停止侵害，及时要求网络平台采用有效措施终止手机用户或平台侵权行为的持续状态。毕竟和其他网络侵权不同，体育赛事的时效性很强，该措施既是网络服务提供者的法定义务，也是转播权人维护自己权利的有效方法。另外一种可适用的责任形式为损害赔偿。

结语

毋庸置疑，互联网的应用正在改变世界，而手机的普及更颠覆了人们的生活。就目前的技术而言，受手机流量、存储空间、传播速度、持续时间等技术因素的限制，手机在线直播整场比赛的视频尚有难度。但是，随着网络技术的进步和发展，手机持续性地上传直播视频的技术正在不断发展和完善，以及赛事观看需求的增加及手机的便利性，手机用户持续性地录制视频并上传将成为可能。因此，新媒体转播权人也应当正视技术的进步所带来的难题和挑战，网络服务提供者的注意义务特别是技术应用（如“过滤”技术）也应当不断提高和普及，网络服务提供者应当及时履行自己的法定义务，以应对手机用户的侵权行为，降低自己运营平台的侵权风险和责任承担风险！

---

〔1〕《民法总则》第179条规定的民事责任的承担方式为11种，包括违约责任和侵权责任。

论体育赛事赞助合同与在先赞助合同的冲突

袁　硕[1]

摘　要　随着体育赛事的繁荣，由体育赛事衍生的各种资源所带来各种利益不断扩大，由于体育赛事资源的有限性以及参与主体的多元性，会出现体育赛事赞助合同和在先赞助合同的冲突。体育赛事赞助合同与在先赞助合同的冲突反映的是赛事资源的有限性与赞助方需求的无限性之间的矛盾，两者的冲突显然不是两个竞争品牌企业的合作问题，而是协调问题。本文以"易建联脱鞋门"事件入手分析我国体育赛事赞助合同与在先赞助合同冲突的现状，并分析体育赛事赞助合同与在先赞助合同冲突的原因，最后在借鉴域外经验的基础上，在我国现有的体育体制之下对于解决两者的冲突提出完善建议。在合同成立过程中，赞助方与被赞助方遵守注意义务、避免模糊条款，另外单项体育协会创新管理模式，避免为了短期利益，将所有运动员捆绑；若两者出现冲突，在单项体育协会居中调解下，双方可以内部协商，实现赞助资源置换。

关键词　体育赛事赞助合同　在先赞助合同　冲突解决

引言

在体育赛事商业开发过程中，由于体育赛事资源的有限性与体育赛事参与主体的多元性，体育赛事赞助合同与在先赞助合同的冲突是常见的法律问题。以

---

〔1〕 作者简介：袁硕，中国政法大学法学院2018级体育法方向法律（法学）硕士研究生。

"易建联脱鞋门事件"为例，一方面是运动员作为体育赛事的重要参与主体，易建联自然关注与自身利益密切相关的在先赞助合同；另一方面各种体育赛事的商业开发离不开赛事赞助方的支持，李宁作为 CBA 联赛赞助商，其享有的"排他性权利"受法律保护。我国目前对于此类冲突的解决方案，往往是维护赛事赞助商的利益，并对运动员作出处罚。在体育赛事赞助合同与在先赞助合同都受法律保护的情况下，这种解决方案不仅未能有效化解两者的冲突，而且会打消赞助方的热情。我国目前的解决方案，受我国现有的体育体制影响，同时联赛体制的不健全使得体育赛事资源未能完全开发，体育赛事运营的盈利与否在很大程度上受赛事赞助左右。

对于类似事件的解决亟需完善的解决机制，规范的制度规定。在体育赛事赞助合同与在先赞助合同都具有正当性的前提下，如何在我国现有的体育体制之下解决二者冲突、平衡各方利益，成为探索冲突解决方案的关键所在。

1. 我国体育赛事赞助合同与在先赞助合同冲突的现状

1.1 "易建连脱鞋门事件"回顾

在 2016～2017 赛季 CBA 联赛第二轮深圳马可波罗对阵广东东莞银行的比赛中，当第二节比赛进行到 58 秒时，广东东莞银行球员易建联在场上将联赛指定用鞋（李宁）脱下，径直走回了广东队替补席。在更换了自己的球鞋后，易建联要求再次登场，但裁判依据规则没有让他上场，易建联随后直接走回了更衣室。第三节还有 5 分钟结束时，易建联再次出现在了场上。经过与技术代表协商，他还是穿上了那双非联赛指定赞助商的球鞋（耐克）登场。[1]

经过联赛纪律委员会研究，报中国篮协批准，给予易建联通报批评、停赛一场的处罚，并核减广东宏远俱乐部联赛经费 5 万元。[2]

李宁自 2012 年起连续签约 5 年赞助 CBA 联赛，赞助费达到 5 年 20 亿。对于

〔1〕 参见王晓东、黄梓豪："易建联'脱鞋'事件的传播效应及应对策略"，载《传媒观察》2017 年第 6 期。

〔2〕 参见"中国篮协关于对广东东莞银行球员易建联处罚的通知"，http://cba.net.cn/show.aspx? id=15250&cid=110，最后访问时间：2018 年 12 月 15 日。

李宁而言，愿意投入大额赞助费，看中的自然是丰富的联赛赛事资源，寻求回报理所当然，所以要求球员在训练比赛时身穿李宁装备，这对于一些有其他品牌球鞋合同的明星球员而言，自然会引起反弹，出现体育赛事赞助合同与在先赞助合同的冲突。

1.2 我国实践中体育赛事赞助合同与在先赞助合同冲突类型

本文所研究的体育赛事赞助合同是指赞助方与体育赛事组织方协商一致签订的以赞助方赞助体育赛事并获得赞助利益为内容的协议。[1]在先赞助合同也可称为长期赞助合同，其是先于体育赛事赞助合同成立的赞助合同。在先赞助合同的双方在签订合同的过程中会约定适用“排他性原则”，[2]在实践中，我国体育赛事赞助合同与在先赞助合同的冲突主要有运动员赞助冲突、体育场地赞助冲突、体育赛事赞助冲突等类型。

1.2.1 运动员赞助冲突

在运动明星给运动品牌带来大量广告效益后，越来越多的体育运动的企业品牌选择优秀的运动员作为品牌代言人，像耐克、阿迪达斯、安踏等著名的运动品牌都选择优秀的运动员担任代言人，并一般会提供长期的赞助。

在实践中不乏类似事件，如“CBA 贴标鞋”事件、“七匹狼赞助龙马大战”事件等，明星运动员的广告效应是各赞助商努力追求的商业价值，同时也会引发在先赞助合同与体育赛事赞助合同的冲突。

1.2.2 体育场地赞助冲突

体育场地是体育赛事各种比赛进行的载体，现在大型体育赛事主要采用场地租赁的方式，运动场地的广告赞助冲突在实践中常有发生。

在武汉举办的六城会，运动场的赞助商与赛事赞助商在广告牌的安放上出现冲突。[3]另外类似事件，百事可乐因为部分场次未按照合同约定直播、未按照合同约定清理赛场广告等原因单方面退出甲级赛事的赞助。

1.2.3 体育赛事赞助冲突

体育赛事的成功举行，除努力拼搏的运动员带来个人利益外，也会给赛事组织者、俱乐部乃至国家带来相应的利益，各种利益之间难免会出现冲突。

红牛饮料赞助深圳职业足球俱乐部是体育赛事冲突的典型，福特宝长期赞助

---

〔1〕参见陈书睿：“大型体育赛事赞助合同排他性权利的法律研究”，载《天津体育学院学报》2010 年第 1 期。

〔2〕参见斯婷：“体育赞助合同法律问题研究”，华中师范大学 2014 年硕士学位论文。

〔3〕参见唐宇钧：“论体育赛事赞助合同与在先赞助合同的冲突及预防”，载《北京体育大学学报》2008 年第 6 期。

中国职业足球联赛，不知情的红牛公司与深圳健力宝队签订了赞助协议，在深圳健力宝队比赛的主场进行赞助。百事可乐知情后，对福特宝公司提出抗议，最后由足协出面协调。[1]

2. 体育赛事赞助合同与在先赞助合同冲突的原因分析

2.1 合同标的一致性

在先赞助合同与体育赛事赞助合同在合同标的上的一致性，致使两者在合同履行时间、履行方式、履行要求等方面出现冲突。[2]如前所述，体育赛事赞助合同双方为保证赞助利益的实现，根据私法自治原则，在合同中往往会约定适用“排他性原则”，赞助商因此在特定的体育赛事衍生品上获得了独家开发的排他性地位，但当同行业具有竞争关系的赞助商在体育赛事赞助合同成立之前已经签订在先赞助合同，两者在合同标的上具有一致性，尤其是在体育赛事从开始到结束这个特定的时间段内会产生冲突。冲突主要表现在履行时间、地点和履行方式，在体育赛事举办期间两者在体育场地内进行各自的体育品牌宣传上产生冲突。

如作为同行业的两个不同的运动品牌企业，在先赞助合同一方的赞助商通常会要求与其签订赞助合同的运动员在合同约定的赞助期间内在公共场合穿着为其个人提供赞助的衣服，而体育赛事赞助合同的赞助方，通常会要求在比赛期间运动员穿着其运动品牌的衣服，两者会在履行时间、履行地点以及履行方式上出现交叉以致产生冲突。

2.2 运动员个人特质与赞助利益相关性

随着广告、新媒体营销方式的出现，商品的销售方式出现显著变化。越来越多的运动品牌企业选择运动明星作为品牌代言人，他们的个人特质以及潜在的商业价值成为各运动品牌企业竞争的重要因素。

---

〔1〕 参见王科：“体育赞助合同研究”，南京师范大学2015年硕士学位论文。

〔2〕 参见唐宇钧：“论体育赛事赞助合同与在先赞助合同的冲突及预防”，载《北京体育大学学报》2008年第6期。

就运动品牌而言，运动员个人特质与商品的销售在各种新媒体营销方式下可以有效地连接起来，形成转移效应。[1]作为国内知名运动品牌的安踏选择乒乓球大满贯运动员张继科作为代言人，其看中的是张继科良好的个人形象和出色的比赛表现，张继科成为安踏品牌代言人后，基于球迷对本人的信任，通过各种新型媒体的传播，消费者基于转移效应，对其代言产品同样产生信任，从而选择其代言的运动品牌，运动品牌企业因此获得巨大商业利益。

正基于此，越来越多的运动品牌企业选择优秀的明星运动员作为品牌代言人，并愿意为其提供长期的个人赞助；大型体育赛事因其关注度高、影响范围广、公众参与人数多等特点吸引着各赞助商，赞助方同样关注优秀运动员的出色表现。运动员的个人特质与赞助方的赞助利益的相关性，使得在先赞助合同与体育赛事赞助合同在运动员的选择上出现交叉产生冲突。

2.3 体育赛事资源的有限性与赞助方赞助需求无限性的矛盾

体育赛事带来的直播收益、公众的广泛关注度、广告的宣传、赛事的冠名权等是吸引各赞助商的重要因素，各赞助商都希望与体育赛事建立联系，以此来推广自己的品牌，增强公众的认可度，提高品牌的知名度，获得更多收益。

面对赞助方不断扩大的需求，体育赛事所带来的资源却是有限的。体育赛事带来的资源主要有广告的优先发布权、冠名权以及标示、商标等许可使用权等，而由于体育赛事赞助方与体育赛事组织者“排他性原则”的约定使用，使得体育赛事赞助方享有的“排他性权利”，这一权利使得其他潜在的赞助商无法进入赞助市场。另外随着体育赛事赞助模式的不断发展，独家赞助成为各种体育赛事采用的普遍方式。在独家赞助模式下，体育赛事赞助方享有绝对的独占地位，其排他性权利得到了充分的保证。[2]

2.4 冲突解决机制不健全，相关规定缺位

在立法上，体育赞助合同的立法不够完善，我国目前对于体育赞助合同缺乏专门的法律规定，现行有效的规定对于体育赞助合同的规定不够充分，另外，国家体育总局《关于对国家队运动员商业活动试行合同管理的通知（体政字[2006] 78 号）》对于运动员参与商业开发活动只进行了笼统性的规定；在理论界，关于体育赞助合同的法律定性尚无统一定论，有“广告合同说”“买卖合同说”“赠与合同说”等观点；在司法实践中，如果体育赞助合同在订立过程中对于合同履行的细节以及违约责任没有进行详尽的规定，法院会依据《中华人民共

---

〔1〕 参见叶小兰、王方玉：“论体育赞助合同的体育部门法有名化——基于完善体育行业法的前瞻性考量”，载《体育与科学》2018 年第 5 期。

〔2〕 参见刘清早：《体育赛事运作管理》，人民体育出版社 2006 年版，第 8 页。

和国合同法》（以下简称《合同法》）总则的具体规定进行判断，导致法院对于体育赞助合同的定性不一，有的法院甚至回避定性问题。[1]

冲突解决机制不健全也是导致体育赛事赞助合同与在先赞助合同冲突的原因之一。在现实中，体育赛事组织方在通常情况下会侧重保护体育赛事赞助方的利益，这主要基于体育赛事的主要支撑来自赛事的赞助方。基于此，我们不禁会问，运动员与赞助商签订的在先赞助合同如何保护，运动员签订在先赞助合同之前是否要经过所属俱乐部或单项体育协会的同意，对于在先赞助合同的违约应该由谁承担相应的违约责任。

3. 体育赛事赞助合同与在先赞助合同冲突解决机制

3.1 域外经验借鉴

英超赛事主办方在2003～2004赛季引入了英超标准合同，合同第4条包含了处理球员与赞助方合同的内容。[2]第4条第2款第1项规定，球员应穿着经俱乐部同意或授权的服饰；第4条第2款第2项规定，未经俱乐部书面同意，不得在衣饰上展示任何徽章、标识、商业名称或信息。但本款不得组织球员穿着和（或）推广球鞋，亦不得阻止球员自由选择守门员手套；第4条第5款第2项规定，球员可提前在合理期限内通知俱乐部其欲参加的推广活动或谋利活动。在英超标准合同中，球员与俱乐部的关系紧密，俱乐部对于球员的服饰穿着有决定权，但也规定了事先审批制度，在事先征得俱乐部同意情况下可以参加推广或谋利活动。

在挪威，挪威足协注重球员赞助合同的冲突预防，足协规定球员可以签多至三个私人赞助商，前提是这些私人赞助不能和协会的赞助项目相冲突。同时要求三个赞助商中必须有一个是以慈善为目的。[3]

在荷兰，体育赞助合同出现冲突的时候可以诉诸法院，法院审理此类案件较

---

〔1〕 参见孙良国、杨艳："体育赞助合同中的道德条款研究"，载《体育与科学》2016年第1期。

〔2〕 参见董双全："体育赞助冲突的法律解读——以宁泽涛事件为例"，载《体育成人教育学刊》2017年第1期。

〔3〕 参见董双全："体育赞助冲突的法律解读——以宁泽涛事件为例"，载《体育成人教育学刊》2017年第1期。

多，通常会形成判例，这可为我国体育赛事冲突的解决提供借鉴。[1]

目前，我国对于体育赛事赞助合同的法律定性不统一，《合同法》没有专门规定赞助类合同，体育赛事赞助合同属于无名合同的一种，只能适用《合同法》总则的规定，并可以参考《合同法》分则或者其他最相类似的规定。[2]但同时由于体育赞助合同兼具商业性与公益性，域外关于体育赞助合同纠纷的解决机制并非可以拿来直接适用，最重要的还是立足于我国现行的体育运行机制和特殊的国情。

3.2 我国体育赞助合同与在先赞助合同冲突解决机制的完善

体育赛事赞助合同是赛事组织方为保证赛事的顺利举办，授予赞助方由体育赛事衍生出的各项权利；在先赞助合同是赞助方为提高品牌的影响力和公众的信任，选择明星运动员作为代言人并为其提供长期个人赞助。两者之间的冲突并非合作问题，而是协调问题。因此，在两者冲突的解决上更侧重冲突的预防。

3.2.1 赞助合同条款避免模糊，预防冲突出现

合同双方对于合同条款的约定决定了合同的成立与否，同时也会影响合同的履行情况。在赞助方和被赞助方订立合同过程中，双方都要遵守注意义务，这样才能避免冲突的出现。

首先，在双方的注意义务上，赞助方在订立合同之前，应进行相应的调查研究，包括对赞助事项和被赞助方的调查研究。对于赞助事项的调查，可以帮助赞助方了解赛事资源，从而在考量本方赞助需求的情况下决定是否签订合同；对于被赞助方进行调查，被赞助方是否具有适格的主体资格，这是决定合同成立与否的重要因素；还需要调查体育赛事赞助合同是否会涉及在先赞助合同。[3]被赞助方同样要遵守相应的注意义务，被赞助方要明确哪些赛事资源自己有权处分，调查合同是否涉及第三人，避免对第三人权益造成损害。

其次，在合同内容上，应避免模糊，双方在订立合同过程中，充分协商，考虑各种相关因素，确保合同权利义务明确。所以在约定合同内容时，针对赞助事项可能因在先赞助合同的存在而出现的风险设定特定的条款，同时约定违约条款。合同在订立过程中考虑越周全，越利于避免纠纷产生。虽在先赞助合同成立在前，但体育赞助合同通过约定实用性的合同条款也可以预防风险，将损失控制

---

〔1〕 参见董双全："体育赞助冲突的法律解读——以宁泽涛事件为例"，载《体育成人教育学刊》2017年第1期。

〔2〕 参见崔建远主编：《合同法》，法律出版社2010年版，第26页。

〔3〕 参见赵毅："意大利法镜鉴下的体育赞助合同——恒大亚冠违约案引发的思考"，载《体育与科学》2016年第2期。

到最低。

最后，探索建立体育赞助合同备案制度。无论是体育赛事赞助合同还是在先赞助合同，由被赞助方在体育赞助合同订立之后，到体育行政部门备案，全国性的体育赛事由国家体育局登记备案，地方性赛事由省体育局进行登记备案。确立备案制度，赞助方可以在签订体育赞助合同之前查阅是否存在与自己的赞助事项可能出现冲突的合同，从而减少体育赞助合同冲突的出现。

3.2.2 单项体育协会探索创新管理模式，实现多种赞助模式并存

在“易建联脱鞋门事件”的背后，可以发现篮球协会作为与李宁对接的窗口，在合同条款的拟定上有决定权，在当初签约的时候篮协有主动选择的余地，但最终篮协选择“一刀切”的方式，将所有球员捆绑起来，把所有权益打包给李宁，出现“包圆合同”。不仅篮球协会，其他各单项体育协会都应尝试打破现有管理模式，探索建立新的模式。

一方面单项体育协会创新管理模式，赋予运动选择权。NBA 作为一个发展成熟的联盟，始终坚持“运动员的脚归自己”惯例，将球鞋的选择权交给球员处理。相比较我国单项体育协会选择一刀切的方式，NBA 球鞋赞助模式，不仅能保证运动员的健康，更重要的在于赋予运动员更多的选择权。我国单项体育协会可以尝试在符合我国现有体制之下借鉴此种模式。具体来说，各单项协会应避免目光短浅，只在乎短期利益，在选择赞助商时谨慎选择，避免为获得大额合同，将所有运动员捆绑，各单项协会建立符合自己运动特点的赛事赞助规定，比如在 CBA 联赛中借鉴 NBA 模式，球员球鞋的赞助商可以自主选择；另外不容忽视的一点是，相比于 NBA 模式盈利核心在媒体转播，我国 CBA 联赛媒体转播收入仅占 10% 左右，并且我国 CBA 媒体转播一直由 CCTV5 掌握垄断权，因此单项体育协会可以尝试开发各种体育赛事资源，实现运营收入各项比例均衡。

另一方面可以实现多种赞助模式并存，形成稳定的赞助群体。TOP 赞助模式之下，只允许存在一家赞助商，实际上排斥了其他赞助商。另外，以 CBA 职业联赛为例，一些企业的赞助期间较短，一两年就结束合作，这不仅不利于联赛收入的稳定，也说明赛事未形成稳定的赞助群体。各项联赛有稳定的赞助群体表明具有稳定的联赛市场，稳定的联赛市场体现出联赛具有积极向上的发展姿态，也表明双方在长期合作中能够实现互利共赢。[1] 因此，各单项体育协会可以根据各自运动的特点探索多种赞助模式并存，积极同国外赞助商合作，提高各赛事的知名度。另外，体育赛事有 10 项必不可少的要素：比赛项目、竞技者、裁判员、

---

〔1〕 参见杨瑞强：“NBA 与 CBA 赛事赞助及营销比较研究”，郑州大学 2015 年硕士学位论文。

承办方、观众、资源、赛场、技战术、举办时间和举办地点。此外，与赛事相关但并非必不可少的要素还有宣传、推广、赞助、公关衍生产品等。它们任意一个都可以分割。[1]单项体育协会在吸引赞助商的时候，可以对赛事资源进行分割，如可以对赛程进行分割，赞助商可以选择不同的赛程进程赞助，这样可以丰富赛事赞助种类。

3.2.3 推动赞助商内部协商，实现赞助资源置换

在2016～2017赛季CBA联赛第二轮开始前，与易建联等球星合作的赞助商耐克曾表示和CBA联赛赞助商李宁置换资源，耐克提出，李宁赞助球员在国家队训练比赛中可以穿李宁鞋且无需遮挡标识，名额为2～6名（不限国家队及国家青年队）。耐克赞助球员在CBA训练比赛中可以穿耐克鞋无需遮挡标识，名额为2～6名。交换期限为：2016～2017赛季CBA，2017年1月1日到2017年12月31日的国家队周期。李宁对耐克提出的资源置换予以拒绝，两方的资源置换最终未能达成。

虽然这次赞助商之间的资源置换未能达成，但是并不意味着赞助商之间内部协商、资源置换不可行。在体育赛事赞助中，被赞助方因组织赛事而自然地享受体育赛事资源，各赞助方为提高知名度、开拓新市场，往往不遗余力与被赞助方签订合同；而在先赞助合同的赞助方往往因为看重明星运动员的个人特质与潜在的商业价值而相互竞争。两者所指向的都是特定的赛事资源，对赛事资源的争夺是两者冲突之源；然而，赛事的资源的有限性使得两者的冲突更加明显。面对有限的赛事资源，赞助商之间实现资源置换，可以突破赞助合同约定的资源限制，实现关联赞助资源的交换。这样不仅能暂缓赞助商之间的冲突，而且可以对赞助资源进行再分配，突破赞助合同约定的限制。

通过上述分析，可以发现赞助商内部协商，实现资源置换是完全可能的，那么在资源置换过程中双方如何协商能够确保双方的利益最大化。

首先，双方应在自愿、平等的基础上进行协商。赞助商协商的内容为体育赞助资源，因此在协商开始之前各方可以列明自己享有的赞助资源以及希望置换的资源，在协商的过程中双方共同分析实现资源置换的可能性与可行性。在协商过程中，双方始终要坚持自愿原则，同时双方可聘请具备专业知识的人参与协商过程。双方协商讲求实效性，避免流于表面形式，浪费公共资源。

其次，单项体育协会居中调解。体育纠纷除具有一般民事纠纷的特征外，还具有专业性、技术性等特点，传统的诉讼仲裁解决方式不能完全适用于体育纠

---

〔1〕参见李南筑等："体育赛事创新研究：赞助资源的分割与组合"，载《上海体育学院学报》2007年第6期。

纷。[1]当体育赞助合同与在先赞助合同出现冲突的时候可以通过体育行业的调解机制来解决冲突，这样不仅可以提高解决纠纷的效率，还会因专业性使处理结果更易于接受。单项体育协会一般为职业联赛的主办方，理应承担管理之责，单项体育协会介入能树立权威，解决好赞助方之间的利益冲突。单项体育协会可以尝试打造赞助商内部协调机制，在单项体育协会内部设立专门的调解机构，为赞助商内部协调提供平台。在程序上可以遵循以下规定：一是依申请启动调解程序，且必须是双方自愿；二是赞助方协调过程原则上不公开，但协商双方同意公开的除外；三是单项体育协会在调解过程中知悉的赞助方的商业秘密应尽到保密义务；四是单项体育协会为保证双方协商的时效性，可以规定双方调解的期限。

---

〔1〕参见孙彩虹："体育调解：多元化解决体育纠纷的新路径"，载《温州大学学报（社会科学版）》2018 年第 3 期。

体育冠名合同的法律适用研究

黄馨仪[1]

摘　要　文章从体育冠名合同的性质和特征入手来了解体育冠名合同。由于目前我国对于体育冠名合同没有专门的立法，在实践中法院对于体育冠名合同纠纷处理的依据也是多种多样，这就导致了体育冠名市场秩序局面混乱。本文通过分析体育冠名合同的主体、客体以及权利义务等内容，将体育冠名合同与买卖合同、赠与合同、授权许可合同、广告合同相比较，对体育冠名合同的法律适用提出自己的看法。

关键词　体育冠名　买卖　赠与　授权许可　广告

随着社会经济的不断发展，体育活动的商业化也不断地向前推进，体育冠名逐步成为体育赞助重要的形式之一，它以体育组织样式灵活、赛事繁多以及能够产生巨大的经济效应为优势成为发掘体育资产、获得经济收益最有价值的一部分。然而，在体育冠名权繁荣发展之际，却时常出现冠名合同双方违反合同约定、拒不履行冠名合同义务或者单方解除合同以及对冠名合同的费用产生纠纷的现象，这些情形严重影响了体育冠名市场的蓬勃发展。本文从体育冠名合同的概念、性质和特征入手，通过将体育冠名合同与相类似的其他合同进行比较，为以后体育冠名合同纠纷的解决拓展思路。

1. 体育冠名权的概念及法律性质

1.1　体育冠名权的概念

体育冠名权是一般冠名权在体育领域的拓展和延伸，体育冠名权的出现以及

---

[1]　作者简介：黄馨仪，中国政法大学法学院2017级宪法学与行政法学专业体育法学方向硕士研究生。

兴起，是社会经济发展的必然产物以及必然要求。冠名权起源于美国 19 世纪末 20 世纪初期，最初是美国各个大学获取经费的重要渠道，直至 70 年代美国才出现了第一起体育冠名权的买卖交易，现代意义上的冠名权买卖由此诞生。到 80 年代，体育冠名权交易在西方国家逐渐兴起，直至 90 年代体育冠名权在美国的发展进入到一个高潮期。伴随着中国的改革开放，体育冠名开始进入中国市场。在 20 世纪 90 年代，由于我国体育体制不断改革发展，体育冠名也随之不断繁荣起来。从冠名权的起源来看，其最初的含义是指冠名方支付一定的金钱然后获得对某一设施以其选择的名字命名的权利。但随着经济的不断发展，冠名权逐渐发展成为一种商业性的权利，可以说，冠名是一种行为方式，但是这种行为随着社会经济的发展而具有了一定的社会价值和经济价值，故应当将其作为一种权利加以保护，从而产生了冠名权。所以，其含义也不断丰富起来，发展成为现代意义上的冠名权：其指特定主体将其拥有的特定物的命名权予以转让，从而使得买卖双方都获得相应的经济利益或者商业机会。[1] 冠名行为发展到体育行业，从而出现了体育冠名，顾名思义，冠名延伸运用于体育领域，或者说将冠名权嫁接到体育上，就产生了体育冠名权。由此可见，体育冠名权是冠名权的下位概念。所以对于体育冠名合同概念的界定通常从冠名权概念的角度出发。本文认为，体育冠名权指的是：在体育领域范围内，由特定主体将其拥有的具有较大社会知名度和影响力的所属物（包括体育赛事、体育团体、体育设施等）的命名权加以转让，从而使双方获得相应的经济利益的一种权利。从上述概念可以看出体育冠名权的特点：体育冠名权只存在于体育领域范围内；体育冠名权是对体育赛事、体育团体或者体育设施等的命名权进行转让；体育冠名权给冠名双方都带来一定的经济利益。

2. 体育冠名合同的性质分析

体育冠名权交易在社会上蔚然成风不仅因为其本身就是一种动态的合约工具，更是因为体育冠名权交易具有扩大影响力、进行广告宣传、促进经济效益的功能。但是目前我国《中华人民共和国合同法》（以下简称《合同法》）中并没

---

〔1〕 参见武光前："体育冠名权的法律性质与特征"，载《新东方》2005 年第 8 期。

有对体育冠名合同做出明确的规定，对比其他国家以及地区也都没有对该种合同的含义做出较为明确的界定，所以，体育冠名合同是一种典型的无名合同，要想对体育冠名权交易进行规制，促进其健康有序的发展，对体育冠名合同性质的界定就显得尤为重要。

2.1 体育冠名合同的一般内容

体育冠名合同是合同的一种类型，是民事主体进行活动的一种形式，体现着主体之间的意思自治。体育冠名合同的一方通过支付一定的资金或者实物，在对方具有一定社会认知度的所属物上（包括体育赛事、体育团体、体育设施等）冠以自己所需的名称，例如企业称谓、商品名称或者宣传标语等。在体育冠名合同中，支付资金或实物的一方为冠名方，对所属物享有命名权的一方则为被冠名方。

合同的标的就是合同的客体，是合同法律关系主体之间权利义务所指向的对象。具体到体育冠名合同当中，合同的客体就是对具有社会认知度的事物的体育冠名权。冠名权在实际上类似于自然人的姓名权或者法人和其他组织的名称权，是名称权利的一种扩张。由此可见，冠名权与名称权是密不可分的。名称权的概念为："特定团体依法享有的决定、使用、变更及依照法律规定转让自己的名称，并排除他人的非法干涉及不正当使用的权利。"我国学术界通常都认为名称权包括名称设定权、名称使用权、名称转让权以及名称变更权。从某种角度上来说，体育冠名权就是体育名称权，但是二者在一定程度上也存在着区别：体育冠名权可以说是将名称权赋予商品化的性质进行出售才产生的，这样产生的体育冠名权具有专属性和排他性，即只能将名称权出售给一个特定的企业，但是单纯的名称权的转让却没有此规则。在体育冠名权交易的过程中，交易的标的物实际上就是对体育赛事、体育团体或者体育设施等事物的命名机会，也可以称为是一种冠名的机会。通过分析体育冠名权与名称权的关系，我们不难看出，名称权中的设定权是体育冠名权产生的来源，但是体育冠名权又是名称权进行"包装"之后才形成的，这种包装实际上就是将名称权进行商品化的一个过程。所以，体育冠名权在一定程度上也可以被认为是一种商品化的权利，体育赞助商将自己的名称冠名到被赞助一方所属物的名称上，将其运用到商业营销当中，这样会较好地提升自己的知名度，扩大对自己企业的宣传影响从而达到企业营销的目的。作为体育冠名合同客体的体育冠名权除了具有上述名称权、商品化权利的性质外，还具有无形财产权的性质，具有资源性、综合性、可转让性等特点。

就体育冠名合同的内容而言，其是一种双务合同，冠名合同双方主体之间的权利义务是相互的。体育冠名的一方须按照合同约定支付冠名费，被冠名的一方则也应依照约定在相关活动或组织名称前冠以赞助商的名号。由于体育冠名权的特殊性，体育冠名合同双方的权利义务具有一定的特殊性：第一，被冠名的体育赛事、体育团体或设施具有广为人知的特点，具有较高的知名度；第二，被冠名的一方需具有良好的社会形象，具有积极向上的公众形象；第三，被冠名一方能够在媒体曝光后吸引广大社会公众的眼球，能够产生一定的社会反响；第四，被冠名一方要能够维护冠名一方良好的企业形象，为推广赞助方的知名度和产品等提供良好的环境和条件。而且体育冠名权还具有专属性和排他性，即被冠名的一方只能将体育冠名权出售给特定的另一方，这种冠名权的买卖是一对一来进行的，其他无关的主体不能对其进行非法的商业利用。

2.2 体育冠名合同与其他合同的比较

在我国的《合同法》中，规定了15种有名合同，但是体育冠名合同并不在这些有名合同当中，依照《合同法》的规定，体育冠名合同应当属于无名合同，应当适用总则的规定，并可以参照分则或者其他法律最相类似的规定。然而在实践中，对于体育冠名合同应当参照哪种合同加以规制存在着不同看法，下面就对体育冠名合同与其他相类似的合同进行对比来加以分析。

2.2.1 买卖合同

买卖合同普遍存在于人们的日常生活当中，我国《合同法》第130条对买卖合同的规定为："买卖合同是出卖人转移标的物的所有权于买受人，买受人支付价款的合同。"它是一种诺成、有偿、双务合同。有些学者认为应当将体育冠名合同参照买卖合同进行适用，将具有社会知名度的体育事物的命名权作为一种可以作为商品流通的财产权。但是，通过比较体育冠名合同与买卖合同主体之间的权利义务关系，我们可以看出二者之间存在着较大的差别：买卖合同转移的是标的物的所有权，这是买卖合同的主要法律性质之一。通过上述对体育冠名权的分析，我们可以看出体育冠名合同中转移的标的物仅仅是体育赛事、体育团体或体育设施等的名称设定权，这种权利仅具有使用、收益的权能，而不具有占有、处分的权能。并且冠名一方所具有的权利还具有专属性和排他性，在其获得对体育事物的冠名权后，就无权再将其转让或者授权给他人使用。也就是说，冠名方所享有的体育冠名权并不是完整和独立的权利。而且冠名一方只在合约期限内享有体育冠名权，在合约期限届满后，冠名一方所享有的体育冠名权又重新归被冠名方享有。因此体育冠名合同与买卖合同是有着本质上区别的，体育冠名合同不能适用买卖合同的规定。

2.2.2 赠与合同

《合同法》第185条规定了赠与合同的含义："赠与合同是赠与人将自己的财产无偿给予受赠人，受赠人表示接受赠与的合同。"由此可见，赠与合同的主要性质是无偿将自己的财产给予他人，是一种单务、无偿合同。但是学者们认为体育冠名合同与赠与合同性质相同是因为他们只看到了冠名方支付大量的资金或实物来获得体育冠名权，并未看到冠名方的真正目的在于通过获得被冠名方所享有的体育冠名权，树立自己的品牌形象，扩大自己企业的知名度，提高自身影响力从而获得良好的经济效益。所以冠名方支付大量资金或者实物并非无偿地支持体育事业，而是为了追求一定的经济利益，而被冠名方出让了自己的命名权并且获得了冠名方的资金或实物的支持。这就是体育冠名合同主体之间互负的权利义务，具有双务合同的性质，而非赠与合同的单务性质。

同时，体育冠名合同也与有些学者所主张的附义务的赠与合同是不同的。对于附义务赠与合同的性质，有学者认为其是单务的无偿合同，也有学者认为其是双务的诺成合同，本文认为附义务的赠与合同虽然要求以受赠人履行一定义务为条件，但是受赠人所附有的义务并不是赠与的对价，即赠与人不能以受赠人不履行义务为理由来进行抗辩。《合同法》第195条规定："赠与人的经济状况显著恶化，严重影响其生产经营或者家庭生活的，可以不再履行赠与义务。"但是在体育冠名合同中，当事人一方出现违约的情况时，若另一方已经履行相应的义务，则该方可以要求违约一方履行义务或者承担违约责任，甚至是解除合同。例如，在一个大型体育赛事冠名合同中，被冠名一方已经按照合同的约定为冠名方提供了场地中的广告，并通过媒体进行了大肆宣传，但是冠名一方由于经济状况恶化而拒绝支付冠名费用，被冠名方可以请求法院强制其履行义务或者要求其承担违约责任。如果把体育冠名合同视为赠与合同则不会发生上述效果，这样非常不利于合同的稳定性以及交易的安全，也会导致权利人的权利得不到有效的保障，从而阻碍体育冠名事业的发展。由此可见，体育冠名合同与赠与合同也存在着很大的区别。

2.2.3 授权许可合同

虽然在《合同法》中没有将授权许可合同规定为有名合同的一种，但是在实践以及理论上对授权许可合同的研究已经形成了比较成熟的基础。所以许多学者都赞成将体育冠名合同准用授权许可合同的规定。授权许可合同指的是，合同的一方当事人在一定时间和界限范围内将某种权利出让给被授权许可的一方当事人，并且由被授权许可的一方当事人支付一定费用的合同。从上述规定可见，体育冠名合同和授权许可合同是具有相似性质的两种合同，并且体育冠名合同的授权许可是相互的，即冠名方将自己的名称授权给被冠名方使用，被冠名方也将自己的名称授权给冠名方使用。但是从理论上对二者进行详细分析，我们也可以看出二者存在一定的差别：首先，我国《合同法》中并未规定授权许可合同为一种有名合同，所以授权许可合同是一种无名合同，其并没有被准用的条件。其次，冠名方通过支付一定的冠名费用或者实物来获得被冠名方名称的命名权，但是被冠名方也同时在使用冠名方的名称，也就是说被冠名方虽然出让了自己所属物的命名权，但同时也获得了冠名方的名称使用权。例如上海大鲨鱼篮球俱乐部于2016年10月13日通过官方渠道宣布，上海男篮新赛季将与新冠名赞助商、视频网站哔哩哔哩（bilibili）合作，球队新赛季也将简称为“上海哔哩哔哩篮球队”，即上海男篮获得了哔哩哔哩网站的名称使用权，这与授权许可合同是不同的。综上，体育冠名合同与授权许可合同的区别主要有两点：①二者的法律关系是不同的。在体育冠名合同中，被冠名一方许可冠名方冠名，但是其本身也必须使用冠名以后的名称。②二者所授予的权利也是不同的。在体育冠名合同中授予的权利是名称设定权，而授权许可合同所授的权利则是使用权。

2.2.4 广告合同

《中华人民共和国广告法》中对广告的界定为：由中华人民共和国境内，商品经营者或者服务提供者通过一定媒介和形式直接或间接地介绍自己所推销的商品或服务。从目的上来说，体育冠名合同与广告合同具有同一的性质，因为体育冠名合同中冠名方通过支付赞助费取得对被冠名体育组织或活动的冠名权，是为了获取广告效果，提升自己的知名度和社会影响力，由此看来，两个合同是具有相似性的。在上海东部软件园诉上海申花俱乐部体育冠名合同一案中，法院就将当事人双方之间签订的合同视为类似于广告合同来进行裁判。法院认为赞助冠名合同与广告传播相近似，企业参加体育赞助冠名是为了让被冠名的体育组织或活动作为自己的广告载体，通过这些比赛或者活动对自己进行宣传，从而提高自己的知名度，所以，对被赞助一方来说，其出让的不仅仅是自己的名称权，而是一种潜在的广告机会。在案件中，由于外界深知上海申花足球队的名气，所以上海申花足球队的所有比赛以及活动都有着巨大的广告效应。上海东部软件园公司支付一定的赞助费从而取得冠名权，其意图也是将被冠名的事物作为一种广告载体，取得对上海申花足球队的冠名设定权也只是为了取得广告机会的法律上的渠道。但是，体育冠名合同与广告合同又存在着区别：首先，两种合同的标的物是有差异的。体育冠名合同的标的是对被冠名一方的名称设定权，体育冠名转让的是名称的使用权而非所有权，其需要的是以名称为载体而获得广而告之的效果。而广告合同的标的物则是广告传播所借助的载体、形式等；其次，两者的可识别性不同。广告需要具有较高的可识别性，需要消费者明确地能够认知其为广告。但是体育冠名所具有的是一种潜在的广告价值，是不需要在外观或形式上具有一定的识别性。综上，我们可以看出体育冠名合同与广告合同在合同签订的目的上是相近似的，然而，体育冠名合同与广告合同在许多方面都存在着差别，加之广告合同在我国也是一种非典型合同，所以体育冠名合同与广告合同并不等同。所以在案例中法院将上海东部软件园公司与上海申花俱乐部之间签订的体育冠名合同依照广告合同的规则进行处理，将其合同视为广告合同的做法还是有待商榷的。

3. 体育冠名合同的法律适用

3.1 体育冠名合同的法律适用现状

体育冠名作为一种商业交易活动，是体育赞助的类型之一，目前受到多种法律法规规制，目前法律层面中法律适用包括合同法、广告法、知识产权法等，如《中华人民共和国体育法》第 34 条规定："在中国境内举办的重大体育竞赛，其名称、徽记、旗帜及吉祥物等标志按照国家有关规定予以保护"。这样就为保护体育冠名合同双方当事人的合法权益奠定了法律基础。但是这一规定过于笼统，法律上至今并没有对体育冠名合同的详细规定，也没有规定冠名方享有的体育冠名权是一种合法的权利，这就导致了体育冠名合同双方随意违约的现象较为普遍。随后，国家体育总局在第十届全国运动会，第六届、第七届以及第十三届全国城市运动会期间也发布了有关参赛代表团（单位）、运动队（员）冠名及广告规定的通知。使得赞助冠名一方当事人的权利有了一定的突破和发展，但是在社会上许多媒体在对体育赛事或活动进行报道时，仍然在冠名方支付巨额赞助费之后肆意地抹去冠名方所冠的名称。与此同时，虽然体育冠名赞助越来越发展成为支持体育事业发展的强大资金来源，但是我国目前《合同法》中依旧没有体育冠名合同的相关规定，体育冠名合同仍然适用《合同法》总则的规定并参照其他有名合同条款的规定。在实践中有依据广告合同条款对体育冠名合同纠纷进行裁判的；也有学者认为体育冠名合同应当定性为广告传播合同，应准用广告传播合同的有关规定进行规制；[1]还有学者认为体育冠名合同应当准用授权许可合同规定进行调整的[2]以及认为体育冠名合同的设立即为名称许可使用合同，[3]可见体育赞助合同在我国实践中适用法律不统一。总则的规定较为抽象，其实并不能为体育冠名合同提供详细的法律依据，而且体育冠名合同因其具有自己本身的特殊性，又不能完全参照其他合同的相关规定。所以体育冠名合同的法律保护以及冠名方权利的法律保护是亟需解决的问题。

---

〔1〕 参见朱体正："体育赞助冠名合同的法律适用"，载《天津体育学院学报》2008 年第 5 期。

〔2〕 参见邓春林："论体育冠名合同的性质及法律保护"，载《北京体育大学学报》2005 年第 8 期。

〔3〕 参见常娟、李艳翎："体育冠名权合同性质的研究"，载《天津体育学院学报》2008 年第 1 期。

3.2 体育冠名合同法律适用问题的解决

通过以上分析，体育冠名合同虽然可以适用《合同法》总则的相关规定，但是又囿于总则的规定抽象、概括，可操作性较低，同时由于体育冠名合同自身的特殊性又不能完全适用买卖合同、授权许可合同、赠与合同、广告合同的规定，因此在体育冠名合同双方当事人发生纠纷时就容易造成法院审理困难或者会出现对当事人一方不公平的现象，甚至还会导致体育冠名市场的混乱。从体育冠名合同的目的来看，冠名方主要是想通过获得冠名权来提升自己的社会知名度、扩大影响力，树立自己的品牌形象，而被冠名一方的目的则是获得丰厚的冠名费用，但是也会面临着冠名方违约的风险。所以为了避免当事人双方的风险，营造一个良好的体育冠名环境，保证冠名活动的有序进行，非常有必要加大法律对体育冠名合同的规范力度。

通过上文将体育冠名合同与其他法律进行比较，我们也可以较为清楚地看出体育冠名合同的特点：首先，体育冠名合同是一种双务、有偿的合同。冠名方想要获得体育冠名权，必须支付一定的资金或者实物作为对价。其次，体育冠名合同具有商业性。实践中，许多企业不惜支付巨额的资金来获取体育赛事或运动队的冠名权，其目的是获得体育冠名权所带来的广告效应，再加之媒体的报道和宣传，这样产生的影响力是其他广告宣传手段所不能相提并论的。体育冠名方的主要目的就是通过冠名这种方式来树立自己的企业形象、提高自己的知名度和影响力。当然这不排除体育冠名合同具有公益性质，但是在体育冠名合同当中区分商业性和公益性并不在于体育事业的目的，而是在于冠名方进行体育冠名权运作所追求的目的。最后，体育冠名合同具有较强的依附性，其不转移所有权。通过上文的分析，冠名方所获得的体育冠名权仅仅是命名权，而非名称的所有权，这种命名权依附于体育赛事、体育团体或设施而存在，本身没有独立性。

针对上述体育冠名合同的特点，笔者对体育冠名合同的规制提出几点设想：①应当以鼓励双方交易为原则。体育冠名合同的签订是促进体育事业发展的重要方式之一，合同关系又是市场经济中最基本的法律关系，是市场活动最基础的内容。所以，为了促进体育冠名合同的发展，从而促进体育事业的发展，就必须以鼓励双方交易为出发点。只有交易，才能实现不同的冠名方对回报的选择，才能实现体育市场资源的优化配置和有效利用。与此同时，鼓励交易的原则也符合合同自由的要求，是当事人意思自治的体现。②应当凸显体育冠名合同双务、有偿的特征。在体育冠名合同中，冠名方之所以支付资金或者实物是为了获取被冠名方的体育冠名权，从而树立自己良好的企业形象、提升自己品牌的社会知名度及影响力。正如上文所述，体育冠名合同区别于赠与合同之处就在于被冠名方并不是无义务的，而是需要支付自己所属物的命名权，即体育冠名合同双方当事人之间是互负对待给付义务的。如果在一场大型体育赛事中，冠名方在被冠名方给予冠名权之前，是可以拒绝支付冠名费用的，那么，被冠名方在冠名方支付资金或实物之前也可以拒绝给付自己所拥有的权利。因此，双方在签订合同时应当约定履行的先后顺序，在一方拒绝履行义务或者履行义务不符合约定时，另一方享有一定的抗辩权。同时，强调体育冠名合同是双务、有偿合同还凸显了双方当事人所负的注意义务较重。③应当约定由于当事人双方以及因第三人行为而导致的违约责任。在体育冠名合同中的违约行为一般指的是冠名合同的双方没有履行合同所约定的义务或者是履行的义务不符合约定。我国《合同法》对违约责任采取的是无过错责任原则，体育冠名合同作为一种无名合同，也应当遵循无过错的归责原则。《合同法》规定的承担违约责任的形式主要有赔偿损失、强制履行义务以及承担违约金这三种形式。此外，冠名方的权利不仅容易受到被冠名方的违约侵害，还易受到来自第三人的侵害。例如冠名方在获得体育冠名权后，在自己使用体育冠名权的情况下又有第三人通过使用体育标志进行商业宣传，这样就会侵害到冠名方的利益。因为在冠名方取得体育冠名权之后，冠名方就可以把自己的名称冠到被冠名方的名称中，这样的一种名称权是绝对的，同时也是法定的，具有专属性和排他性。第三人如果不正确行使权利，就可能造成对冠名方名称权的侵害，应当承担一定的民事责任。

结语

目前我国没有对体育冠名合同进行专门立法，体育冠名又是一个涉及体育、法律、经济等多方面的领域，对其制定法律规范和保护也是一个巨大的系统工程。目前我国学界对体育冠名合同的性质尚且存在许多争议，适用《合同法》总则的规定或者参照其他合同的规定都不能准确地对体育冠名合同加以规制，所以面对体育冠名活动不断活跃以及立法滞后的现状，非常有必要对体育冠名合同的增设进行设想，从而加大对体育冠名合同的规范力度，为体育冠名、体育赞助活动提供良好的环境，保障体育冠名活动的有序进行，促进体育事业的良好发展。

我国体育经纪人制度发展中的法律问题探究

詹小弦[1]

摘　要　随着我国体育产业的快速发展，体育经纪人行业亦展现出新的生命力。该文主要分为四个部分：第一部分从体育经纪人的概念出发，梳理了体育经纪人的相关法律法规；第二部分介绍了体育经纪人在我国的发展现状及其法律地位；第三部分指出体育经纪人制度本身存在的不合理性包括但不限于：举国体制影响着体育经纪人的发展，体育经纪人管理制度、培养制度不健全，中央层面的立法缺位，关于体育经纪人行业的法律法规不完善等，从而导致体育经纪人管理制度的混乱；第四部分针对体育经纪人制度发展中存在的问题，从脱离"举国体制"、制定全国统一性法律和完善具体的经纪人法律制度三个方面提出解决的建议。

关键词　体育经纪人　法律制度　举国体制　法律问题

1. 引言

1.1　体育经纪人背景介绍

体育经纪人是从事体育相关活动的居间、行纪、代理的人和组织的统称。20世纪80年代伴随着我国市场经济的发展，体育产业飞逗发展，体育市场化、职业化程度提高，体育经纪人出现并逐步发展起来，代表性的人物及事件包括：中国星华实业集团总公司总裁李伟于1993年在北京操作并举办了国际职业拳击冠

[1] 作者简介：詹小弦，中国政法大学法学院2017级宪法学与行政法学专业体育法方向法学硕士研究生。

军赛，且成了中国首位持有 IBF（国际拳击协会）职业拳击经纪人营业执照的体育经纪人。著名男子跳高运动员朱建华于 1997 年注册成立了中国第一家体育经纪人公司——希望国际体育经纪人有限公司。2006 年劳动和社会保障部正式宣布将体育经纪人作为第六批新兴职业之一，并于 2008 年正式出版了《体育经纪人国家职业标准》一书，书中将体育经纪人划分为了 3 个等级。体育经纪人资格认证工作和国家职业体育经纪人考试资格也在 2010 年先后开展。

1.2 关于体育经纪人的法律法规梳理

在中国体育经纪人制度法制化建设过程中，1995 年颁布了《中华人民共和国体育法》（以下简称《体育法》），当中有对体育中介行为的规定，但是具体到体育经纪活动，需要行政法规和规章去作出具体的规定。国家工商总局在 1995 年出台了《经纪人管理办法》，对整个经纪行业作出了较为宏观的规定。2004 年国家工商总局根据《中华人民共和国行政许可法》，对《经纪人管理办法》作出相应的修改，这曾是我国体育经纪行业立法最直接的法律依据。[1]北京、上海、广州、浙江、河南等地区也相继出台了地方法规性质的《体育经纪人管理试行办法》，中国足球协会、篮球协会相继颁布了《中国足球协会足球经纪人管理办法》《中国篮球协会篮球经纪人管理办法》。2010 年《国务院办公厅关于加快发展体育产业的指导意见》明确提出了“建立体育经纪人管理规范，加强行业自律，培养高素质的体育经纪人队伍，充分发挥体育经纪人在赛事推广和人才流动等方面的作用”。2011 年《全国体育人才发展规划（2010～2020 年）》提出了“加强对职业体育管理人才和职业体育经纪人的培养，推行体育经纪人职业资格认证制度”。2014 年《国务院关于加快发展体育产业促进体育消费的若干意见》明确把“体育服务业在体育产业中的比重显著提升”作为未来体育产业发展的主要目标。《2017 年体育职业技能鉴定工作思路和安排》中指出：“建立体育经纪人行业等级评价工作体系，试点开展体育经纪人等级评价全国统一考试。”

2. 体育经纪人的发展及其法律地位

在新中国成立之初，受计划经济的影响，竞技体育也服从于政府的“计

〔1〕《经纪人管理办法》于 1995 年制定，后又分别于 1998 年、2004 年修订，后依《国家工商行政管理总局关于废止和修改部分工商行政管理规章的规定》于 2016 年被废止。

划”，群众性体育活动也是基本按照“计划”来开展的，这种体制很大程度上限制了个体参与体育活动的自由与积极性，同时不利于培养更大范围的体育爱好者群体。在20世纪80年代，中国进行经济体制改革，同时扩展到了体育领域，体育社会化成为体育体制改革的突破口，体育开始与市场、商业紧密联系在一起，发展迅猛。据统计，到了80年代中期由社会赞助的全国性体育竞赛已占到全部比赛的2/3。随着体育社会化，体育经纪活动也逐渐显现，例如陈剑荣、温锦华等许多企业家促成了多次体育交易。[1]尽管这些企业家并不具有合法的经纪人身份，但其行为本身即具备了体育经纪人的性质。总体而言，体育经纪人大约于80年代在我国兴起，进入90年代体育经纪人市场进一步发展。

关于体育经纪人的法律地位的界定，不同法系的看法不尽相同。在英美法系，并没有对经纪人、代理人、代销人等作出严格区分，认为经纪人就是代理人。因此在英美法系国家和地区，没有独立的行纪、居间制度，将体育经纪人定位为代理人。在大陆法系，将直接代理与间接代理进行了区分，直接代理为学说上统一认可的代理，但是间接代理并非民法上所称之代理。对于间接代理而言，民法仅仅对行纪予以了特别规定，对其他情形，则依其内部法律关系处理。因此，在大陆法系国家和地区，经纪人的法律地位是行纪（居间）人，并非代理人。而具体到体育经纪人，《经纪人管理办法》指出经纪人是指：“在经济活动中，以收取佣金为目的，为促成他人交易而从事居间、行纪或者代理等经纪业务的自然人、法人和其他经济组织”。有的学者主张经纪人与体育市场主体之间的法律关系是居间法律关系；有的学者主张是委托代理关系；有的学者主张是经纪法律关系。我们认为，体育经纪行为本质上是委托代理关系，体育经纪人是在得到委托人的授权委托书后，以委托人名义对外从事民事法律行为，因此体育经纪人在法律地位上应当属于代理人。

3. 体育经纪人制度发展中的问题

3.1 体育经纪人制度本身存在的问题

3.1.1 “举国体制”制约着体育经纪人制度的发展

当前来看，我国并没有完全摆脱新中国成立之初的计划经济体制下衍生的

[1] 参见彭大松：“体育经纪人：西方经验、中国现状及相关问题思考”，载《体育文化导刊》2013年第10期。

“举国体制”的影响，体育经纪人制度管理仍带有严重的行政色彩。体育行政部门和工商行政部门作为体育经纪人的主管部门，行政干预色彩浓厚。虽然国务院于2014年出台了《国务院关于加快发展体育产业促进体育消费的若干意见》，明确开放对体育赛事的管理，但行政干预仍然存在，政企在行政管理制度上没有明确的界限，一些体育组织既承担行政职能，又在运作经纪活动，直接或间接地影响着体育实践运作，进而对体育经纪活动产生了较大影响。从本质上看，体育经济活动是一种市场行为，体育经纪人是在一个相对自由竞争的市场环境中来开展相对独立的体育经营活动，自由竞争的市场符合体育经纪活动的自由性。而在实践中的很多情形下，并没有按照市场需求、市场规则进行规范，实践中体育经济组织在获得承办权和推广权的过程中依然面临着较多阻碍。例如在一些职业化项目中高水平运动员的流动，很大程度上受到体育管理部门的介入和干预。在市场和行政部门的双重影响下，使得体育经纪人行业治理难以推进，即使形成了表面上的职业体育经纪人的行业规范，也会影响到其严格标准的有效执行。应当明确的是，管理体育经纪人的目的不是约束体育经纪人的行为，而是更好地规范体育经纪市场，保障体育经纪人的合法权益与规范竞争市场。

“举国体制”带来的第二个较大的影响是，体育运动员与国家紧密联系的培养模式，限制了体育经纪人的发展空间。在“为国争光”思想主导下，国家投资培养运动员，运动员归属于国家，为国家而努力着，同时国家也代理、包办了运动员的一切，例如职业运动员要从一地转到另一地发展，需要取得当地体育主管部门的同意，足球运动员转会即是如此。运动员想要出国发展，需要得到国家体育总局的准许；某个商家企业邀请运动员出席某项社会活动，同样需征得体育主管部门的同意。这些客观因素的存在，均制约着体育经纪人以独立的身份和姿态去从事体育经纪活动，制约着体育经纪人制度的健康发展。

3.1.2 体育经纪人管理制度不完善

根据《体育法》、《中华人民共和国合同法》和国家工商行政管理总局颁布的《经纪人管理办法》，我国体育经纪人的管理制度主要有：资格认定制度，根据申请人的条件、专业知识和能力，由主管机关确认其是否符合法律规定的基本要求，从而对其资格予以认定。注册登记制度，体育经纪人在获得资格认定后，根据法律所规定的注册登记程序、时间到相应的体育组织或经纪人联合会注册。保证金制度，申请人必须在注册机构指定的账户存入一定的保证金，作为押金保证经纪人履行义务、规范经营，经纪人一旦违约，将从保证金中扣除部分甚至全部作为罚款，之后，经纪人必须补足保证金，否则将被取消资格。合同管理制度，为了保证经纪人和委托人双方的合法权益，双方必须以合同形式明确各自的责、权、利。佣金制度，佣金是体育经纪人的主要收入来源。佣金制度主要包括收费的方式、收费标准、给付时间、佣金的请求权等。仲裁制度，当体育经纪活动出现争议和纠纷时，可以通过仲裁程序予以解决。该制度包括仲裁机构、仲裁程序办法、仲裁缴费方式、仲裁期限等内容。违规处罚制度，当体育经纪人违反规定时，可以采取批评、罚款、停业、吊销执照等方式进行处罚。培训制度，包括在取得体育经纪人资格之前的学习培训和体育经纪人执业过程中的培训。管理机关组织的集中培训学习是年度检审的必要条件。[1]

虽然上述制度看似较为全面，但是不够明晰具体。1995 年《经纪人管理办法》只是对全国各行业经纪人统一管理的指导性法规，但是具体到体育经纪行业并没有专门的法律予以规范管理，例如保险行业有《中华人民共和国保险法》，证券行业有《中华人民共和国证券法》，作为新兴的体育经纪行业缺乏可以援用的法律，这无疑将会导致管理制度上的混乱。以佣金制度为例，较多经纪活动没有具体的佣金比例规定，导致体育经纪人乱收佣金的现象大量存在，除了近期出台的关于足球代理人的佣金比例规定外，行业管理上缺乏明确规定，导致一些体育经纪人损害客户利益，在交易过程中以不合法手段收取不合理的佣金，甚至在交易结束后加收客户的佣金，进而产生经纪方与委托方之间的经济纠纷；违规处罚制度也不够具体，较低的违法成本以及体育经纪管理制度的缺失，导致职业体育运行机制不畅通，管理效率低下，从而使国内职业体育赛事经纪活动和职业运动员转会经纪活动处于一种自发调整状态，一些经纪活动实行“暗箱操作”，甚至在国内体育转会市场从事非法交易，严重影响着体育经纪市场环境的健康发展。例如有的体育经纪人在成交价格上弄虚作假，逃避国家税收，造成体育经纪市场的混乱。

3.1.3 体育经纪人培养制度不健全

完善的体育经纪人培养制度是体育经纪产业可持续健康发展的前提，有利于培养出合格、综合素质强的体育经纪人，促进体育经纪产业市场的长足发展。宏观来看，体育经纪人培养制度建设主要包括行纪制度、代理制度和居间制度等，但是截至目前，我国的居间管理制度还主要依靠《居间人管理办法》来调整，而缺乏一个专业的制度体系来予以规范调整。从另一方面来看，我国体育经纪市场起步较晚，市场需求潜力巨大，因此为了适应我国体育经纪行业的客观要求，我国体育经纪培训市场也逐渐加大对体育经纪人才的培训力度，诸如北京体育大学等主体参与其中，培训内容主要包括体育经纪人理论知识和专业技能两个方面，培训完毕后在考核方面侧重于理论知识，而结合体育经纪人本身性质来看，

---

〔1〕 参见王建中主编：《体育法学》，北京师范大学出版社 2010 年版，第 183 ~184 页。

更重要的实践环节考核却还不够重视，实践环节仅把体育经纪实务作为考核的重点。通过短期培训快速获得证书的方式，并不能真正提升体育经纪人的实践操作能力，这也就阻碍了体育经纪人综合素质的全面提升。

3.2 体育经纪人制度下的法律问题

3.2.1 中央立法缺位

从立法层面看，对于体育经纪人的规定多见于地方性质的法规之中，在缺乏统一的较高位阶的法律规定的情况下，区域性的法规导致了体育经纪人管理上的混乱和经济纠纷的涌现，很难适应全国性的体育活动数量增长和复杂形式变化所带来的挑战。体育经纪活动本质上是一种市场经济伴生的商业活动，对于体育经纪人的违规操作，需要接受民法、商法和体育行业管理机构所出台的法律法规的处罚，但是总体而言，我国体育经纪业管理上缺乏统一、明确的中央立法，现有的体育总局运动管理项目中心或单项体育协会的管理办法具有鲜明的行业特性，不能替代体育经纪行业更高位阶的一般法规。同时，伴随着体育对外交往的增多，体育经纪行为日益呈现国际化趋势，在进行国际的体育经纪活动时，也需受到相关国际规定的约束。因此，体育经纪行业的发展需要结合我国国情，接轨国际上关于体育经纪人制度的立法，出台符合体育经纪人行业健康发展的更高位阶的立法，如：中央立法。

3.2.2 关于体育经纪人的法律法规建设滞后

中国从20世纪90年代开始足球职业化改革，各部门陆续颁布相关法律，立法管理模式总体上为分权管理型，政府将权力分给协会与体育团体。关于我国经纪人的法律包括全国性质的《经纪人管理办法》，以及运动项目协会及地方省市三个层面的管理办法，且后两者基本依据《经纪人管理办法》而制定，在数量上占据着绝对优势；虽然足球协会及篮球协会制定了各自领域相应的管理办法，但这些办法都不能运用到其他运动项目上去，不具备普适性，更多呈现的是适用上的区域性和局限性。运动项目协会方面，中国篮协颁布了《中国篮球协会篮球经纪人管理办法》，足协也在2018年发布了《中国足球协会球员代理人管理规定》，替代了原有的管理办法；地方省市制定法规方面，从北京开始，上海、河南、山东等均先后制定了管理体育经纪人的法律条例。体育经纪人从事体育经纪活动的主要依据还有《体育法》《中华人民共和国民法通则》等法律法规。综上所述，体育职业化、市场化的快速发展，体育经纪人职业标准、劳动关系、权利义务等都需要用法律予以规定，虽然我国已经着手开始制定体育经纪人的法律法规，但对于市场化的发展与实践中产生的众多矛盾而言，国内专家学者对体育经纪人的立法研究关注还较少，致使理论研究滞后于实践发展，立法数量和质量均不能很好地满足体育经纪市场的要求，导致了实践中的体育经纪活动领域缺乏必要的法律法规予以规制。体育经纪人侵权与被侵权的案件频发，体育经纪人与委托人均不能拿起法律武器来维护自身的合法权益。

3.2.3 具体管理制度存在的问题

①合同管理法律制度方面：我国体育经纪人活动中存在不签订合同、制定虚假合同的现象，并且部分合同本身制定就很不规范，对合同的管理规定又缺乏可操作性，体育经纪合同管理制度不够细化。②佣金管理法律制度方面：我国的佣金制度没有对经纪人收取佣金的方式、数额等进行具体的规定，实践中一般都是由双方协商确定，也就导致了出现较多“暗箱操作”的做法，这同时也为经纪纠纷埋下了隐患。既有的一些规定设立的初衷目的是督促义务方按时缴费，对于经纪人具体怎么取得佣金、取得多少佣金，缺乏实际的指导意义。③违规处罚法律制度方面：我国并没有将经纪人与委托人的法律责任予以区分，而是统一规定了处罚方式，处罚方式较多采用罚款的形式，总的来看处罚方式单一，处罚力度不够，从而对于经纪人的违法行为不能够起到有效的制止效果。并且处罚基本都是参照其他相关条例和法规来处理，不利于对经纪人进行管理。④资格审定法律制度方面：从目前的体育经纪人资格审定来看，主要为培训考核制，培训周期不长，考核偏重于理论知识和专业知识，对考核实践能力重视不足，总体而言对于体育经纪人资格审定规定不够严格，使得体育经纪人的入门门槛不算太高，从源头上增加了体育经纪人行业的风险，不利于体育经纪人整体素质的提高。

4. 解决体育经纪人制度发展中法律问题的建议

借鉴英美等域外国家的做法，结合我国体育经纪人发展的实际，对于我国体育经纪人制度的发展提出以下建议：从制度本身来看，要走政企分离的道路，激发体育行业的活力，为体育经纪人市场竞争提供良好的市场环境；从立法环节来看，需要根据当下体育经纪人行业的发展需求及产生的矛盾，从更高位阶立法程序来制定专门规范体育经纪人行业的法律，为体育经纪人管理提供较高位阶的法律依据；从具体法律制度而言，需要对合同管理法理制度、佣金管理法律制度、违规处罚管理制度和资格审定法律制度作出更加详细和完善的规定。详述如下：

4.1 释放体育产业的活力，逐步脱离“举国体育”影响

现代竞技体育很鲜明的特征是职业化、市场化，但是我国体育经纪行业长期

以来受到政企合一管办的影响，政府宏观干预较多，影响了体育经纪行业的健康发展，难以释放其本身的活力，这也不符合我国对体育产业发展前景的期待。体育经纪作为一种中介服务业，核心目的是达到公平合理的资源配置，体育经纪双方需要属于自己的话语权，但是在目前的操作情景下，体育经纪人的双方包含了政府，原本属于运动员加经纪人与商业伙伴的经纪活动，变成了政府加经纪人与商业伙伴的活动，真正的市场经纪人游走于政府这个“经纪人”与商业伙伴之间，使经纪人的议价能力和话语权大打折扣，不利于体育经纪人制度本身的发展。因此，在体育体制改革这个总的环境下，政府需要对一些行业予以“放手”，在“放、管、服”精神指导下放更多政府权力，厘清政府与市场的界线，例如体育经纪行业作为较纯粹的市场行为，应当做到政府和市场各归其位、各司其职。

结合我国实际来看，也不需要对于政企分离“一刀切”，可以考虑根据不同体育产业市场化的程度来决定管办分开、政企分离的具体做法，类似于体育经纪行业这种更加偏向于自主规范调节、自由竞争的领域，应当充分尊重其本身的自由发展，在市场化的运作中促使其本身提升自我管理、自我控制意识，辅助以政府的调节，例如可设立体育经纪人行业委员会来加以监管。从而努力营造一个公平、公正、公开的体育经纪人市场竞争环境，提升体育经纪人市场活力，以此带动体育产业发展。如果担心过度开放会适得其反，可以从羽毛球、乒乓球等优势明显、但市场化程度不高的传统行业着手，交由经纪人运作，再逐步扩展到职业化程度更高、市场潜力更大的篮球和足球领域，最终释放体育经纪市场的活力。

4.2　制定全国统一性质的体育经纪行业法律，并设置专门的实施者与监督者

首先，体育经纪人行业的健康发展离不开完善的法律法规体系，离不开专属于本行业的法律，只有法律强制性手段才能对体育经纪人行为起到强制规范的作用。制定专门的体育经纪人行业法律，进一步厘清政府与市场在体育经纪实践中的权责，为具体的管理法律制度提供规范依据，防范体育经纪人资格认证不规范、从业资格审查存在漏洞、各种良莠不齐的经纪人混迹体育经纪人行业等问题的出现。我国现有的规范体育经纪人的法律规范一方面需要参照其他法律规范予以确定，另一方面地方、行业协会得以适用的法律规范也大多为前几年制定的规范，市场的发展带来环境的改变和新的问题，旧的规定与新的体育经纪人市场产生矛盾冲突，在法律纠纷出现的情况下，找不到专门、有效的法律依据来援引以解决问题。其次，制定专属于体育经纪行业的法律，完善体育经纪人行业法律救济途径，解决实践中有意或无意侵害体育经纪人权益的行为，保护体育经纪人与委托方的合法权益。具体的实施者与监督者，可以考虑由体育经纪人组织或体育

经纪人行业协会来担任，以专属于本行业的法律规范为行为准则，推动体育经纪人行业稳步向前发展。再者，制定的专属于体育经纪人行业的法律规范需要保持与国际接轨，特别是市场化程度较高的竞技体育，如足球、篮球等，在一定程度上也有利于这些项目的发展并逐步与国际水平靠近。最后，制定专属于体育经纪人行业的法律，国家体育总局可据此从最高体育行政管理职能部门的角度来制定相应法律规范，各省级体育管理部门根据体育经纪人行业的法律和国家体育总局制定的规范，再制定适合本地区实际的体育经纪人地方法规，并设置相应的实施者与监督者，从而能够建立起一套完整的关于体育经纪人行业的法律法规体系。

具体立法工作的开展，可以在全行业范围内开展调研，进一步了解体育经纪行业法律规范的缺失点，结合我国关于体育产业、体育经纪行业出台的最新的法律规范，吸收我国部分省市地区的成功做法，借鉴国外经验，制定出专属于我国体育经纪人行业的法律。

4.3　完善具体的体育经纪人管理法律制度

对于合同管理法律制度而言，《经纪人管理办法》中对于合同要求进行了规定，但并不是针对本文所指称的体育经纪人所作的规定。因此，需要在立法中进一步详细地规定合同管理法律制度，更加注意合同的签订及合同条款的规定，规制实践中不签合同或签订虚假合同的现象。对于佣金管理法律制度而言，首先应当保证佣金收取的方式与数额公开透明化，在传统协商确定的基础上，公开佣金收取的计算方式和标准；细化《中国足球协会球员代理人管理规定》；综合运用处罚措施、防止对于违法行为的处罚过于单一。并且目前对于体育经纪人违法的行为，基本都是参照其他法律来予以处罚，但多为行政处罚。因此，可借鉴美国的做法，综合采用民事处罚、刑事处罚等方法，惩罚力度可以从通报批评、罚款、取消经纪人执业资格到缓刑等，加强处罚力度，真正达到规制经纪人违法行为的目的，促进体育经纪人行业健康发展。对于资格审定法律制度而言，现有资格审定根据国际标准制定，足球代理人的资格审定程序更简单，取得周期更短。因此，对于规范体育人资格审定法律制度而言，需进一步制定合适的体育经纪人资格审定标准，而非不结合我国实际简单地借鉴国际上的做法。

结语

体育产业在我国存在很大的发展潜力，而推动体育产业发展、激发产业活力的重要角色之一就是体育经纪人。随着我国对三大球类行业重视程度的提高、2020年冬奥会的临近，我国的体育经纪行业将会更加繁荣。但由于现行体育体制的制约，关于体育经纪人相应的管理制度不够健全，法律法规建设与实践需求脱节等客观因素，体育经纪市场还比较混乱。对此，需要从法律制度构建入手，明晰政府与市场的权责，再依据高位阶的法律来完善具体的管理制度设计，勾勒出一个我国体育经纪人持续向前发展的基本框架。

赛事赞助商的排他性权利研究

王　琦[1]

摘　要　随着市场经济的发展，企业一直持续不断地寻求更有效的方法来拓展其市场范围。其中近年来最有效的营销手段为赞助。通过赛事赞助，企业将其企业形象及产品更好地展现在公众面前。通过详细的计划，赞助行为提供给企业一个推销其企业文化及产品的方法。一般而言，企业为了获得赞助商资格需要花费大量的资金、人力和物力。如，国际足联世界杯的顶级赞助商一般在四年一个周期内需投入4000万美金及其他实物赞助和重要技术服务。与此相对，一般赛事所有方会授予赞助商一定的排他性权利。赛事赞助商的权益保护既是赞助合同的要求，也是对体育赛事发展规范化的要求。

关键词　体育赛事　赞助行为　排他性权利

1. 案例概述

1.1　案情简介

1991年3月万事达信用卡公司与国际足球联盟签订赞助协议，成了1994年世界杯足球锦标赛的官方赞助商。据此，万事达公司获得了在信用卡支付及账户查询设备上使用1994年世界杯商标的专用权。

1991年5月，国际足联与1994年世界杯的组委会达成市场开发协议，授予组委会立约权。该权利允许组委会在尊重比赛的前提下授予官方合作伙伴在其产

---

〔1〕　作者简介：王琦，中国政法大学法学院2017级体育法方向法律（法学）硕士研究生。

品上使用世界杯标志的权利。该协议同时包含特别禁止条款。该条款要求“官方合作伙伴不得在信用卡支付及账户存取设备上使用上述世界杯标志”且“组委会不得授予官方合作伙伴任何侵犯官方赞助商权利的权利”。此后，Sprint 通讯公司通过与组委会签订协议成了官方合作伙伴，同时成为 1994 年世界杯长距离通讯的独家运营商，并且拥有在其广告、市场营销上使用世界杯标志及 logo 的权利。据此，Sprint 发行了超过 10 万张印有世界杯标志的卡片。这些卡片包含可以被操作员读取的数字。该卡片缺少允许其被读卡器扫描的磁条及可以用于市场交易的卡片所有者的相关信息。

万事达公司了解到 Sprint 公司的发行行为后认为其行为构成了对其与国际足联间协议的侵犯，向法院请求颁布预先禁令并永久禁止 Sprint 发行卡片及其他任何侵权行为。[1]

1.2 案情分析

整个案件的关键点在于对于合同的解读。万事达公司是否被授予使用世界杯标志的专属权利？这项权利使得 Sprint 不得在其已发行及将要发行的与世界杯营销相关的支付卡上使用世界杯商标。

Sprint 发行的卡片是一种存取设备。该卡上记录了相应编码，属于一种以卡片为基础的存取设备。因此，基于国际足联与组委会之间的协议中禁止条款的文义解释，Sprint 是不允许在其卡片上使用世界杯标志的。

即使合同语言可能是含糊不明的，但外部证据足以佐证万事达公司和国际足联都认为万事达应当享有在支付卡上使用世界杯商标的专有权。国际足联在回复组委会关于是否能授予 Sprint 在支付卡上使用世界杯商标的问题时明确表示不得授予 Sprint 相关权利。在万事达公司没有转授权的前提下，任何公司不得将世界杯商标用于任何支付卡。

由于国际足联早在 1991 年就授予万事达公司以专用权，组委会就不再享有相关权利，并且不得授权给相关组织。因而，在组委会与 Sprint 的协议中就明确排除了信用卡支付及账户存取设备的授权。Sprint 移除磁条的做法改变其发行的卡片属于一种存取设备的事实。上述协议不仅包括相关条款[2]中所包含的产品，也包括与万事达公司被授予专属权的产品相类似的产品。

---

〔1〕 1994 WL 97097 United States District Court, S. D. New York. MASTERCARD INTERNATIONAL INCORPORATED, Plaintiff, v. SPRINT COMMUNICATIONS COMPANY and World Cup USA 1994, Inc.

〔2〕 (1) All card-based payment and account access devices (including, without limitation, credit cards, charge cards, travel and entertainment cards, on-line and off-line point-of-sale debit cards, check guarantee cards, and cards that combine two or more of the foregoing functions)

尽管万事达公司对于世界杯商标并不享有所有权，但毫无疑问的是万事达公司享有专有使用权。Sprint 的行为对万事达公司的专有使用权造成了难以弥补的损失。Sprint 企图通过使用世界杯商标使消费者产生一个错误印象，即其在支付卡上使用世界杯商标是得到世界杯组织认可的。这一行为是对赞助商专属权利的严重侵犯，直接影响到赞助商的营销结果，因而是应当被禁止的。

2. 赞助商的排他性权利

2.1 排他性权利的定义

通过对万事达诉 Sprint 一案的分析可以得出以下定义，赞助商的排他性权利是指企业通过与赛事所有者（组织者）签订赞助协议提供赞助后，由赛事所有者（组织者）授予的在一定范围内独家享有的市场开发权。在签订赞助协议后，赞助商提供一定金钱、物品和服务赞助后，赞助商在其所在的行业领域内对市场开发享有专属的、独占的、排他的权利，其他同行业竞争企业不得参与相关市场开发行为。可以认为该权利属于一种被合法化的垄断行为，直接消灭了在市场开发方面赞助商的潜在威胁及竞争对手。最大限度地保证赞助商赞助目的的实现，同时也促进了赛事无形资产的增加。

2.2 排他性权利的基本特征

2.2.1 排他性权利主体的限定性

排他性权利的主体一般为与赛事所有者（组织者）签订赞助协议的赞助商，且一般而言该赞助商为赛事的顶级赞助商。如世界杯中的 15 家合作伙伴。一般仅顶级赞助商才能享有排他性权利，较次等级的赞助商不得与顶级赞助商的权利发生冲突，其权利内容及范围均次于顶级赞助商。

2.2.2 排他性权利内容的独占性

赛事赞助商的权利在其与赛事所有方之间的合同规定产品类别内具有一定的独占性。在与赞助商签订赞助合同后，赛事所有者将相关市场开发的权利特别授权给相关赞助商，允许其在一定范围内就其所在行业独占地行使市场开发的权利。相同行业的其他竞争企业不得就同一赛事进行相同类别的商品或服务的市场开发行为。

2.2.3 排他性权利的相对性

排他性权利的行使一般具有一定的空间范围与时间范围。空间范围可以从一个地区到一个国家，甚至在全世界范围内。该权利的存续时间一般是以一个赛事周期为限的，在赛事周期内权利享有者独占地行使该权利。当然也存在跨越多个赛事周期的授权许可的情形。该项权利的时间与空间范围具体以赞助商与赛事所有者之间达成的赞助协议为准。

2.2.4 排他性权利的实质是一种垄断性权利

排他性权利的基本要求就是保障权利人为相关赛事市场开发行为在某一领域内的唯一行为者，排除了其同行业从业人员的竞争与干预。在一定领域范围内形成了一种垄断态势。与《中华人民共和国反垄断法》所规制的一般垄断行为不同，该种垄断属于合法垄断。而这种垄断的合法地位主要来源于赛事所有者与赞助商之间签订的赞助合同，及相关竞争企业对于相关赞助权利的放弃（这种放弃主要是由于相关企业无法达到赛事所有者的要求，或者无法提供相应的赞助）。不论是对于保障赛事赞助商利益还是对于提高赛事整体价值都具有积极意义。

3. 损害权利的行为模式分析

3.1 违约行为

从根源上来说，赞助商对于赛事衍生产品的权利完全是由赛事所有者（组织者）通过签订的合同授予的。本质上来说赞助商的权利是赞助商提供赞助所获得的对价。赛事所有者（组织者）将其享有的赛事无形资产的使用权通过合同的形式转让给赞助方。因而，赞助商权利很大程度上受到合同相对方违约行为的威胁。

首先，合同相对方提前终止合同是对于赞助商权益最直接的侵害行为。赞助商为了取得排他性权利在订立合同之前作出大量的准备工作，耗费大量的资金、人力和物力；在订立合同后又需向赛事所有人支付一笔不菲的赞助费，提供服务、实物、技术支持等赞助。若合同相对方提前终止了赞助合同，必将使得赞助商遭受重大损失。其源自于赞助合同的排他性权利无法得到实现，对于遵守合同一方的赞助商而言无疑是一笔巨大的损失。不论是出于对赞助商合法权益的保护，抑或是诚实信用原则的考量都不得允许合同相对方肆意提前解除合同。

其次，赛事所有人授予相关竞争者与赞助商排他性权利相冲突的权利属于另一种违约行为。赞助商的排他性权利是指在一定范围内独占享有相关赛事的市场开发的权利。其核心在于在赞助商所处的行业内的排他性。因而若赛事所有人在同一领域内授予其他企业以相关的市场开发权利即构成对赞助合同的违反。此种违约行为的识别的关键在于对赞助商排他性权利所处领域的认定。正如万事达诉Sprint一案中所体现的，并不一定需要与赞助商的相关行业完全一致。只要在一定程度上能造成公众对两行业的混淆即可认定其与赞助商权利相冲突。

3.2 同级赞助商越界营销

由于赛事耗资数额十分庞大，一般情况下一项赛事的赞助商并非唯一。赛事所有人可能分别授予不同领域企业在各自产业内的排他性市场开发权利。各个企业按约行使权利，在各自领域内开展商业活动自是毫无问题。但若相关赞助商间领域相近，在进行市场开发时发生越界或交叉，则可能构成对专有权利的一种侵害。此种情况出现的原因之一是合同条款对各赞助商享有的权利范围的约定不明晰。换句话说就是赛事所有人在挑选赞助商时未对其所属产业进行合理、详尽的划分，以致各赞助商产品在一定程度上存在交叉情况。

3.3 低层次赞助商的侵权行为

排他性权利一般归属于赛事的顶级赞助商。而一项赛事一般还存在其他次级赞助商，次级赞助商在一定范围内同样享有赛事所有人授予的相应权利。低层次赞助商的侵权行为是指享有排他性权利的赞助商的竞争者通过付出较少的赞助资源换取低层次的赞助商资格，并通过营销手段宣传其与相关赛事的联系，对顶级赞助商的排他性权利造成直接的侵害，影响顶级赞助商的赞助效果。这一问题产生的原因之一在于赛事所有人对于赞助商挑选的标准。其次是对排他性权利在合同中的约定不明，未在合同中明确排除其他赞助商对专有权利的侵害行为。对赞助商权利类别划分的不明确也是该问题产生的主要原因之一。

3.4 隐性市场营销行为

隐性市场营销，又称埋伏营销，指的是非赞助商故意或非故意地建立与相关赛事的虚假联系，使消费者错误地认为其为赛事赞助商，从而宣传其产品的商业行为。埋伏营销对赞助商的排他性权利造成极其不利的影响。赞助商花费大量的资金、人力、物力换取官方授予的权利以推广其企业形象及产品，而埋伏营销使消费者产生误信，使得赞助商的赞助效果受到稀释。原本应当由某一赞助商独家享有的权利，在此种情况下，虽权利并未发生移转，但其权利实施的效果已经大打折扣，无法满足赞助商最初的预期。据调查，1994 年冬奥会中，仅有一类官方赞助商的品牌知名度高于进行埋伏营销的品牌。可见，埋伏营销对赞助商权利的直接侵害之大。若赞助商竞争者采取埋伏营销，更是直接对赞助商的专有市场开发权利造成威胁。而此类情况在某种程度上属于赛事所有者（组织者）的违约行为。在达成相关协议后，赛事的所有者、组织者应当有责任保证赞助商的合同权益的实现。隐性市场营销的发生在很大程度上是由于赛事所有者、组织者的不作为或者打击力度不够。

4. 排他性权利保护路径

针对赞助商排他性权利所遭受的损害风险，通过分析各损害行为出现的原因相应地提出以下保护路径建议：

4.1 明确确定排他性权利的内容

在合同签订时，应当在合同中对排他性权利进行明确而具体的约定。首先，应当在合同中单列“排他性权利”条款，明确授予赞助商排他性权利。其次，在合同中明确排他性权利的具体范围。应当明确赞助商在何种范围内享有排他性权利，即应当在合同中附加一份详尽的产品目录，确定赞助商可在哪些产品上行使其排他性权利。明确赛事所有人保护赞助商权利的义务与责任。这样，赞助商的排他性权利范围一旦明确，任何进入排他范围的主体即视为对排他权利的侵害，赞助商有权依照合同排除这种侵害行为。

4.2 加重违约方违约责任

由于赞助商的一切权利都来源于赛事所有人的合同授权，若赛事所有人恶意违约，则将直接对赞助商权利造成侵害。为确保赞助商依约行使相应权利，可在合同条款中明确违约行为的类型并明确相应的违约责任。

排他性权利受侵害的情形主要可分为两种：

一类是赛事所有人在授予某赞助商排他性权利后，又将同样权利授予另一个与在先权利人同行业的赞助商。这种情形中，赞助商自是可以通过合同来追究赛事所有人的违约责任。[1]

另一类是，赛事所有人未履行对赞助商排他性权利的保护义务。一些非赞助商实施埋伏营销对赞助商的排他性权利造成侵害，此时由于合同权利的相对性，赞助商无法直接追究侵害人的责任。但由于赛事方对相关赛事衍生产品享有所有权，其可要求侵权人停止侵害。然而现实情况是由于赛事所有人将排他性权利授予赞助商后，已丧失了维权的积极性。因此在合同中应当约定赞助方的积极阻止第三方侵权行为的义务。

---

〔1〕参见陈书睿：“大型体育赛事赞助合同排他性权利的法律研究”，载《天津体育学院学报》2010年第1期。

加重违约责任，一方面要扩大相关义务范围，另一方面要增加违约成本。合同当事人可以在合同中对违约后果进行自由约定，为保证排他性权利的充分行使，应当在合同中加重违约责任。在赛事赞助方不履行合同构成违约时，应当承担违约责任，弥补赞助商损失。

结论

赞助商通过提供赞助从赛事所有人处获得排他性权利，从而得以推广其企业形象与产品。获得高于其赞助的经济利益是赞助商提供赞助的根本目的。而赛事所有人的违约行为，其他赞助商的越权行为及第三方埋伏营销等侵害行为都直接对其赞助目的的实现造成了不利影响。唯有通过明确排他性权利的范围、加重违约责任及打击埋伏营销，充分保护赞助商的排他性权利，才可以促进体育赛事赞助的稳步发展，推动赞助商与相关赛事双方利益的共同增长。

参考文献

[1] Robert Acosta-Lewis, "A Basic Approach to Securing Event Sponsorship Rights", *Entertainment and Sports Lawyer*, Vol. 9, Issue 1 (1991).

[2] Gregory J. Heller, Jeffery A. Hechtman, "Corporate Sponsorships of Sports and Entertainment Events: Considerations in Drafting a Sponsorship Management Agreement", *Marquette Sports Law Review*, Vol. 11, Issue 1 (2000).

[3] 马辉："大型体育赛事不同阶段的赞助风险研究"，载《体育科研》2014 年第 4 期。

[4] 赵阳、杨光照："大型体育赛事埋伏营销法律化的法理分析——以南京青奥会为背景"，载《南京体育学院学报（社会科学版）》2015 年第 1 期。

[5] 陈书睿："大型体育赛事赞助合同排他性权利的法律研究"，载《天津体育学院学报》2010 年第 1 期。

[6] 宋彬龄、童丹："反埋伏营销特别立法的类型化研究"，载《体育科学》2016 年第 3 期。

[7] 骆雷："基于体育赛事多维属性下的赞助行为"，载《体育科研》2011 年第 3 期。

[8] 应华："论体育赛事赞助的商业权利及其保护"，载《浙江体育科学》

2003年第4期。

[9] 黄柯："论体育赞助"，载《成都体育学院学报》2001年第4期。

[10] 袁绍义："论体育赞助合同的法律适用"，载《法商研究》2013年第2期。

[11] 张大庆："我国体育赞助现状与发展对策研究"，上海体育学院2008年博士学位论文。

[12] 吕新建："我国体育赞助商权益保障因素及对策研究——以2007－2010年世界斯诺克中国公开赛为例"，首都体育学院2011年硕士学位论文。

体育赛事票务的涉法问题规制

刘艺颖[1]

摘　要　自体育产业迎来新的发展契机，学者们的研究也愈加多元化，对于赛事票务中产生的一系列涉法问题仍需要探讨。本文提出了几项涉法问题，包括：格式合同的告知义务履行、赛事变更的违约、门票定价垄断行为、门票非法转售行为、售票缔约过失、个人信息泄露等，并从政府和组织者角度提出了相关解决方案。

关键词　体育赛事　票务　规制

1. 体育赛事票务概论

1.1　体育门票的概念

自2010年、2014年国务院发布了《国务院办公厅关于加快发展体育产业的指导意见》《国务院关于加快发展体育产业促进体育消费的若干意见》后，体育产业的发展迎来了黄金时期，随着近几年健身休闲、竞赛表演、场馆服务、中介培训、体育用品制造与销售等各类体育产业的迅猛发展，产业组织形态和集聚模式更加丰富。

职业体育赛事作为其中的核心产业，在得到发展机会的同时，也面临着一系列挑战。在体育赛事中，门票收入是一项非常重要的收入，在《2016年中超联赛商业价值报告》中，赛事的门票收入达到了5.2亿元，虽然较赞助收入仍有一定差距，但却是总收入中不可缺少的一部分。

---

〔1〕　作者简介：刘艺颖，中国政法大学法学院2017级体育法方向法律（法学）硕士研究生。

所谓赛事门票，指的是在体育赛事中，观众支付对价后，得以进入会场观看体育比赛的权利凭证。这也是体育产业中最早、最基本的收入来源，也是观众对体育比赛的观感的直接反应。

1.2 体育票务的重要性

体育赛事是在特定的时间和地点举办的，以体育竞赛表演为核心产品，以体育竞赛为中心的特殊事件，有专门的组织者和参与者的竞技性体育活动的总称。其规模和形式受竞赛规则、传统习俗和多种因素的制约，具有项目管理特征、组织文化背景和市场潜力，能够迎合不同参与者分享经历的需求，达到多种目的与目标，对社会和文化、自然和环境、政治和经济、旅游和消费等多个领域产生影响，能够产生显著的社会和经济效益。[1]

比赛结果的不确定性、体育赛事的时效性、体育赛事的情绪煽动性、体育赛事的竞争性、体育赛事的公平性、体育赛事的组织性、体育赛事的无形性，这些都是体育赛事门票不同于其他票务的特点。随着经济和体育产业的发展，商业体育赛事在拉动各国经济增长方面发挥了一定作用，门票是商业体育赛事举办成功与否的一项重要衡量手段，门票收入高不仅意味着观众人数多，上座率高，也意味着比赛的社会知名度高，社会吸引力大，这促使赞助商、广告商对赛事加大投入，使其经营活力加强，收入提高。[2]值得人们注意的是，体育票务既关系着体育赛事观众的切身利益，也关系着体育组织形象的积极塑造，因此，对于体育赛事的票务所引起的涉法问题，我们必须引起重视。

2. 体育赛事票务的涉法问题及现状

2.1 格式合同义务

观众购买门票的行为，本质上是与赛事组织方签订了一份格式合同。而这份合同可能会因为各种情况导致法律纠纷问题。值得注意的是，销售门票的合同因是格式合同，所以适用《中华人民共和国合同法》（以下简称《合同法》）第39条、第40条，采用格式条款的，应当以合理方式提请对方注意免除或者限制其责任的条款，按照对方的要求，对该条款予以说明。且提供格式条款一方免除其

---

〔1〕 吴洁："体育赛事门票定价及其对策探讨"，载《价格月刊》2014年第1期。

〔2〕 参见满进前："体育赛事黄牛票对策分析"，载《体育文化导刊》2015年第7期。

责任、加重对方责任、排除对方主要权利的，该条款无效。针对此，赛事组织方在制定门票销售合同时应当注意上述法律规定，并按照这些规定来合理分配自己与购票者的权利义务，既要降低自身的义务和责任，同时又要注意遵守《合同法》及《中华人民共和国消费者权益保护法》（以下简称《消费者权益保护法》）的规定。

2.2 赛事变更

赛事变更包括赛事的延迟、更改或者取消。由于天气等不可抗力，场馆、运动员变动等问题，赛事很有可能受到影响，没有办法按照合同约定时间、合同约定地点举行，需要延迟比赛时间、更换比赛地点，已经购买赛事门票的观众可能因此打乱个人计划、造成经济损失，甚至因赛事组织方通知不到位而错过赛事演出，此时，赛事组织方未能完全履行合同中的义务，造成了合同违约，与购票观众双方之间可能会发生合同纠纷，甚至诉至法庭。

2.3 门票定价

门票的定价是产业组织理论中很重要的问题，在此领域中，需要考虑的因素较多，受到行业、项目、地域等多种因素的影响；牵涉理论也较为复杂，牵涉经济学、法学、数学、体育学、社会学等相关理论。在目前的研究情况下，相关定价理论的时间研究还较为缺乏。[1]门票的价格既要合理、获利，更要注意不可触犯《中华人民共和国反垄断法》（以下简称《反垄断法》）。例如，赛事组织方和承办方可能会产生的价格随意变动、违法价格歧视、限制购买条件等问题，这些行为都有可能会受到《反垄断法》的规制。

2.4 门票非法转售

一直以来，但凡涉及票务，总会有非法销售门票的行为人。他们并未与赛事组织方达成合约，就私自出售门票，往往经过他们的一买一卖，票价会飙升到一倍甚至几倍的价格，使得消费者受到严重的损害，也给赛事组织者造成极大的负面影响。

现今的作案手法随着科技的发展也在不断更新，往往会通过以下几种渠道：第一，在移动互联网络上宣称自己有票并写出价格和交易方式，等待消费者主动购买；第二，行为人在比赛开始前到赛前举办场所外“守株待兔”，主动找买不到门票的消费者销售；第三，还有人声称自己是临时有事需要转票。[2]其实，这种行为不止出现在体育赛事中，在其他文艺表演、展出等都会有该情况发生。相关法律已出台较多，但转售贩子可以从中赚取高额的利润，因此总有人以身试

---

〔1〕 参见丛湖平主编：《体育产业理论与实践》，人民体育出版社 2006 年版，第 120 页。

〔2〕 参见满进前：“体育赛事黄牛票对策分析”，载《体育文化导刊》2015 年第 7 期。

法，这种现象仍是屡禁不止。

2.5 网络购票系统崩溃导致缔约过失

这是指因网站瘫痪造成购票失败，也是在实践中出现过的事件。北京奥运会网站在售票时发生了服务器瘫痪的问题，也是北京奥组委唯一向公众道歉的事件，造成了比较严重的后果，引起了购票者的强烈不满，引起了现场的骚乱，损害了奥运会的形象，给国家造成了损失。在所有已经发生的风险中，从风险影响方面分析，它的危害性最大，影响面最广。[1]网站服务器的崩溃可能会导致缔约过失、一票多卖、难以订票等一系列问题。当大量用户一同涌进网站购买门票时，容易造成访问量过大，使得系统崩溃无法访问，或者出现错误等。

2.6 网络售票中的个人信息泄露

随着科技越来越发达，人们追求更便捷的生活，因此通过网络售票也是增加门票销量的一大重要手段。然而，网络售票虽然方便了人们的生活，却仍有其局限性，如个人信息在庞杂的购票平台中可能会遭到泄露。如今，票务的销售渠道十分广泛，有非常多平台与赛事组织方签订了合法销售门票的协议，但是某些平台可能为了牟利，或其系统受到攻击，购票的客户信息易被泄露，影响公众私人生活，影响赛事形象。

3. 体育赛事票务纠纷的政府应对方式

3.1 加强赛事期间安保

赛事期间，比赛具有不可确定性、情绪煽动性、竞争性；也有场外因素，比如赛事门票易引起纠纷、赛事临时变更易引发混乱等；人员多，观众人员、工作人员、竞赛人员都会在短期内聚集在一处，这些都使得赛事期间的不安定因素较多，虽然赛事组织者往往会雇佣诸多安保人员维护会场秩序，但一般情况下，当地政府还是要预先对赛事期间的安保预案进行考察，观察其是否能够保证安全性，当地公安也应该加强自身的警觉性，防止因票务引起的争议扩大为群众性事件。

3.2 管控反垄断行为，完善豁免制度

因体育赛事的组织者享有较多的权利，在票务出售领域出现了各种经济垄断

---

〔1〕 参见黄群玲："北京奥运赛事票务风险管理研究"，北京体育大学2011年硕士学位论文。

行为，面对体育产业的茁壮成长，相应的法律规制要随之完善，既要给予体育产业以发展空间，又不能将体育产业划作“法外之地”。本文意图从体育产业中的一方面入手，观察票务领域是否可以获得反垄断法的豁免，以及依据何种理论标准和现实考虑将其豁免，这都是值得我们研究的问题。

3.3 加强个人信息网络监管

政府应当肩负起保护公民个人信息的责任，赛事组织者只能进行配合，主要的监督控管工作还是要靠政府来完成，要进一步打击非法窃取个人信息的行为，加大力度、严格查处这种违法犯罪行为。

3.4 政府定价并严格控管“黄牛票”

政府帮助定价是很好的一种压缩“黄牛票”生存空间的方式。采用价格歧视策略进行赛事门票定价，最大限度地满足不同层次体育赛事门票消费者的需求。根据各个分市场的边际收入等于总市场的边际收入的原则，把总销售量分配到各个分市场，然后根据各个分市场的价格需求弹性，制定差别价格。这样可以有效改善目前大型体育赛事门票需求无限而供给有限的状况，从而压缩甚至解决“黄牛票”问题。[1]

4. 体育赛事票务纠纷的组织者应对方式

4.1 合理分配票务合同义务

《合同法》对格式条款的规定旨在保护订立合同的弱势方，而在奥运会门票销售中，赛事组织方作为行政机关，且又处于信息清晰明了的状态，单方面提出合同条款，确实处于强势地位。因此，赛事组织方既要认清楚自己的优势，获取合理利润以更好地举办赛事，也要维护消费者的权益，让合同条款符合《消费者权益保护法》和《合同法》的规定，不可过分借用优势欺压消费者。

4.2 建立赛事变更应对机制

对于赛事的不确定性因素，我们需要构建赛事变更紧急应对机制，如果有必须临时变更赛事的情况发生，应尽早将赛事信息告知消费者，安抚消费者不满情绪，要确保消费者能够依流程退票，减少和避免冲突发生，尽最大可能维护企业

---

〔1〕 参见满进前：“体育赛事黄牛票对策分析”，载《体育文化导刊》2015 年第 7 期。

和组织者的信誉和形象。这些都需要赛事组织者事先做好计划预案。

4.3 遵守《反垄断法》并寻求其豁免

绝大多数体育赛事是在垄断市场中营运的，赛事组织者拥有这一独特的产品，产品具有独有性，竞争性较小，往往容易造成门票定价、销售等过程中的垄断。[1]因此，赛事组织者应当时刻注意不要越过《反垄断法》的“高压线”，防止法律的处罚。另一方面，对于特定领域、特定行为，可以尝试寻求《反垄断法》豁免制度的保护。

4.4 确保良好的网络技术支持

对于网络售票可能会引发的缔约过失行为，笔者认为，一方面，赛事组织方在选择门票销售平台时，要进行事前的审查和筛选，提高准入门槛，将不达资质的平台筛出，才能够保证优秀平台具有较强的网络稳定性，不容易发生系统崩溃事件，从而引发缔约过失问题；另一方面，如果因为网络原因造成无法购票，要立即向公众发布原因，并尽快恢复售票，向观众释明可购票时间，这样能够给消费者时间上的心理预期，起到安抚消费者、维护组织方形象的效果。

4.5 配合政府部门打击犯罪

赛事组织人一方面要提高系统安全性，防止和大幅度减少个人信息泄露的可能性，另一方面，在政府相关部门做调查时，赛事组织人要尽量做配合，以求为打击犯罪提供方便。

4.6 推进实名制购票

对于“黄牛票”如何进行规制的问题，有研究者提出可以使用电子门票以增强门票性能，[2]持票者的购票时间、地点、何时入场、座位区域等都有详细记录，在最初提供信息的时候，实名制购票，并允许转让一次。这种做法既打击了非法倒卖票的行为，又在一定程度上给予了购票者宽松的环境，可以将票转给他人。而还有学者提出，采取合理的政府定价能够帮助纠正倒票行为。因采用价格歧视策略进行定价，会最大限度地满足不同层次体育赛事门票消费者的需求，可以有效改善目前大型体育赛事门票需求无限而供给有限的状况，从而压缩甚至解决“黄牛票”问题。同时，进一步扩大销售渠道、健全退票的服务，让公众购票方便，则非法倒票的市场就小了。该学者还提出鼓励消费者要树立理性的消费观念。[3]这都是十分可行的方法，通过这些措施，能够较好打击非法倒票的行为。

---

〔1〕 参见吴洁：“体育赛事门票定价及其对策探讨”，载《价格月刊》2014年第1期。

〔2〕 参见黄群玲：“北京奥运赛事票务风险管理研究”，北京体育大学2011年硕士学位论文。

〔3〕 参见满进前：“体育赛事黄牛票对策分析”，载《体育文化导刊》2015年第7期。

我国体育博彩业的发展现状与法律规制

苏　炜〔1〕

摘　要　近年来，我国体育博彩业得到快速发展，在体育行业和公益事业领域贡献巨大，但是也存在私彩泛滥、非法赌球等一系列乱象，究其原因，一方面是我国体育博彩业发展历史较短，经验不足，缺乏配套的法律法规，另一方面互联网的高速发展造成的监管难也给体育博彩业带来一定程度的冲击。本文基于当前我国体育博彩业发展的现实情况，在具体分析该行业面临的种和发展障碍的基础上，以规范的视角提出对策与建议。

关键词　体育博彩　障碍　立法　建议

1. 我国现代体育博彩业发展的历史进程

我国体育博彩的开端可以追溯到清末，鸦片战争之后，我国沦为半殖民地半封建社会，西方殖民者首先将西式赛马运动引入中国。1850 年以英国人霍狄为首的跑马总会在上海设立，中国历史上第一个赛马俱乐部由此诞生。〔2〕在清末的腐败统治下，社会民众以酗酒和吸食鸦片为嗜好，精神空虚，赛马运动带来的精神刺激促使马票发行盛行一时。之后，在天津、武汉等大城市中也开始兴建跑马场。当时马票发行大多被西方殖民者和统治阶级所控制，成为其搜刮钱财的工具，实质是一种赌博行为。1937 年～1949 年间，中华民族战争不断，经济发展

---

〔1〕 作者简介：苏炜，中国政法大学法学院 2017 级体育法方向法律（法学）硕士研究生。

〔2〕 参见李显国："我国近代体育博彩业发展研究"，载《体育文化导刊》2012 年第 12 期。

衰退甚至停滞，民众流离失所，体育博彩也因此受到巨大冲击纷纷关停。

新中国成立后，在全国范围内禁止赌博，体育博彩在近半个世纪中被认为是资本主义的产物被列入禁区，销声匿迹。改革开放以后，我国打开世界的大门，经济发展水平得到提高的同时，人民的思想意识也发生了改变。为了促进体育和公益事业的发展，国家高层提出发行彩票以筹集资金的设想。通过广泛的调查与学习，1984 年，国务院首次批准发行北京马拉松奖券，同年 11 月，福建省率先发行了“振兴福建体育奖券”，成为我国体育彩票发行的先行者。之后，众多城市纷纷效仿，为发展体育运动和建设体育场馆筹集资金，先后发行体育彩票。1994 年，国家体委在国务院批准下，共发行总价值 10 亿元的体育彩票，是体育彩票在全国范围内统一发行的开端。[1]我国体育彩票目前共分为超级大乐透、高频游戏、传统足彩、竞彩、顶呱呱、排列、七星彩七种。自体育彩票统一发行以来，累计销售额为 12 326 亿元，筹集公益金总额 3341 亿元，近五年销售金额更是获得快速增长，为国家筹集公益金 1955.81 亿元，占 23 年来筹得公益金总额的 59%。[2]筹得的公益金被广泛运用于全民健身计划和奥运争光计划以及教育助学、赈灾扶贫、法律援助等社会公益事业中，一方面为国家体育产业发展弥补资金投入，另一方面也为社会公益事业贡献力量。

2. 当下体育博彩业发展的障碍

虽然我国体育博彩业呈现出快速发展的势头，但是由于该产业起步较晚，在管理体制机制等问题上还存在很大缺陷。近年来体育博彩中出现的大量不法案例，例如 2004 年的西安宝马案、湖北体彩事件以及大量的非法赌球案件，都足以说明我国体育博彩业在发展过程中存在诸多障碍。

2.1 体育博彩种类缺乏

我国现行体育博彩的范围只包括上述七种，即超级大乐透、高频游戏、传统足彩、竞彩、顶呱呱、排列、七星彩，与其他国家相比较为单一。首先，部分彩票游戏规则简单，缺乏技术判断，吸引人群大多为中低收入人群，该类群体往往

---

〔1〕 参见钟薇编著：《体育法热点问题研究》，知识产权出版社 2013 年版，第 159～160 页。

〔2〕 参见“喜迎党的十九大 砥砺奋进的 5 年——‘十八大’以来的中国体育彩票”，载《民心》2017 年第 10 期。

抱有投机心理，加之资金缺乏，导致体育博彩业缺乏长期稳定的市场群体。其次，我国体育博彩业地区发展不均衡，在各大沿海城市彩票网点较多，但广大内陆地区彩票网点却寥寥无几，因此彩民分布呈现出明显差异，从各省的彩票销售看，广东、江苏、山东和浙江位列彩票销售的前四位，2015 年彩票总销量为 1229.87 亿元，占全国总销量的 33.43%。此外，我国体育彩票与体育项目相关的只有足球和篮球，这与广泛的运动项目不成比例，彩票种类单一使彩民失去兴趣。基于以上三点，我国体育彩票应增加发行种类，提高技术含量，在条件允许的情况下发行马彩等“贵族运动”相关彩票，广泛吸引社会高收入阶层参与体育博彩。同时，为解决地区分布不均衡的问题，国家应在广大内陆地区特别是农村地区开设销售网点，使我国 8 亿农民参与到体育博彩中来。此外，为吸引更广泛的市场群体，可以考虑将更多竞技体育项目纳入体彩种类中，吸引对不同体育项目有兴趣的民众，最大程度上开拓市场。

2.2 体育博彩资金管理混乱

我国体育博彩具有公益性，其发行目的是为体育运动发展和社会公益项目筹集资金，但是当前社会主流媒体最为关心的是体育彩票的获奖人员和金额，彩票发行所融资金的去向往往被忽略，国家也未有完善的资金流向披露制度。在这种资金去向鲜有人知的情况下，融得资金的挪用、滥用现象极有可能大量存在，容易滋生腐败，不利于博彩业的健康有序发展。国家应建立完善的体育博彩信息披露制度，将彩票发行总额、利润总额和资金流向向社会公开，并发挥正确的导向作用，引导媒体更多关注体育博彩业在推动体育运动发展和公益事业方面所作出的贡献。

2.3 体育博彩缺乏有效的管理和监督机制

我国体育博彩业从 1994 年公开发行至今，在发行、销售、兑奖、公益金使用等方面出现种种问题，主要原因就在于没有建立完善的管理监督机制。2009 年实行的《彩票管理条例》第 5 条第 1 款规定：“国务院财政部门负责全国的彩票监督管理工作。国务院民政部门、体育行政部门按照各自的职责分别负责全国的福利彩票、体育彩票管理工作。”《彩票管理条例》虽然明文规定了财政部为监管机构，彩票品种的开设、变更、停止都需要报财政部批准，但在实际操作中财政部面对和自身性质相同的行政机关却心有余而力不足，流于形式，真正的监管机构仍然是国家体育总局和民政部，以自我监管为主，效果非常有限。关于公益金的使用，《彩票管理条例》第 35 条规定：“彩票公益金的分配政策，由国务院财政部门会同国务院民政、体育行政等有关部门提出方案，报国务院批准后执行。”彩票公益金的使用由财政部、民政部、国家体育总局会同提出方案的规定可能会使三部门由于各自利益倾向不同而出现分歧，不仅会降低工作效率，也不利于公益金的科学合理使用。在地方，各省市的体育行政部门和民政部门负责当地的彩票管理工作，在中央和地方建立起类似于垂直管理的机制，各级之间隶属关系较弱，不利于统一管理。关于体育行政部门和民政部与体彩中心和福彩中心两大发行机构之间的关系，以及发行机构与代销机构之间的关系，条例也未进行规定，使得彩票发行销售过程中监管难以开展。此外，福利彩票和体育彩票分别被福彩中心和体彩中心两大机构垄断，形成"双寡头"之间的同质竞争，虽然对于大多数行业来说市场自由竞争是必要的，但是对于以募集社会公益金为基本目标的彩票行业却不然。两大机构间的恶性竞争使得彩票价格下降，甚至以低于票面价格出售彩票，直接影响募得公益金的数量，与彩票发行初衷是相违背的。

在体育博彩行业中，除了对彩票发行进行监管外，对体育比赛自身的监管也是极其必要的。在竞猜型彩票中，因为要对比赛结果进行预测，比赛过程如何保证公平公正就显得尤为重要。近年来，我国足球比赛中屡禁不止的"假球""黑哨"事件严重影响了体育彩票行业的健康有序发展，也不利于足球运动水平的提高。足协作为足球比赛的监督机构，由于和各大俱乐部之间存在复杂的利益关系，使得监督难以有效开展。因此需要建立一个强有力的、与俱乐部之间不存在利益关系的专门监督机构以保证比赛的公平公正。

2.4 非法体育博彩盛行

近年来，伴随着互联网的快速发展，非法体育博彩越来越猖獗，世界上已经没有任何一个角落可以幸免。2014 年，国家体育安全中心提出的报告表明，非法体育赌博每年洗黑钱约 1400 亿元，亚洲占据 53% 的份额。虽然没有公布中国的占比，但我国河南、广东、海南等地区地下赌球活动猖獗，私彩泛滥，据统计，中国每年的私彩发行量约 9800 亿元，是福彩和体彩发行总额的近 10 倍，其中大部分资金通过各种渠道流向国外。[1]世界各国都经历了禁止体育博彩的时期，1992 年，美国通过的《专业和业余体育保护法案》规定除内华达、俄勒冈、蒙大拿和特拉华四个州之外，在美国其他地方进行体育博彩都是非法的。[2]随着互联网的普及，越来越多的人开始在网络上进行赌博，之后美国又出台了一系列法律法规对互联网赌博进行监管。但是到 2012 年，美国司法部已经全面取消禁令，使互联网彩票销售合法化，目前美国已有 12 个州实现博彩合法化。我国目前正处于体育博彩非法向合法化转型的时期，与其全面禁止倒不如使其合法化，建立完善的体育博彩市场监管制度，严厉打击地下私彩、境外赌博，使流向国外

---

〔1〕 参见唐卫毅："开售'马彩'值得期待"，载《上海金融报》2014 年 10 月 17 日，第 B02 版。

〔2〕 参见刘文董："我国体育博彩的规范化发展研究"，上海体育学院 2010 年博士学位论文。

的资金回流，为我国社会公益事业服务。

2.5 体育博彩从业人员水平参差不齐

由于我国体育博彩业起步较晚，地区发展不均衡，导致相关从业人员业务水平参差不齐，综合素质较为低下，无论是游戏开发人员、彩票监管人员还是彩票销售人员都缺乏专业知识和技能。因此，我国应尽快建立彩票从业人员资格认证制度，同时加强彩票从业人员的职业技能培训和职业道德教育，全面提高其综合素质，更好地为彩票产业发展服务。

3. 我国体育博彩业立法现状及反思

上述体育博彩业发展过程中存在的种种障碍都和我国体育博彩法律法规不健全有着重大的关系。要使体育博彩的开发、发行、销售等各环节科学合理，保证体育博彩公平公正，最大限度遏制地下赌博的发生，保证公益金使用的正当性，就必须有完善的法律法规作保障。

3.1 我国体育博彩立法现状

1994 年体育彩票在全国发行之后，国家体育运动委员会颁布了《1994－1995 年度体育彩票发行管理办法》（已失效），是我国第一个专门管理体育彩票的法规，但此法规只适用于 1994 和 1995 年间申请发行的彩票。除此之外，中国人民银行于 1995 年出台《中国人民银行关于加强彩票市场管理的紧急通知》（已失效），规定中国人民银行具体负责制定全国彩票市场管理政策和规章制度和检查监督彩票发行销售情况，还于 1996 年出台《中国人民银行关于进一步加强彩票市场管理的通知》（已失效），根据央行发布的两个通知的内容可以得知在《彩票管理条例》颁布之前，体育彩票的监管机构是中国人民银行。1998 年国家体育总局、财政部、中国人民银行联合发布《体育彩票公益金管理暂行办法》。之后，财政部为规范即开型彩票管理，改善彩票市场结构，打击非法彩票等赌博活动，规范彩票机构财务行为，加强彩票机构财务管理和监督，提高资金使用效益，促进彩票市场健康发展，分别于 2003 年、2005 年、2012 年相继出台《即开型彩票发行与销售管理暂行规定》、《财政部关于调整足球彩票和网点即开型彩票资金构成比例的通知》和《彩票发行机构财务管理办法》。国家体育总局也于 2003 年、2004 年出台相关通知，即《国家体育总局体彩中心关于进一步做好即开型体育彩票规模销售管理工作的通知》和《国家体育总局关于加强即开型体育彩票销售管理的紧急通知》，对即开型体育彩票的销售环节进行了规定。此外，还有《中国电脑体育彩票摇奖管理办法》《体育彩票开奖突发事件预警管理方案》等一系列规章制度在1994年后相继出台。上述部门规章大多现已失效，还有一些甚至已经无法查找到原文。现行位阶最高的相关立法为国务院2009年颁布实施的《彩票管理条例》，为保证该条例能够具体实施，2012年，财政部、民政部、国家体育总局联合制定了《彩票管理条例实施细则》。

3.2 对我国体育博彩相关立法的反思

首先，从上文的介绍中可以得知，目前我国关于体育博彩最高层次的立法只是国务院颁布的《彩票管理条例》，虽然相较2009年以前已经将立法层次提高了一个等级，但是仍然只是行政法规，与世界其他国家相比，缺乏统一的全国性立法，直接反映出我国的体育博彩立法层次低，国家对此重视程度不足。

其次，在《彩票管理条例》之外，关于体育博彩的制度规定混乱，财政部、民政部、国家体育总局等行政部门纷纷出台各种通知、办法，造成各部门之间规定不统一，甚至矛盾重重，无法具体操作。中央尚且如此，各地方立法情况可想而知。

再次，我国现行相关立法过于原则性，法规条文规定粗糙，缺乏具体可操作性，使得彩票发行机构设置混乱、发行与销售程序混乱、公益金使用不明确，对于违法行为难以进行惩处。与此同时造成和其他法律衔接上的困难，例如实践中彩票销售许可如何与《中华人民共和国行政许可法》（以下简称《行政许可法》）的规定相衔接，体育博彩中的违法犯罪行为如何界定，如何与刑法上的洗钱罪、非法经营罪、赌博罪等相衔接都无具体规定，导致行为性质鉴定困难，处罚不合理。

最后，我国体育博彩立法具有的非常严重的弊端就是边实践边立法，在1994年体育彩票统一发行时基本处于无法可依的状态，在之后的20多年中立法一直都落后于实践，往往是实践中出现问题之后再通过出台通知、办法加以规定，导致体育博彩业法律规制不到位，发展过程中问题重重。虽然在理论上，实践是理论的基础，法律法规的出台当然要依据实践，但是在某些情况下，需要理论先行，预先对实践中将要出现的问题进行规制，况且我国体育博彩业的发展晚于世界其他国家，有很多宝贵的经验可供借鉴，我国完全可以先制定规则对体育博彩加以规制，日后若有不符合中国国情和实践发展的情况时再加以修改完善。

4. 完善我国体育博彩业相关立法的对策与建议

相对于美国、欧盟国家以及我国港澳台地区来说，我国对体育博彩的法律规定是滞后的，世界各国的法律制度在交流借鉴中发展完善，若想在我国建立统一的体育博彩法律制度，必然要向其他国家和地区学习。英国最早的《博彩法》可以追溯到1710年，也就是说在300多年前，英国已经存在统一的博彩法。[1]英国博彩法案往往由国家统一制定，立法层级高，为社会民众普遍接受。而美国由于利益集团分布广泛，一些州强烈反对体育博彩合法化，所以美国博彩立法一般集中于州一级议会，难以形成国家层面的立法。[2]虽然都是对体育博彩活动给予法律规制，但是不同地区和国家在社会制度、历史传统、法律体系方面不尽相同，要想使法律真正符合社会需要，为社会服务，必须在借鉴其他国家和地区优秀经验的同时立足本国实际情况。在借鉴其他国家和地区立法的基础上，本文对我国体育博彩业立法给出以下建议：

在立法层级上，首先，应由全国人大或其常委会制定统一的“中华人民共和国彩票法”。由于我国体育彩票管理机构为国家体育总局，全国只有一个发行体育彩票中心，所以不存在利益集团的利益对立，制定统一的专门性法律有利于体育博彩行业的规范发展。其次，我国地域广阔，省市众多，体育博彩在各地区发展程度不一，且体育博彩行业涉及体育、经济、管理等不同专业领域，问题繁多，具有很强的专业性，故在制定统一的彩票法的基础上，应当允许各省市和各部门再根据实际需要制定地方规章和部门规章，或作出变通规定以提高法律可操作性。

在立法内容上，主要应当包括总则、体育彩票相关规定和福利彩票相关规定三大部分。之所以将体育彩票和福利彩票在一部法律中的不同章节进行规定，是因为我国目前在彩票方面的立法处于起步阶段，基于立法技术的考量，制定单独的体育彩票法和福利彩票法不具有现实可行性，况且体育彩票和福利彩票在发行目标、基本原则方面具有诸多相似之处，单独立法会造成法律资源的浪费，导致立法效率低下。但是体育彩票和福利彩票毕竟种类不同，在游戏规则、监管要求

---

〔1〕 参见贾文彤：“英国体育博彩法律问题研究”，载《山东体育科技》2015年第5期。

〔2〕 参见张占斌：《博彩业与政府选择》，中国商业出版社2001年版，第153～156页，第297～300页。

等方面存在差异，现行《彩票管理条例》不加区分，对两种彩票类型加以笼统规定不具有科学性和专业性，故即使在同一法律中，也应将两种彩票类型分为两章分别加以规定。在总则中应包括立法目的、法律原则、保留事项等一般性内容和二者皆适用的内容。本文主要研究体育博彩，所以对福利彩票暂不进行讨论。

在对体育彩票部分制定法律规定时应着重注意以下内容：①将网络销售彩票纳入法律规制范围。在经济和科技高速发展的今天，互联网走入千家万户，在方便人们生活、学习、工作的同时，也给许多违法犯罪行为提供了平台，体育彩票行业也受到冲击，出现一系列通过互联网违法销售私彩的行为。为此，法律应该高度重视，对体育彩票的销售主体、销售方式、销售渠道进行具体详细的规定，并对互联网彩票销售进行严密的监督管理，使互联网更好地发挥其在扩大销售范围、扩展销售途径方面的积极作用，给广大彩民提供方便。[1]②应具体规定体育彩票市场准入制度和从业人员资格认证制度。明确规定除国家之外，任何单位和个人不享有发行彩票的权力和自由，任何单位或个人从事体育彩票行业都应该经过严格的审批程序，建立许可证制度，与《行政许可法》的相关规定进行衔接，审批部门应该对申请者的经营范围、经营地点、资本数额、从业人员等事项进行严格的规定。在美国，任何从事体育博彩的单位和个人都需要经过州彩票委员会的批准，并发放营业许可证后方可成立。对于体育彩票从业人员应区分不同岗位加以区别对待，对于技术性岗位的从业人员，应规定严格的资格认证制度，提高全行业的科学性和专业性。③对违法行为进行明确规定并加以处罚。近年来，在利益的驱使下，体育彩票不法销售和代售行为越来越猖獗，严重影响体育彩票行业的正常运行和健康发展，但是由于刑法对此类行为均未做出规定，所以在彩票法中应将此类行为都归入违法行为的范畴进行严厉的惩处。例如对违法者进行巨额罚款或者永久剥夺其今后从事相关行业的资格。④对体育彩票公益金的使用进行明确规定。首先应明确公益金的使用范围只限于有利于体育发展的项目和社会公益项目中，例如为体育赛事的举办建造体育场馆，为全民健身运动更好地开展建设运动设施等。在此基础上可以考虑引入公益金使用听证制度，使广大社会民众和社会团体参与到公益金的使用中来，保证公益金真正做到服务社会。其次应明确公益金的使用主体，在法律条文中对各级各类行政部门的使用权限进行分配，防止出现各部门争权夺利的情况。最后应制定严格的信息披露制度，将公益金的来源、数额、使用情况定期向社会公众公开。⑤要建立完善的监督管理体系。依据现行《彩票管理条例》，体育彩票的监督部门是各级财政部门，其弊端

---

〔1〕 参见王薛红：《博彩业发展与中国政府政策选择》，中国财政经济出版社2008年版，第57～63页。

在上文中已经进行详细论述，在此不再赘述。在世界各国中，美国没有联邦层级的彩票监管部门，彩票的最高监管机构是州彩票委员会，州彩票委员会是独立于政府行政系统的独立监管机构。英国的彩票监督机构是博彩委员会，博彩委员会是非政府部门公共机构，独立履行监管职能，仅接受英国政府文化、传媒、体育部门的业务指导。英美两国的监管体制尽管较为科学，但是我国行政机关程序繁琐、机构臃肿，在国务院下新设独立的彩票监督管理机构需要相应的人员、经费，这显然与我国当前精简机构的原则不符。在这种情况下，可以赋予当前存在的某一政府部门该项职能，各级银保监会作为金融活动的监督机构，行政权能与之相近，且和国家体育总局、体彩中心无直接利益关系，可以赋予其彩票监督管理职能。

结语

从 1994 年全国统一发行体育彩票以来，我国体育博彩业在通过筹集公益金反馈社会的同时也暴露出一些问题，目前世界上大多数国家已经完成体育博彩立法，建立起一套完善的监管体系，我国也应加快立法步伐，尽快出台统一的彩票法，为体育博彩业的发展提供法律保障。

本文主要从规范角度进行论述，共分为四部分，第一部分主要介绍我国体育博彩发展的历史进程，对我国体育博彩业发展状况进行基本的了解；第二部分以提出问题为导向，对体育博彩业当前遇到的发展障碍进行详细的分析；第三部分主要阐述我国彩票业立法现状及不足；第四部分在借鉴其他国家立法的基础上，立足我国实际情况，提出立法建议与对策。

我国的体育博彩业正处于起步阶段，发展前景不可估量，若能通过完善的法律体系和监管机制促使其健康有序发展，日后定会成为体育产业中的支柱型产业，为社会发展作出更大的贡献。

第三编　冬奥会法律风险防控

IOC Rule 41 and Swapping Passports

国际奥委会第41条规则与更换护照

John Wolohan[1]

本文考察奥运会运动员变更国籍现象（球员归化）以及国际奥委会与单项联合会相关规定的效力。这些法律和规则并没有减缓归化问题，相反目前IOC第41条的国籍要求实际上限制了一国在某项体育项目中的球员数量，对于运动员和体育大众来说都是不公平的，因此有批评人士指出该条规定应当废除。批评人士认为，无论他们在哪个国家生活，都必须给予运动员申请参赛的充分自由。然而这些批评观点没有考虑到国家间的不平等。事实上，超过半数国家尚未在奥运会中获得奖牌。如果奥运会只向最优秀运动员开放，不考虑他们的国家，奥运会就不再是一场国家体育盛宴了。相反，它将成为以牺牲少数体育不发达国家为代价，只有几个国家使用它们的财富来包揽所有奖牌的小型比赛了。因此，即便IOC第41条并没有解决运动员归化问题，但是办法仍只有一个，那就是奥运必须是自由参加的。

1. Introduction

When the Olympic Games of Ancient Greece were reintroduced in 1896, Le Baron Pierre de Coubertin, the architect of the modern Olympics, believed that the Olympics should be free of nationalism. Nationalism, Coubertin believed, would destroy the O-lympic Games and he wanted them to be free of geopolitical disputes (Guttmann,

---

〔1〕 作者简介：John Wolohan，美国雪城大学教授。

2002）. In an attempt to keep nationalism out of the Games, the Olympic Charter states, "The Olympic Games are competitions between athletes in individual or team events and not between countries"（Olympic Charter, 2013, Rule 6.）As a result, at the first three Olympic Games, there were no "official" national teams and no official medal counts. The only results reported by the International Olympic Committee（IOC）were those of the individual athletes.

While the notion of athletes competing for individual glory may have worked in the Ancient Olympic Games when the only athletes who could compete were Greek, a quick look at the history of the modern Olympic Games shows us that the concept did not even survive the very first Olympics held in Athens. With a group of American college athletes winning a surprising number of medals in the track and field events, the entire nation of Greece erupted into national celebrations when Spiridon Louis won the marathon race（Guttmann, 2002）. Louis became an instant national hero, and Coubertin and the other members of the IOC were forced to accept that nationalism and nationalist pride would play an important role in the reestablishment of the Olympic Games.

It did not take long, however, before the negative impact of nationalism started to seep into the Olympics. In 1908, the London Olympic Organizing Committee required "that all contestants had to be certified by their national Olympic committee" and have their names submitted prior to the Games in order to compete in any Olympic events（Miller, 2013）. While the London Olympic Committee made the change for administrative purposes, this simple example of organizational efficiency was a turning point for the Olympic movement. No longer could individual athletes just show up and compete in the Games; now they would be forced to compete for their country. As a result, the 1908 London Olympics turned into a bitter geopolitical battle between England and the United States, both in and outside of the stadium. The conflicts were so contentious that the British Olympic Association felt the need to publish a post-Olympic report to address the complaints by "the American team...as to the unfairness, discourtesy and dishonesty with which the Americans had in every respect been treated"（British Olympic Association, 1908, p. 1）. Therefore, beginning in 1908 and continuing right up through the Pyeongchang Winter Olympic Games in 2018, the Olympic Games have highlighted individual athlete success while also focusing intensively on national success and which nation won the Olympics（Guttmann, 2002）.

This emphasis on national success turned the Olympic Games into a vehicle for nations to project "the superiority of one political system over another, of one country over another" (Brundage, 1956, p. 55). While the most famous example of the use of the Olympic Games as a national propaganda tool was the 1936 Berlin Olympic Games, which are also known as the Nazi Games (Large, 2007), the Cold War battles between the United States and the Soviet Union also spilled onto the Olympic playing fields. In particular, the focus on athletic superiority led a number of nations into a new "arms race" instead of building military superiority with bigger and more deadly bombs, countries now seek to prove their superiority through Olympic success with bigger, faster athletes and more medals. However, just like the military arms race, not all countries are on an equal footing. This point was illustrated by then-IOC President Avery Brundage in his remarks before the 1956 Melbourne Olympic Games. Alarmed with the growing intensity of the rivalry between the United States and Soviet Union, and the public's interest in each countries' victories and defeats, Brundage argued that "national pride is perfectly legitimate" but also that "the Games are not, and must not become, a contest between nations" (Brundage, 1956, p. 55). Besides, Brundage noted, the publication of any such declarations of victory "are really misinformation because they [tables of points] are entirely inaccurate. To be correct they would have to be weighted … and the factor of population should be considered, and if careful analysis were made it would be discovered that many small nations have won far more Olympic medals on a per capita basis than the larger countries" (Brundage, 1956, p. 55).

While his address at the 1956 Melbourne Olympic Games was not intended to be a call to action for social scientists, by calling attention to the factor of population, Brundage provided researchers with a testable proposition for measuring how nations perform in the Olympic Games (Ball, 1972). The first research to test Brundage's theory that Olympic success was dependent on population was reported in 1972 by Donald Ball. Published in the International Journal of Comparative Sociology, Ball attempted to determine who actually won the 1964 Tokyo Olympics by using national data obtained from a survey conducted by Authur Banks and Robert Textor (Banks & Textor, 1963). After testing all of the factors, Ball found that "economic prosperity is strongly related to team performance … [and that] successful nations in Olympic competitions are those that can afford it" (Ball, 1972, p. 196). Economic wealth, however, was not enough. The real "key to understanding national Olympic teams scores" [success], Ball found was not only "the possession of resources, both human and economic, [but also] the centralized forms of political decision-making and authority which maximize their allocation" (Ball, 1972, p. 198). Interestingly, one of the factors Ball (1972) found not to be significantly related to Olympic success was the very thing that Brundage thought was essential: population size.

Recognizing the importance of available resources in enabling athletes to train for, attend and succeed in the Games, economists Andrew Bernard and Meghan Busse (2000) modified Ball's model in an attempt to predict how many medals a country should win at the Olympics. In testing population size alone, they found that the probability that a country will win at least one medal increases with its population size. "However, the fit of the model seems quite poor. Using a 0.5 cutoff probability, the model correctly predicts the medal status 65 percent of the time" (Bernard & Busse, 2000, p.6).

Since population alone did not seem to be the key in predicting Olympic success, Bernard and Busse (2000) added several other variables to the model, including the nation's GDP per capita, the form of government, and whether it was hosting the Olympic Games. They found that adding per capita GDP dramatically improved the ability of the model to fit the data relative to a model that included population size only. For example, Bernard and Busse (2000) pointed out that China, India, Indonesia, and Bangladesh made up a large share (43%) of the world population, but accounted for under 5% of the world GDP in 1996, which was roughly equal to their share of the medals at the 2000 Olympic Games (Bernard & Busse, 2000). In conclusion, they found "significant evidence that other resources, national income in particular, are important for producing Olympic athletes" (Bernard & Busse, 2000, p.19). At the same time, Bernard and Busse (2000) concluded that GDP is not the whole story. They found that "host countries typically win an additional 1.8 percent of medals beyond what would be predicted by their GDP alone" (Bernard & Busse, 2000, p.19). In addition, they found that "the forced mobilization of resources by governments clearly can also play a role in medal totals. On average, the Soviet Union and Eastern Bloc countries won a share of medals higher by 3+ percentage points than predicted by their GDP" (Bernard & Busse, 2000, p.19).

While winning gold medals at the Olympic Games may boost a nation's self-image, building a successful Olympic program is not easy or cheap. In order to build a successful Olympic program, governments and national sports federations need to commit long-term financial resources for athletic science, training and facilities. For those countries that are unwilling or unable to commit such financial resources, the chances of Olympic success are slim to zero.

While the countries at the top of the Rio medal table may go about developing Olympic talent differently, they all have one thing in common: they have all developed highly professional sports programs that are able to identify talented athletes at a young age and train them for Olympic success. Not all countries, however, can commit the financial resources or have the training facilities and professional coaching necessary to build Olympic champions. It is not unusual, therefore, for young athletes from developing countries to migrate to richer countries in order to receive help developing and cultivating their talents (Slot, 2008). For example, even with its small population and economic resources, the Bahamas is able to achieve medal success because some of their athletes are recruited by American universities, where they are able to receive elite coaching and training, while still continuing to represent their home countries in the Olympics (Halsey, 2009). The Bahamas is not the only country to take advantage of American universities. At the 2016 Rio Olympic Games, more than 1 000 athletes, participating on the teams of over half of the nations (107/205) had also participated in NCAA athletics (Martinez, 2016).

Not all elite athletes, however, compete for their home countries. According to what John Bale (1991), a sports geographer, describes as the Brawn Drain phenomenon, a number of exceptional athletes are poached from poorer countries with the promise of citizenship and financial rewards. The purpose of this paper is to examine the phenomenon of athletes from one country competing for another country, and whether the rules put in place by the IOC and the International Sport Federations (IF) are effective in controlling this practice.

2. Review of Literature

The impact of international athletes competing for other countries, other than the country of their birth cannot really be understood without first considering the larger context within which modern Olympic participation and competition occurs. For this reason, this literature review section provides both a brief history of the modern Olympic movement and the growth of nationalism in the Olympics.

2.1 The Olympic Movement

Beginning in 776 B. C., as part of a week-long religious ceremony to honor Zeus, the supreme God of Greek mythology, the officials in Olympia included an athletic contest, as well as orations by philosophers and recitals by poets and historians, as part of the festival to entertain all of the religious pilgrims (Perrottet, 2004). The first athletic event was a foot race of 600 feet, the distance Herakles of Greek mythology was able to run in a single breath (Swaddling, 2008). Over the next eleven centuries, other sports were gradually added to the ancient Olympic Games. The new athletic events included boxing, wrestling, pankration (a sport much like mixed martial arts), discus and javelin throwing, jumping, and chariot races, the last of which overtook the running events in fan popularity (Perrottet, 2004).

As an athletic competition, the Olympic Games were part of the Panhellenic Games. The Panhellenic Games were four separate events spatially distributed around Greece and arranged so that at least one set of games occurred every year (Perrottet, 2004). The other three games were the Pythian Games, held in honor of Apollo every four years in Delphi, and the Nemean and Isthmian Games, which were both held the year before and the year after the Olympic Games (Perrottet, 2004). The Olympic Games, however, grew so important in the Greek world that Greek athletes from all over would travel to Olympia to take part in the games. However, being Greek was not enough.

The popularity of the Olympic Games in the ancient world was so great that the Games survived the decline of Greece and the rise of the Roman Empire. Initially, Roman Emperors seemed to tolerate the games. The Emperor Nero in AD 67 even competed and won the Olympic chariot race, even though thrown from his chariot and unable to finish the race. "He was proclaimed victor on the grounds that he would have won had he been able to complete the course" (Perrottet, 2004, p. 98). However, as the Roman Empire became Christian, its Emperors were no longer willing to tolerate the pagan festival. Thus, they destroyed and looted Olympia and the great Temple of Zeus and the ancient Games officially ended in AD 395 (Perrottet, 2004).

The modern Olympic Games are generally traced back to Dr. William Penny Brookes, who historian David Young credits as the founder of the modern Olympics (Young, 1996). Starting in 1850 in the village of Much Wenlock in England, Dr. Brookes started the Wenlock Olympian Games. In addition to the athletic contests, Dr. Brookes was instrumental in introducing the pageantry of the opening ceremony, which supposedly was associated with the ancient games. As a result, Dr. Brookes not only had the athletes parade into the grounds during an opening ceremony, but he also had each champion crowned with a wreath in homage to ancient tradition (Young, 1996).

With missionary zeal, Brookes would proselytize the virtues of the Wenlock Games and the Olympic ideal to anyone who was interested and/or would listen. As luck would have it, one of the people Dr. Brookes invited to witness the 1890 Wenlock Games was Baron Pierre de Coubertin (Perrottet, 2004). Coubertin, a French aristocrat, was traveling in England to study the English public schools. Believing that France had lost the Franco-Prussian war because of "the physical inferiority of the average French youth" compared to his German counterpart (Guttmann, 2002, p. 8), Coubertin began looking for ways to better prepare France for its' next war with Germany. Although unsuccessful in his attempt to change the French education system, on 25 November 1892, Coubertin proposed staging a new Olympic Games (Guttmann, 2002). After traveling to the United States and England in an attempt to convince the leading sports administrators in those two countries to support his proposal, Coubertin held an international congress involving seventy-eight delegates from nine countries at the Sorbonne in Paris (Young, 1996). On 23 June 1893, the delegates voted unanimously to support Coubertin's idea of an Olympic rebirth and, without any consultation with the Greek Government, selected Athens as the host of the first games (Guttmann, 2002).

On 25 March 1896, after a fifteen-century hiatus, the first modern Olympic Games began. The Games drew large crowds and were held in the ancient Panathenaic stadium in Athens. Although the Greeks did not win as many events as they would have hoped, the Games were a big success. The Olympics were such a success that King George of Greece "proclaimed his hope that Greece might host them every four years" (Guttmann, 2002, p. 19). Unfortunately, for Greece and King George, Coubertin and the IOC had other ideas. To make the Games truly international, Coubertin and the IOC decided to move the Olympic Games around to all the great cities of the world and selected Paris, Coubertin's home, as the host of the second Olympic Games in 1900.

2.2 Nationalism and the Modern Olympic Games

While Coubertin may have believed that the Olympic Games and sports would break down cultural barriers between nations, he also made it quite clear in the Olympic Charter that "the Olympic Games are competitions between athletes in individual or team events and not between countries" (Olympic Charter, 2013, Rule 6). This idea, however, was short-lived. At the very first Olympic Games in Athens, the Greek marathon runner Spiridon Louis won the marathon in front of a joyous nation and became an instant national hero (Guttmann, 2002). As the Greeks celebrated, it was clear to the IOC that national pride and rooting for one's flag were keys to the future popularity of the Olympic Games.

While winning gold medals at the Olympic Games may boost a nation's self-image, building a successful Olympic program is not easy or cheap. In order to build a successful Olympic program, governments and national sports federations need to commit long-term financial resources for athletic science, training, and facilities. For those countries that are unwilling or unable to commit such financial resources, the chances of Olympic success are slim to zero. To illustrate this point, it is instructive to examine the medal table for the 2016 Rio Olympic Games. The top ten nations at the Rio Games are all wealthy (based on Gross Domestic Product) (World Bank, 2017) and have central governments that have made a concerted effort to build successful Olympic programs.

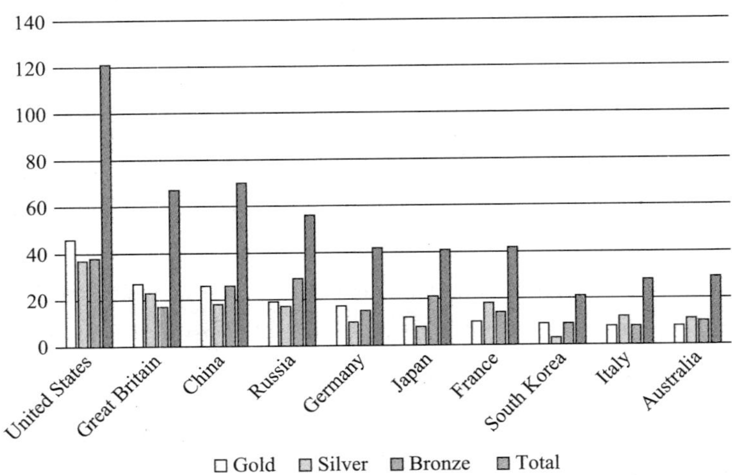

Figure 1 – 2016 Rio Olympic Top 10 Medal Table

Not all of these countries, however, have gone about developing Olympic champions the same way. Some countries, like Australia, China and Great Britain, have focused their resources on a few specialized sports, like cycling, swimming, and diving, at the expense of those sports in which the countries have traditionally had little success. The policy, called "no compromise" in Great Britain, rewards successful sports while taking funding away from those sports that fail (Ingle, 2018). For example, at the 2016 Rio Olympics, China won 30 (42.8%) of its 70 medals in only four sports: diving, shooting, table tennis and weightlifting. China's gold medal winners were even more concentrated with 16 (61.5%) of the country's 26 gold medals won in just three sports: diving, table tennis and weightlifting (International Olympic Committee, 2017). Specializing in a few sports is especially important for developing countries. For example, of the 13 medals won by Kenya and the 11 medals won by Jamaica at the 2016 Rio Olympics, 23 (95.8%) were awarded in track and field events. In Kenya's case, its athletes won all of their medals in distance running events, except for one silver medal in the javelin. Jamaica won all 11 of its medals in short sprint events.

By prioritizing their resources, nations adopt a strategic approach to elite sport that allows them to build from success. The country that best illustrates this point is Australia. In the 1980s, the Australian Institute of Sport deliberately focused on just eight sports in order to build a successful Olympic program. Once Australian athletes began to win medals, the focus of the program increased to include a broader portfolio of sports (Green & Oakley, 2001). Another country that has used this model successfully is Great Britain, which was 38th in the medal table at the Atlanta Olympics in 1996 to second at Rio 20 years later (Ingle, 2018). Of course, the downside of prioritizing resources based on the likelihood of success and return on investment is that athletes in those sports with little chance of medaling are likely to face cuts. In September 2017, UK Sports (the organization that manages the British Olympic and Paralympic organization) announced that it was cutting all funding for the women's Bobsleigh team because it had little chance to medal at the 2018 PyeongChang Winter Olympic Games (Payne, 2017).

Countries like the United States and Russia, on the other hand, have focused on developing broader sports programs to compete in the most possible sports. From 1896 through the 2016 Rio Olympic Games, American athletes have won 2 515 medals in the Summer Games (1 023 gold, 788 silver and 704 bronze) (Mitten, Davis, Smith & Duru, 2017). Since the United States Olympic Committee (USOC) does not receive direct funding from the federal government, in order to field a broad-based Olympic program, the USOC is dependent on the college and university athletic programs that make up the National Collegiate Athletic Association (NCAA). Russia, on the other hand, is able to field a strong broad-based team because of the strong government investment in the development and training of Olympic athletes.

As illustrated by Figure 2, of those international athletes who participated in NCAA athletics, 11 won Olympic medals awarded in Beijing, 10 won medals in London, and

13 won medals awarded in Rio.

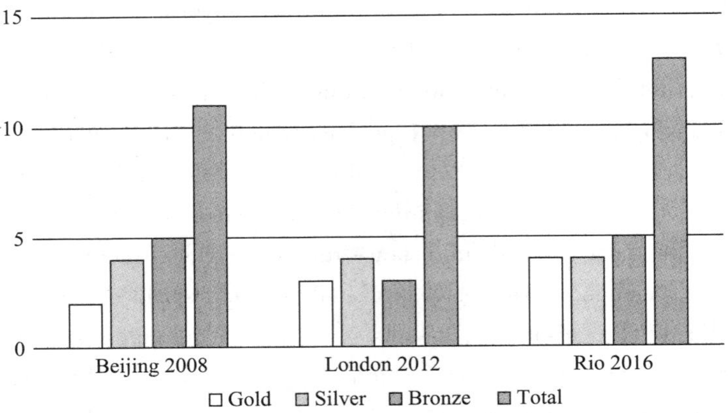

Figure 2 – Medals won by NCAA athletes for countries other than the United States

As Bale (1991) describes the Brawn Drain, the phenomenon of exceptional athletes are poached from poorer countries with the promise of citizenship and financial rewards, the situation is not new. At the turn of the twentieth century, the United State Olympic team was dominated by a group of Irish athletes (McCarthy, 2010). The practice of foreign-born athletes competing for another country's Olympic team, however, seems to be growing (Wilson & Lehren, 2008).

3. Rule 41-Nationality of competitors

The issue of an athlete's nationality was not of major concern for the first three Olympic Games in 1896 in Athens, 1900 in Paris and 1904 in St. Louis. Athletes could just show up and compete in the Games. However, beginning with the 1908 London Games, in order to compete in the Games, all athletes would represent their country and had to have their names submitted by their National Olympic Committees. The IOC, however, left the question of nationality to each country. In particular, Rule 41-Nationality of competitors of the Olympic Charter states:

(1) Any competitor in the Olympic Games must be a national of the country

of the NOC which is entering such competitor.

(2) All matters relating to the determination of the country which a competitor may represent in the Olympic Games shall be resolved by the IOC Executive Board. (International Olympic Committee, 2015).

In today's global society, however, more people are living outside their country of birth than ever before (Horowitz & McDaniel, 2015). This increased migration presents a series of complex opportunities and challenges for affected nations and people (Horowitz & McDaniel, 2015). The classical theory behind global migration is that people migrate (are pushed) from one country to another due to current or future unfavorable market situations. In selecting a new country, migrants consider conditions, such as employment, education, safety and other opportunities. These factors or conditions pull them out of the original market (Lee, 2010). In applying the push-pull process to Olympic athletics, we see that there are a number of reasons why highly skilled international athletes may be "pushed" out of their home countries. Limited domestic opportunities include lack of economic and educational opportunities or lack of high quality athletic opportunities. For example, there are only so many hockey players Canada can have on its' Olympic team. As a result, a number of highly skilled Canadians playing for other countries at the Olympics blurs the national boundaries of the competition.

Just as there are a number of reasons why athletes may be pushed to leave their home countries, there are an equal number of reasons why international athletes may be "pulled" to new countries. These host-country factors include high demand for quality athletes, limited domestic player markets and the need for National Olympic Committees (NOCs) to produce Olympic medals (Lee, 2010). Therefore, even though Rule 41 states all athletes must hold citizenship in the country for which they compete, it is not unheard of for athletes to compete in the Olympics for countries to which they have little or no emotional attachment (Horowitz & McDaniel, 2015). For example, in some cases, athletes are unable to make their own national teams so they are willing to switch passports just for the opportunity to compete in the Olympics even if it is for another country. In other cases, athletes are enticed by other countries to switch teams in exchange for cash and other financial inducements.

With so many reasons why athletes may want to switch passports, it is clear that Rule 41 is not enough to stop athletes from competing for new countries. As a result, the IOC added four Bye-laws to Rule 41.

（1） A competitor who is a national of two or more countries at the same time may represent either one of them, as he may elect. However, after having represented one country in the Olympic Games, in continental or regional games or in world or regional championships recognised by the relevant IF, he may not represent another country unless he meets the conditions set forth in paragraph 2 below that apply to persons who have changed their nationality or acquired a new nationality.

（2） A competitor who has represented one country in the Olympic Games, in continental or regional games or in world or regional championships recognised by the relevant IF, and who has changed his nationality or acquired a new nationality, may participate in the Olympic Games to represent his new country provided that at least three years have passed since the competitor last represented his former country. This period may be reduced or even cancelled, with the agreement of the NOCs and IF concerned, by the IOC Executive Board, which takes into account the circumstances of each case.

（3） If an associated State, province or overseas department, a country or colony acquires independence, if a country becomes incorporated within another country by reason of a change of border, if a country merges with another country, or if a new NOC is recognised by the IOC, a competitor may continue to represent the country to which he belongs or belonged. However, he may, if he prefers, elect to represent his country or be entered in the Olympic Games by his new NOC if one exists. This particular choice may be made only once.

（4） Furthermore, in all cases in which a competitor would be eligible to participate in the Olympic Games, either by representing another country than his or by having the choice as to the country which such competitor intends to represent, the IOC Executive Board may take all decisions of a general or individual nature with regard to issues resulting from nationality, citizenship, domicile or residence of any competitor, including the duration of any waiting period（International Olympic Committee, 2015）.

Therefore, it is not enough that an athlete is a national of the country, the IOC has also imposed a three-year waiting period for an athlete who switches countries. Although the IOC will grant a waiver if the athlete's native Olympic committee and international sports federation（IF）give permission. In addition to the three-year waiting period, some IFs have established their own rules restricting athlete movement. For example, some IFs prohibit an athlete from competing for another country once he or she has represented another country in the Olympics. In team sports, some IFs only allow the use of one naturalized player per squad.

4. Conclusion

None of the above Bye-laws and rules seem to have done anything to slow the movement of athletes, which has led some critics of the rules to argue that the current nationality requirements under Rule 41 and team quotas, which restrict the number of athletes on the country's rosters for particular sports, should be abolished. In addition to being unfair to the athletes and the sporting public, these people argue that the only fair thing for the athletes would be to allow every athletes good enough to qualify for the Games, no matter which country they live in, the right to compete in the Games. This argument, however, fails to recognize that not all countries are equal. Over half of the countries that compete in the Olympics have never won a medal. If the Olympic Games were open to only the best athletes in each sport, regardless of their country, the Games would stop being an international athletic festival. Instead, they would turn into a small event in which a limited number of countries used their wealth to sweep all the medals at the expense of the smaller less athletically developed countries. Therefore, while Rule 41 may not solve the problem of passport swapping, the alternative is an Olympic free for all.

北京冬奥会法律风险刍议

章志豪[1]

摘　要　北京冬奥会法律风险以北京冬奥组委为风险主体，以法律法规不完备、合同风险、操作性风险等为法律风险来源，以法律风险识别、法律风险评估、法律风险应对为风险防控程序。宏观上来说，在法律法规保障、应急预案的制定、人员培训、引入专业性法律服务这几大方面对法律风险进行全面的防控。

关键词　北京冬奥会　法律风险　防控措施

引言

2015 年 7 月 31 日，北京携手张家口获得 2022 年冬奥会与冬残奥会（以下简称“北京冬奥会”）举办权。随着 2018 年韩国平昌冬奥会圣火缓缓熄灭，冬奥会与冬残奥会正式开启“北京周期”。北京冬奥会的风险管理，是北京 2022 年冬奥会和冬残奥会组委会（以下简称“冬奥组委”）赛前筹备和赛时运行的专业工作之一，直接关乎冬奥会是否能够成功举办。奥运会法律风险是冬奥会风险的重要组成部分，在我国新时代全面推进依法治国、依法治体的背景下，冬奥组委对冬奥会的法律风险问题也极其重视，于 2017 年 5 月正式成立法律事务部，全面开展冬奥会的法律工作，并委托中国政法大学法学院和体育法研究中心对冬奥会法律风险的防范及措施进行专项研究。

---

〔1〕 作者简介：章志豪，中国政法大学法学院 2016 级宪法学与行政法学专业体育法学方向博士研究生。

1. 风险主体

冬奥会是奥林匹克的赛事之一，根据《奥林匹克宪章》第1条，狭义上的奥林匹克主体包括国际奥委会、国家（地区）奥委会、国际单项体育联合会、组织委员会等。而广义上还包括奥林匹克全球合作伙伴、电视转播机构、新媒体运营公司及奥运会参加者。对于北京冬奥会而言，最主要的风险主体就是北京冬奥组委。

2. 冬奥会法律风险的定义与特征

2.1 冬奥会法律风险的定义

风险是指“影响目标实现可能发生的不利事件”“是危险转变成灾难的可能性”；而危险是指“使人或物受到伤害或损害的事件”“是导致潜在伤害的源或导致损失的潜在情况”。[1]风险的构成要素之一就是不确定性，“不确定性”是指事件造成的实际结果与预期结果之间的差异的可能性。风险的另一构成要素是不利后果，通常表现为伤害或损失。

法律风险因法律因素而产生，该法律因素必然与法律规定、合同约定、侵权行为、怠于行使法律权利等相关。这是法律风险区别于其他风险的一个最根本的特征。无论哪一种法律风险，其产生归根结底是因为有相关的法律因素存在。这种关联性既可能是直接的，如最常见的违规或违约风险；也可能是间接的，如未及时履行法律或合同赋予的权利，而导致利益受损。而冬奥会的法律风险就是在冬奥会筹办或举办的过程中，因外部法律环境的变化、风险主体违法违约行为引起的各种不利的法律后果的不确定性。其中，法律规定引起的不利后果，一方面是指风险主体未依据法律规定有效实施法律控制措施，另一方面指法律的出台、修改或废止，以及行政执法状况等外部法律环境的变化而造成的影响；而合同约定和侵权是基于风险主体与其他主体发生法律关系的行为而造成的影响，怠于行

〔1〕 张大超、李敏：“国外体育风险管理体系的理论研究”，载《体育科学》2009年第7期。

使法律权利是因不作为而产生的法律风险。

2.2 冬奥会法律风险的特征

2.2.1 客观性

风险是客观事物所固有的，是不以人的意志为转移的。人们只能在一定的范围内改变风险形成和发展的条件，降低风险事故发生的概率，减少损失程度，而不能彻底消灭风险。冬奥会中的法律风险亦是如此，我们只能改变冬奥会赛事存在和发生的条件，降低法律风险发生的频率和损失的程度，对可预见的法律风险进行预防，但是却无法彻底消除赛事中的法律风险。正如墨菲定律所述："如果事情有变坏的可能，那么它总会发生。"

2.2.2 广泛性

风险存在于现代社会生产和生活的各个领域，套用卢梭的说法"人生而自由，却又无往不在枷锁之中"。就冬奥会的法律风险而言，从横向上，存在于冬奥会的各个领域，如奥林匹克标志保护、隐性市场营销、转播权、安保、保险等；从纵向上看，法律风险贯穿于风险事件发展的各个阶段。冬奥会法律风险的广泛性还表现在法律风险管理的分散化，法律风险不仅涉及冬奥组委法务部，还涉及具体业务的管理部门，如隐性市场营销的法律风险就处于法务部和市场部风险管理的交叉点，两个部门都应当承担风险管理责任。

2.2.3 可预见性

尽管法律风险的发展会受到法律风险主体、风险环境及法律风险行为等多种因素的影响，但是，由于这些因素都是在特定的法律、法规、司法环境之中，法律本身的预见性，将使大量法律风险的存在及发生具有一定的可预见性，风险主体遵循或违反法律规定的行为，往往会产生可预见的法律结果，及时采取相应的风险应对措施，也常常能产生预期的法律结果。

2.2.4 偶然性

从整个社会看，风险事故的发生是必然的；从冬奥会的全过程看，风险事故的发生是大概率事件；但对特定的冬奥会各个赛事和准备过程而言，风险事故的发生是偶然的，这就是风险的偶然性。风险的偶然性是由风险事故的不确定性决定的，因为在冬奥会的筹备和进行过程中，风险事故发生与否不确定，风险事故发生时间不确定，风险事故如何发生不确定，其损失的多少也不确定。这便是风险的偶然性。冬奥会表现出的种种不确定性更加突出，从而造成了风险的识别和量化的困难，不过，一旦它能够被识别并量化，体育赛事风险性也就大大降低了。

2.2.5 复杂性

冬奥会是具有国际性影响的重大体育赛事，赛事筹办和举办时都会面临诸如政治、经济、文化等因素的影响，还受本国筹办能力、组织能力、运作管理经验等方面的制约，包括赛事的工作人员、观众、运动员、技术官员等赛事参与主体因素，包括赛事的场馆设施、器材设备等物质因素均会影响赛事成功运作。况且北京2022年冬奥会是由北京市携手河北省张家口市举办，北京市负责冰上项目的筹办，张家口市负责雪上项目，这为冬奥会的交通运输、场馆建设、安全等都增加了更多的不确定性和挑战，这些因素体现北京冬奥会与以往的冬奥会相比，其法律风险更具复杂性。

2.2.6 快速的风险变化

希腊哲学家赫拉克利特有一句名言："世上唯一不变的就是变化本身。"世间万物都处于变化之中，风险更是如此。风险的变化有量的增减，也有质的改变，还有旧风险的消亡与新风险的产生。风险的变化主要是由风险因素的变化引起的，这种变化也来自各种方面：政治制度、法律制度的改变，风险也会随之增减；经济体制与结构的转变，风险会随着经济能力的增强而变化；随着科学技术水平的提高，人们认识风险、抵御风险的能力增强。但是，这些方面的改变还会导致新风险的产生，如：国家政治安全的风险、计算机病毒、泄密风险等。这些客观环境的迅速变化，都会使风险快速改变，尤其是在快速发展的现代社会。

2.2.7 影响范围广

随着人类参与体育运动的广度和深度不断拓展，冬奥会组织者面临的各种法律风险将会越来越多，且其相关的法律风险事故造成的经济和社会层面的后果也会愈来愈严重。如前文所述，风险混合了不确定性和不利后果，这种不利后果表现为损失或伤害，所以冬奥会中的法律风险也因参与者的广泛性而使其所带来的损害影响更加广泛。冬奥会赛事因为是事关全球的体育活动，一旦这些法律风险发生，都会给体育相关组织以及体育赛事参与者带来巨大的人身权益或经济利益的损害，但这种损失不仅仅是以货币等经济损失来衡量，且对人类的文化、精神文明都可能造成无法量化的影响。

3. 北京冬奥会的主要法律风险来源

北京冬奥会所牵涉的法律关系涉及了行政法、民法、商法等数个部门法律，用以调整赛事的法律规范和行政法规、规章有几十个之多，涵盖一系列复杂的法律上的权利义务关系。依据法律思维和法律方法，结合已发生的法律风险事实，冬奥会的法律风险主要来自法律规定、合同风险、侵权行为和操作风险。

3.1 法律法规不完备

冬奥会的筹办与举办离不开法治的保障。冬奥会在一定的规则下运行，其法律风险的可预见性可以大大提升，规则的不完善往往会增加法律风险的不确定性。虽然在2008年北京奥运会筹办期间出台了一些相关的法律法规，但在法律规范方面并不完备。

首先，《中华人民共和国体育法》（以下简称《体育法》）是在2016年修正的，当初《体育法》制定处于改革开放进入逐渐确立社会主义市场经济的历史阶段，对于体育立法的探索和经验都不充分。而且在这20多年的实施期间，中国在政治、经济、社会层面都发生了翻天覆地的变化，法治理念和立法技术也得到提升，现行《体育法》已经与社会发展不相适应。具体而言，《体育法》条文的规定过于原则化，在运动员选拔聘用管理、体育赛风赛纪治理、体育经营活动监管等很多方面，也都存在空白；《体育法》也没有明示关于体育权利的规定，而内容上主要集中于体育行政管理和维护体育秩序方面，运动员人才培养和激励体系也较为陈旧。在实践中，有一些体育法律制度缺少具体方法和程序而操作性不强，无法落实，一般体育纠纷很少能够依据《体育法》来直接提起相关诉讼。[1]《体育法》的不完善直接导致冬奥会在赛风赛纪、冬奥会产业营销等方面缺乏上位法依据，易于导致法律风险。

其次，为奥运会量身定制的法律——《奥林匹克标志保护条例》，于2018年7月31日实施，但这一法律文本仅仅针对的是奥林匹克标志保护这一个方面，在很多其他方面还无法满足北京2022年冬奥会筹办工作的需要。尤其像冬奥会转播权，还没有相关法律予以支持和保护，只能从知识产权法律中的录音录像制品权等侧面保护或通过合同方式进行约定，保护力度弱，容易产生与之相关的纠纷而导致法律风险。再者，互联网信息技术发达的现代社会，转播已经不仅仅限于电视转播，还有传播性更强的网络转播，更先进的技术手段也给转播权的法律风险防控带来更多挑战。

最后，立法法经过修改扩大了地方立法权，明确了地方立法权的边界。按照新修订的《中华人民共和国立法法》第72条、第82条的规定，张家口市只可以对“城乡建设与管理、环境保护、历史文化保护等方面的事项”制定地方性法规和政府规章，其中有“等方面”的表述。对于张家口市来说，需要上级人大领导机关及早确认，冬奥会是否属于可以制定地方性法规和政府规章的事务。另外，张家口显然不适用北京的地方性法规、规章，而我们面临的现实是张家口经

---

〔1〕 参见于善旭：“《中华人民共和国体育法》修改思路的探讨”，载《体育科学》2006年第8期。

济发展水平不及北京，同时其法律制度的健全程度也无法与北京比拟，在经济及法治水平差异的情况下制定相关的地方性法规、规章要同时在北京和张家口适用，要保证京张承办冬奥会完美对接，亟需探索地方立法协同机制，这其中还容易产生立法不协调的法律风险。

3.2 合同风险

合同主体资信调查的法律风险。合同主体资格及资质的审查是在合同订立前首先需要完成的工作，在冬奥会市场化运作的大背景下需要大量的商品、服务的采购，合同的相对方即供应方决定着一切质量、价格、售后服务等合同关键内容，供应方的选择是采购工作的关键，供应方选择的不恰当，将直接影响成本效益，并可能产生一系列的法律风险。

合同约定条款的法律风险。合同条款是缔约双方的意思表示并达成合意的产物，它是合同内容的具体表现形式，也是确定缔约双方权利义务的依据。由此可见，合同条款的约定对合同缔约双方权利义务的最终实现具有十分关键的作用。合同条款应当具有明确性、严谨性、准确性、完整性，条款之间不能互相矛盾。如果在合同条款的约定上一旦出现问题，轻则影响合同的顺利履行，重则影响合同的成立和生效，使合同的最终目的落空。

合同履行阶段的法律风险，比较典型的如财务结算风险和验收风险。在财务结算风险中，可能会面临如下情形：供应商要求先款后货，我方付款后，供应商不履行、不完全履行，给我方造成损失或严重影响；各部门信息沟通不及时，在供应商未按照合同约定完全履行的情况下，我方已按照合同约定付款，使后续处理产生被动，给我方带来法律风险；选择预付款方式的合同，在预付款比例上控制不当，增加了我方的资金占用；在票据结算时，不符合票据流转的相关规定，可能导致我方被追索或产生不必要的损失等。

3.3 侵权行为

侵权行为是引发冬奥会法律风险的重要原因之一，主要涉及两个方面：一方面是他人对奥林匹克转播权、知识产权等权利的侵权行为，这是《奥林匹克宪章》和冬奥会主办城市合同的基本要求，也是北京 2022 年冬奥会的重要经济保障。虽然中国政府充分显示了保护奥林匹克知识产权及其他相关权利的决心，并出台《北京市奥林匹克知识产权保护规定》、修改《奥林匹克标志保护条例》等法律对其进行专门立法保护，但冬奥会被侵权的现象并不乏见。在 2015 年 7 月份，北京携手张家口获得 2022 年冬奥会举办权之际，许多人的微博、微信朋友圈随后都被借势营销的企业刷屏。以祝福奥运为名，行企业商业推广之实，这些营销几乎无一例外，都不是冬奥会的合作企业，并且直接使用了 2022 年北京冬奥会 LOGO。无论是对冬奥会标志的侵权还是隐性市场营销，其主要的风险点在于对冬奥会合作方的权益侵犯，继而使冬奥会品牌价值等无形资产价值减损。另一方面是冬奥组委侵犯他人的行为，冬奥组委作为奥林匹克运动会的组织者，负有相应的安全保障义务，无论是场馆等建筑物，器材等物体还是工作人员对参赛者、观众以及其他第三人的人身或财产造成损害，冬奥组委都应负担相应的责任。为贯彻冬奥组委“尽量不做被告”的思路，对冬奥组委侵犯他人的行为也应当及时防范。因而侵权方面是北京冬奥会法律风险的一大来源，如果应对不力，就会演变为大量的法律风险。

3.4 操作性法律风险

《巴塞尔新资本协议》把操作风险定义为：“由于不足的或错误的流程、人员、系统或外部事件导致损失的风险。”这是针对银行业或金融业的定义，但针对冬奥会等大型体育赛事，也具有相当重要的指导意义。对于冬奥会而言，也同样面临法律风险层面的操作风险，如合同管理流程的不足、常职人员缺乏冬奥法律事务操作经验、系统安全问题、应对不可抗力事件或其他事件不利引起的操作性法律风险等。操作风险主要也是由法律规定或合同约定所引起的，包括法律规定本身是明确的，但大型体育赛事组织机构的内部安排遗留了法律问题，可能是职能部门执法不规范或实施了违法行为，也可能是未能确保合同全面反映其目标或者卷入了诉讼。

徒法不足以自行，冬奥会从筹办到举办过程中要遵循法律法规的安排，其中的各种权利义务经常需要通过行政执法的途径实现。体育赛事行政执法活动具有多种形态。北京2022年冬奥会是按照市场化、商业化的目标筹办的，各类市场主体都参与进来了，利益冲突自然增多，需要严格且公正的行政执法去规范秩序、平衡利益。冬奥会可能会因为行政执法中不规范的管理形式导致冬奥组委面对着管理失控、承担无限连带责任的法律风险；以及执法人员职权不清楚，责任不明确或是主观过错会导致执法错误的风险。这种类型的法律风险是一种因赛事组织机构自身的操作风险控制机制不健全或执法不规范，未能对法律问题作出反应而产生的操作性法律风险。

4. 风险防控的程序

4.1 法律风险识别

风险识别是对潜在的风险进行判断、分类，并对风险特征和风险后果做出定性的估计，最终形成一份合理的项目风险清单的过程。[1]风险识别是风险量化与评估的基础，在风险管理的过程中占有非常重要的地位。

通过对风险识别的认识和理解，结合法律风险的特征分析，法律风险识别往往是站在特定的法律风险主体的角度，围绕法律风险管理目标，对风险主体所处的法律风险环境、法律风险对象和法律风险行为等客观现象或事实采用分析、判断或者归类的方式，将现实的或潜在的法律风险及其性质、特征和后果等进行鉴别的分析过程。法律风险识别是法律风险管理的第一步，也是法律风险管理的基础。只有正确识别出法律风险主体自身所面临的法律风险，人们才能够主动选择适当有效的方法进行处理。

法律风险识别的特征在于：第一，专业性强。不可否认的是，法律原本就是一门专业性较强的学科或者说业务，这同样体现在法律风险识别的领域，这造就了法律风险识别不同于一般风险的专业性特征。法律风险识别不仅涉及法律、也与日常经营管理密不可分；同时，从事法律风险识别工作的人员不仅需要具备较强的相关理论知识，还应当熟悉法律风险主体的各方面情况、具备丰富的实践经营管理与操作经验。因此法律风险识别工作不能仅靠某一个或某几个人员完成，而是需要由外部法律专家、行业专家与企业负责法务管理、日常经营管理的人员共同参与方能完成。第二，可控性强。相较于传统的风险识别，法律风险识别因法律规定或合同约定的相对稳定性，其调整对象具有较强的可预见性，所以更加可控，这能够有效降低风险的不确定性。在法律风险识别中可以事先对可能产生的法律风险主体在特定司法环境下的某种风险行为作出预测，从而能够较为准确判断出法律风险的类型、风险等级、风险发生的频率或者风险的影响度等风险信息。当人们通过规范风险主体的自身行为，使其符合法律规定或者合同约定的要求时，则往往可以避免或者减少法律风险的发生。

法律风险识别需要一定的方法，其中包括风险理论中的风险识别方法、头脑风暴法、专家调查法、事故树分析法、情景分析法等方法。就法律风险的识别而言，不仅要运用风险识别的方法，也要运用涉及法律的方法对风险进行识别。法律的方法识别风险主要是文献资料法和案例研究法。

4.2 法律风险评估

法律风险评估，是指在法律风险事件发生之前，该事件给人员、财产等各个方面造成的影响和损失的可能性进行量化评估的工作。法律风险识别是对法律风险的定性分析，法律风险评估则是对法律风险的定量分析。如果说法律风险识别

[1] 参见何湘玲、郭红霞："企业风险及风险识别研究综述"，载《现代经济信息》2009年第20期。

所回答的问题是可能出现何种法律风险，则法律风险评估所回答的问题就是法律风险究竟有多大？法律风险会带来何种程度的损失？法律风险评估是法律风险管理和法律风险防控最重要的部分之一，也是最困难的部分。

风险评估有助于风险管理者对风险事件的严重程度有比较清晰的认识。显然还不可能说是百分之百准确的预测，但在此基础上，人们能对事故发生的严重程度能有个清醒的认识并特别关注。再者，通过权重分配有助于风险管理者更好地选择风险管理技术，能够更好地在权衡利弊的基础上选择方案，从而寻求最佳的风险控制效果。

在冬奥会中，不同项目的体育赛事有着项目自身的特性，要对体育赛事进行风险评估，首先要对赛事的项目特性进行深入的研究，在对赛事风险辨别的基础之上，对体育赛事本身可能发生的各种风险进行定性或定量的分析，根据可能发生的风险对赛事运行的影响程度和破坏力，按照每种风险的级别对其按轻重缓急排序，并且将体育赛事风险由大到小分级排序，目的是从遇到的大量风险中找出最重要的过程。其主要目的：一是评估风险发生的可能性大小，即风险发生概率；二是评估风险事件发生将造成的损失程度，即风险损失的严重程度；三是分析风险的可控性。风险度评估法是根据风险管理部门对风险事故发生的概率，造成故障的频率或者损害的严重程度进行评估，一般来说，风险度评价可分为1－10级，级别越高，危害程度越重（见表1）。

表1 风险发生的概率的风险度标准〔1〕

风险发生的可能性	概率	风险度标准
很高	≥1/2	10
	1/3	9
高	≥1/8	8
	1/20	7
中等	1/80	6
	1/400	5
	1/2000	4
低	>1/15000	3

〔1〕 刘钧：《风险管理概论》，清华大学出版社2008年版，第98页。

续表

很低	1/15000	2
极低	1/150000	1

在法律风险识别和评估的基础上，对冬奥会赛事存在的风险进行等级划分（见表2），在确定等级的基础上，制定风险管理的机制。

表2 体育赛事风险等级

风险等级	含义
一级（特别严重）	不可接受风险，必须采取可能的措施予以消除，不管代价多大
二级（较为严重）	不应当接受风险，必须采取措施降低风险，除非代价不可接受
三级（严重）	不应当接受风险，应当采取措施降低风险，除非降低风险投入超过降低风险所获得的利益
四级（一般）	可接受风险，条件允许时进一步降低风险

4.3 法律风险应对

在对法律风险进行识别和评估后，冬奥会风险管理主体最需要研究的问题便是如何有效控制这些风险，以降低风险发生的概率和损失程度，这也是冬奥会风险防控的最根本所在。风险防控的基本手段一般包括风险回避、损失控制、风险转移和风险自留。

风险回避是指赛事运作过程中放弃某项具有风险的活动或拒绝承担某种风险以避免风险损失的一种风险处理方法。在冬奥会中，当项目的赛事活动潜在风险发生的概率太大并且该风险事件发生的后果已经超出了组织者的承受范围，但又没有其他方法来减轻风险的威胁，只有主动放弃或拒绝举办该项目赛事或其他方法替代，以回避风险。风险回避主要有两种途径：一是了解到举办某项赛事承担的风险较大，而拒绝承办此项赛事；二是由于新的赛事的举办会遇到许多以前未发现的风险，而停止举办以回避风险。回避风险是一种消极的手段，也是最彻底、主动避免风险的方法，在现代体育赛事尤其是冬奥会运作过程中广泛存在着各种风险，要完全回避是不可能的。采取风险回避措施之前必须对风险有充分的认识，对威胁出现的可能性和后果的严重性要有足够的把握。由此可见，最适用采用风险回避的情形包括：损失频率和损失幅度都较大的特定风险；损失频率不高但损失后果极为严重且无法得到补偿的风险；采用其他风险管理措施的经济、社会成本超过进行该项活动的预期收益的风险等。

损失控制是指通过降低风险事件发生的损失频率或者减少损失程度来控制风险的处理方法。损失控制根据其目的分为损失预防手段和损失减少手段。损失预防手段是指在减少或消除赛事风险损失发生的可能性，例如，对比赛场馆的安全的控制，在观众入场进行安全检查，避免由于观众携带的易燃、易爆物品导致比赛场馆发生骚乱或火灾的风险，达到消除或减少此种风险隐患目的。损失减少手段是在风险发生时和损失发生后的控制技术，目的在于减少风险发生后不利后果的损失程度。损失减少手段的方法以制定应急方案和行动指南为主。例如，当火灾发生时，如何运用现场灭火设备尽快灭火，现场受伤人员的救护等，通过减轻现场受灾程度，从而减轻由此带来的损失。

风险转移是指赛事组织者为了避免承担风险损失，有意识地通过购买保险、签署合同等方式将体育风险尽可能转移给其他组织与个人的方法。风险转移并没有降低风险发生的概率和损失程度，而是借助合同或协议，在风险事故发生后将损失的一部分转嫁于第三方。这类风险控制型措施主要应用于那些风险事件的发生概率比较小，但是损失幅度很大，或者是组织者很难控制的风险情况。从某种意义上来说，风险转移只是间接地达到了降低损失频率和减小损失幅度的目的。风险转移主要有两种方式，保险风险转移和非保险风险转移。保险风险转移是指通过购买保险的办法将风险转移给保险公司或保险机构。例如，冬奥组委为所有参赛人员或者观看赛事的现场观众购买人身意外险，是通过支付一定费用，将风险转移给保险公司。非保险风险转移是指通过保险以外的其他手段将风险转移出去。非保险风险转移通常采用免责协议来转移体育风险。例如，向赛事提供交通服务的汽车公司，与体育赛事运作管理机构就赛事用车服务签订了固定价格合同，那么汽车公司将承担燃油价格上涨引起成本上升的风险。再如，赛事组织者同有关责任人员，如教练员、医护人员等签署合同，由他们对自己的过失行为所造成的损失负责。同时，让参与某项赛事的人员签署免责协议，使伤害事故的可能受害者放弃追究赛事组织者法律责任。但在签署合同或者协议时必须遵循法律法规。

风险自留是指风险责任主体通过筹集资金偿付损失而将风险保留在体育组织内部的风险应对方法。风险自留是处理风险的最方便的风险规避方法。一般存在以下两种情况：其一是风险损失程度较小、发生概率较高，尚未达到运用其他风险控制方法的条件，不值得专门花费成本去应对；其二是风险损失程度很大，但风险发生概率相对很小，以至于不可能通过降低、转移或者分担风险来应对，这就是我们常说的不可抗拒力事件，比如洪灾、地震等，这样的风险事件概率极小，因此体育赛事运作管理机构通常选择保留这种风险。风险自留可以是主动的，也可以是被动的。风险自留方法通常在下列情况下采用：一是当处理风险的成本大于承担风险所付出的代价时；二是预计某一风险发生可能造成的最大损失在赛事组织者的承担范围之内；三是当采用其他的风险控制方法的费用超过风险本身造成的损失，或者其他风险控制方法不可行时；四是组织者由于缺乏必要的风险管理技术知识，对风险的存在性和严重性认识不足，以至于自身被动承担风险损失。

5. 北京冬奥会法律风险防控措施综述

冬奥会这种大型体育赛事会面临各种各样的法律风险，虽然风险不是完全相同的，但是风险防控的措施必不可少，它可以最大程度地预防和减少风险事件及其造成的损害，保障赛会的安全和顺利进行。法律风险防控应在法律法规保障、应急预案的制定、人员培训、引入专业性法律服务方面应该做到详尽、具体，避免模棱两可、模糊不清，应该尽可能地明确冬奥会法务部和各部门之间的法律工作任务、职责和权利，确保无遗漏。

5.1 法律法规保障

在体育方面，我国的法律制度原本就相对缺乏，更何况冬奥会的法律风险。在这一方面，我们应该完善《体育法》及其相关法规，建立以《体育法》为核心的体育法规体系，包括综合性体育组织管理法规、竞技体育法规、社会体育法规、体育保障法规、竞技体育法规等。这样的法律体系建设不仅仅能够应用于冬奥会法律风险的预防，还能够在规范和管理体育行业、产业领域发挥重要作用。当前，体育保障法规尤其是冬奥会保障法规的设立是当务之急，制定“体育赛事保险条例”，规定在举行大型体育赛事时，要对冬奥会等大型体育赛事的风险进行评估和管理，对相应级别的风险事故，采取相应的风险管理措施，并且要明确规定强制保险和非强制保险的范围，如举办类似冬奥会等大型体育赛事及综合性运动会都应该经过赛事风险评估后，购买责任保险，所参加的运动员必须购买人身意外伤害保险。只有将体育风险管理制度化、法制化，并逐步健全、完善，才能最大限度地扩大风险管理的覆盖面，保证体育赛事稳定发展。

5.2 制定应急预案

制定应急预案是预防风险的有效方法之一。面对2008年奥运会，国务院在2006年颁布了《国家突发公共事件总体应急预案》，国家体育总局和各地方体育局根据国务院文件精神，分别制定了各自应对突发事件的应急预案。因此，在举办冬奥会时，也应该制定各类风险的应急预案。

冬奥组委在分析、确定风险存在的可能性和评估风险等级之后，就应该在风险管理专家、保险经纪公司和专业的保险公司参与下，结合组委会相关人员及有关专家的意见与建议确定面临的各种风险因素，根据风险评估得到的每一个事故隐患，都要认真研究其性质特点，制定详细的应急预案。应急预案要实事求是，尽可能制定得详细完备，不能怀有侥幸心理，同时也要考虑赛事经费的承受能力。

5.3 法律风险培训

"人"是风险管理最关键的因素。当今，体育赛事风险日益复杂化，像冬奥会这种大型体育赛事对人才素质的要求更高。赛事风险管理涉及的赛事风险识别、评估、风险预案、规避执行和防控等都需要专业风险管理者进行管理，确保风险管理有序开展。专业化管理人才与非专业管理人才的区别就是专业人才能够系统地完成风险管理每一个步骤，并对风险管理每一个环节、过程和结果做出正确评估和预测。而从非专业到专业则需要对人员进行相关的培训。培训是预防风险的一个手段，对冬奥会赛事的组织管理人员、各个部门的工作人员以及志愿者等与冬奥会法律事务相关的人员进行培训，包括法律法规、合同管理、工作要求、方法等方面全方位的培训。全面科学的法律风险防控培训至关重要，它可以让工作人员了解法律风险的状况，在法律风险发生后能够正确应对和妥善处理危险。

5.4 引入专业性法律服务

针对奥运会筹办和举办中的法律问题引入专业性法律服务是十分必要的，这也是国际上的通行做法，专业性的法律服务能够有效降低冬奥会在筹办和运作过程中的法律风险。根据北京 2022 年冬奥会法律服务的需求状况，组织方应积极创设平台，让律师有机会服务于大型体育赛事。通过公开选聘方式确定赛事法律服务机构，建立法律服务监管制度，通过立项、任务下达、成果验收、工作量确认、费用审核等流程，使必要的项目管理通过法律风险评估并得到法律保障，确保法律服务的针对性和实效性。组织方也可以提出体育赛事中常见的法律问题并组织研讨会来讨论，邀请律师、法学专家和体育专业人才参与体育法学研究，提高律师和体育工作者的体育法律专业化水平。组织方也可以建立专门的体育行业律师人才库，为赛事法律的需求方和供给方提供对口的法律咨询服务。在这一方面，北京在举办 2008 年奥运会时已有相关实践经验，北京市律师协会 2002 年成立了奥运法律专业委员会，2006 年又成立了奥运立法律师工作组，先后完成了多项专题研究，还招募律师为奥运会提供志愿服务。2008 北京奥组委在法律实践中形成了一支以法律事务部专职法律工作者为骨干，以法律服务机构为支援，内外有别、管理有序的法律工作团队，建立了具有创新意义的法律服务模式。北京奥组委依法办事的强烈意识和模范行为，以及充分发挥法律业务部门的职能，为组委会依法决策提供咨询、参谋、服务，积极防范和化解法律风险的成功做法，可以作为冬奥会赛事法律风险防范的主要借鉴。

奥运会文艺表演及圣火点燃“泄密”的法律思考

黄思成〔1〕

摘　要　近几届奥运会出现了开闭幕式文艺表演及圣火点燃方式泄密现象，给主办国造成不小的损失和困扰。我国成功申办2022年冬奥会后北京冬奥组委对此应当给予高度关注。对泄密的防范及对目前困局状态的应对，理论争议焦点是文艺表演及圣火点燃方式属于国家秘密还是商业秘密，是否能获得知识产权法保护。本文尝试对概念界定和法律规制提出若干建议。

关键词　开闭幕式　文艺表演　圣火点燃方式　泄密　法律规制

开闭幕式是现代奥运会的重头戏，万众瞩目。〔2〕在开闭幕式中，设置文艺表演与点燃（熄灭）圣火环节是国际奥委会的严格要求，可谓重中之重。奥运会开闭幕式从朴素走向奢华，演化为当今的文化视觉大片，〔3〕因此提前知晓文艺表演内容及点燃圣火方式就具有了巨大的价值。即便主办国奥组委同各方签订严格

---

〔1〕作者简介：黄思成，中国政法大学法学院2017级宪法学与行政法学专业体育法学方向博士研究生。

〔2〕奥运会开闭幕式的重要性在奥运会官方文件里明示。《2022年第24届冬季奥林匹克运动会主办城市合同义务细则》“1.2仪式”指出：开幕式是一场旨在展示奥运会、主办国、标志性信息，以及参与到这一特殊历史时刻的人们的活动。一场成功的开幕式能够在奥运会关键的初期产生积极的媒体反响。通常一场圆满的开幕式将奠定整个赛事的基调。闭幕式是标志着奥运赛事结束的活动。闭幕式通常是展示奥运会最后的形象的庆典。当地民众、志愿者、奥组委工作人员及所有参与者通过闭幕式欢庆奥运会的成功。

〔3〕奥运会开闭幕式经过百年，最初仪式相对简单朴素。由于1950年之后奥运会逐渐走向豪华，文艺表演及点燃圣火成为其中工作量最大、准备时间最长、花费最多的部分，甚至有“奥运会之花”的美称。参见百度百科词条：“奥运会开幕式”，https://baike.baidu.com/item/%E5%A5%A5%E8%BF%90%E4%BC%9A%E5%BC%80%E5%B9%95%E5%BC%8F/7349628?fr=aladdin，最后访问时间：2018年10月31日。

的保密协议，持权转播媒体记者以及部分群众将开闭幕式各类信息泄露出去的事件仍时有发生。泄密会引起国际奥委会、主办国政府及人民的强烈不满，更会给奥组委带来巨大损失，所以为了维护正当利益，及时有效惩处泄密者，弘扬奥运精神，防止奥运会文艺表演及圣火点燃的“泄密”应当成为奥运会法律风险防范研究的重要课题。本文尝试以法律眼光审视和思考奥运会文艺表演及圣火点燃方式泄密问题，首先梳理了泄密历史和泄密后果，其次对法律规制困局和理论争议进行扼要总结，最后本文就一些概念的界定、正确解决问题思路等贡献一二，以飨读者。

1. 泄密历史

在整个奥运会历史上，总计发生过三次开闭幕式泄密事件。

1.1 2008 年北京奥运会泄密事件

2008 年北京奥运会泄密事件被称作首次泄密事件。北京时间 2008 年 7 月 30 日，韩国 SBS 电视台公布了一段长达两分零九秒的北京 2008 年奥运会开幕式彩排视频，包括开幕式演出、入场仪式、主火炬点燃等相关细节，电视台工作人员还对视频进行介绍和点评。[1]

北京奥组委新闻宣传部部长王惠女士在接受中新社记者采访时对韩国 SBS 电视台泄密行为表示“非常遗憾”，她同时指出，“我们不愿意再看到这样的事件发生”。北京奥组委新闻发言人孙伟德则对 SBS 的做法表示失望。[2]最终韩国 SBS 电视台为它的不正当行径付出代价，其转播权随后遭到取消。

1.2 2016 年里约奥运会泄密事件

北京时间 2016 年 8 月 2 日，英国《每日邮报》报道了世界顶级名模吉赛尔·邦辰将参加里约奥运会开幕式表演一事。在一幕表演场景中，邦辰将扮演被“抢劫”的人，而这一幕真实地反映出了里约热内卢的社会现状。此外，部分在

〔1〕 参见腾讯网，https://new.qq.com/omn/20180808/20180808G1KLTM.html，最后访问时间：2018 年 10 月 31 日。

〔2〕 参见中国新闻网，http://world.huanqiu.com/roll/2008－07/178766.html，最后访问时间：2018 年 10 月 31 日。

现场观看开幕式彩排的群众还是将一些细节内容通过社交媒体传播出来。[1]开幕式提前泄密，无疑使得问题百出的里约奥运会“雪上加霜”。

1.3 2018年平昌冬奥会泄密事件

韩国时间2018年1月29日0点30分左右，英国路透社在其平台发布了平昌冬奥会点燃圣火的图片，随后韩国各大报社和电视台在第一时间火速转载。发现此事后，平昌冬奥组委立刻向路透社表示抗议，路透社于韩国时间上午9点21分将图片删除。同时，平昌冬奥组委也要求韩国媒体撤回转载的图片。即便如此，经过了9个小时的发酵，此事造成的损失已无法弥补。国际奥委会和平昌冬奥组委决定不向路透社发放开幕式报道以及摄影通行证，拍摄该照片记者的冬奥会报道证也被取消。平昌冬奥组委表示：“将对不遵循国际奥委会和组委会要求，报道开闭幕式、奥运会相关内容的媒体以及记者采取包括限制采访等强有力的措施。”[2]

2. 泄密后果

奥运会开闭幕式一旦泄密，将带来以下严重后果。

2.1 主办国损失巨大

2008年北京奥组委聘请张艺谋担任开闭幕式总导演，纪录片《张艺谋的2008》专门讲述了其与几万表演人员数个月工作的艰辛。在一片批评之声中，整个奥运会开幕式仍然花费21亿元人民币，包括大量人力、物力。当时正是汶川大地震发生后不久，财政紧张，国家和地方政府能够投入如此巨大数量的资金本属不易，目的就是最大程度向世人展现中国传统文化和现代建设成就，带给他们惊喜，使他们惊讶。如果世人提前获知文艺表演内容以及圣火点燃方式，那么惊喜程度就大大降低了，主办国巨大投资就“付之东流”。北京奥运会总导演张艺谋在采访中曾经说过，“保密问题尤为重要，一旦泄密这将是国丑，这是为国家负责，是要给世界留一个惊喜”。由于韩国SBS电视台将原本计划的演出和点火方式泄露出去，为此导演组不得不改变相关环节，实际上增加了奥运会开幕式成

---

〔1〕 参见新浪体育，http://sports.sina.com.cn/o/2016-08-02/doc-ifxunuyk4375891.shtml，最后访问时间：2018年10月31日。

〔2〕 参见搜狐网，http://www.sohu.com/a/220035714_162119，最后访问时间：2018年10月31日。

本。[1]

2.2 泄密者害人害己

从泄密历史来看，泄密者一般为有权转播商和普通观众。[2]

有价值的新闻就是新闻行业的生命。有权转播商第一时间获取爆炸性新闻（breaking news）旨在提高网站访问量、媒体关注度、报纸购买量，从而提升自身竞争力和价值。因此对于转播商和获准进入奥运会主场馆调试设备的媒体记者来说，提前得知奥运会开闭幕式的细节无疑短时期内会骤然提升自身价值，但是由于其使用的不正当手段，违反了新闻记者的职业道德以及与奥组委签订保密规定中的相关义务，不仅其转播和采访权会遭到剥夺，而且其声誉受损，从长远来看，可谓“害人害己”。

普通观众泄密主要是满足自身宣传与炫耀的心理需求，至于他们以营利为目的直接或者间接向特定的经营者销售开闭幕式信息的行径，目前未见诸报道。但是单纯“剧透”毕竟违规，等“朋友圈”从获取信息的一时兴奋中反应回来，势必在内心会谴责以及自我谴责。申言之，普通泄密者仍然符合“害人害己”的评价范畴。

2.3 社会影响恶劣

第一次泄密发生后，在心理上一定会刺激人们不断地窃密与泄密。倘若未及时有效遏制，那么泄密恐不会在奥运会的历史上销声匿迹。2008 年后每一次的泄密都提高了下一次泄密发生的概率，因此奥运会泄密的恶劣社会影响不可谓不深远。

2.4 背离奥运精神

众所周知，奥运精神乃相互理解、友谊长久、团结一致和公平竞争。未经允许私自将开闭幕式细节泄露给他人的行为实质上是以违反规则的方式在转播商之间构建一种非公平竞争所能取得的巨大信息优势，严重破坏了奥运会期间努力营造的公平竞争、互相理解、友谊团结的文化氛围，与奥运精神相违背，

---

〔1〕 参见腾讯网，https://new.qq.com/omn/20180808/20180808G1KLTM.html，最后访问时间：2018 年 10 月 31 日。

〔2〕 理论上能够提前接触到开闭幕式内容的主体除了有权转播商和普通民众以外，还有国际奥委会相关人员、国家奥委会相关人员、主办国奥组委相关人员以及开闭幕式所有参与人员，这些都可能成为泄密主体。根据主办城市合同及义务细则，奥运会开闭幕式与圣火点燃等仪式方案与详细计划应提交国际奥委会事先书面批准，奥组委应在不晚于奥运会预定开幕日期一个月允许国际奥委会指定的全体代表预审各类仪式的整体预演，因此国际奥委会相关人员理论上有可能将开闭幕式细节透露出去。至于国家奥委会相关人员以及主办国奥组委相关人员，他们一样也因为要对开闭幕式进行审查而接触到相关细节，也有可能将它们泄露出去。而开闭幕式参与人员一直处在排练现场，掌握了开闭幕式各项环节的具体安排与进程信息，更易成为泄密者。

应当遭到奥运会全面抵制。

3. 规制困局

奥运信息泄密“害人害己”，引起历届奥组委高度重视。不过由于主客观原因，对泄密的防范及应对目前陷入困局的状态。这些原因包括信息泄露惩罚畸轻、法律责任追究困难、规制措施可供选择太多、明确的成文立法缺位过于严重等。

3.1 信息泄露惩罚之轻

从新闻报道来看，历次泄密者所遭受的惩罚除舆论谴责外，主要为资格罚，包括取消报道权、取消通行证。据笔者理解，实践中即便是资格罚，对于转播商来说还是有许多补救方法的，完全能够将损失减至最小。因此资格罚下转播商的“违法成本”相对较轻。

3.2 法律责任追究之难

历次奥运会开闭幕式泄密者除现场观看彩排的普通民众外，一般住所地在主办国境外，因此行政、民事和刑事的处罚措施实施起来阻碍较多，困难很大，这是目前规制遇到的最大现实困难，历届奥组委不得不选择“息事宁人”。

3.3 规制措施可选之多

对于泄密者，是止步于舆论谴责还是仍然必须追究其法律上的责任，倘若追究法律责任，是选择民事责任还是选择刑事责任，倘若选择民事责任，是违约责任还是侵权责任，倘若选择刑事责任，是侵犯国家秘密还是侵犯商业秘密，主办国可以选择的应对规制措施很多。

3.4 成文立法缺位之大

如果要采取法律措施，必须有相关法律规定或者判例支撑，否则违背党的十八大以来习总书记要求的法治主义原则。不过奥运会文艺表演及圣火点燃方式不是奥林匹克标志，不能依据《奥林匹克标志保护条例》来保护。除奥运专门立法外，《中华人民共和国体育法》《全民健身条例》等体育综合立法中也均未涉及奥运会文艺表演及圣火点燃方式的法律保护内容。

4. 理论争议

随着北京2022年冬奥会的申办成功，奥运会开闭幕式文艺表演及圣火点燃方式泄密及保护越来越受到重视，理论争议也越来越多。以下是争议最为激烈的两大焦点问题：一是奥运会开闭幕式文艺表演及圣火点燃方式究竟是商业秘密还是国家秘密；二是奥运会开闭幕式文艺表演及圣火点燃方式究竟是否属于知识产权法上的作品或者专利，能否受到著作权法或者专利法的保障。

4.1 国家秘密还是商业秘密

"国家秘密是关系国家安全和利益，依照法定程序确定，在一定时间内只限一定范围的人员知悉的事项。"〔1〕国家秘密具有特定的范围和密级。商业秘密，是指不为公众所知悉，能为权利人带来经济利益、具有实用性，并经权利人采取保密措施的技术信息和经营信息。国家秘密与商业秘密不同，表现在二者所有主体、利益主体、适用范围以及确定程序均不相同。〔2〕支持将开闭幕式文艺表演以及圣火点燃方式认定为国家秘密主要有以下理由：第一，奥运会是举全国之力承办的世界性运动会，事关国家利益和国家荣誉，泄密行为绝对损害国家利益和荣誉；第二，开闭幕式文艺表演以及圣火点燃方式该类秘密所有主体北京冬奥组委在性质上属于事业单位法人，不是民营企业，因此不能认定为商业秘密。

早在2008年就有媒体报道泄露开幕式信息将被判刑7年。不过虽然如此，却没有官方"辟谣"。〔3〕如果泄露开幕式信息最高能被判处7年有期徒刑，意味着奥运会开闭幕式文艺表演及圣火点燃信息被视为国家秘密，构成故意泄露国家秘密罪或者过失泄露国家秘密罪。〔4〕目前来看，学术界对奥运会开闭幕式文艺表演及圣火点燃信息属于国家秘密的研究仍然空白，但主张其为国家秘密的呼声却最高。就此而言，国家秘密说就是给人以过于简单处理法律归罪与情感宣泄界限

〔1〕《中华人民共和国保守国家秘密法》（以下简称《保守国家秘密法》）第2条。

〔2〕参见陈庆安："论我国刑法中商业秘密与国家秘密的区别与认定"，载《郑州大学学报（哲学社会科学版）》2017年第3期。

〔3〕参见"张艺谋：没听说过奥运会开闭幕式泄密要判刑7年"，载搜狐网，http://news.sohu.com/20080313/n255675730.shtml，最后访问时间：2018年11月6日。

〔4〕《中华人民共和国刑法》第398条："国家机关工作人员违反保守国家秘密法的规定，故意或者过失泄露国家秘密，情节严重的，处三年以下有期徒刑或者拘役；情节特别严重的，处三年以上七年以下有期徒刑。非国家机关工作人员犯前款罪的，依照前款的规定酌情处罚。"

的怀疑，在某种程度上具有了运用国家主义思维逻辑和解决路径的属性或者色彩，企图以国家刑罚“以暴制暴”解决公民泄露政府秘密、侵害国家的问题，给泄密者以最严厉的处罚，维护国家高高在上的权威。

商业秘密说的理由有：首先，开闭幕式文艺表演以及圣火点燃方式在定密程序上基本上是自主定密。在保密程序和秘密标志上由于国家保密行政管理部门没有将奥运会开闭幕式文艺表演及圣火点燃方式确定为一种国家秘密，目前北京冬奥组委在工作上没有法定的专属标志，一般以“内部文件”“内部事项”等方式做出提示，而国家秘密是有专属标志的。因此从保密程序和秘密标志来看，奥运会开闭幕式文艺表演及圣火点燃方式属于工作秘密，而不属于国家秘密。[1]其次，历次泄密中奥组委及主办国政府并没有以泄露国家秘密的行为性质来追究相关转播商的法律责任，上述事实能够反向支撑商业秘密说。

4.2 能否得到知识产权法保护

自任总导演一职后，张艺谋和奥组委签订了许多协议，他表示，“从我们开始工作、我们所有想的创意、我们所有做的设计，我们所有的东西权利全部归奥组委，我们无权在任何地方使用。”[2]正如奥运会会徽一样，奥运会开闭幕式文艺表演及圣火点燃方式也是奥组委享有的重要无形资产、无体财产之一。

无形资产的法律保护并不是均能从知识产权法来解决的，必须要一一地与知识产权的范围相勾连。而知识产权的范围是特定的，基本上以《成立世界知识产权组织公约》《与贸易有关的知识产权协定》为基础，从狭义或传统角度看，包括著作权、邻接权和工业产权。[3]目前来看，体育法学界尚未对奥运会开闭幕式文艺表演及圣火点燃方式展开知识产权法上的广泛研究，同时实践中泄露文艺表演及圣火点燃方式的主体亦未受到知识产权法上的苛责，因此具体到奥运会开闭幕式文艺表演及圣火点燃方式能否得到知识产权法保护这一命题结论不得而知。

5. 规制建议

北京2022年冬奥会是中国第二次举办奥运会，对于奥运会开闭幕式文艺表

[1] 参见佚名：“国家秘密与工作秘密、商业秘密、个人隐私有何区别”，载《保密工作》2017年第1期。

[2] “张艺谋：奥运会开闭幕式设计的任何细节都要保密”，载搜狐网，http://news.sohu.com/20070425/n249676672.shtml，最后访问时间：2018年11月6日。

[3] 参见冯晓青主编：《知识产权法》，中国政法大学出版社2015年版，第3～4页。

演及圣火点燃方式泄密行为不能仍止步于舆论谴责和取消报道许可而不追究其法律责任。追究法律责任会提高泄密者的违规违法成本，才能够有效遏制奥运泄密。在思考如何追究泄密者法律责任的过程中，会遇到如“奥运会开闭幕式文艺表演及圣火点燃方式究竟是商业秘密还是国家秘密”“奥运会开闭幕式文艺表演及圣火点燃方式究竟能否获得知识产权法保护”等问题，本文就一些概念的界定、正确解决问题思路等贡献一二，以飨读者。

5.1 泄密侵犯国家利益，应当界定为国家秘密

国家秘密与商业秘密两相争执多半由于当前学术界对于国家秘密与商业秘密存在属性重叠时如何处理没有形成共识、我国国家秘密与商业秘密保护立法体系不够健全等一定程度给思考带来了阻碍。

5.1.1 开闭幕式信息本质上属国家所有，泄密损害国家利益

北京2022年冬奥会开闭幕式由北京冬奥组委具体承办，北京冬奥组委是中央编办批准设立的正部级事业单位法人，为国举办奥运会，因此开闭幕式信息原则是为北京冬奥组委所有，本质上是由国家所有，与商业秘密为企业所有不同。泄露奥运会开闭幕式文艺表演及圣火点燃方式将给国家造成巨大经济损失，同时也会影响国家的形象和荣誉，与商业秘密只限于造成企业损失不同。将奥运会开闭幕式文艺表演及圣火点燃方式界定为商业秘密无法表明所有主体和利益主体的国家属性。

5.1.2 由国家保密行政管理部门确定为“机密”或“秘密”级国家秘密

《保守国家秘密法》对我国法律上的国家秘密的范围既采取了定义的方式，也采取列举式进行界定。目前从概念上界定奥运会开闭幕式文艺表演及圣火点燃方式到底属于国家秘密还是商业秘密的问题无法解释奥运会既关乎北京冬奥组委作为一个市场主体的经济利益又关系着中国的国家利益和荣誉，于解决争议无益。然而从《保守国家秘密法》第9条[1]对国家秘密界定的范围来看，该条规定的前六项显著地均不能涵盖奥运会开闭幕式文艺表演及圣火点燃方式，恰恰只有最后的兜底条款能够为奥运会开闭幕式文艺表演及圣火点燃方式界定为一种国家秘密打开缺口，因此亟需由国家保密行政管理部门尽快将奥运会开闭幕式文艺表演及圣火点燃方式确定为一种其他国家秘密事项。《保守国家秘密法》第10条

---

〔1〕《保守国家秘密法》第9条规定：“下列涉及国家安全和利益的事项，泄露后可能损害国家在政治、经济、国防、外交等领域的安全和利益的，应当确定为国家秘密：（一）国家事务重大决策中的秘密事项；（二）国防建设和武装力量活动中的秘密事项；（三）外交和外事活动中的秘密事项以及对外承担保密义务的秘密事项；（四）国民经济和社会发展中的秘密事项；（五）科学技术中的秘密事项；（六）维护国家安全活动和追查刑事犯罪中的秘密事项；（七）经国家保密行政管理部门确定的其他秘密事项。政党的秘密事项中符合前款规定的，属于国家秘密。”

规定了国家秘密的密级分为绝密、机密、秘密三级。[1]根据不同级别对应的秘密重要性，笔者倾向于将奥运会开闭幕式文艺表演及圣火点燃方式确定为“机密”或“秘密”级国家秘密。

5.2 我国知识产权法目前应当保护奥运开闭幕式信息

相对来说，奥运会开闭幕式文艺表演及圣火点燃方式获得知识产权法上的保护的逻辑障碍并不明显。从与奥运会文艺表演相类似的电视综艺节目的保护现状来看，主要有保护节目模式的版权（著作权）和节目 LOGO 的商标权两种途径。[2]然而首先保护节目模式的版权主要是为了防止“克隆”，从奥运泄密历史来看，泄密并不是为了模仿和克隆，而主要是获得当时的信息。其次，奥运会文艺表演只是一场舞台表演，并无复杂的节目模式，虽与电视综艺节目有相似之处，但差异却很明显，因此仍然应当就奥运会文艺表演和圣火点燃方式本身属性去分析。

5.2.1 文艺表演属于作品，泄密侵犯著作权

根据《中华人民共和国著作权法》第 3 条，奥运会开闭幕式文艺表演属于音乐、戏剧、曲艺、舞蹈、杂技艺术类作品。[3]因此未经权利人许可，泄露作品侵犯其著作权，情节严重者还需负刑事责任。

5.2.2 此外，泄密侵犯表演者权

在相关权方面，泄密者未经文艺表演表演者许可，从开闭幕式现场直播或公开传送其现场表演，或者录制其表演，侵犯开闭幕式表演者权。[4]

5.3 采取综合配套措施、构建防范体系助力奥运泄密治理

奥运会开闭幕式文艺表演及圣火点燃方式泄密主体多元决定了必须采取综合配套措施，努力构建防范体系，方能在北京 2022 年冬奥会举办时杜绝泄密再次

---

[1] 《保守国家秘密法》第 10 条第 2 款规定：“绝密级国家秘密是最重要的国家秘密，泄露会使国家安全和利益遭受特别严重的损害；机密级国家秘密是重要的国家秘密，泄露会使国家安全和利益遭受严重的损害；秘密级国家秘密是一般的国家秘密，泄露会使国家安全和利益遭受损害。”

[2] 参见欧阳宏生等：《电视综艺节目的版权客体界定及侵权界定》，中国广播影视出版社 2015 年版，第 1 ~ 14 页。

[3] 《中华人民共和国著作权法》第 3 条规定：“本法所称的作品，包括以下列形式创作的文学、艺术和自然科学、社会科学、工程技术等作品：（一）文字作品；（二）口述作品；（三）音乐、戏剧、曲艺、舞蹈、杂技艺术作品；（四）美术、建筑作品；（五）摄影作品；（六）电影作品和以类似摄制电影的方法创作的作品；（七）工程设计图、产品设计图、地图、示意图等图形作品和模型作品；（八）计算机软件；（九）法律、行政法规规定的其他作品。”

[4] 《中华人民共和国著作权法》第 38 条第 1 款规定：“表演者对其表演享有下列权利：（一）表明表演者身份；（二）保护表演形象不受歪曲；（三）许可他人从现场直播和公开传送其现场表演，并获得报酬；（四）许可他人录音录像，并获得报酬；（五）许可他人复制、发行录有其表演的录音录像制品，并获得报酬；（六）许可他人通过信息网络向公众传播其表演，并获得报酬。”

发生。具体措施有：

（1）在转播许可协议里加重违约责任，要求转播商必须赔偿损失。由于损失计算相对困难，笔者认为赔偿金额应当是双方协商达成一致的标准。在与工作人员的保密协议里增加一条，“如造成巨大损失的，追究故意泄露国家秘密罪或者过失泄露国家秘密罪的刑事责任。”

（2）除了必要的工作人员携带手机、相机外，不允许志愿者或者观众携带具备摄影摄像功能的电子产品，这能够有效减少泄密风险。在彩排现场，北京2008年奥运会就在“鸟巢”广播遵守保密协议的警示内容，“任何人不能将彩排的内容和形式以任何方式告知他人和媒体，否则将追究法律责任。”该做法仍然值得借鉴。

（3）情节严重的，工作人员可构成故意泄露国家秘密罪或者过失泄露国家秘密罪，群众可构成非国家工作人员故意泄露国家秘密罪或者过失泄露国家秘密罪。

（4）对境外转播商和记者可采取国际公法的惩罚措施，例如列入黑名单、驱逐出境等。

结语

当年的北京奥组委推崇国家秘密说，现在的北京冬奥组委更加倾向于商业秘密说，笔者从秘密涉及利益主体出发更加赞成奥运会文艺表演和圣火点燃方式应当界定为国家秘密。同时，奥运会文艺表演和圣火点燃方式能够得到知识产权法保护。为了在北京2022年冬奥会举办过程中杜绝泄密，笔者建议采取综合配套措施、构建完整的防范体系。

参考文献

［1］［法］贝尔纳·瓦耶纳：《当代新闻学》，丁雪英、连燕堂译，新华出版社1986年版。

［2］［美］威·安·斯旺伯格：《普利策传》，陆志宝、俞再林译，新华出版社1989年版。

［3］李玫瑾：《犯罪心理研究——在犯罪防控中的作用（修订版）》，中国人民公安大学出版社2010年版。

［4］［美］Curt R. Bartol，Anne M. Bartol：《犯罪心理学》，李玫瑾等译，中国轻工业出版社 2017 年版。

［5］黄世席：《奥运会法律问题》，法律出版社 2008 年版。

［6］韩勇、杨铁黎编著：《奥林匹克文化概览——奥运会的仪式与庆典》，北京体育大学出版社 2008 年版。

兴奋剂追溯时效问题的分析
——以刘春红案为例

熊舒宁〔1〕

摘　要　刘春红在2008年取得了北京奥运会69公斤级女子举重比赛冠军。2016年，她的样本被复检，查出存在GHRP－2和西布曲明等违禁物质，国际奥委会对其进行处罚，取消其当年的参赛资格和比赛成绩。国际体育仲裁院支持了国际奥委会的这一处罚决定。在这一案件中，涉及了兴奋剂追责时效的设定是否具有合理性的问题；2015年禁用清单中，对于生长类激素等违禁药物的查处规则的溯及既往问题；反兴奋剂条例中对于违禁物质的列举的前瞻性的问题，通过对上述问题的分析，对日后此类兴奋剂违规案件的处理具有借鉴意义。针对兴奋剂追溯时效过长，可能不利于举证的情况，可以推广运动员生物护照制度，对运动员的身体信息变化进行追踪记录。

关键词　兴奋剂　追责时效　生物护照

1. 问题的提出

兴奋剂是体育比赛领域中广受关注的话题，在各种国际赛事中，对于兴奋剂的监察和处罚也非常严格。服用兴奋剂可以在短时间内大幅度地提高运动员的比赛成绩，但是这与体育竞技追求的公平竞争的精神是严重相悖的；同时，使用兴

---

〔1〕　作者简介：熊舒宁，中国政法大学法学院2018级体育法方向法律（法学）硕士研究生。

奋剂会严重损害运动员的体能体质，可能造成心血管的紊乱甚至猝死，这在本质上也与奥林匹克运动一直以来所倡导的“以人为本”理念相违背。[1]因此，各种体育比赛中对于兴奋剂的查处都十分严格。保持体育竞技的公平是每个运动员和国家都应当履行的义务，《世界反兴奋剂条例》也对于兴奋剂违规行为作出了具体的规定。其中在时效问题上，2015 年新修改的《世界反兴奋剂条例》将追溯时效从 8 年延长至了 10 年，引出本文对兴奋剂时效问题的讨论以及运动员应当如何防范复检时证据不足的风险的建议。

2. 事实和案件背景

2.1 案件经过概述

上诉人刘春红（以下称运动员）是一名举重运动员，曾参加 2008 年北京奥运会 69 公斤级女子举重比赛并获得了金牌。2008 年 8 月 13 日，运动员按照国际奥委会的要求提交了兴奋剂检查，由世界反兴奋剂机构认可的北京奥运会实验室进行了分析，当时的分析结果并没有不良分析发现（Adverse Analytical Finding，以下简称 AAF）。根据国际奥委会的要求，运动员的样本以及北京奥运会上收集的其他样本将被转移到世界反兴奋剂机构认可的洛桑实验室进行长期储存，并可能在以后进行重新分析。

2016 年里约奥运会前夕，国际奥委会将北京奥运会期间收集的包括刘春红样本在内的一些样本提交洛桑实验室重新进行分析，对刘春红剩余的 A 样本的初步分析[2]推定 AAF，初步分析发现了潜在的两种禁用物质：GHRP－2 及其代谢物和西布曲明。根据 2008 年禁用清单，这两种物质都是禁用物质，因此构成 AAF。

2016 年 7 月 27 日，中国国家奥委会告知了运动员 AAF 的结果，随后国际奥委会纪律委员会启动纪律程序，并告知运动员有权要求和参加 B2 样本的分析。2016 年 8

---

〔1〕 参见李军：“奥林匹克运动中兴奋剂问题的社会学分析”，北京体育大学 2004 年硕士学位论文。

〔2〕 根据国际实验室标准（ISL）的适用规定，样品的重新分析如下进行：对剩余的 A 样本进行了“初步分析”，对于从北京实验室运往洛桑实验室的 A 样品，根据当时适用的 ISL 2008 的要求，没有单独重新密封或用密封容器运输。因此，作为重新分析的“第一阶段”，将 B 样品打开并分成 B1 样品和 B2 样品，后者在 B1 样品分析之后重新密封。

月9日，在独立见证人的见证下，洛桑实验室对B2样本进行分析，确认了GHRP-2和西布曲明这两种禁用物质的存在，并于2016年8月11日将结果向国际奥委会报告。纪律委员会认定，运动员违反了反兴奋剂条例的第2.1条款[1]。因此，国际奥委会裁定刘春红违反了反兴奋剂规则，取消其在2008年北京奥运会69公斤级女子举重赛事的比赛资格，并责令其退回获得的奖牌、奖杯和证书。[2]

2.2 争议焦点和仲裁结果

刘春红于2017年1月29日就国际奥委会的裁决向国际体育仲裁院（以下简称仲裁院或CAS）提交了上诉声明，表示对分析结果没有异议，但提出GHRP-2在2008年尚未列入禁用清单、8年后对于样本进行再分析违反了基本法律原则等申诉意见，请求仲裁院撤销国际奥委会的决定。国际奥委会方面则提出，GHRP-2属于生长激素释放因子，已经被列入2008年的禁用清单中；根据2003年《世界反兴奋剂条例》的规定，对兴奋剂违纪行为的追责时效为8年，因此国际奥委会认为其并未违反条例规定。

国际体育仲裁院总结出了四个争议焦点：①GHRP-2是否在2008年被列入禁用名单；②2008年与2016年检测结果之间的矛盾；③追诉时效以及证据获取；④样本重新分析是否有法律依据。

仲裁院最终依照《世界反兴奋剂条例》规定，结合双方的答辩意见，认为GHRP-2属于2008年禁用清单所列物质，8年的追责时效也并未违反规定，因此作出裁定，支持了国际奥委会的处罚决定，驳回运动员的上诉请求。

3. 反兴奋剂条例中的追责时效问题

本案其中一个争议点就是运动员认为本案已经经过追责时效，8年的时间过长，无法再收集证据证明自己没有过错。但根据2003年的《世界反兴奋剂条例》的规定，8年正好符合其中规定的8年的追责时效，并且在2015年新修订的《世界反兴奋剂条例》中，追责时效延长至10年。对这一争议焦点，笔者进行以下几点分析：

---

〔1〕《世界反兴奋剂条例》规定："以下情况和行为构成兴奋剂违规：2.1在运动员的样本中，发现禁用物质或其代谢物或标记物。"

〔2〕ICAS. CAS 2017/A/4973，Chunhong Liu v. International Olympic Committee，http://jurisprudence.tas-cas.org/Shared Documents/4973.pdf.

3.1 反兴奋剂条例中追责时效存在的原因

3.1.1 反兴奋剂条例的制定具有前瞻性

本案中虽然能够确定 GHRP－2 在 2008 年已经被列入了禁用清单，但依靠当时的检验技术，仅认定其是符合兴奋剂特点的禁用物质，并不能够检测出该兴奋剂的存在。也就是说，当时的兴奋剂禁用清单上，存在着以当时的检测技术无法检测出的兴奋剂种类，这体现出禁用清单制定的前瞻性，也是与一般法律制定的不同之处。

一般法律的制定都是由当时的经济政治文化决定的，往往会有滞后性，会随着社会变革发展，产生新的矛盾问题之后再进行修改。而兴奋剂禁用清单具有前瞻性的原因，与兴奋剂的更新速度和检测技术的发展密切相关，也体现了反兴奋剂工作和兴奋剂使用者的博弈。体育竞技带来了巨大的荣誉和商机，而使用兴奋剂能够使运动员的竞技能力在短时间内得到巨大提升，这使得很多人会铤而走险地服用兴奋剂；同时体育实力也是当代各国非常重视的国家综合实力的一部分，因此有时甚至会爆出国家队全体服用兴奋剂的事件。在兴奋剂与反兴奋剂的较量中，兴奋剂的使用者始终隐藏在暗处，不断地提升并更新兴奋剂的制药技术和使用方法，以此规避兴奋剂检查，在此过程中，兴奋剂使用者始终保持领先地位。然而，反兴奋剂工作因为检测技术发展相对落后，处于被动的地位，这就会导致兴奋剂屡禁不止的现象更为严重。在这种被动的局面下，必须加强对兴奋剂的监察和打击，一方面是加快检测技术的进步，另一方面就是完善反兴奋剂条例的制定，其中就包括了禁用名单的列举。发现一种物质具有兴奋剂特点和找到精确检测该种物质的方法，其对于技术的要求程度是不同的，检测要求更加精确更具有针对性。如果仅列举现阶段可以检测出的兴奋剂物质，则会有大量的兴奋剂类物质因为现阶段的技术无法检测而被使用。运动员使用了新型兴奋剂，但是由于该物质未能列入名单而免受处罚，对于其他公平竞争的运动员来说是极为不公的，也会促使体育竞技走向更加黑暗扭曲的一面，使得体育竞技成为兴奋剂科技比拼的赛场。因此，在反兴奋剂条例的制定中，会列入当下科技已经发现但无法检测的兴奋剂物质，随着科技进步，对于兴奋剂检测的技术得到提升后，就能够检测出这些兴奋剂物质的存在。

由于兴奋剂列举的前瞻性，因此对于过去未查出的兴奋剂违规行为，必须要规定追责时效，允许对过去的样本进行复检，才可能实现对于过去裁判错误的纠错，恢复体育竞技的公平。事实上，兴奋剂列举具有前瞻性，就是建立在兴奋剂规定了追责时效的基础上产生的，同时也因为兴奋剂列举的前瞻性，才有追责时效的必要，两者相辅相成，目的都是为了处罚使用新型兴奋剂的行为。本案中运动员在 2008 年就使用过生长类激素，依靠当时的检测技术根本无法检测，在没有追责时效的情况下，错误的裁判结果就无法得到更正，这对当时同场竞技的运动员是极不公平的。

3.1.2 兴奋剂禁用规则的溯及既往

本案中，GHRP－2 是否在 2008 年就已经列入禁用清单，是本案一个重大的争议点。运动员样本内检测到的 GHRP－2 在 2008 年时虽没有明确注明，但生物激素类的药物及有关物质在当时是禁止使用的；GHRP－2 作为生长激素的例子明确列于 2015 年新的禁用清单中，因此应当认定为禁用兴奋剂成分，运动员因此受到国际奥委会的处罚无可非议；同时，国际奥委会还援用了 2015 年禁用清单中的解释："2015 年禁用清单修订部分中列举的所有物质［即 S2］已被视为在以前的禁用清单中禁止使用。"这意味着 2015 年列入禁用清单的部分物质被视为也列入了 2008 年的禁用清单，很明显是适用了法不溯及既往原则的例外情形。

在溯及力问题上，"法不溯及既往"原则最具法治意义。法不溯及既往原则的直接作用是要求执掌公权者不得溯及既往地配置、调整权利及义务，从而保护普通善良人的正当行为预期。[1]法不溯及既往原则保护合法信赖利益和基本人权，体现了法的秩序价值。各国在其宪法典、民法典中也都列明了法不溯及既往原则。

法不溯及既往原则虽然存在例外情况，但多数体现为"有利追溯"，即新旧两法作对比，取有利于当事人的法律条款，例如我国刑法就是采取"从旧兼从轻"的原则。

在刘春红案中仲裁院援引了 2015 年禁用清单中的解释，该解释将 2015 年新列入禁用清单的物质也列入了 2008 年的禁用清单，扩大了 2008 年禁用物质的范围[2][3][4]。结合追责时效，可以更加全面地对过去使用新型兴奋剂的违规行为进行处罚，最大程度地保证体育比赛的公平。禁用清单的部分解释有溯及既往的特点，追责时效的存在就更为必要，否则溯及既往的清单就无法发挥其纠错的作用，形同虚设。

虽然禁用清单部分溯及既往是为了更大程度地确保对过去的错误判决进行纠错，恢复比赛结果的公平，但适用溯及既往，很明显会对运动员造成不利的影响，因此笔者认为此处适用该原则存在不合理之处。为了弥补因科技落后而未能

---

〔1〕 参见刘风景："法不溯及既往原则的法治意义"，载《新疆师范大学学报（哲学社会科学版）》2013 年第 2 期。

〔2〕 参见刘雪芹："《世界反兴奋剂条例》的修改与运动员人权的保障"，载《天津体育学院学报》2014 年第 4 期。

〔3〕 参见蒋涵智："论《世界反兴奋剂条例》中运动员权利的保障——以 2015 年版《世界反兴奋剂条例》修订的关键变化为视角"，载《法制博览》2017 年第 8 期。

〔4〕 参见宋彬龄："《世界反兴奋剂条例》的最新修改和完善"，载《武汉体育学院学报》2014 年第 3 期。

及时发现兴奋剂的存在，禁用清单解释将新的兴奋剂种类也纳入到以前的禁用名单中，旨在维护比赛的公平公正和加大对兴奋剂的查处力度。但这对于运动员来说，会使其处于一种可能被追诉的不确定状态中，会给其造成较大的心理压力。运动员在日常训练过程中饮食的摄入、治疗过程中使用的药剂，都有可能存在“未来”会被列为兴奋剂的物质，复检一旦查出兴奋剂物质的存在，根据兴奋剂严格责任，即使运动员并没有使用兴奋剂的故意，也要为此承担相应的责任，接受相应的处罚。运动员不仅要时刻关注平时摄入的食物和药剂中是否含有兴奋剂，还要对于这些食物药剂进行“预判”，考虑其中是否存在将来可能被认定为兴奋剂的物质，这显然是不科学的。同时，这对于食物和药剂的成分分析要求也会更高，因为要明确到每一种成分的组成，才能够断定在未来哪种物质会被列入反兴奋剂名单，这显然是一种非常理想化的状态，在实际生活中几乎是无法做到的。

由于体育比赛中对于兴奋剂处罚的严厉性，溯及既往原则可能会极大地打击运动员参加比赛的积极性，它使得运动员处于一种随时会被剥夺荣誉并且遭受严厉处罚的不安局面中，不利于对运动员人权的保护。“不应当用今天的规定去约束昨天的行为”，运动员在摄入食物药剂时，不能预料其中的物质在未来是否会被认定为兴奋剂，也就不存在注意义务，因为过去的无过错行为而受到现阶段的处罚，是明显违反了公平原则的。反兴奋剂组织不能为了严厉打击兴奋剂违规行为，而无限制地追溯运动员是否在早期就已经使用了新型兴奋剂。根据兴奋剂严格责任原则，一旦检测出违禁物质，首先是取消运动员当年的比赛资格和比赛成绩，若运动员能够证明自己对违禁物质的摄入不存在故意或过错，则可以减免禁赛处罚。但时隔 8 年要求运动员证明自己如何摄入该种违禁物质显然是具有较大难度的，因此很大概率运动员会因此而受到较长的禁赛期处罚。一些运动员查出体内含有兴奋剂物质，可能只是因为食用了被污染的食物，实际上并没有任何体育成绩上的提高，这样受到的处罚显然违背了比例原则。[1] 因此笔者认为该条解释规定过于严格，实际上是对于运动员人权的侵害。

3.2 反兴奋剂条例中追责时效延长的原因

在现代技术快速发展的背景下，兴奋剂检测技术进步的同时，新型的兴奋剂也在不断研发，一些新型药物也存在着成为兴奋剂的可能，这使得反兴奋剂工作的不确定性增强，意味着可能需要更多的时间才能够改进检测新型兴奋剂的技术；与此同时，运动员的饮食结构、训练机制的变化，使其在体能和其他方面都得到提升，从而延长了运动员的参赛年限，8 年的追责时效显得较短，无法产生

〔1〕 参见李睿智：“奥运会兴奋剂复检及其时效的法律问题探讨——以刘春红案为起点”，载《体育科研》2018 年第 3 期。

有效的威慑力，关于延长追责时效的讨论逐渐增多。

2012 年美国反兴奋剂机构对曾经的环法七冠王阿姆斯特朗的终身禁赛的判决，引起了关于兴奋剂追责时效的热烈讨论。虽然阿姆斯特朗本人在访谈节目中也承认服用兴奋剂，但是美国反兴奋剂机构对于其服用兴奋剂的追溯一直到1999年，即13 年前，这远远超出了 8 年的诉讼时效。有人提出这种调查是违反规定的，但是也有人认为是时效本身规定太短，提出应当延长到 14 年。〔1〕〔2〕

在刘春红案中，GHRP－2 被认定为生长类激素，在 2008 年已经被列入了禁用清单，但依靠当时的检验技术，并不能够检测出该兴奋剂类物质的存在。也就是说，当时的兴奋剂禁用清单上，存在着以当时的检测技术无法检测出的新型兴奋剂种类，所以实际上使用了新型兴奋剂的运动员，在比赛当时并不会因检测出兴奋剂而受到处罚。反兴奋剂条例的这一规定，主要是要依赖运动员样本复检，才能够实现对使用新型兴奋剂的运动员的处罚。

但设置过长的追责时效实际上仅仅考虑了体育比赛的公平而忽略了对运动员的人权保护。追责时效过长会增加证据收集的难度，一些证据随着时间的推移会毁损丢失，当事人也很难在多年之后，精确回忆比赛当时的种种细节。如本案中运动员所说，过长的时效使其无法确认违禁药物的来源，无法建立起合适的防御机制。设定过长的追责时效不利于运动员收集证据，从而导致运动员受到不公正的处罚，不能实现对运动员的人权保护。因此时效不能过度延长，如前文中提及的 14 年的追责时效，几乎是 8 年的两倍，显然有些过度。因此，在 2015 年最新修改的《世界反兴奋剂条例》中，更加强调了比例原则和人权原则，追责时效被延长至 10 年，这是一个较为合理的年限时长，也与瑞士国内法的一些诉讼时效一致，较容易被各国运动员接纳。〔3〕

3.3 反兴奋剂条例中追责时效的作用

3.3.1 恢复体育比赛的公平环境

制定追责时效规则，最重要的作用就是通过对过去兴奋剂违规行为的查处，能够纠正错误的裁判结果，恢复体育竞技的公平环境。兴奋剂的产生和更新依赖于药物研发技术，当下的兴奋剂检测技术往往无法检测到新型兴奋剂的存在，因此追责时效的制订十分重要，是国际奥委会进行样本复检的重要依据。追责时效的制订使得曾经的

---

〔1〕 参见马向菲：“阿姆斯特朗案：仅暴露自行车界黑幕一角?”，载《新华每日电讯》2012 年 10 月 24 日，第 7 版。

〔2〕 参见马向菲：“反兴奋剂机构或改规则　处罚时效由 8 年变 14 年”，载《新华每日电讯》2012 年 10 月 18 日，第 8 版。

〔3〕 参见宋彬龄：“《世界反兴奋剂条例》的最新修改和完善”，载《武汉体育学院学报》2014 年第 3 期。

错误判决得到纠正，兴奋剂违规行为受到处罚，恢复了竞技环境的公平公正。[1]

3.3.2 促使运动员重视证据保留

本案中运动员认为8年的追责时效已经过长，自己已经没有能力去收集寻找证明自己没有故意或重大过失的证据。本案中运动员声称自己曾经接受两次注射治疗，但均无法出具具体的成分说明，对于药物成分记录的疏忽，是运动员自身收集证据的意识淡薄，不应当作为其申诉的理由，实际上答辩过程中，运动员未能出示其证明自己未使用兴奋剂的证据，而是在质疑诉讼时效的合理性。明确自己日常摄入的物质成分是每个运动员的义务，运动员及其团队都应当对于各种药物、食物的成分有具体的了解，对物质成分进行记录，在日常训练中就做好证据收集工作。“无法收集到相关证据”客观上是可以避免的，运动员不应当将自己的疏漏作为申诉的理由。同时，科技进步也为证据的保存提供了极大的便利条件，相关证据的保存变得更为方便安全。兴奋剂追责时效的存在，要求运动员在平时就做好记录工作，以便随时应对复检，这是运动员共同创造公平比赛环境应做的义务。[2]

3.3.3 对体育监察机构进行约束

追责时效的法律条款在约束运动员的同时，也在约束着体育监察机构。如上文提到的阿姆斯特朗案中，美国反兴奋剂机构的调查行为很明显是违反了规定，虽然该案件以运动员放弃上诉接受处罚而告终，但实际上严重侵犯了运动员的权利。反兴奋剂条例规定具体的追责时效，在维护比赛公平的同时，也要限制体育监察机构严格遵守时效规定，不得为了追求对兴奋剂违规行为进行处罚而无限制地追溯调查，侵害运动员的权利。因此各个反兴奋剂机构也应当按照现有的条例规定，在时效范围内对运动员进行调查，不能为了追求实体正义而完全忽视了程序正义。但反兴奋剂条例对于监察机构违规并没有规定惩罚条款，应当在日后的修订中增加对监察机构的监管和约束。[3]

4. 解决证据收集困难的途径
——生物护照

如本案中的情况，运动员自身收集证据的意识淡薄，加上距离北京奥运已经

---

〔1〕 参见郭树理：“运动员兴奋剂违纪重大过错的认定——以莎拉波娃案为例”，载《武汉体育学院学报》2017年第4期。

〔2〕 参见肖永平、周湘：“论兴奋剂违规处理中运动员权利的保护”，载《武汉体育学院学报》2012年第2期。

〔3〕 参见刘雪芹：“阿姆斯特朗兴奋剂案的法律问题”，载《武汉体育学院学报》2013年第4期。

8 年，运动员难以收集到自己存在免责事由的证据，因此在复检查出兴奋剂后根本无法建立合适的防御机制，无法列举证据证明自己不存在过错。为了运动员在日后面对此类问题时能够快速收集证据，可以利用运动员生物护照技术，对运动员的生物信息进行记录，通过监测运动员生物信息的变化来判断运动员是否存在服用禁用物质的行为，并做好尿检抽查工作。生物护照制度能够有效解决运动员因兴奋剂追溯时效过长难以收集证据的问题。

运动员生物护照项目是近年来发展的一种新的反兴奋剂措施，在这种新措施中，反兴奋剂机构对运动员进行不定期血液检测后，将运动员身体强度指标、吸收养分、释放乳酸的能力、红血球数量、激素水平等身体参数制成电子档案，这种电子档案就被称为运动员生物护照，如果某一运动员在一段时间内其身体参数出现重大超出警戒值的变动，就将被怀疑使用兴奋剂违禁药物或者违禁方法，需要接受反兴奋剂机构调查。[1]2002 年世界反兴奋剂机构正式提出“运动员生物护照”概念，并于 2009 年公布了《运动员生物护照操作指南》，对生物护照血液模块的实施制定了统一的标准。2013 年，女子马拉松运动员王佳丽成为首名被判定生物护照兴奋剂违规的中国运动员，这是我国首个生物护照兴奋剂违规的案例，也使得中国反兴奋剂中心成为少数几个判定运动员生物护照兴奋剂违规的反兴奋剂机构之一。[2]

结合生物护照技术加强对运动员身体参数变化的监测，运动员对于参数出现较大变动的情况必须说明原因并加以详细记录，以药品治疗为例，应当将服药时间、剂量、用法等都进行记录，以提高证据的证明力度，以避免因兴奋剂追诉时效过长而导致证据遗失。对原因不明的应当及时向当地的反兴奋剂机构申报，反兴奋剂机构根据生物护照反映的信息应当不定时进行抽查检测，以核实运动员生物护照参数变动的原因。引入生物护照制度，能够有效地记录运动员身体参数变动的原因，为兴奋剂免责事由提供证据支持。以避免发生复检兴奋剂样本时，由于没有证据支持免责事由而导致运动员承受禁赛处罚的不利后果。使用生物护照制度还有利于国内兴奋剂违规的及早发现，及时对运动员进行教育引导和惩罚训诫，避免其在国际赛事中使用兴奋剂违规，造成更加不利的影响。因此，引入生物护照制度，同时通过法律规定运动员对于自身的生物信息申报义务，能够培养运动员记录身体信息变化的意识，提高自身在兴奋剂检测中的抗辩能力，为抗辩

---

〔1〕 参见郭树理、宋彬龄：“运动员生物护照与兴奋剂违纪处罚”，载《东南大学学报（哲学社会科学版）》2013 年第 3 期。

〔2〕 参见栾兆倩等：“反兴奋剂斗争的新武器——运动员生物护照”，载《中国体育教练员》2012 年第 2 期。

免责事由提供完备有力的证据。[1]

结语

由于兴奋剂违规会极大地影响运动员的身体健康和比赛的公平公正，因此对于兴奋剂的打击力度一直非常严厉。新的《世界反兴奋剂条例》已经将原本8年的追溯时效延长至了10年，这对于运动员的要求更加严格，因此为了应对长时效下的复检，运动员应当做好日常的饮食、药品摄入成分记录和特殊训练的记录，保存相关证据，提升自己的抗辩能力。

参考文献

［1］马宏俊主编：《体育法案例评析》，中国政法大学出版社2017年版。

［2］郭树理主编：《国际体育仲裁的理论与实践》，武汉大学出版社2009年版。

［3］梁乐颖："奥林匹克运动中兴奋剂问题研究"，北京体育大学2017年硕士学位论文。

［4］宋彬龄："国际体育仲裁院兴奋剂案件证据规则研究"，湘潭大学2013年博士学位论文。

〔1〕参见黄世席："兴奋剂检测中使用运动员生物护照的法律问题"，载《体育学刊》2011年第6期。

体育赛事隐性营销与知识产权保护研究

张成飞〔1〕

摘　要　近些年来，伴随着奥运会影响力的逐步提升，诸多商家也逐渐意识到承办奥运赛事所能够给其自身带来的巨大的商业价值。因此也就在想方设法地与奥运赛事建立多种形式的联系，而这往往会催生个人或相关单位通过明示或暗示的方式向公众表明其与奥运赛事之间有并不真实存在的虚构的商业联系，抑或即便存在一定的联系但是其所进行的广告、宣传等商业活动也没有获得赛事举办方的认可与授权。而上述这些行为就构成了奥运赛事的隐性营销。本文拟从奥运会隐性营销的出现及定义、类型、形成原因以及规避策略角度出发，对体育赛事隐性营销行为进行系统的分析，以期对体育赛事知识产权保护进行合理的安排。

关键词　隐性营销　知识产权　形成原因　规避策略

对奥林匹克知识产权的保护是奥林匹克运动创立以来越来越受主办方乃至整个国际奥委会重视的一个方面，确保国际奥委会和相关权利人的知识产权权益得到全面而及时的保障，也已经成为衡量现代奥运会是否成功举办的重要标准。自近代以来，体育赛事中的隐性营销行为在一定程度上侵犯了事实上的赞助商的经济利益，也破坏了奥运赛事整体承办的形象，因此我们应当对隐性营销行为进行一定的规制，以此为奥运会的顺利进行营造一个良好的环境。

---

〔1〕 作者简介：张成飞，中国政法大学法学院2017级宪法学与行政法学专业法学硕士研究生。

1. 奥运会隐性营销现象的出现及定义

1932 年由美国主要城市洛杉矶承办奥运会，也正是在这届奥运会上隐性营销事件在奥运会历史上首次出现。该事件主要发生在两家面包房之间，涉事的一家面包房通过法定的程序成功获得为该届奥运会参与人员供应甜点面包的独有权利，而另一家面包房则借助向一部分特定国家供应面包来获取一定的奥运销售市场。2002 年可口可乐公司通过其自身强大的经济实力赢得了世界杯的赞助权，然而其经济对手百事可乐却邀请了诸如贝克汉姆、小罗纳尔多、亨利等著名球星进行广泛而深入地宣传，向外界营造出了事实上没有赞助权的百事可乐公司却又具备赞助权的假象。随后，可口可乐公司也对此予以了反制，随即在其生产出的可乐瓶上印制了贝克汉姆的头像，这使得相当数量的消费者误以为贝克汉姆在为可口可乐公司做代言。即便可口可乐是通过正规途径获取了赞助商的资格，但是对于大多数人而言，“小贝是谁的代言人”似乎更值得研究，因此可口可乐公司凭借合法获取的赞助商的资格，的确也收获了无以复加的益处。

关于隐性营销的定义，国内外诸多学者对此有过更为充分的研究。国外有学者认为隐性市场指非赞助企业削弱竞争对手的反应战略。〔1〕隐性市场首先让人想到的是有些狡猾、不道德以及不公平的市场手段。〔2〕国内关于隐性市场行为的主要观点有：赵红梅、刘正韬认为体育赛事隐性市场是指非体育赛事赞助商实施某种伏击式市场行为，可能使公众误认为行为人为该赛事赞助商或与该赛事有直接联系。他们认为隐性市场是具有主体故意性质的主观行为。〔3〕肖建忠、袁古洁认为隐性市场行为是基于商业利益目的的非体育赛事赞助机构，有意无意地明示或暗示与体育赛事的关联，借助赛事或参赛者的影响力，企图从中获取利益的行

---

〔1〕参见 McKelvey S.，“Sanslegal restraint, no stopping brash, creative ambush marketing”，*Brandweek*，4 (1994) pp. 18～20.

〔2〕参见 Tony Meenaghan，“Ambush marketing—A threat to corporate sponsorship”，*MIT Sloan Management Review*，38 (1996)，pp. 103～113.

〔3〕参见赵红梅、刘正韬：“限制体育隐性市场行为之理论与对策研究——法律学的视角且主要以奥运会为例证”，载《体育科学》2007 年第 2 期。

为，他们认为隐性市场是既包括主观故意性又包括主观非故意性的行为。[1]综合以上观点，笔者更赞同有位学者曾经作出的定义，也即体育赛事隐性市场是指体育赛事的非正式的赞助商通过合法的与非法的手段，将本企业与体育赛事建立某种虚构的关联，使观众意识错位，在人们心中树立虚假信誉，从而获得不正当的商业利益行为。[2]

2. 隐性营销的类型

2.1 在赛场主办地周边进行宣传造势

一些尚未拥有奥运赞助资格的企业为了进一步攫取奥运赛事举办所带来的巨大的经济红利，不惜投入大量的人力物力在赛场主办地周边设置宣传台、活动地等，以此来迷惑大众消费者，使其误认为该企业为赛事赞助企业。最典型的例子莫过于1996年美国东部城市亚特兰大承办奥运会，在奥运会举办期间，锐步公司凭借其竞争优势通过法定的竞拍程序，获得了为该届奥运会供应运动鞋的权利。但是与此同时，没有获得正式授权的耐克公司却在奥运会举办场地附近租用一家私人停车位，在此基础上建立耐克体验中心。通过散发带有耐克特有商标的胸牌挂绳以及给予观众免费体验运动快感等方式，使得大多数观众误认为耐克公司才是本届奥运会的赞助商。从而在某种程度上侵犯了“适格”的奥运赞助商锐步公司的合法利益，也因此在随后开展的一项调查中，民调显示耐克品牌的知名度领先锐步6个百分点。此外，除了上述在赛场附近散发标志性物件以及相关免费活动之外，也有些企业通过印发传单，制作并张贴宣传图册，打造广告宣传栏，在赛场附近进行多种形式的服务活动。通过上述行为的不断开展，使得周围群众误认为该活动组织者与奥运会存在着密切的联系。并且让相关部门感到为难的是，上述活动组织者所实施的隐性营销行为并非在赛事主办机构所能够管理的范围之内，而且也脱离了奥运会知识产权保护的领域，所以运动会赛事主办方及其相关部门对于这种钻法律空当的行为多少也有点无可奈何。

---

[1] 参见肖建忠、袁古洁：“以奥运会为代表的大型体育赛事隐性市场行为研究”，载《体育与科学》2008年第1期。

[2] 参见李军岩等：“体育赛事隐性市场透析及其消解策略研究”，载《沈阳体育学院学报》2009年第4期。

2.2 赞助参赛运动员或者代表队、媒体赛事转播

某些有着强烈意愿并做出充分准备工作的企业在得知自己没有取得成为奥运会赞助商的资格时，他们也往往会采取一些更为隐蔽的手段，譬如想方设法联系特定的运动团队或者比较有名气的运动员，在与他们谈妥相关交易条件的情形下签下赞助合约，然后进行广泛且不间断地宣传造势。在运动会举办历史上，有关赞助代表队或者运动员的事例不胜枚举，其中比较典型的便是悉尼奥运会期间耐克和阿迪达斯两家企业之间的纷争，耐克通过合法的程序和方式获得了悉尼奥运会的主赞助商资格。但是，与此同时落选的阿迪达斯公司采取一系列方式，包括高薪聘请名人代言，赞助澳大利亚游泳队等，也获得了较为丰富的收益。因此，也就产生了两家著名体育品牌企业之间的纠纷。随着诸多方面客观资源的限制，在家观看体育赛事转播成了诸多体育迷的选择，所以有部分企业发现了这里面蕴藏的巨大商机，进而竞相通过赞助体育运动转播来达到隐性营销这一非法企图。

2.3 自创与奥运联系，推出产品误导公众

推出产品误导公众，这是诸多不法商家竞相采用的与奥运取得联系的方式。例如有部分企业想要在2002年举办的世界杯期间推销其新生产的产品，便采用短讯竞猜的形式给相关群众提供抽奖的机会，抽中获奖的人可以免费获得去韩国观看世界杯的机会。正是该企业的此般营销行为，使得参与该抽奖活动的社会群众大部分都认为该企业获得了世界杯的赞助权资格。当然，这样的例子在我国也发生过多次。在广州举行的第九届全国运动会举办前，某企业购买了一大批“九运”纪念品，作为赠品赠送给购买其产品的顾客，使得不少人误认为纪念品是由组委会回赠赞助商，再转赠顾客，使得其产品销量大增。[1]当然，除了上述方式可以和奥运会建立虚假联系以外，许多企业也会通过购买赛事转播广告播出时段来提升自己的知名度。当无法达成上述行为或者目标时，他们大都会采取在其他主流媒体上以广告的形式播出广为人知的赛事运动图景，通过这样的手段来期许与奥运会产生某种程度的联系。有的商家也会在赛事举办阶段，不断扩大与赛事举办相关的推广宣传力度。这里就包括免费赠送门票，发行特定的纪念品，为表现优异的运动员或代表队举办活动进行宣传等。上述行为虽然没有与赛事举办建立实质联系，但都导致了大部分受众误认为该些商家与赛事存在着千丝万缕的联系。

2.4 利用低等级赞助商身份

按照赛事规则，赞助商也是要区分等级的。不同等级的赞助商其享有的权利

〔1〕参见张光中：“体育市场的隐蔽营销”，http://bj.so-hu.com/tywen/，最后访问时间：2018年1月3日。

是不同的，就拿我国举办的北京奥运会来说，它就着重区分了等级不同的赞助商。其中包括奥运会全球合作伙伴，北京奥运会合作伙伴，奥运会赞助商，奥运会独家供应商和供应商。上述区分是根据赞助的费用以及相关赞助条件的不同来做的区分，同时也决定了上述商家享受不同等级的权利，这就为隐性市场营销行为的滋生奠定了基础。在2008年北京奥运会期间，一个只获取奥运会赞助商资格的企业却打着合作伙伴的旗号进行商品宣传和推销。往前追溯至1994年举办的世界杯，万事达公司获得了官方赞助商的资格条件，Sprint公司只是以官方赛事合作伙伴的身份在赛事中出现，按照官方规定的赞助级别，万事达公司要高于Sprint公司的。Sprint公司为了公司能够多多营利，便在自己公司的相关产品文件上印刷了世界杯的标志，并在市场上广泛销售。对此，万事达公司向美国联邦法庭对Sprint公司提起了侵权诉讼。最后，万事达公司凭借手中掌握的充分的证据以及官方赞助级别的明文规定，获得了这场官司的最终胜诉权，法院认为Sprint公司的上述行为构成隐性营销，误导了大部分消费者做出错误选择。同样的例子在2000年举办的悉尼奥运会上也发生过，UPS公司获得了国际奥委会的认可，担任悉尼奥运会的官方合作伙伴。但是悉尼奥运会主办方认为UPS公司在悉尼奥运会举办期间无法提供足够的人力来支持奥运会开展工作，便在没有获得相关方同意的情况下，接受澳大利亚一家公司作为速递项目的赞助商。然后也正是澳洲的该公司在取得主办方的此种授意的情况下，进行商业盈利同时也构成本文所称的隐性营销行为。总而言之，对上述隐性营销行为进行实质性分析来说，上述事件的发生主要原因在于国际大型体育赛事的赞助管理体系设置的复杂性。

3. 隐性营销出现的原因

3.1 体育赛事赞助的经济价值巨大

生活在如今的和平时代，体育运动蕴含的竞技精神和协作传统，越来越成为人们愉悦身心、调解情绪，获取自豪感和幸福感的重要渠道。可以说，体育运动已经融入人们的生活之中，人们愿意为赛事举办投入更多的经济利益，并赋予体育赛事更多的内涵。随着体育赛事这一新兴市场的不断开发，越来越多的企业也在逐渐聚焦赛事所蕴含的巨大经济价值。体育赛事全球化赋予了体育运动较高的国际地位。企业生产的产品如若与赛事活动建立联系，将会大大提升该产品的知名度，并进而使得该企业的社会影响力大幅度跃升。就拿世界饮料品牌可口可乐而言，该公司赞助奥运会长达几十年之久，可以说可口可乐能有如今的世界影响力，体育赛事赞助的作用还是极为明显的。

3.2 体育赛事赞助成本要求很高

伴随着体育赛事活动在世界范围内的不断传播和开展，使得该项活动的国际影响力得到了很大程度的提升。诸多渴望进一步发展的大型企业都迫切地希望与体育赛事建立联系，此举在一定程度上使得体育赛事的赞助费用不断提升。赞助费用的提升主要表现于从23届奥运会的最低赞助费用400万美元到29届奥运会的6000万美元。如此巨额的赞助费用使得多数发展中企业望而却步，相反也会促使他们走上隐性营销的违法道路。

3.3 体育赛事赞助商资源的排他性

体育赛事在市场开发过程中，制订了赞助商资源的排他性，有效地维护了赞助商与赛事组织者的利益。[1]体育赛事在运行过程中，出于对巩固和加强某些企业的产品宣传和企业形象树立的正面性、唯一性考虑，通常会制定体育赛事赞助资源的排他性规则来保护赞助商的权益。当然，对于赛事主办方来说，排他性原则一方面可以使得赛事赞助的总体水平有所提升，另一方面也会起到良好的稳固和发展赞助关系的作用，从而可以促成体育赞助双方共赢的妥善局面。体育赛事赞助商资源的排他性可以将除赞助商以外的其他竞争企业阻却在体育赛事市场之外，从而获得一定程度的市场垄断资格。因此，这也进一步促成了非赞助企业通过隐性营销行为获取丰厚利润的做法。

3.4 法律制度不健全以及执法力度不够

隐性营销手段花样百出并且不断变更表现形式，导致相关体育赛事法律无法及时跟进，因此对隐性营销行为没有法律可以进行规制。就拿悉尼奥运会上一家保险公司来说，他们本身并非奥运会官方赞助商，但是他们却通过赞助一条带有其公司标志的商船进行商业宣传，从而使得一般公众误认为该公司已经获得了奥运会的赞助商资格。随后，尽管主办方发现了该公司的上述违法行为，但是现存的法律体系中并没有可以寻找到的处罚依据。而且在随后举办的奥运会期间，虽然法律在不断完善，但是体育赛事官方管理机构在违法制裁方面缺乏统一的执行机构、执行人员以及相对成熟的执行程序。因此，国际奥委会和举办地政府的执法力度太小也容易引发隐性营销违法行为。目前，诸多国家对隐性营销行为进行了相关立法。对于目前的我国来讲，知识产权法和反不正当竞争法仍然是应对隐

---

〔1〕参见王宇、朴哲松："北京奥运隐性营销与奥运知识产权保护"，载《北京体育大学学报》2007年第S1期。

性市场行为的有力武器。[1]例如北京在成为奥运会主办方之后，就通过《北京市奥林匹克知识产权保护规定》《奥林匹克标志保护条例》等法律来保护相关赞助商的合法权益，但是限于法律层面的认定以及处罚措施的缺乏，用法律来惩治隐性营销行为需要耗费大量的财力物力，因此上述法律的总体实施效果并不乐观。

3.5 消费者对隐性营销行为的错误认知

实施隐性市场行为的企业利用了消费者的认知错位，使绝大多数消费者不能正确地识别正式的体育赛事赞助商。[2]正如一份在1996年在美国亚特兰大举办的奥运会上的调查结果表明，接近1/3的被调查人员都会被隐性营销的假象所迷惑，认为进行隐性营销的企业就是具备赞助商资格的企业。更令人费解的是超过1/3的被调查者对隐性营销行为压根一无所知。随后又有相关公司对隐性营销行为认知度进行了广泛的调查，调查对象包括11个种类的42家未获得体育赞助资格的企业。根据调查结果表明，有超过1/3的被调查公众误认为上述企业已经获得了体育赛事赞助资格。其中有一家乳制品制作企业，有近60%的被调查对象误认为其是奥运会赞助商。上述调查结果表明，广大消费者对隐性营销行为结果显示，公众误认为这些品牌是奥运赞助商的平均比例为32.4%，其中误认率最高的是某乳业企业品牌，达到了57%。以上调查表明消费者对隐性市场行为的认知存在一定的扭曲，正是那些并非奥运会赞助商的企业利用隐性营销的行为，来迷惑观众攫取丰厚的利润。

当然，导致目前市场上出现隐性市场行为还有很多原因，比如对奥运规则的不了解等，北京奥组委市场开发部副部长陈锋认为，80%构成隐性市场行为的企业是出于对奥运的热情和对相关规定的不了解。[3]

4. 隐性营销的规避策略

4.1 体育赛事赞助企业要加强宣传，赞助对赛事的媒体转播

鉴于体育赛事举办周期比较短，所以对于大多数观众而言，官方赞助商到底

---

〔1〕参见李威、雷瀚林：“奥运会赞助中隐性市场行为的法律规制研究”，载《现代商贸工业》2008年第5期。

〔2〕参见孟丽芬、刘正韬：“体育赛事隐性市场行为及其产生发展的根源”，载《浙江工商大学学报》2008年第1期。

〔3〕参见张咏洁：“一意孤行进行隐性市场行为的企业将被叫停”，载中国网，http://www.china.com.cn/sports/txt/2007-06/13/content_8383406.htm，最后访问时间：2018年1月3日。

是哪家企业似乎也不是太过于明朗。而正是因为上述现象的发生，想要享受到体育赛事所带来的丰厚利益，就需要真正的体育赛事赞助商广泛利用诸如广告、媒体、市场推广以及公共生活场域等方式进行深入普遍的宣传，同时也可以在体育赛事开展的时候赞助奥运会的赛事转播。妥善地落实上述行为，一方面有助于进一步扩大宣传效果，增强一般民众对该企业的认可度，另一方面也有助于有效地防止其他非赞助商企业利用法律空当进行隐性营销。

4.2 体育赛事赞助企业要针对隐性营销行为好预防工作

在体育赛事举办的发展历程中，隐性营销事件屡见不鲜。当然，我们也可以从该历程中归结出一般规律。也即隐性营销事件的主体多半是赞助企业的市场上的竞争对手。比较常见的包括，饮料市场的可口可乐与百事可乐、数码市场的富士与柯达、鞋服市场的阿迪达斯与耐克等。因此，针对屡禁不绝的隐性营销行为，官方赞助企业可以制定更为严密高效的预防措施，倘若遭遇隐性营销行为的不法侵犯，便可以及时畅通与赛事主办方以及当地政府的联系，以上措施可以有效地防止并控制隐性营销行为的产生。

4.3 国际与国内赛事主办方及政府共同制定法律，防范并打击隐性营销行为

将对隐性营销行为的制裁诉诸法律是最为根本的也是最富有理性的做法，这不仅需要国际或者国内的双方联动，更需要奥委会与当地政府之间建立起稳定高效的联系。例如悉尼奥运会筹备期间，澳大利亚颁布了《反隐性营销法》。美国《兰哈姆法案》第43条规定："企业对其产品来源作出的可能引起混淆的虚假宣传以及对产品是否包含赞助或授权等关联关系进行欺诈性宣传的行为应当予以禁止。"[1]北京获得奥运会举办权之后，颁布了《北京市奥林匹克知识产权保护规定》和《奥林匹克标志保护条例》。上述法律的出台大大增强了对隐性营销行为的打击力度，可以在制度上根本遏制此类现象的产生。目前，国际以及国内相关条约的衔接，一起构成了我国的奥林匹克知识产权法律保护体系，初步形成了国际公约和国内立法双轨并行的保护模式。[2]

4.4 加大力度宣传官方赞助商，主流媒体对隐性营销企业进行道德谴责

为了让公众更为熟悉哪些企业获得赛事赞助商资格，赛事主办方应当对获取上述资格的企业进行广泛深度的公益宣传。例如，在悉尼奥运会举办期间，奥运会主办方拍摄了6位著名的奥运会参赛选手的特写镜头广告，也是通过这些拍摄

---

〔1〕 Graham Brown，"Emerging Issues in Olympic Sponsorship：Implications for Host Cities"，*Sport Management Review*，3（2000），pp. 71～92.

〔2〕 参见周杰、侯海燕："浅析中国奥林匹克知识产权法律保护中的若干问题"，载 www.17hoho.com/lunwen/，最后访问时间：2018年1月3日。

的广告使得已经获得奥运会赞助商资格的企业得到了公众的认可。在此过程中，隐性营销行为的非法性得到了应有的道德上的谴责，此举使得普通公众对体育赛事赞助有了一定程度的了解和支持，从而起到对隐性营销进行抑制的作用。

4.5 加大社会对隐性营销行为的监督力度

作为已经获取赞助商资格的企业，他们可以对公众举报进行一定程度的奖励，从而真正意义上调动社会力量来对隐性营销行为进行监督。这不仅可以体现官方赞助商维护其合法权益的坚决态度，从而很好地威慑违法的相关企业，官方赞助商还可以通过上述行为使得自身的知名度和影响力得到较大程度的提升。

奥运场馆赛后利用问题研究

张　帆　刘宇轩[1]

摘　要　奥运会主办国历来重视对奥运场馆的建设，投入巨资兴建的大量场馆该如何在赛后发现和运用它的长远价值，一直以来是所有奥运会主办国家所面临的共同难题。本文对奥运场馆赛后利用的必要性、奥运场馆赛后利用面临的困境以及奥运场馆赛后利用的可行性建议等方面进行了简要的分析。

关键词　奥运场馆　赛后开发　赛后利用

如今，奥林匹克运动会是全世界关注的体育盛会，它能促进各国之间的交流和了解，对于人的身体和心理健康以及社会公德都有良好的促进作用，广泛地传播了更高、更快、更强的奥林匹克精神。大多数国家为了提升自己的国际地位、展现国家建设水平、带动国家经济发展、文化传播等，都在积极争取奥运会主办权。争取到奥运会主办权的国家必然会重视对奥运场馆的建设，投入巨资兴建大量场馆，而怎样探索和运用它的长远价值，一直以来是所有奥运会主办国家所面临的共同难题。

1. 奥运场馆赛后利用的必要性

1.1　可持续发展要求

可持续发展是指既满足当代人的发展需求，又不损害后代人满足需要的能力

---

〔1〕 作者简介：张帆，中国政法大学法学院2016级宪法学与行政法学专业法学硕士研究生，研究方向为体育法学；刘宇轩，中国政法大学法学院2016级体育法方向法律（法学）硕士研究生。

的发展。质言之，也就是指经济、社会、资源和环保相协调的发展。全面协调可持续是我国科学发展观的基本要求，可持续发展的理念更是为全世界所认可。

早在我国2008年举办的第29届奥运会，北京奥组委就提出了举办奥运会的三大理念，即“绿色奥运、科技奥运、人文奥运”。其中，绿色奥运强调的是用保护环境、节约资源、维护生态平衡的可持续发展的观念筹办奥运会。人文奥运中也同样有促进人与大自然、人与社会、人的生理与心理之间的协调发展，强调“以人为本”的理念，以运动员为核心，提供高质量服务，努力建设使所有奥运会的参与方满意的自然和人文环境。〔1〕

奥运赛事需要在特定的体育场馆中进行，因此奥运场馆的建设与利用问题必然是衡量举办的奥运会是否真正达到自然环境和人文环境相协调、达到可持续发展的主要标志之一。国际奥委会批准的奥运会改革方案《奥林匹克2020议程》，其关键内容就是降低奥运会的筹办和运营成本，做到可持续发展，同时注重提高公信力和人文关怀。基于2008年北京奥运会提出的可持续发展的绿色奥运理念，此次2022年冬奥会申办的三大理念便是“以运动员为中心、可持续发展、节俭办赛”，这与《奥林匹克2020议程》呈现出高度契合。可以说，我国能够取得2022冬奥会的申奥成功，很大程度上得益于我国所树立的可持续发展理念。

1.2 《奥林匹克宪章》的要求

《奥林匹克宪章》是由国际奥委会制定的有关奥林匹克运动会的有着最高法律效力的规范性文件。《奥林匹克宪章》在基本原则中指出，“奥林匹克的宗旨是让体育运动为人的全面发展服务，其旨在促进构建一个保护人的尊严的和平社会”。该目标并没有明显提及环境问题，但是奥林匹克运动所追求的和谐发展、和平以及人类尊严等都要大大依赖于周围的环境状况。国际奥委会对奥运带来的环境问题一直保持着高度的重视。1991年，《奥林匹克宪章》增加了“应尽力确保奥运会在环保问题受到真正关心的前提下举行”。各国家在举办奥运会时，都贯彻秉持这一宗旨，关注环境问题。环境保护从一个非政府组织关注的事项转变成为包括各国政府、工商业阶层以及普通民众在内的全球共同关注的问题。〔2〕

奥运场馆从选址到建设再到赛后利用，都与环境问题息息相关，其中赛后利用与环境的关联比起建设过程更为隐蔽而不易发现。奥运场馆的赛后闲置会造成资源极大的浪费，无论是废弃还是重建都将再度消耗巨大的资源。因此，如何有效地赛后利用奥运场馆，是每个国家举办奥运会都需要思考的问题，这也是回应《奥林匹克宪章》的要求。

---

〔1〕 参见崔乐泉：《中国奥林匹克运动通史》，青岛出版社2008年版，第554页。

〔2〕 参见黄世席：《奥运会法律问题》，法律出版社2008年版，第47页。

1.3 《全民健身条例》的要求

中国在奥运会上取得了世人瞩目的成绩，而与此形成鲜明对比的是，由于以往我国对国民的体育锻炼重视程度不高，全民健身运动开展得不够普遍，导致国民身体素质普遍不高。因此，加强国民身体素质的任务日益重要。2015年的全国体育局长会议上，时任国家体育总局局长刘鹏指出，全民健身是全国人民强健体魄从而达到健康生活的基础和保障，全体国民的身体健康是实现全面小康的一个非常重要的方面，也是每一个人实现高质量成长和获得幸福生活的基础。全民健身有利于提高全体国民的身体素质和健康状况，实现人的全面发展；也有利于使全国人民精神文化生活更加丰富多元，推动社会经济健康发展；更有利于提升国家的综合竞争力，对实现产业融合发展有着极其重要的作用。

据第六轮全国体育场地普查的状况得知，截至2013年底，全国共有体育场地169.46万个，用地面积共达39.82亿平方米，建筑面积达2.59亿平方米，场地面积共计19.92亿平方米。其中，室内体育场地有16.91万个，场地面积0.62亿平方米；室外体育场地有152.55万个，场地面积19.30亿平方米。按照2013年末我国大陆地区总人口13.61亿人计算，平均每万人拥有体育场地仅为12.45个，人均体育场地面积更是只有1.46平方米。[1]据有关资料揭示，这一数据不足美国现有相应数值的1/10，不足日本的1/12，[2]这我国体育设施资源与美国、日本等发达国家相比明显落差巨大。

面临着我国国民体育素质不够高，体育场地不足的现状，与我国《全民健身条例》对全民健身的倡导与鼓励，奥运场馆赛后利用应当发挥其公益性的作用，将奥运场馆向公众开放，为公众提供一个运动锻炼的场所。

2. 奥运场馆赛后利用面临的困境

奥运场馆在赛后能够得到有效利用当然符合所有人的期待，但赛后利用面临着诸多困境。

---

〔1〕“第六次全国体育场地普查数据公报”，载国家体育总局网站，http://www.sport.gov.cn/n16/n1077/n1467/n3895927/n4119307/7153937.html，最后访问时间：2018年9月12日。

〔2〕“中国人均体育场地远低日美　全民健身任重道远”，载网易新闻，http://data.163.com/13/1015/23/9B8VSH9C00014MTN.html，最后访问时间：2018年9月12日。

2.1 高额的场馆维修费用难以维持

场馆的建设本来已经耗费了巨大的资金，在奥运会结束之后，如果继续使用奥运场馆，为了维持其原有功能与寿命，维修费用同样也是巨大的。奥运场馆相对规模较大，功能相对单一，能承办的大型活动和大型体育比赛十分有限，由于维护成本过高，许多国家的奥运场馆在赛后都陷入了经营困境，场馆遭到闲置甚至废弃的并不少见。雅典在体育场馆的维护费用上每年就需要投入大约一亿欧元。当时奥运场馆建设的花费高达 71.3 亿英镑，但建成后利用率却很低，并且在赛后遭到大面积的废弃。1988 年，汉城奥运会成功举办。但是汉城奥运会的主场馆——蚕室综合运动场却连年遭受巨大的亏损，2013 年 4 月韩国《中央日报》曾经报道，蚕室综合运动场亏损总额已经高达 523 亿韩元。1976 年，加拿大的蒙特利尔主办了第 21 届夏季奥运会，其场馆利用历来被人视作奥林匹克场馆在赛后利用方面的典型反面教材。蒙特利尔的奥运场馆在建设时就耗费了巨额的费用，但在比赛结束后一直没有得到合理的运行，不但没有发挥更大的价值反而严重拖累了当地的经济发展。由于没有合理地控制投资，最终举办奥运会的总成本竟然远超当初制定的预算的 20 倍。这一被动局面更是导致在奥运会结束后，蒙特利尔的公民不得不承担了奥运特别税，直到 2006 年 11 月总共花了三十年的时间才还完举办奥运会所带来的债务。纵观全世界，奥运场馆的赛后利用情况都不乐观，如果没有妥善处理好这一问题，会造成主办城市巨大的经济和社会负担。[1]

2.2 大型活动或赛事缺少，赛后功能改造也面临难题

奥运场馆作为奥运会期间赛事的场地，在奥运会结束之后未必会有如此盛大的赛事举行。特别是冰雪类的项目，在很大程度上受季节和温度的影响，每年的赛季时长十分有限，非赛季时场馆很有可能被闲置。因此，如果保持奥运场馆服务比赛的单一功能，会造成场馆资源的浪费。但在赛后对场馆进行功能改造，将其改造成为具有其他功能的场馆同样是一个挑战。对场馆的改造同样需要巨额的资金支持，并且需要严谨地考虑改造后的功能，以便于场馆赛后的改造运营带来良好的收益以回笼资金。

2.3 政府缺乏奥运场馆赛后利用的管理经验

政府作为国家的行政机关，对于场馆的经营缺少相应的经验。政府的职能在于制定政策、执行法律，运营场馆应该是企业干的事情。在政企分开的市场经济大环境下，应该政府的归政府，市场的归市场。国外不乏奥运场馆赛后运营成功

---

〔1〕 参见王晓微等："奥运场馆赛后利用对北京建设世界体育中心城市影响的研究"，载《北京体育大学学报》2014 年第 11 期。

的案例，其成功的背后通常离不开专业机构的支持，譬如伦敦千禧体育场就是由著名的场馆运营集团 AEG 通过科学合理的规划和资源重组整合而实现扭亏为盈的。AEG、SMG、GSE、Octagon 都是蜚声国际的场馆运营集团，它们拥有丰富的场馆运营经验，能够合理整合资源，对场馆进行科学规划，发展适合每个场馆的项目，从而达到使场馆盈利的目的。因此，我国长期依靠政府运营场馆的行为不符合场馆运营发展的国际趋势。[1]

3. 奥运会场馆赛后利用的建议

奥运场馆毕竟属于公共工程，国家享有所有权，因此在赛后利用的过程中，不能只考虑经济效益，还应当考虑社会效益。基于社会效益与经济效益的双重考虑，如何在赛后对场馆进行开发利用笔者有如下建议。

3.1 迎合全民健身的需求，平衡社会效益与经济效益

如前所述，我国体育场馆匮乏，人均场馆面积更是远少于发达国家，奥运场馆作为国家投资建设的场馆，在赛后利用时不能盲目追求经济效益，还应当考虑到奥运场馆所包含的公益性质。奥运场馆是奥林匹克精神的物化，在奥运场馆中健身更能深切地感受到体育精神，奥运场馆在一定程度上对市民开放是由我国当前经济发展状况所决定的，也是自身公益性质的体现。但同时，只顾追寻社会效益而忽视经济效益也不可行，场馆在赛后的维护仍然需要花费大量的费用，如果场馆的运营不能盈利甚至不能保本，势必又将反过来阻碍场馆继续对外开放。因此，在追求社会效益与经济效益之间寻求一个平衡点至关重要。

3.2 将所有权与经营权分开，授权专业团队运营场馆

现有的奥运场馆的所有权大部分都是属于国有，同时也由政府运营。但是政府并不擅长运营场馆，因此可以考虑将所有权与运营权分开，将运营权转让给更有经验的专业团队。目前国际上有很多非常专业的体育场馆运营团队如 AEG、SMG 等公司，我国的奥运场馆赛后利用也可以考虑走国际化、专业化的道路，通过授权国内外著名的策划公司、品牌推广公司、体育场馆运营公司、媒体公司等专业机构，利用他们的资源整合能力和产品规划能力，提高场馆的利用效率和

---

〔1〕参见叶小瑜等："国外奥运会场馆赛后的运营及其启示"，载《体育文化导刊》2013 年第 11 期。

运营水平。

3.3 多元化利用奥运会场馆，多业态综合运营

大型赛事数量毕竟有限，尤其冬奥会的冰雪项目更是受季节与温度影响，受众也十分有限，因此空闲下来的场馆可以多元化利用，如可以结合时下最火热的电子竞技项目，电子竞技受季节和温度影响小，且受众广泛、用户粘度高，在场馆闲暇时用来举办电竞赛事就可以做到活化场馆。同时，可以对场馆进行多种业态的综合性运营。例如把场馆作为基础，充分发挥体育专业从业人员的技术优势，发展技术培训、运动休闲，同时，以体育产业为重心，结合旅游、餐饮、娱乐、商贸、会展等多种业态，各种产业间相互支撑、相互协同，形成多业态融合发展模式。南京奥体中心就是从一开始设计的时候就综合考虑了赛后利用的方案，在奥体中心周围预留了足够的空间用于建设超市、购物中心和健身中心，从而成功打造了奥体中心商圈，走出了场馆只能一次性利用的怪圈。

3.4 新场馆建设可采用 BOT 模式，赛后利用政府充当监管者的角色

奥运场馆作为一种公共基础设施，采用 BOT 模式进行奥运场馆赛后经营不失为一个有效可行的方法。政府部门就奥运场馆与企业签订特许经营权协议，授予签约方的私人企业来承担奥运场馆的投融资、建设和维护，在协议规定的特许期限内，允许私人企业运营奥运场馆，并许可其利用向用户收取服务费用或出售相关产品从而清偿贷款，进而回收投资并赚取利润。政府对奥运场馆有监督权，特许期满，签约方的企业根据合同约定将奥运场馆设施或无偿或有偿地移交给政府部门。

显然，政府在 BOT 模式中是充当监管者的角色。由于奥运场馆具有特殊的公益性，在市场化开发的过程中，需要把握住场馆市场化开发的营利性与奥运场馆公益性的平衡。政府监督与调控企业的奥运场馆经营状况，以保证奥运场馆在赛后市场化运营的过程中实现持续、快速、协调、健康发展，从而形成奥运场馆赛后利用的最大社会效益，同时发挥奥运场馆的影响力与标志性作用，维护奥运精神的正面形象。

3.5 重视对奥运会场馆的无形资产的开发和利用

奥运场馆是奥林匹克精神的物化，奥运场馆本身就是一个城市的地标，代表了一个城市的形象，其蕴含了巨大的无形资产。场馆从设计到建设再到举办赛事，每一个环节无不吸引了全球数十亿人的目光。奥运冠军在赛场里不断诞生、纪录被不断刷新，奥运场馆见证了一个个光荣的时刻，它所代表的“更高、更快、更强”的奥林匹克精神不断地被传播，这些内涵都给场馆注入了巨大的价值，形成了可观的无形资产。因此，如何在赛后利用好这一无形资产是奥运场馆赛后利用成功与否的关键所在。无形资产的开发项目现在正不断被世界各国所采

用，实践中也有不少的场馆是通过开发无形资产从而使得场馆在赛后扭亏为盈，比较成功的案例如2002年Telstra公司获得了悉尼奥林匹克运动会主场馆的冠名权，将其更名为“Telstra Stadium”，并在随后几年的运营中使悉尼奥林匹克公园走出了资不抵债的困境。[1]因此，开发场馆的无形资产，如将奥运场馆建筑的冠名权出售、各重要受关注位置广告位的出租以及授权以奥运场馆为模型设计的纪念品特许经营等，都是增加奥运场馆赛后收入的重要渠道，是有效提升奥运场馆在赛后盈利从而实现奥运场馆在赛后有效利用的重要方法。

---

〔1〕参见马亚璇：“1972年以来夏季奥运会场馆赛后开发与利用研究”，北京体育大学2010年硕士学位论文。